국어 교사를 위한 한국어학 입문

국어 교사를 위한 한국어학 입문

민현식·신명선·주세형·김은성·남가영·오현아
강보선·이관희·제민경·이지수·조진수 지음

사회평론아카데미

머리말

이 책은 서울대학교 사범대학 국어교육과에서 문법교육을 함께 공부한 사람들이 뜻을 모은 결과물이다. 국어교육학의 성립과 발전도 지난하였으나, 그중에서도 문법교육은 특히 험하고 복잡한 길을 힘들게 헤쳐 나왔다. 그런 의미에서 이 책은 힘든 여정 끝에 얻은 하나의 소중한 결실이다.

이 결실을, 지난 시간 동안 한결같이 이 분야의 학문적 발전에 헌신하신 민현식 선생님의 퇴임에 맞추어 얻을 수 있어 다행스럽다. 선생님께서는 부임하신 이후 약 20년 동안, 이미 높이 쌓아 올리신 학덕을 바탕으로 국어 문법교육의 비어 있는 부분을 열정을 다해 채우셨다. 그 과정에서 제자들은 학자로서 엄정하시고 스승으로서 자애로우신 모습을 늘 볼 수 있었다. 선생님께서는 가혹하다 할 정도로 엄격하게 당신 스스로를 다스리시면서도, 제자들에게는 한결같은 사랑과 너그러움을 베풀어 주셨다.

선생님을 모시고 이 책을 통해 학문적 여정을 함께하게 된 것을 기쁘고 영광스럽게 생각하면서도, 혹여 제자들의 부족함으로 오히려 당신께 누가 되지는 않을까 걱정스럽다. 그렇지만 공부는 끝이 없으며 부족하더라도 지치지 않고 채워가는 것이라는 가르침을 늘 주셨던 것을 상기하며, 조심스럽게 이 책을 세상에 내어놓는다.

이 책은 한국어학계가 지난 150년 간 온축(蘊蓄)한 업적들의 귀한 가르침이 있었기에 가능하였다. 가르침을 주신 모든 분들께 머리 숙여 감사드린다. 아울러 이 책에 그 가르침의 출처를 일일이 다 밝히지 못하였음을 널리 해서(海恕)해 주시기를 바란다.

가야 할 길은 멀다. 작업을 하면서 그 길이 까마득함을 다시금 확인하였다. 그러나 계속해서 함께 가야 할 길이 무엇인지 더욱 확실히 할 수 있었던 것은 축복의 기회였다고 생각한다. 여러모로 부족하고 성근 부분이 분명히 있을 것이라 생각한다. 선생님께 죄송하기만 하지 않도록 계속 정진하겠으니, 독자 여러분의 끊임없는 질정을 부탁드린다.

까다로운 작업을 기꺼이 맡아 주시고 좋은 결과물을 위해 치열하게 고민해 주신 사회평론 윤철호 사장님, 사회평론아카데미 고하영 대표님, 그리고 정세민 대리님께 감사의 마음을 전한다.

2020년 2월
집필진 일동

　이 책은 국어 문법교육 학자들이 모여 기획한 국어 교사를 위한 한국어학 입문서이다. 시중에 훌륭한 한국어학 개론서들이 많이 나와 있지만, 저자들은 국어 교사 및 예비 교사를 위해 특화된 책이 꼭 필요하다고 보았다. 수요자층에 필요한 내용의 범위를 정하기 위해 '국어 교사에게 필요한 국어 문법 능력이란 무엇인가?'를 다 함께 논의하였다. 논의를 거듭하면서 '국어 교사에게 필요한 능력이란 학생에게 가르칠 내용과 범위를 넘어서는가? 국어 교사에게 한국어학 지식 및 교양, 안목은 어느 정도로 필요한가? 문법을 자세히 가르치지 않는 국어 교사에게도 한국어학 지식이 필요한가?'와 같은 질문들을 끊임없이 제기하고 고민하였다.

　이는 학계에서 오랜 기간 고민해 온, 그러나 여전히 명확하게 해결하지는 못한 난제이나 저자들은 다년간 강의와 연구를 통하여 직간접적으로 고민해 온 점을 나누었다. 그 결과 한 가지 합의를 이루어 냈다. 국어교육 각 영역의 전문적 지식을 익히기 이전에, 특히 어학 분야의 전문성을 본격적으로 기르기 이전에 국어 교사를 위해 특화된 입문 과정을 거쳐야 한다는 것이다.

　어학 분야를 전문적으로 공부하게 되면 특정 학파의 관점을 명확히 익히고 그에 따라 일관되게 훈련하는 과정을 거친다. 그런데 만약 입문 과정에서 특정 관점만을 익힌다면 이후에 유연한 사고를 하는 것이 좀처럼 힘들다. 그러므로 언어를 이해하는 다양한 경로와 다양한 학제적 관점을 교양 수준에서라도 미리 봐 두는 것이 필요하다. 이를 통해 언어를 왜 특정한 관점으로 구조화하고 체계화해야 하는지, 그리고 그 이후 왜 사회문화적 맥락 안에서 의미기능적으로 재해석해야 하는지를 자유롭게 파악할 수 있게 될 것이다. 이러한 과정은 다음과 같은 목표를 지닌다.

1) 국어 문법교육학의 본질적인 역할을 이해한다.

국어 문법교육학은 고유의 역할을 지니고 있다. 첫째, 정확하고 효과적인 의사소통을 위한 기초적·규범적 지식을 제공하는 역할, 둘째, 다양한 소통 상황에서 활용할 수 있는 사회적 언어 자원을 제공하는 역할, 셋째, 자신의 언어를 대상화할 수 있는 주체적 언어 사용자를 길러 내는 역할이 그것이다.

그동안 모어 화자를 대상으로 문법교육의 필요성과 가치를 논의하면서 국어교육에서 문법을 바라보는 관점이 다각화되었고 그에 따라 교육 내용도 확장된 지 오래이다. 그러나 학교 현장에서는 여러 현실적인 이유로 인해 문법교육의 첫 번째 역할에만 초점을 두어, 교육 내용 중 극히 제한된 내용만을 다루는 데다가 문법을 명제적 지식과 규칙의 집합으로 가르치고 있다. 이로 인해 예비 교사들에게도 문법교육이란 그에 준하여 제한적으로 느껴질 수 있다. 그러므로 구조적 관점과 기능적 관점, 그리고 문법의 광범위한 지평을 확인하면서 문법교육의 나머지 두 역할을 이해할 수 있는 기회를 가져야 한다. 즉, 문법을 앎으로써 소통의 삶에 적극적으로 참여할 수 있으며 세계에 대한 인식이 깊어짐을 자각할 수 있어야 한다.

2) 국어 문법교육학은 국어교육학 전체의 기반을 이루는 언어 철학을 구축하는 역할을 수행함을 이해한다.

이제 국어교육에서 목표로 하는 국어 능력이란 단지 문자를 읽고 쓸

줄 아는 능력에 머물지 않는다. 한마디로 텍스트를 이해하고 생산하는 능력을 의미하되, 개인적 수준과 사회문화 공동체적 수준에서의 의미 구성 모두를 포괄한다. 나아가 이러한 의미 구성 행위는 사람들의 삶 속에서 읽기와 쓰기를 사용하는 문화적인 방식이자 실천이기도 하다. '언어로' 할 수 있는 능력의 외연이 넓어진 만큼, 국어교육에서 목표로 하는 국어 능력을 논할 때에도 언어를 다양한 관점에서 바라볼 수 있는 렌즈들이 필요하다.

요컨대 국어과 교사는 국어과 교육 전체를 전망할 수 있도록, 언어 현상을 공시적·통시적·범시적·인지적·사회적으로 이해할 수 있는 안목을 길러야 한다. 국어교육 및 국어교육학에서는 광범위하고 학제적인 관점을 지닌 '언어학의 제 관점, 언어학의 하위 분야, 언어학 관련 분야, 언어학의 응용 분야'를 섭렵하고 있는데, 이에 대한 이해가 필요하다.

신생 학문이었던 국어교육학이 이제는 독자적인 정체성을 인정받고 있다. 반면, 그 하위 분야인 문법교육학은 아직 그 정도의 위상을 정립하지는 못한 것 같다. 어려운 상황에서도 이 책의 저자들은 학교 현장에서나 학문 제 분야에서 문법교육학이 나아가야 할 방향을 공유하고 문법교육학의 위상과 역할을 심화하고 확장해 왔다. 그리고 그간의 연구 성과들이 쌓여 가면서 입문서 수준으로 직조할 만한 나름대로의 내용과 체계가 잡혀 있다고 생각한다. 교육대학교 및 사범대학 학생, 현직 국어 교사, 나아가 국어교육이 왜 이렇게 다양해졌는지 궁금해하는 일반인 모두에게 이 책은 입문서 또는 교양서로서의 역할을 해 줄 것이라고 생각한다.

이 책에서 기획한 내용은 국어 교사로서의 전문성 향상만이 아니라, 사실상 지성인으로서 알아야 하는 교양 함양에도 그 목표를 두고 있다. 어떤 분야의 지식이든 그 연원은 인간의 삶이다. 그렇기에 인간의 언어를 안다는 것은, 또한 언어에 대한 안목을 형성한다는 것은 전문 분야를 학습하기 위한 유용한 밑거름이 된다. 아울러 규칙의 집합이라고만 여겨 왔던 문법 지식들이 서로 어떻게 연결되고 국어 능력으로 어떻게 수렴되는지를 이해하면서 모어와 모어 생활이 더욱 풍부해지리라 믿는다.

이 책은 크게 두 개의 부(部)로 나뉘며, 대학에서 한 학기 강의용 교재로 활용하기 쉽도록 총 15개 장(章)으로 구성하였다. 각 부와 각 장의 내용을 간단히 소개하면 다음과 같다.

'1부 앎으로서의 한국어'는 문법 영역에 특화된 교육 내용을 다루었는데, 기존 국어학 개론 책에서 제시하는 핵심 내용을 근간으로 하였다. 각 장의 도입에서는 본문 이해를 도울 만한 사례를 소개하고 핵심 질문을 제시하였다. 본문에서는 제시된 핵심 질문을 하나씩 풀어 나가되, 향후 국어학 개론이나 문법교육론에서 배울 기본적인 정설이나 쟁점들을 담고자 하였다. 단, 기술 문법적 태도를 경직되게 취하기보다는 문법 공부 전반에서 중핵이 되는 개념, 다른 장들의 개념과 연계가 되는 개념, 학설이 첨예하게 대립하였거나 오개념이 생길 가능성이 있는 부분 등을 자세히 풀어 쓰고자 하였다. 이로써 내용들이 독자들에게 규칙이나 사실로 남기보다는 언어에 대한 소양을 넓혀 주는 입문서로 다가갈 수 있도록 하였다. 때에 따라서는 국어학 개론서나 문법교육론에서 확장적 내용으로 다루는 내용이더라도 소양을 넓혀 줄 쟁점 사항에 해당한다고 판단하여 이를 포함하기도 하고, 국어학 개론 등에서 정설로 명확히 다루고 있는 내용인 경우에는 간략하게 설명하고 넘어가기도 하였다. 또한 본문 사이에는 읽을거리를 제공하여 본문의 내용을 확장하여 탐구할 수 있도록 하였다. 각 장의 끝에는 교수·학습 과정에서 다루어야 할 오개념과 그 사례를 제시하였다. 학습자들의 오개념 양상은 단지 정오의 문제로만 처방하는 데에 그

쳐서는 안 된다. 문법 탐구의 쟁점을 선정할 때 참고하거나 문법 개념 발달 과정에서 나타나는 특징 등으로 파악하는 등 교수·학습의 주안점으로 활용할 수 있어야 한다.

'2부 삶으로서의 한국어'는 광의의 '문법'이라는 말로 포괄할 수 있는 내용, 나아가 인간의 삶을 언어에 입각하여 이해하는 데에 필요한 내용을 다룬다. 이 부분은 개별 언어학인 '한국어학'을 일반언어학의 한 부문으로서 제대로 공부하고, 급변하는 한국어학의 발전과 관련 학제 연구들의 다양한 지평도 아울러 이해하기 위해 기획되었다. 한국어학은 전통적인 음운론, 형태론, 통사론은 물론이고, 의미론, 화용론, 텍스트학까지 포괄하게 되었으며, '응용'이라고 일컫던 분야까지도 본격적인 연구 분야로 삼으면서 점차 그 범위를 확대하고 있다. 이제 문법교육학자나 국어과 교사들이 국제 학술 대회에 참여하여 스스로를 '언어학자'라고 자칭해도 좋을 정도가 되었다. 이 책의 제목에 문법교육론이라든지 국어학 개론 등이 아닌 '한국어학'이라는 용어를 사용한 이유도 바로 여기에 있다. 2부는 1부와 기본적으로는 동일한 체제를 취하고자 하였으나 다루는 범위가 다르므로 내용의 성격상 1부에 있는 '학습자 오개념'은 제외하였다.

1장 음운 체계

언어에 대한 언어학적 이해는 무의식적으로 발성하는 말소리에 대해 체계적으로 인식하는 데에서 출발한다. 자음과 모음으로 이루어진 음운 체계를 언어학자들이 어떻게 대상화하여 체계화하였는지를 음성학적인 이해부터 시작하여 자세히 풀고자 하였다. 즉, 철수가 화가 나서 크게 내지르는 '살자'와, 영희가 작게 속삭이듯이 내는 '살자'를 어떻게 민수가 똑같은 [살자]라는 소리로 인식하게 되는가를 풀고자 한 것이 이 장의 핵심이다. 이로써, 들리는 것은 '음성'이지만 들었다고 생각하는 것은 '음운이라는 틀'임을 알고, 학창 시절 암기했던 음운 체계표가 물리적인 소리에서 추상화된 것임을 이해하게 될 것이다.

2장 음운 현상

음운이 실제 언어 환경에서 실현될 때 어떤 양상을 보이는가? 음운이 실제 언어 환경에서 실현될 때에는 음운 체계표에 자리 잡은 소리 그대로 실현되지 않는 경우가 많다. 음운이 특정한 환경이나 조건에서 다양하게 바뀌면서 원래의 말소리에 변화가 생기기 때문이다. 이 장에서는 음운 현상 그 자체를 객관적인 탐구 대상으로 보고 말소리의 변화를 관찰하며 그 원인을 탐구하는 방식으로 접근한 후, 몇 가지 기준에 따라 현상을 분류해 보고자 한다. 특히 이 책에서는 통시적·공시적 현상 모두를 종합적으로 포괄할 수 있는 범시적 관점을 취하고 언어 변화에 대한 언중의 주체적인 힘을 자각할 수 있는 안목을 기르기 위하여, '음운 변동'보다는 '음운 현상'이라는 개념 아래 이 모든 설명을 하고자 하였다.

3장 단어 형성

한국어학 전체에서 가장 중요하고도 기본이 되는 개념 중 하나인 형태소 개념을 익히는 장이다. 형태소 개념은 기본적으로 단어를 분석하고 분류하면서 익힐 수 있으며, 이를 바탕으로 신조어를 중심으로 단어 형성 방식을 탐구함으로써 새말을 만드는 기제를 탐색할 수 있다. 특히 기존 단어들을 형태소 단위로 쪼개고 몇 개의 형태소로 이루어져 있는지 분석하는 활동을 넘어, 학습자가 스스로 새로운 말을 만들어 보고 그 형성 방식을 탐구함으로써 문법에 대한 인식을 바꾸고 능동적으로 탐구할 수 있도록 하였다.

4장 품사

품사 분류의 기준은 무엇이고 각 기준들은 어떤 방식으로 적용되는가를 살피면서 단어들을 문법적 성질에 따라 분류해 본다. 품사 분류는 학자들마다 의견 차이가 있으므로 이를 쟁점화하여 살펴보고, 이러한 품사 분류의 결과로 나누어진 단어들이 어떤 특성을 지니는지를 살펴본다. 특정 쟁점에 대한 여러 학설들을 살펴보고 그 핵심 논리를 복기하는 것은 국어 탐구 활동의 기본자세를 익히는 데 큰 도움이 된다. 이때 각 학설들을 정확히 아는 것 자체보다도, 학자들이 지녔던 언어 현상에 대한 호기심과 흥미, 과학적 탐구의 과정과 절차 등을 함께 익히도록 한다. 문법교육에서 탐구 활동으로 삼기에 가장 적합한 소재 중 하나이다.

5장 어휘

단어는 세계를 개념화하고 범주화하기 때문에 인간 사고의 방향과 깊이를 보여 준다. 사실상 의사소통 과정에서 단어는 강력한 힘을 지니며, 단어는 곧 세계 그 자체나 다름없다고 할 수 있다. 3장에서는 '하나의 단어'를 쪼개어 보는 탐구를 했다면 이 장에서는 '단어들'을 대상으로 하여 그들의 관계를 알아본다. 먼저 단어들을 '어휘'라는 그룹으로 묶어서 살펴본다. 즉, 무수히 생겨나고 사라지는 수많은 단어들을 어떻게 유형화할 수 있는지, 분류 기준과 그 결과에 따른 어휘 유형의 특징은 무엇인지를 다룬다. 또한 단어들 사이의 관계 맺음 양상에 대해 전통적으로 어휘론과 의미론에서 논의된 관계들을 중심으로 정리해 본다.

6장 문장 구조

이 장에서는 문장 단위를 대상으로 하여 문장의 내적 구조를 살펴본다.

이를 위해 우선, 문장이란 무엇인지를 정의하였다. 문장의 구조 및 형식적 요건에 초점을 두어 문장을 정의한 기존의 관점과는 달리, 학습자의 국어 생활에 좀 더 유의미할 수 있는 접근법으로 문장을 재규정하고자 하였다. 다음으로 문장의 내적 구조를 '성분'과 '짜임'으로 나누어 살펴본다. 전통적인 학교 문법에서는 문장의 성분을 주성분과 부속 성분으로 나누고 각 문장의 실제 쓰임과 관련 없이 '주어, 목적어, (보어), 서술어' 등은 주성분, 나머지는 부속 성분이라고 칭해 왔으나, 이 역시 실제 국어 생활을 고려할 때 그렇지 않은 사례가 있음을 제시한다.

이 장은 언어학에서 문장론 또는 통사론이라고 부르는 하위 분야에 해당하는 장으로, 언어학이 구조주의적 또는 기능주의적인 관점 중 어떤 관점을 취하는가에 따라 그 기술 내용이 현저히 달라짐을 볼 수 있는 장이다. 텍스트를 이루는 구체적인 실체인 문장의 개념뿐만 아니라, 문장을 구성하는 언어 단위들이 어떠한 특징을 가지고 문장 구성에 관여하는지, 즉 각 언어 단위들을 어떻게 바라볼 것인지에 대한 통찰을 얻을 수 있는 장이기도 하다.

7장 문법 요소

이 장의 목적은 문법 범주와 문법 요소를 보다 포괄적으로 이해하는 것이다. 높임 표현, 시간 표현, 피사동 표현, 인용 표현을 다루되 그 요소와 의미기능을 살펴본다. 문법을 배우는 궁극적인 목적이 화자(필자)의 의도를 보다 명확히 하는 것임에도, 정작 각 문법 범주를 파편화하여 다룸으로써 이를 잊곤 한다. 이러한 점에 주목하여 국어 문법교육에서는 문법 요소들을 특히 텍스트 종류(장르)와 연계하여 다루면서, 모어 화자가 텍스트를 이해하고 생산하는 데에 '결정적 문법 요소의 선택'이 중요함을 입증해 가고 있다. 이 장을 통해 문법 요소를 학습하면서 문법은 규칙의 집합이 아니라 표현의 힘임을 자각할 수 있도록 한다.

8장 어문 규범

국어 규범이란 좁은 의미로는 어문 규정의 내용을 의미하지만, 넓은 의미로는 그간 국어 문법교육이 지향해 온 '정확하고 올바른 국어 사용 능력'이라는 목표 아래 설정될 수 있는 내용 모두를 포괄한다. 정확한 국어 사용 능력은 국어 문법교육에서 목표로 하는 효과적이고 창의적인 의사소통 능력의 기반이 되기에 중요하다. 이 장에서는 국어 규범 중에서도 가장 기본이 되는 어문 규범의 내용을 정확히 짚는다. 어문 규범은 문법에 대한 체계적인 지식들이 종합적으로 활용되는 장임을 알고, 이를 바탕으로 규범에 대한 역동적이면서도 발전적인 인식을 갖도록 언어 사례와 쟁점을 위주로 탐구한다.

9장 텍스트

언어학자들이 문장 단위를 넘어서는 텍스트 단위를 연구 대상으로 삼으면서 국어교육학은 연구 범위가 넓어졌으며 학문적 정체성을 더욱 공고히 할 수 있었다. 화용론이나 텍스트언어학, 담화 분석, 대화 분석, 비판적 언어학, 학제적 텍스트학 등의 성과물이 나오기 시작했다. 그러나 이 모든 내용들을 이 책에 정리하기에는 한계가 있다. 직시, 전제와 함축 등은 의미론이나 화용론에서 본격적으로 다루는 내용이지만 별도의 책에서 충분히 학습할 수 있기에 제외하였다. 담화 내에서의 화자-청자(또는 필자-독자) 관계 및 의도를 중심으로 관찰할 수 있는 보다 역동적인 현상에 대해서는 문식성 교육(대화적 문식성 교육)에서 다룰 수 있으므로 제외하였다.

결론적으로 이 장에서는 텍스트를 이해하기 위해 필요한 기본 개념을 중심으로 초점화하여 정리하였다. 먼저 텍스트란 무엇인지 정의하고, 텍스트를 텍스트답게 만들어 주는 성질인 텍스트성에 대해 학습한 후, 텍스트 생산이나 해석 과정에 영향을 미치는 텍스트의 구조와 기능에 대해 살펴본다. 특히 텍스트언어학에서 제안한 '텍스트성'은 국어교육학의 읽기 쓰기 연구에 큰 영향을 미쳤으며, 경험적으로 가르치던 개별 텍스트의 구조와 텍스트의 분류에 대해 이론적 근거를 제공해 주었다.

10장 사회언어학

교실에서는 정확하고 올바른 말, 표준적인 말을 사용할 것을 교육하지만 사실상 모든 모어 화자는 공동체의 구성원들과는 다른 '개인어'를 사용한다. 이는 현대 언어학의 발전 과정에서 사회언어학자들이 발견한 엄청난 통찰로, 국어 문법교육 역시 큰 영향을 받았다. 하나의 표준을 정함으로써 오히려 국어 생활의 실제성과 멀어지며, 언어의 다양한 가치를 무시하게 되어 언어의 실체를 제대로 포착하기 어려워진다는 것을 알게 된 것이다. 이처럼 별도의 장을 두어 사회언어학을 학습하는 것은 교사가 언어들의 가치를 단 하나의 동일 언어체로 무화시키지 않고, 차별적 관점을 넘어 객관적 안목을 견지하도록 만들어 줄 것이다. 이 장에서는 사회언어학이 언어의 어떤 특성을 다루는 분야인지, 핵심 개념에는 어떤 것들이 있는지, 한국 사회의 특성 및 변화와 연관된 한국어의 현상에는 어떤 것들이 있으며 특히 교육적 차원에서 주목해야 할 부분은 무엇인지 살펴본다.

11장 언어 발달

국어과 교육은 '언어를 가르치는' 교과가 아니라 '언어 능력을 향상할 수 있도록' 교수자가 각종 교수·학습 요인을 설계하는 교과이다. 언어학뿐만 아니라, 심리학, 생물학, 사회학, 철학 등에서 언어와 언어 능력에 대한 여러 관점들이 제안되었고, 국어교육학에서도 이러한 제 관점들을 광범위하게 검토하면서 교육과정 설계 및 학교 현장의 실천 국면에까지 적극적으로 받아들여 왔다. 사실 '언어'만을 객관적인 연구 대상물로 본 시기는 언어학이라는 학문이 성립된 시초였기 때문에 현재에 와서 언어 능력에 대한 규정을 언어학에서만 참고하는 것은 어불성설이다.

학습자의 언어 능력을 관찰하면서 능력의 변화가 일어나는 지점을 찾아 발달 단계를 제대로 밟고 있는지 아니면 지연되고 있는지를 판단하여 교수·학습에 적극적으로 반영하는 것은 중요하다. 그러나 이 과정은 결코 쉽지 않다. 주로 무엇을 관찰해야 하는지, 어느 정도의 변화를 발전으로 볼 것인지, 그러한 변화는 주로 어떠한 요인으로 인해 일어나는 것인지 등에 대해 여러 학문에서 이견이 있었고, 이는 학습자의 '학습'을 설명하고 교육과정 패러다임을 바꾸는 데에 큰 영향을 끼쳤다. 이 장에서는 국어교육학에 영향을 준 제반 학문들에서 언어 능력과 발달을 설명하는 여러 관점들을 개략적으로 살펴보고, 이 이론들이 향후 국어교육학에서 어떻게 종합적으로 체계화되어야 할 것인지 조금이나마 전망해 보도록 한다.

12장 국어사

국어사 교육이 단지 과거에 박제된 언어에 대한 명제적 지식 교육 혹은 국어사적 사실에 대한 교육이어서는 안 된다는 것은 이제 문법교육학계의 정설이 되었다. 국어사 교육은 크게 두 방향성을 지니고 있다. 첫째, 현재의 언어를 포함한 언어 변화 현상과 그것의 발생 이유에 대하여 다양하게 해석하고 나름의 설명을 유연하게 구축하며 자신의 문법을 생성해

가는 자발적 탐구 능력을 길러 주는 방향이다. 이는 규범 교육의 방향과 긴밀히 연계된다. 둘째, 국어사 자료에 대해 국어 발전이라는 전망을 가지고 접근하여 사회나 시대가 국어 변화에 미친 영향을 깊이 있게 탐구하는 것이다.

이 장에서는 한국어의 뿌리에서부터 중세 및 근대에 이르는 언어 변화의 통시적 양상을 두루 다루었다. 이를 통해 현대에까지 이어지는 진행 중인 변화에 주목하여, 문법적이지 않았던 현상이 규범적으로 인정되는 변이형으로 변화하는 과정을 읽어 내는 국어사 교육을 지향할 수 있다.

13장 문자론

대응하는 '문자'를 가지지 못한 언어는 사라지곤 한다. 현대 언어학의 성립 초기에는 언어를 음성 중심으로 연구하고 체계화하였으나, 언어에 대한 변이를 인식하게 되면서 '글의 언어학'이 '말의 언어학'과 독립적으로 연구되기도 하였다. 모어 화자의 경우 구어 능력은 이미 완성된 것이나 다름없기에, 학령기 이전에 문어 능력을 새롭게 획득해야 한다. 이런 관점에서 볼 때 문어 능력 발달의 시작인 '문자 획득'은 국어 교사에게 중요한 관찰 지점이 되어야 한다. 특히 '한글'이라는 문자는 한국어학뿐만 아니라 국어교육적 맥락에서 차지하는 위상도 매우 높기 때문에 교사는 한글의 위상을 통시적·공시적인 시각에서 다각도로 탐구할 필요가 있다. 이 장에서는 문자의 문화사적 의미를 알아보고 우리 역사 문화 공동체의 문자 생활을 통시적으로 짚으면서, 궁극적으로는 현대의 문자 생활까지 메타적으로 고찰해 보고자 한다.

14장 국어 정책

정보 기술이 발달함에 따라 국어 생활 환경도 크게 변화하고 있다. 국어교육에서는 이를 인식하고 매체에 따른 소통 방식과 세대 간 소통 방식에 대한 고민을 다양하게 풀어내고 있다. 언어의 소통을 내용과 형식으로 나눈다면, 국어 문법교육은 '형식'을 근간으로 삼아 국어과 교육 내용을 마련하는 영역이다. 현 시대의 급격한 언어생활의 변화는 그 이전 시대와 비교해 볼 때 언어 개념이 광범위하게 확장되는 등 형식이 재규정되는 것이라고 볼 수 있기에 이 책에서 반드시 다뤄야 할 주제라고 판단하였다.

또한 급변하는 언어와 언어생활에 대한 국어 정책의 방향 역시 국어 문법교육의 오랜 관심사이다. 특히 2005년에 「국어기본법」이 제정된 이후 국어교육 전반이 이 법령의 영향을 직간접적으로 받고 있다. 국어 정책 관련 법령들을 이해하는 데 그치지 않도록 국어 정책 수립과 실행 체제 및 정책 결정 과정도 정리하였다. 특히 데이터가 광범위하게 수집될 수 있는 기술이 마련된 상황에서 어느 때보다도 국어 정보화 관련 정책이 쏟아져 나오고 있음을 보여 주었다.

15장 남북한 언어 통합

통일에 대한 직접적인 관심이 없더라도, 대한민국의 교사라면 누구나 통일 시대의 국어에 관심을 가질 수밖에 없다. 남북한 언어의 차이가 지역 방언 수준의 변이로 보기에는 그 차이가 커서, 통일이 된다면 온전한 소통이 되지 않을 수 있기 때문이다. 이 장에서는 통일 시대의 남북한 언어 통합에 대해 왜 관심을 가져야 하는지, 남북한 언어 차이의 원인은 무엇이고 실태는 어떠한지 다각도로 살펴본 후, 남북한 언어를 통합하기 위해 어떤 노력을 기울여야 하는지 자세히 살펴본다.

2부   삶으로서의 한국어

1부

앎으로서의
한국어

1장 음운 체계

나생이

김선우

나생이는 냉이의 내 고향 사투리
울 엄마도 할머니도 순이도 나도
나생이꽃 피어 쇠기 전에
철따라 다른 풀잎 보내주시는 들녘에
늦지 않게 나가보려고 조바심을 낸 적이 있다
아지랑이 피는 구릉에 앉아 따스한 소피를 본 적이 있다

울 엄마도 할머니도 순이도 나도
그 자그맣고 매촘하니 싸아한 것을 나생이라 불렀는데
그 때의 그 '나새이'는 도대체 적어볼 수가 없다

흙살 속에 오롯하니 흰 뿌리 드리우듯
아래로 스며드는 발음인 '나'를
다치지 않게 살짝만 당겨 올리면서
햇살을 조물락거리듯
공기 속에 알주머니를 달아주듯
'이'를 궁글려 '새'를 건너가게 하는

그 '나새이',
허공에 난 새들의 길목
울 엄마와 할머니와 순이와 내가
봄 들녘에 쪼그려앉아 두 귀를 모으고 듣던
그 자그마하나 수런수런 깃 치는 연두빛 소리를
그 짜릿한 요기(尿氣)를

─────

시적 화자가 "그 '나새이'"라 불렀던 '나새이'를 위 시에서 그려낸 방식을 떠올리며 발음해 보자. 그 발음은 [나새이] 또는 [나생이]와 얼마나 같고 또 다른가? 그 물리적인 차이는 어떻게 표현할 수 있을까? 이 장에서는 한국어의 말소리에 대해 살펴본다. 말소리가 어떻게 만들어지고, 그러한 말소리들에서 어떻게 추상적인 음운 목록이 설정되고 체계화되는지 알아보자.

• 한국어의 말소리는 어떻게 만들어지는가?
• 이렇게 만들어진 수많은 물리적 말소리들에서 어떻게 추상적인
  음운 목록이 설정되고 체계화되는가?
• 음운은 어떻게 모여 음절을 이루고 발음되는가?

1 말소리란 무엇이며 어떻게 만들어지는가

우리의 의사소통 과정을 살펴보자. 우리는 말소리를 만들어 다른 사람에게 자신의 뜻을 전달하고, 다른 사람이 만든 말소리를 해석하여 상대방이 전달하려는 뜻을 이해한다. 이러한 의사소통 과정은 대부분 무의식적이다. 특별한 경우가 아니면 의사소통 과정에서 말소리에 주목하지 않는다. 이것이 가능한 이유는, 우리의 머릿속에 말소리에 대한 약속이 저장되어 있기 때문이다. 이처럼 무의식적으로 사용하는 한국어 말소리에 대한 화자의 머릿속 지식을 탐색하는 것이 이 장의 궁극적인 목적이다. 이를 위해 먼저 물리적인 말소리가 무엇이며 어떻게 만들어지는지 살펴보도록 한다.

말소리의 개념

우리는 늘 수많은 소리에 둘러싸여 살아간다. 이 중 말소리란 무엇인가? 천둥소리나 소의 울음소리는 말소리인가? 박수 치는 소리나 코웃음 치는 소리는 말소리인가? 말소리가 무엇인지는 생각보다 간단하지 않다. 이와 관련하여 신지영(2014: 4)에서는 말소리를 '인간의 발음 기관을 통하여 만들어지는 언어학적 의미를 가진 소리'로 규정하고 있다. 즉, 말소리는 인간이 내는 소리이되(따라서 천둥소리나 소의 울음소리는 말소리가 아니다), 발음 기관을 통해 만들어지는 소리이다(따라서 박수 치는 소리는 말소리가 아니다). 그러나 인간의 발음 기관을 통해 만들어지는 소리가 모두 말소리인 것은 아니다. '언어학적 의미'를 가진 소리란 단어를 만드는 데 적극적으로 사용되는 소리로서, 그 언어의 단어 중 해당 소리를 포함하고 있는 단어가 없다면 말소리가 아니다. 따라서 코웃음 치는 소리는 인간의 발음 기관을 통해 만들어진 소리로서 '비난'이나 '무시'와 같은 의미를 전달함에도, 말소리라 보기 어렵다.

그런데 이 '말소리'는 사실 두 가지 의미를 지닌다. 말소리는 물리적으로 존재하는 구체적인 소리이기도 하고, 그러한 구체적인 소리들이 공유하고 있는 특징들을 근거로 우리 머릿속에 추상화되어 존재하는 추상적인 소리이기도 하다. 즉, '살다'라는 동일한 단어를 발음하더라도 사람마다 발음의 양상은 다를 수 있다. 그럼에도 이를 알아듣는 데 문제가 없는 것은 같은 언어를 쓰는 우리의 머릿속에 구체적인 소리를 추상화하는 방법이 저장되어 있기 때문이다. 이처럼 물리적으로 존재하는 구체적인 소리를 음성(音聲, phone)이라 하고, 추상적으로 존재하는 소리를 음운(音韻, phoneme)[1]이라고 한다. 전자를 연구하는 학문이 음성학(phonetics)이고, 후자를 연구하는 학문이 음운론(phonology)이다.

말소리를 만들어 내는 발음 기관

들이마신 공기를 폐에서 내보내면 그 공기가 후두의 성대를 통과하면서 말소리로 바뀌고 이것이 구강(입안)이나 비강(코안)을 지나면서 여러 가지 말소리로 변하게 된다. 말소리가 어떻게 만들어지는가를 살펴보기 위해 먼저 말소리를 만들어 내는 데 관여하는 기관인 발음 기관에 대해 알아야 한다. 발음 기관의 구체적인 역할은 말소리가 만들어지는 과정에서 확인할 수 있다.

....

[1] '음운'은 '음소(音素)'와 동일한 개념으로 사용되기도 하고, (분절음인) 음소와 (초분절음인) 운소를 합친 포괄적인 개념으로 사용되기도 한다.

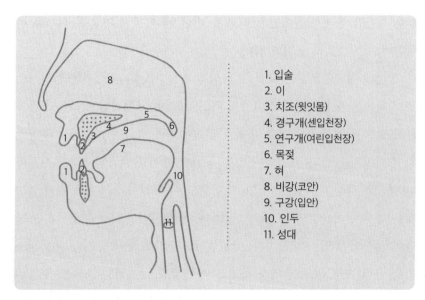

1. 입술
2. 이
3. 치조(윗잇몸)
4. 경구개(센입천장)
5. 연구개(여린입천장)
6. 목젖
7. 혀
8. 비강(코안)
9. 구강(입안)
10. 인두
11. 성대

그림 1-1 발음 기관의 구조

말소리가 만들어지는 과정: 발동-발성-조음 과정

말소리는 공기의 흐름을 만들어 내는 발동 과정, 공기의 흐름을 말소리로 바꾸어 주는 발성 과정, 말소리를 다양한 종류로 변별해 주는 조음 과정을 거치면서 만들어진다(Catford, 1988). 각각의 과정을 조금 더 구체적으로 살펴보자.

'발동 과정'은 말소리를 내는 데 필요한 공기의 흐름을 만들어 내는 과정이다. 국어의 말소리는 모두 폐에서 나오는 날숨을 이용해 만들어진다.

'발성 과정'은 폐에서 흘러나온 공기의 흐름을 말소리로 바꾸어 주는 과정이다. 폐에서 올라온 기류가 가장 먼저 만나는 발음 기관은 후두이다. 후두는 성대와 여러 가지 연골들로 이루어져 있는데, 두 개의 인대가 맞닿은 구조로 된 성대는 공기가 두 인대 사이인 성문을 통과하면서 열리고 닫힌다. 성대는 일종의 밸브 역할을 하면서, 성문을 열어 공기를 흐르게 할수도 있고, 성문을 닫아 공기를 흐르지 못하게 할 수도 있고, 열었다 닫았다 진동시키면서 공기를 내보냈다 막았다 할 수도 있다. 성대가 떨리면서나는 소리는 유성음이고, 성대의 떨림 없이 나는 소리는 무성음이다. 공기가 흐를 때 성문을 좁히고 성대를 빠르게 떨어 주면 유성음이 만들어지고, 성문을 열고 공기를 내보내면 무성음이 만들어진다. 국어의 모음은 모두유성음이고, 자음은 유성음도 있고 무성음도 있다.[2]

'조음 과정'은 성대를 통과해 나온 말소리를 다양한 자음이나 모음으로 바꾸어 주는 과정이다. 성대 위쪽에 있는 발음 기관이 다 조음 기관이라 할 수 있는데, 입술, 윗잇몸, 입천장(센입천장, 여린입천장), 혀(혀끝, 혓바닥, 혀뿌리) 등이 이에 해당한다. 말소리는 조음 과정에 의해 공기의 흐름이 구강 통로의 중앙부에서 방해를 받으면서 나는 자음과 아무런 방해를 받지 않고 나는 모음으로 나뉜다. 이를 구체적으로 살펴보자.

자음의 조음 과정과 분류

자음은 입술이나 혀가 열렸다 닫혔다 하면서 공기의 흐름에 방해를 받으면서 만들어지는 소리이다. 방해를 받는 위치(조음 위치)와 방해를 받는방법(조음 방법)이 어떠한가에 따라 자음은 다양하게 분류될 수 있다. 조

---

2   이진호(2014: 23)에 따르면 한국어의 경우 유성음과 무성음이 모두 존재하나, 그 차이가 단어의 의미를 구별하는 기능을 하지 못하고 음운론적 조건에 따라 자동적으로 실현되기 때문에한국어 화자들도 그 둘 사이의 차이를 잘 인식하지 못한다. 가령, '가구'에서 앞의 'ㄱ'은 무성음이고 뒤의 'ㄱ'은 유성음이나, 실제 이를 정확히 알고 구별하기란 매우 어렵다는 것이다. 이런 점에서 한국어에서 유성음과 무성음의 차이와 그에 따른 변별은 음성학의 영역으로 음운론의 대상은 아니라 할 수 있다.

음 위치에 따라 말소리가 달라지며, 조음 위치가 같아도 조음 방법이 다르면 말소리가 동일하게 실현되지 않는다. 그런데 조음 위치와 조음 방법이 같다 하더라도 말소리가 항상 동일하게 실현되는 것은 아니다. 예를 들어, 'ㅂ, ㅃ, ㅍ'은 동일하게 입술 위치에서 방해를 받고 공기가 구강으로 흐르는 소리이나, 분명 다르게 들린다. 'ㅂ'보다 'ㅍ'이 공기의 흐름이 더 세다. 더 많은 공기가 압축되었다 방출되고 난 후 후두에서 일종의 난기류가 생기기 때문인데, 이를 기식(氣息)이라고 한다. 또한 'ㅂ'보다 'ㅃ'이 후두 근처가 더 긴장된다. 결국 정리하면 자음은 조음 위치, 조음 방법, 기식의 유무, 긴장의 유무를 기준으로 다양하게 분류될 수 있다.[3]

조음 위치에 따른 분류

자음은 조음 위치에 따라서 양순음, 치조음, 경구개음, 연구개음, 후음 등으로 나뉜다. 양순음은 두 입술이 조음에 관계하는 소리로 한국어의 'ㅂ, ㅃ, ㅍ, ㅁ'이 이에 속한다. 치조음은 혀끝이 윗잇몸에 닿았다가 떨어지는 소리로 한국어의 'ㄷ, ㄸ, ㅌ, ㅅ, ㅆ, ㄴ, ㄹ'이 이에 속한다. 경구개음은 혓바닥이 센입천장에 닿거나 접근하여 나는 소리로 한국어의 'ㅈ, ㅉ, ㅊ'이 이에 속한다. 연구개음은 혓바닥이 여린입천장에 닿거나 접근하여 나는 소리로 한국어의 'ㄱ, ㄲ, ㅋ, ㅇ'이 이에 속한다. 후음은 후두의 성문을 좁혀 마찰을 일으키는 소리로 한국어의 'ㅎ'이 이에 속한다.

조음 방법에 따른 분류

조음 방법은 소리를 완전히 막았는지 유무, 코안으로 연결되는 통로(비

---

3 이 중 기식의 유무, 긴장의 유무는 엄밀히 말하면 후두의 성대가 공기의 흐름을 조절하는 과정이므로 '발성 과정'에 해당하나, 연구자에 따라 넓은 의미에서 조음 과정 중 조음 방법에 포함시키기도 한다.

강)가 열렸는지 유무, 후두의 긴장 및 기식 유무 등에 따라 결정된다. 자음은 조음 방법에 따라 파열음, 마찰음, 파찰음, 비음, 유음 등으로 나뉜다.

　파열음은 공기의 흐름을 완전히 막았다 일시에 터뜨리는 소리로서, '폐쇄-지속-파열'의 세 단계를 거친다. 아래 그림은 파열음의 파열 과정을 보여 준다(김성규·정승철, 2005: 27).

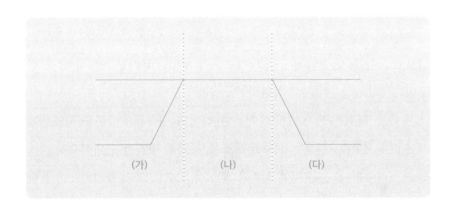

　(가)는 발음하기 전에 두 입술이 떨어져 있는 상태에서 아랫입술이 윗입술에 가닿아 폐쇄가 이루어지는 과정이다. (나)는 폐쇄가 지속되면서 입안의 기류 압력이 높아지는 단계이며, (다)는 폐쇄되었던 두 입술이 열리면서 기류가 일시에 방출되는 과정이다(김성규·정승철, 2005: 27). 즉, 어떤 위치에서 공기의 흐름을 막으면 압력이 커져서 결국에는 터지게 되는 과정인 셈이다. 첫 번째 조음 단계를 중시하여 폐쇄음이라 부르기도 한다. 한국어의 'ㅂ, ㅃ, ㅍ', 'ㄷ, ㄸ, ㅌ', 'ㄱ, ㄲ, ㅋ'이 이에 속한다. 같은 조음 위치와 조음 방법을 지닌 이들 자음들은 후두의 기식 및 긴장 유무에 따라, 다시 평음 'ㅂ, ㄷ, ㄱ'와 유기음 'ㅍ, ㅌ, ㅋ', 경음 'ㅃ, ㄸ, ㄲ'으로 나뉜다.

　마찰음은 공기가 통과하는 통로를 좁혀서 마찰을 일으켜 내는 소리이다. 한국어의 'ㅅ, ㅆ, ㅎ'이 이에 속한다. 'ㅅ'은 평음, 'ㅆ'은 경음이며, 'ㅎ'은 유기음으로 보기도 하고 평음으로 보기도 한다.

파찰음은 공기의 흐름을 막았다가 통로를 조금 열어 공기를 서서히 내보내 마찰을 일으키게 하는 소리로서, 폐쇄와 마찰이 모두 이루어진다는 점에서 파찰음이라고 부른다. 한국어의 'ㅈ, ㅉ, ㅊ'이 이에 속한다. 'ㅈ'은 평음, 'ㅊ'은 유기음, 'ㅉ'은 경음이다.

비음은 발음할 때 구강의 모습은 파열음과 동일하나 파열음과 달리 코안으로 가는 통로가 열려 공기가 코안으로 계속 흐른다는 차이가 있다. 한국어의 'ㅁ, ㄴ, ㅇ'이 이에 속한다.

유음은 혀의 측면으로만 공기를 흘리거나(설측음), 혀끝을 윗잇몸에 잠깐 댔다 떨어뜨리는(탄설음) 소리로서, 공기의 방해를 상대적으로 적게 받는 소리이다. 유음은 이들 설측음, 탄설음을 한데 묶어 통칭하는 부류라 할 수 있으며, 한국어에서는 'ㄹ'이 이에 속한다. 즉, 'ㄹ'은 환경에 따라 설측음(⑩ [나라]의 /ㄹ/) 또는 탄설음(⑩ [날다]의 /ㄹ/)으로 실현된다.

지금까지 살펴본 파열음, 마찰음, 파찰음, 비음, 유음은 공기의 흐름이 비교적 자유로운 공명음과 그렇지 않은 장애음으로 다시 나뉠 수 있다. 즉, 비강이나 구강 중 어느 쪽이라도 열려 있으면 공기는 상대적으로 방해를 덜 받고 자유롭게 빠져나가기 때문에, 비강과 구강의 울림을 동반한다. 한국어에서는 비음과 유음이 공명음이고 공명음 이외의 자음이 장애음이다.

모음의 조음 과정과 분류
모음은 자음과 달리 공기의 흐름에 방해를 받지 않는 소리이다. 따라서 조음 위치가 따로 존재하지 않는다. 대개 모음은 혀의 최고점 위치(고저와

전후)와 입술 모양(동그랗게 오므려 돌출되는지 유무)에 따라 다양하게 나눌 수 있다.[4]

먼저 혀의 최고점의 높이에 따라 공기가 통과하는 통로의 크기가 넓어지거나 좁아진다. 고모음은 혀의 표면이 마찰을 일으키지 않을 정도로 입천장에 접근하면서 나는 소리로, 입이 닫히므로 폐모음이라고도 한다. 한국어의 'ㅣ, ㅟ, ㅡ, ㅜ'가 이에 속한다. 저모음은 혀가 입천장에서 가장 멀어진 상태에서 나는 소리로, 입이 열리므로 개모음이라고도 한다. 한국어의 'ㅐ, ㅏ'가 이에 속한다. 중모음은 고모음과 저모음의 중간 정도에서 나는 소리로, 한국어의 'ㅔ, ㅚ, ㅓ, ㅗ'가 이에 속한다.

혀의 최고점의 앞뒤 위치에 따라 혓몸 뒤에 만들어지는 공간의 크기와 모양도 바뀐다. 전설 모음은 혀의 최고점이 앞쪽, 즉 경구개에 접근한 상태에서 나는 소리로, 한국어의 'ㅣ, ㅔ, ㅐ, ㅟ, ㅚ'가 이에 속한다. 후설 모음은 혀의 최고점이 뒤쪽, 즉 연구개에 접근한 상태에서 나는 소리로, 한국어의 'ㅡ, ㅓ, ㅏ, ㅜ, ㅗ'가 이에 속한다.

입술 모양에 따라 입술을 둥글게 내밀면 이와 입술 사이에 공기가 흘러 나가는 통로가 생긴다. 원순 모음은 입술을 둥글게 오므린 상태에서 나는 소리로, 한국어의 'ㅜ, ㅗ, ㅟ, ㅚ'가 이에 속한다. 평순 모음은 입술을 평평하게 편 상태에서 나는 소리로, 한국어의 'ㅡ, ㅓ, ㅏ, ㅣ, ㅔ, ㅐ'가 이에 속한다.

....

4 여기서 다루는 모음의 조음 과정은 엄밀히 말하면 단모음의 조음 과정이다. 이중 모음의 분류 기준은 단모음과는 조금 다르다.

고루 이극로 선생의
파리 음성학 실험실 풍경은 어땠을까

고루 이극로(1893~1978)는 일제 강점기 저명한 국어학자로서 조선어학회의 핵심 멤버 중 한 사람이었다. 해방 후 월북해 북한의 고위 공직을 역임했던 탓에 그간 남한에서는 거의 잊힌 인물이었다가, 최근 들어 그의 학자로서의 업적과 한글운동가로서의 노고가 학계나 언론을 통해 활발히 조명되고 있다.

그는 1922년 베를린대학으로 유학을 간 후 1928년 파리대학 음성학부 실험실에서 국어의 음성학 실험을 실행하였다. 이 실험은 그의 저서 『실험도해 조선어음성학』(1947)으로 결실을 맺었다. 그는 이 책의 서문에 다음과 같은 말을 남겼다.

> 이 책을 쓰게 된 것은 내가 일찍이 베를린, 파리, 런던에서 여러 음성학자로 더불어 조선어 음성을 논한 바 있었는데 그중에도 특히 파리대학 음성학 실험실에서 서력 1928년 봄에 1개월 스라메크 교수의 청으로 나는 조선어 음성의 실험 대상이 된 일이 있다. 그때에 쓰던 나의 인조구개(人造口蓋)로써 발음 위치를 확정하는 재료를 얻었다. 그리고 조선어학회에서 외래어 표기 통일안을 내게 되어 그 성안 위원의 1인이 되매, 더욱 조선 어음의 과학적 근거를 세우기에 게으를 수가 없었다.

그렇다면 이극로 선생이 국어의 음성학 실험을 진행했던 당시 파리대학 음성학 실험실의 풍경은 어떠했을까? 이를 짐작할 수 있는 자료가 프랑스국립도서관 디지털 아카이브 갈리카(Gallica)를 통해 공개되었다. 1928년 5월 15일, 이극로 선생은 파리의 소르본대학에 있던 구술 아카이브의 스튜디오에서 육성 녹음을 남겼다.

소르본 대학 구술 아카이브는 각국의 언어와 방언, 민담, 설화, 노래 등을 연구자의 실수나 주관 등의 개입 없이 있는 그대로 보존하기 위해 설립된 자료 보존 기관이다. 이 스튜디오에서 이극로 선생은 〈천도교리 낭독〉, 〈조선 글씨와 조선 말소리〉 2종의 자료를 녹음했던 것이다.

〈조선 글씨와 조선 말소리〉 녹음 자료를 들어 보니, 지금은 희미해진 서부경남 방언의 억양으로 또박또박 자료를 읽어 나가는 청년 이극로가 고스란히 되살아난다. 지금으로부터 90여 년 전, 나라와 모어를 한꺼번에 잃은 한 젊은 국어학자가 낯선 타국의 실험실과 스튜디오에서 차가운 금속성의 기계를 앞두고 제 나라 말소리를 또박또박 곱씹으며 국어 음성의 과학적 근거를 찾고자 골몰했을 그 풍경이 묘하게 외롭다.

이극로 선생이 자필로 쓴 녹음 기록표

- 〈천도교리 낭독〉 녹음 자료

  https://gallica.bnf.fr/ark:/12148/bpt6k1292527.r=kolu%20li?rk=21459;2

- 〈조선 글씨와 조선 말소리〉(1부) 녹음 자료

  https://gallica.bnf.fr/ark:/12148/bpt6k129253m.r=kolu%20li?rk=42918;4

2 우리말 음운은 어떻게 설정되고 체계를 이루는가

앞서 살펴본 것과 같이 말소리가 발동-발성-조음 과정을 거쳐 다양하게 변별되어 만들어진다고 할 때, 우리는 어떤 말소리(물리적 실재)를 동일한 말소리(추상적 실재)로 인식하고, 이를 활용하여 의사소통하는가? 구체적이고 물리적인 말소리를 동일한 말소리로 인식하는 방법은 언어에 따라 다르다. 그렇기에 우리는 한국어 화자의 머릿속에 추상적 실재로서 서로 약속된 말소리의 목록을 추출해 보고, 그것을 앞서 살펴본 조음 과정상의 특징에 따라 체계화할 필요가 있다. 이를 위해 먼저 음운의 개념과 체계에 대해 구체적으로 살펴보도록 한다.

음운의 개념

앞서 음성이 구체적이고 물리적인 소리라면 음운은 화자의 머릿속에 있는 추상적인 소리라고 언급한 바 있다. 좀 더 나아가면, 이처럼 특정 언어 안에서 하나의 소리로 인식되면서 단어의 뜻을 구별해 주는 최소 단위를 음운이라고 한다. 따라서 세대에 따라, 방언에 따라 음운의 수는 다를 수 있다. 음운이 음성으로 실현되는 모습 역시 방언마다 화자마다 다를 수 있으나, 그렇다 하여 우리가 의미를 혼동하는 일은 거의 없다. 물리적으로 각기 다른 소리로 실현되지만, 심리적으로는 같은 소리로 듣고 있기 때문이다. 한편, 분절음인 음운과 달리 초분절음인 운소(韻素), 예를 들어 억양, 강세, 소리의 길이 등이 제한적인 맥락에서 단어의 뜻을 변별해 주기도 한다. 한국어의 경우, 소리의 길이가 그러하여 일부 맥락에서 최소대립쌍이 성립하면서 음운의 자격을 갖는다. 그러나 실제 표준어 화자들의 장단 의식은 매우 희박하여, 실제 언어생활에서는 표준 발음법과 달리 소리의 길이가 단어의 뜻을 구별하는 데 거의 기여하지 못하고 있다.

음운 설정 방법

현실 세계에 존재하는 소리는 다 음성이다. 그렇다면 이 수많은 음성들 속에서 단어의 뜻을 구별해 주는 최소의 소리 단위인 음운을 찾는 방법, 즉 어떤 소리가 음운인지 아닌지 아는 방법은 무엇일까?[5]

첫째, 최소대립쌍을 찾는 것이다. 최소대립쌍(minimal pair)이란 같은 자리에 있는 하나의 음이 다름으로써 그 뜻이 구별되는 단어의 묶음을 말한다. 최소대립쌍을 만들어 주는 그 두 소리는 각기 음운의 자격을 얻는다. 예를 들어 한국어에서 '물'과 '불'은 단어 첫머리에 오는 소리만 다르고 나머지는 조건이 동일하므로, 'ㅁ'과 'ㅂ'은 음운에 속한다. '불'과 '볼'은 단어의 가운뎃소리만 다르고 나머지는 동일하므로, 'ㅜ'와 'ㅗ'도 음운에 속한다. 주의할 것은, 최소대립쌍을 이루는 단어들 간 음운의 개수가 같아야 한다는 것이다. 이런 점에서 '고리'와 '오리'는 최소대립쌍이 되지 못한다.

둘째, 음성들의 분포를 살펴 상보적 분포를 보이는지 확인하는 것이다. 상보적 분포(complementary distribution)란 소리가 나타나는 환경이 달라서 소리의 분포가 겹치지 않는 것을 의미하는데, 어떤 음과 상보적 분포를 보이는 소리는 음운의 자격을 갖지 못하고 한 음운의 변이음으로 처리된다. 하나의 음운이 항상 같은 음성으로만 나타나는 것은 아니며, 여러 가지 조건에 따라 다른 음성으로 실현된다. 이처럼 한 음운이면서 음성적

....

5 신지영·차재은(2004: 59-68)을 참조하였다.

으로 달리 실현되는 소리를 변이음이라고 한다. 한 음운의 변이음들은 상보적 분포를 이루므로, 두 개의 음성이 하나의 음운인지 아닌지 판별할 때 상보적 분포가 유용한 기준이 될 수 있다. 예를 들어 '가곡'의 경우, 어두의 /ㄱ/은 무성 파열음이고, 유성음 사이의 /ㄱ/은 유성 파열음이며, 종성에서의 /ㄱ/은 무성 불파음[6]이다. 상보적 분포를 보이는 이들 세 가지 소리는 각기 음운 자격을 갖는 것이 아니라 하나의 음운의 변이음에 해당한다.

셋째, 음성적 유사성을 확인하는 것이다. 예를 들어 우리말 음성 'ㅎ'은 어두에서만 나타나고, 우리말 음성 'ㅇ'은 종성에서만 나타난다. 두 소리는 상보적 분포를 이루고 있고, 나타나는 위치가 다르므로 최소대립쌍은 당연히 만들 수 없다. 그럼에도 이 둘은 별개의 음운의 자격을 갖는데, 이는 음성적 유사성이란 속성 때문이다. 여러 개의 음성이 몇 개의 변이음으로, 이들 변이음이 다시 하나의 음운으로 추상화되는 것은 이들 소리가 가진 음성적 유사성 때문이다. 그러나 우리말 음성 'ㅎ'과 'ㅇ' 사이에는 음성적 유사성이 없다. 따라서 비록 상보적 분포를 이루고 있다 하더라도 한 음운의 변이음으로 보기 어려우므로 별개의 음운으로 보는 것이 타당하다.

이러한 기준으로 한국어의 음운을 추출한 결과, 한국어의 자음으로 'ㄱ, ㄴ, ㄷ, ㄹ, ㅁ, ㅂ, ㅅ, ㅇ, ㅈ, ㅊ, ㅋ, ㅌ, ㅍ, ㅎ, ㄲ, ㄸ, ㅃ, ㅆ, ㅉ' 이렇게 19개가 확인되며, 한국어의 단모음으로 'ㅏ, ㅓ, ㅗ, ㅜ, ㅡ, ㅣ, ㅐ, (ㅔ, ㅚ, ㅟ)'와 같이 7~10개가[7] 확인된다.

<hr />

6 파열음은 음절의 초성에 쓸 때만 파열이 일어나고 종성 위치에 오면 파열이 일어나지 않는다.
7 이에 대한 내용은 '한국어의 모음 체계'에서 후술한다.

음운 체계

이처럼 최소대립쌍, 상보적 분포, 음성적 유사성 등의 방법을 활용하여 한국어의 음운 목록들을 추출했다면, 이제 이들을 체계적으로 분류할 필요가 있다. 그 기준으로는 앞서 다룬, 조음 과정에서 자음과 모음을 분류하는 기준을 활용하면 된다. 이에 의거하여 우리말의 자음 체계와 모음 체계를 정리하면 다음과 같다.

한국어의 자음 체계

한국어에는 19개의 자음이 있다. 이를 조음 위치와 조음 방법에 따라 분류한 결과, 자음 체계는 다음과 같다.

조음 방법		조음 위치	양순음	치조음	경구개음	연구개음	후음
장애음	파열음	평음	ㅂ	ㄷ		ㄱ	
		유기음	ㅍ	ㅌ		ㅋ	
		경음	ㅃ	ㄸ		ㄲ	
	마찰음	평음		ㅅ			ㅎ
		경음		ㅆ			
	파찰음	평음			ㅈ		
		유기음			ㅊ		
		경음			ㅉ		
공명음	비음		ㅁ	ㄴ		ㅇ	
	유음			ㄹ			

비음, 유음 등을 제외한 장애음에서 후두의 기식이나 긴장 유무에 따라 둘 혹은 셋의 계열로 나뉜다는 점은 우리말 자음 체계의 특징 중 하나이다. 한편 'ㅎ'는 입장에 따라 위와 같이 평음으로 처리하기도 하고, 유기음으로 보기도 하고, 아예 분류하지 않기도 한다.

한국어의 모음 체계

한국어의 모음은 단모음과 이중 모음으로 이루어져 있다. 단모음은 발음할 때 입의 모양이나 혀의 위치가 변하지 않는 모음이며, 이중 모음은 발음할 때 입의 모양이나 혀의 위치가 변하는 모음이다. 오늘날 한국어에는 7~10개의 단모음과 10~12개의 이중 모음 목록이 존재한다.

단모음 체계

1절에서는 단모음에 국한하여 모음의 조음 과정을 살펴보았다. 혀의 최고점의 높이와 앞뒤 위치, 입술 모양에 따라 단모음을 분류한 결과, 단모음 체계는 다음과 같다.

혀의 앞뒤 / 입술 모양 / 혀의 높이	전설 모음		후설 모음	
	평순 모음	원순 모음	평순 모음	원순 모음
고모음	ㅣ	(ㅟ)	ㅡ	ㅜ
중모음	(ㅔ)	(ㅚ)	ㅓ	ㅗ
저모음	ㅐ		ㅏ	

위와 같이 한국어의 단모음 목록은 많게는 10개, 적게는 7개를 설정할 수 있다. 표준 발음법에서는 10개를 제시하고 있으나, 현실 발음을 고려하

면 'ㅐ'와 'ㅔ'는 음성적으로 최소대립쌍을 더 이상 이루지 못하여 'ㅐ'로 통합되고 있으며, 'ㅟ'와 'ㅚ'는 거의 이중 모음으로 발음되므로 7개라고 볼 수도 있다.

이중 모음 체계

이중 모음은 반모음과 단모음으로 구성되어 있는 모음으로, 발음하는 과정에서 입의 모양이나 혀의 위치가 변화하는 모음을 말한다. 반모음은 다른 단모음과 달리, 단독으로 하나의 음절을 이룰 수 없다는 점에서 반자음이라고도 불린다. 한국어에는 j(ㅣ)계 반모음과 w(ㅗ/ㅜ)계 반모음이 존재한다. j는 단모음 'ㅣ'와 비슷하고 w는 단모음 'ㅗ, ㅜ'와 비슷하나, 자신과 유사한 발음의 모음을 발음할 때보다 혀가 더 높이 올라가는 특징이 있다. 반모음의 유형, 반모음과 단모음의 결합 순서를 기준 삼아 분류(이진호, 2014: 81)한 결과, 한국어의 이중 모음 체계는 다음과 같다.

상향 이중 모음 (반모음+단모음)	j계 반모음	ㅑ, ㅕ, ㅛ, ㅠ, ㅒ, ㅖ
	w계 반모음	ㅘ, ㅝ, ㅙ, ㅞ, (ㅟ)
하향 이중 모음 (단모음+반모음)	j계 반모음	ㅢ
	w계 반모음	

상향 이중 모음은 반모음이 단모음보다 앞서는 것이고, 하향 이중 모음은 단모음이 반모음보다 앞서는 것이다. 한국어의 이중 모음은 'ㅢ'를 제외하고는 모두 상향 이중 모음이다.[8]

....

8 음운 체계상 'ㅢ'만 하향 이중 모음이라는 것은 'ㅢ'의 불안정한 지위로 귀결된다. 이러한 현상은 중세 국어 시기 동일하게 하향 이중 모음이었던 'ㅐ, ㅔ, ㅚ, ㅟ'가 차츰 단모음 지위를 얻

한국어의 이중 모음 목록은 단모음의 숫자에 따라 달라진다. 표준 발음법에서 원칙으로 삼는 10개 모음을 기준으로 할 경우, 앞과 같이 11개의 이중 모음을 설정할 수 있다. 'ㅚ, ㅟ'를 이중 모음으로 허용할 경우에는 'ㅚ'를 'ㅞ'로 발음하므로 'ㅟ'가 추가되어 12개의 이중 모음이 설정될 수 있다. 또는 현실 발음에 의거하여 7개만을 단모음으로 볼 경우, 'ㅔ'와 'ㅐ'가 'ㅐ'로 통합되어 이중 모음에서 'ㅖ'와 'ㅒ'의 구별, 'ㅞ'와 'ㅙ'의 구별도 사라지기 때문에 'ㅒ'와 'ㅙ'만 남게 되는데, 여기에 'ㅟ'를 포함하여 10개의 이중 모음이 설정될 수 있다(이진호, 2014: 79 참고).

....

음으로써 'ㅢ'만 남게 된 것과 관련이 있다(이진호, 2014: 81). 그러나 'ㅢ'를 반모음+단모음의 결합 구조로 보아(그리하여 제3의 반모음을 설정하고) 상향 이중 모음으로 처리하는 경우도 있고, 다른 이중 모음과 달리 단모음 'ㅡ'와 단모음 'ㅣ'의 결합으로 보는 견해도 있다. 이처럼 'ㅢ'의 처리 문제는 여전히 진행형이다.

3 음운은 어떻게 모여 음절을 이루고 발음되는가

음성적 특질에 따라 체계화된 한국어의 음운들이 그 자체로 발음 단위가 될 수는 없다. 우리는 음운들을 묶어서 음절 단위로 발음한다. 어떤 발화를 들을 때 분절음인 음운의 개수를 세는 것보다 음절의 개수를 세는 것이 훨씬 쉬우며,[9] 심지어 한글의 표기도 음절 단위로 모아쓰도록 되어 있다. 그만큼 우리에게 음절은 매우 중요한 단위로 인식된다. 이 절에서는 음운이 어떻게 모여 음절을 이루고 발음되는지, 그 기본 원칙을 살펴본다.

음절의 개념과 구조

음절은 홀로 발음할 수 있는 최소의 단위라고 정의할 수 있다. 따라서 한국어의 모음은 홀로 음절을 이룰 수 있으나 자음은 그렇지 못하다. 반모음도 단모음과 결합하여 이중 모음이 되어야 음절을 이룰 수 있다.

음운은 일정한 원칙에 따라 음절을 구성한다. 먼저 한국어의 경우, 모음이 있어야 음절이 성립한다.[10] 모음의 앞뒤에 자음은 올 수도 있고 오지 않을 수도 있으며, 모음의 앞이나 뒤에 반모음이 올 수도 있고 오지 않을 수도 있다. 가장 일반적인 구조를 자음+모음+자음이라고 설정할 때, 앞에

---

9 그러나 어떤 발화를 듣고 음절의 개수를 셀 때, 언어권마다 반응이 다를 수 있다. 예를 들어 영어권 화자가 발음한 [milk]를 영어, 한국어, 일본어 세 언어권 화자에게 들려주고 음절 수를 물어 보면, 똑같은 소리를 듣고도 영어 화자는 1개, 한국어 화자는 2개, 일본어 화자는 3개라 답할 것이다. 이런 점에서 음절 역시 심리적으로 실재하는 머릿속 단위라 할 수 있다(신지영·차재은, 2004: 125).

10 이런 점에서 모음을 성절음(成節音)이라고도 하며, 모음의 음성적 특징을 설명하는 주요 변별적 자질에 '[+성절성]'이 포함되어 있다.

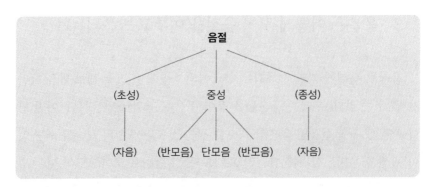

그림 1-2 국어 음절의 구조(김성규 · 정승철, 2005: 78)

오는 자음을 초성, 가운데 있는 모음을 중성, 뒤에 오는 자음을 종성이라 부른다. 음절의 구조를 도식화하면 그림1-2와 같다.

음절의 경계

우리의 발화는 별도의 휴지를 두지 않는 이상 연쇄적으로 이어진다. 이들 발화는 기본적으로 음운들의 연쇄이다. 이렇게 연쇄적으로 이어지는 음운들의 음성적 실현을 어떻게 음절로 묶어 낼 수 있을까? 음절의 내부 구조에 대한 앎을 바탕으로 한국어의 음절화 절차를 제시하면 다음과 같다(이진호, 2014: 123).

1단계: 음운 연쇄 중 모음(이중 모음 포함)을 찾아서 음절의 중성을 만든다.
2단계: 모음 바로 앞에 자음이 하나 있으면 그 자음을 초성으로 하여 뒤에 오는 모음과 같은 음절로 묶는다. 단, 'ㅇ'은 그대로 둔다.
3단계: 남은 자음은 모두 종성으로 하여 그 앞에 오는 모음과 같은 음절로 묶는다.

음절에서 가장 중요한 역할을 하는 것이 중성이기에 모음을 제일 먼저 찾아 음절의 중성을 만들고, 언어 보편적으로 자음이 초성에 오는 것이 더 무표적이므로 모음 앞에 오는 자음을 잡아 초성을 만들고 나서 마지막으로 종성을 만드는 방식인 셈이다.

음절의 실현과 제약

음운의 연쇄를 음절화 절차를 거쳐 음절로 구성해 내면, 음절 구조 정보를 이용하여 음절 내부에서 일어나는 제약을 이야기할 수 있다. 모든 자음이나 모음이 초성이나 중성 또는 종성 자리에서 실현되는 것은 아니다. 음운들이 모여 음절을 이루거나 음절끼리 연결될 때 특정 음운이 실현되지 못하도록 하는 제약[11]이 존재한다. 이러한 제약에 의거하여 특정 음운이 탈락하거나 교체되거나 첨가되는 등의 음운 변동이 일어난다. 이러한 현상에 대해서는 음운의 변동을 설명하는 2장에서 구체적으로 다룰 것이다.

대표적인 제약 몇 가지를 살펴보면 다음과 같다. 첫째, 초성에 올 수 있는 자음의 최대 개수는 1개이며, 'ㅇ'은 초성에 올 수 없다. 둘째, 종성에 올 수 있는 자음의 최대 개수는 1개이다. 이 제약을 어기는 형태가 만들어지면 자음 하나가 탈락한다. 셋째, 종성에는 'ㄱ, ㄴ, ㄷ, ㄹ, ㅁ, ㅂ, ㅇ'의 일곱 종류만 올 수 있다. 이 제약을 어기는 형태가 만들어지면 '잎[입]'과 같이 'ㅂ, ㄷ, ㄱ' 중 한 자음으로 바뀐다.

....

11 이를 특별히 음절 구조 제약이라고 부를 수 있는데, 결국 초성, 중성, 종성에 대한 제약이다. 주로 초성, 중성, 종성에 올 수 있는 음소의 수나 종류를 제한한다.

학습자 오개념

학습자 오개념은 교수·학습의 기획과 실행 과정에 매우 유용한 정보를 제공한다. 음운 체계와 관련한 중등 학습자의 대표적인 오개념을 살펴보면 다음과 같다.*

- 음성은 소리이고 음운은 글자이다.
- 자음/모음과 자음자/모음자는 같다.
- 초성 자리에 오는 'ㅇ'은 하나의 음운이다.
- 'ㅆ'은 두 개의 음운이다.
- 'ㅐ', 'ㅔ'는 이중 모음이다.
- 반모음(j, w)은 단모음(ㅣ, ㅗ/ㅜ)이다.
- 반모음은 단모음과 이중 모음의 성질을 다 가지고 있다.
- 이중 모음은 두 개의 모음자가 합쳐진 것이다.

위의 오개념 목록은 학습자들이 음운의 개념을 잘못 이해하거나 음운 체계를 제대로 파악하지 못하고 있음을 잘 보여 준다. 음운은 음성 언어의 무의식적이고 추상적인 단위로서 심리적 실재이다. 학습자들이 학습 이전에 쉽게 의식할 수 있는 대상이 아니며, 음운이라는 용어 또한 음성에 비해 일상적으로 쓰이지 않는다. 더욱이 음소 문자인 한글의 영향으로, 일상생활에서도 음운의 구성 요소인 자음, 모음이 자음자, 모음자와 엄격하게 구분되어 사용되지 않는다. 이 때문에 학습자들은 학습 이전에 이 둘을 동일한 것으로 간주하기 쉽고, 학습 과정에서도 이러한 인식이 유지되는 경우가 많다.

....

* 이와 관련해서는 김다연(2019), 전영주 외(2017), 박종미·강민이(2016), 김은성 외(2007) 등을 참고할 수 있다.

2장 음운 현상

유행가 그릇된 발음
언어 학습에 악영향

국어의 올바른 사용을 위해서는 표기법 못지않게 발음법도 중요한데 전자에 비해 후자는 소홀히 취급된 감이 없지 않아 안타까운 마음에서 몇 자 적는다.

우리가 흔히 사용하는 일상어 중에서 잘못 발음되고 있는 예를 찾아보면, 부엌에[부어케(○) 부어게(×)], 무릎을[무르플(○) 무르블(×)], 흙(닭)이[흘(달)기(○) 흐(다)기(×)], 값이[갑씨(○) 가비(×)], 목욕[모곡(○) 모욕(×)], 담임[다밈(○) 다님(×)], 다른[다른(○) 따른(×)], 꽃을[꼬츨(○) 꼬슬(×)], 팥이 팥을[파치 파틀(○) 파시 파츨(×)] 등이 있다.

그런데 문제는 이런 그릇된 발음법이 유행 가요나 선전 문구들 속에 섞여 대중 매체를 통해 전달됨으로써 무의식 중에 쉽게 우리들에게 수용된다는 점에 있다. 특히 언어 학습 과정에 있는 어린이들이나 청소년들에게 미치는 악영향은 고려되어야 하기 때문이다. 비근한 예로 요즈음 인기를 모으고 있는 가요 중에 나오는 잘못된 발음을 지적해 보면 다음과 같다. 끝을[끄틀(○) 끄즐(×)], 내곁을[내겨틀(○) 내겨츨(×)], 새벽녘의[새병녀킈(○) 새병녀긔(×)], 목젖이[목저지(○) 목저시(×)], 따뜻한[따뜨탄(○) 따드탄(×)] 등이다.

틀린 외국어 발음에는 민감하면서도 정작 엄격해야 할 엉터리 국어 발음에는 너무 무심한 것은 아닌지 한번 곱씹어 볼 일이다.

(『동아일보』, 1990. 9. 4.)

이 글은 1990년 한 신문에 실린 기고문이다. 여기에 '엉터리 국어 발음'이라고 나열된 것들은 지금도 주변에서 쉽게 들을 수 있다. 사람들이 늘 표준 발음법에 준해 발음하는 것은 아니기 때문이다. 이른바 규칙에 맞지 않는다는 발음도 가만히 들여다보면 그렇게 발음하는 나름의 규칙과 이유가 있기도 하다. 그러니 "이것은 틀린 발음이라고 하니 여하튼 고치자!"라고 하기보다는, "왜 사람들은 이렇게 발음할까?" 또는 "이런 발음들은 어떤 음운 현상에 의한 것일까?"라고 질문해 보자.

- 음운이 실제 언어 환경에서 실현될 때 어떤 양상을 보이는가? 그것들을 무엇이라고 이름 붙일 수 있을까?
- 음운이 특정한 환경이나 조건에서 다양하게 바뀌는 현상의 원인은 무엇인가?

1 음운 현상이란 무엇이며 왜 생겨나는가

음운은 사람의 귀에 청각 신호로 들어오는 말소리인 음성 상태에서 채집되어 뇌의 필터링을 거쳐 심리적 실체로서 인지된다. 음운으로서 존재하는 하나의 말소리는 다른 말소리와 어울려 실현되는데, 말소리들이 어울릴 때 특정 환경이나 조건이 만들어지고, 그 결과 원래의 말소리에 변화가 생긴다.

(1) 가. 디다(落) > 지다
    나. 입학: [이팍] / [이박]
    다. 좋아: [조:아]

(1가)는 먼 과거에 ' ㅣ ' 모음 앞의 'ㄷ'이 'ㅈ'으로 바뀐 것이다. (1나)는 동일한 단어가 서로 다른 지역의 방언 화자들에 의해 다르게 발음되는 경우이다. 지리적 공간에 따라 방언이 분화하면서, 어느 지역의 한국어 화자들은 'ㅂ'과 'ㅎ'을 'ㅍ'으로 줄이는 방식으로, 또 어느 지역의 한국어 화자들은 뒤의 'ㅎ'을 탈락시키고 'ㅂ'을 후행 음절 초성으로 실현하는 방식으로 '입학'을 발음한다. (1다)는 모음과 모음 사이의 환경에서 'ㅎ'이 탈락하는 것을 보여 준다. 이와 같이 시간의 흐름에 따라 발생한 것이든 특정 시기에 규칙적으로 바뀌어 나타나는 것이든, 음운이 실현되면서 생기는 모든 현상을 음운 현상이라고 한다. 이러한 음운 현상 중에서 공시적으로 특정한 환경이나 조건에 따라 바뀌는 현상을 따로 구분하여 음운 변동이라고 부르기도 한다. 이때 음운 변동은 음운 현상보다 좁은 개념이다. 굳이 범위를 따져 구분할 필요가 없을 때에는 두 용어를 구분하지 않고 음운

현상이라는 이름으로 통칭한다.

그렇다면 음운 현상은 왜 생기는 것일까? 달리 말하면, 사람들은 왜 어떤 음운을 원래의 소릿값대로 발음하지 않고 조건에 따라 다르게 발음하는 것일까? 이는 언어마다 음운들이 실현될 때 적용되는 제약 조건이 존재하고, 사람들은 해당 언어를 토박이어로 배우는 과정에서 그 조건들을 자연스럽게 익혀 무의식적으로 조건에 맞게 음운을 실현시키도록 체화하기 때문이다. '앞[압]'에서와 같이 음절 종성 위치에서 음운 'ㅍ'은 'ㅂ'으로 바뀐다. 한국어에는 음절 종성에 7개의 음운만 올 수 있다는 조건이 존재하기 때문이다. 그렇지만 일본어에는 이러한 조건이 없다. 한국어 화자는 한국어를 토박이어로 익히면서 여러 조건들을 체화하게 되는데, 이 조건들이 무의식적으로 작동하는 수준으로 체화되면 다른 언어를 배울 때 자기도 모르게 이를 적용하기도 한다.

한국어의 음운이 말소리로 실현될 때 적용되는 조건에는 여러 가지가 있다. 다음의 예를 살펴보자.

(2) 가. 'ㄹ'과 'ㄴ'은 연이어 올 수 없다.
　　나. 'ㅎ'은 모음과 모음 사이, 공명 자음과 모음 사이에 올 수 없다.
　　다. 종성에 올 수 있는 자음은 'ㄱ, ㄴ, ㄷ, ㄹ, ㅁ, ㅂ, ㅇ'뿐이다.
　　라. 비음 앞에는 장애음이 올 수 없다.

(2가)의 조건이 한국어에 존재하기 때문에 '칼날'은 [칼랄]로 발음된다. (2나)의 조건이 작동하기 때문에 전화기 너머에서 이름을 정확히 말해 달라고 할 때 '이은해'라는 이름을 [이으내]가 아니고 [이은#해]라고 말해야 한다. 의식적으로 이렇게 하지 않으면 공명 자음 'ㄴ'과 모음 'ㅐ' 사이

에서 'ㅎ'이 자연스럽게 탈락되기 때문이다. (2다)의 조건에 의해 '낱알'은 '[나ː탈]'이 아니라 '[나ː달]'로 발음된다. (2라)의 조건으로 인해 '국민'은 [궁민]으로 발음된다. 한국어 음운이 말소리로 실현되는 과정에서 이와 같은 조건들이 체계적으로 작동하기 때문에 여러 종류의 음운 현상이 생기게 된다.

한편, 음운 현상이 생기는 배경 중에는 발음의 편이성과 구별의 용이성도 있다. 이러한 경우에도 음운 현상이 발생한다.

예를 들어, '감기'를 '[감ː기]'라고 발음하지 않고 '[강ː기]'라고 발음하는 사람을 주위에서 만난 적이 있을 것이다. 이것은 바로 발음의 편이성, 더 자세히 말하면 발음하는 데 필요한 노력을 최대한 줄이려는 시도로 볼 수 있다. '감'과 '기'가 만나서 'ㅁ'과 'ㄱ'이 이어질 때, 조음 주체인 화자는 먼저 두 입술을 움직이는 한편 비강 통로를 활용하여 'ㅁ'을 발음하고 나서 그다음에 바로 구강을 활용하여 입천장 뒤쪽 지점에서 조음되는 'ㄱ'을 발음해야 한다. 이어지는 두 개의 소리를 만들기 위해 빠른 시간 내에 여러 가지 차원의 조정을 해야 하는 것이다. 그렇지만 'ㄱ' 앞에 'ㅁ'이 아니라 'ㅇ'이 온다면 조정의 과정이 더 간단해진다. 'ㅇ'은 소리가 만들어지는 위치가 'ㄱ'과 같고, 성도(聲道) 역시 비강을 활용하여 둘 사이에 일치되는 부분이 많기 때문이다. 따라서 '[감ː기]'보다 '[강ː기]'라고 발음할 때 혀의 움직임 등을 줄이면서 힘을 덜 들이고 발음할 수 있다.

2 음운 현상은 어떻게 분류할 수 있는가

아래 단어들은 여러 음운 현상을 임의로 골라 모은 것이다. 이것들을 어떤 기준으로 어떻게 분류할 수 있을까? 다양한 분류 기준을 세울 수 있지만, 그중에서도 음운 현상의 결과에 주목하여 음운이 바뀌는 양상에 따라 분류하는 방식이 두루 쓰인다.

> 국물[궁물], 달님[달림], 국밥[국빱], 곧이[고지],
> 녀자[여자], 크+어서[커서], 피어[피어/피여], 입학[이팍]

음운 현상은 음운이 바뀌는 양상에 따라 대치, 탈락, 첨가, 축약으로 구분할 수 있다. 대치는 전체 음운 개수의 변화 없이 한 음운이 다른 음운으로 바뀌는 현상이다. 탈락은 한 음운이 없어지는 현상으로, 전체 음운의 개수가 줄어든다. 첨가는 원래 없던 음운이 새로 들어오는 현상으로, 전체 음운의 개수가 늘어난다. 축약은 두 음운이 합쳐져 다른 한 음운으로 바뀌는 현상으로, 전체 음운의 개수가 줄어든다. 이러한 기준으로 위의 음운 현상들을 분류한 결과는 아래와 같다.

- 대치: 국물[궁물], 달님[달림], 국밥[국빱], 곧이[고지]
- 탈락: 녀자[여자], 크+어서[커서]
- 첨가: 피어[피여]
- 축약: 입학[이팍]

음운 현상을 음운이 바뀐 결과의 성격에 따라 동화(同化)와 이화(異化)로 나누기도 한다. 주변 환경과 같거나 비슷하게 바뀌는 것을 동화라고 하고, 다르게 바뀌는 것을 이화라고 한다. 동화의 경우, 변화의 방향이라는 기준을 더 설정하여 세분할 수도 있다. 이 경우 앞에 오는 소리에 영향을 받아 뒤에 오는 소리가 앞선 소리와 같거나 비슷하게 바뀌는 것을 순행 동화라고 하고, 뒤에 오는 소리에 영향을 받아 앞선 소리가 같거나 비슷하게 바뀌는 것을 역행 동화라고 한다. 예를 들어 '국물[궁물]'은 역행 동화에 속하고, '달님[달림]'은 순행 동화에 속한다. 그렇지만 한국어의 모든 음운 현상이 동화와 이화로 나뉠 수 있는 것은 아니다. 음운 현상을 동화와 이화로 구분할 때는 바뀐 동기에 따라 언어학적 설명이 가능한 것들을 대상으로 해야 한다.

이 외에도 특정한 의도와 목적에 따라 다른 차원의 기준을 설정하여 음운 현상을 분류할 수 있다. 음운 현상이 일어나는 조건을 형식화하여 파악하고자 하는 의도라면, 규칙적으로 항상 일어나는 음운 현상과 그렇지 않은 음운 현상을 분류할 필요가 있다. 전자는 형식화해서 보편적 규칙으로 규정할 수 있으나, 후자는 늘 일어나는 현상이 아니므로 동일하게 처리할 수 없다. 이러한 분류 방식은 한 언어의 표준 발음법을 정리하거나 공식적인 의사소통 장면에서 필요한 격식적인 발음 목록을 준비해야 할 때 유용하다. 예를 들어 신입 아나운서를 위한 발음 연수 교재를 만든다면, 음운 현상을 대치, 탈락, 첨가, 축약으로 분류하기보다는, 음운 규칙으로 묶일 수 있는 음운 변동 부류와 그렇지 않은 부류로 나누어 묶는 것이 효과적일 것이다.

한편, 교실에서 가르치고 배우는 활동의 체계성과 효율성을 고려한 분류 기준도 생각해 볼 수 있다. 교육이라는 특수한 목적과 의도 아래에서는 음운에 대한 정보를 중심으로 음운 현상을 분류할 수 있다. 즉 음운에 대한 정보만으로 교수·학습이 가능한 음운 현상과, 음운 외의 것들(어종이나 형태소 등)에 대한 정보가 있어야 설명할 수 있는 음운 현상을 각기 다른 범주로 구분하는 것이다. 전자는 음운 차원에서 설명이 가능하여 개념의 복잡도가 상대적으로 낮은 범주의 음운 현상으로, 후자는 형태 차원이나 어휘 차원까지 확장되어 개념의 복잡도가 상대적으로 높은 범주의 음운 현상으로 볼 수 있다. 가령, '국물[궁물]'이나 '입학[이팍]'은 음운 차원에 한정된 정보만으로 설명할 수 있다. 말소리의 연쇄 환경에서 각각의 말소리들이 그것의 조음 방식과 위치에 따라 바뀌는 현상이기 때문이다. 그러나 '곧이[고지]'는 그렇지 않다. 'ㄷ' 뒤에 오는 '이'가 형식 형태소의 일부인 조건에서 일어나기 때문이다. 'ㄷ' 뒤에 오는 '이'가 실질 형태소인 '곧이어[고디어]'와 비교해 보면, 이 사실을 더욱 명확하게 알 수 있다. 'ㄷ'과 '이'가 연쇄되는 조건은 동일하지만, '이'의 정체에 따라 음운 변동의 양상이 완전히 달라지는 것이다. 이러한 분류 기준은 음운 현상 자체만을 고려하는, 즉 언어 내적인 것만을 고려하는 기준들과 성격이 매우 다르다. 음운 현상을 교육 대상으로 보는 관점에서 설정할 수 있는 제3의 기준으로서, 다분히 메타적인 속성을 지닌다.

'군녁'은 무엇?

다음은 한 인터넷 커뮤니티 게시판의 글이다. 이 글의 마지막 문장에 나오는 '군녁'은 무슨 의미일까?

> 좋은 오후입니다. 저는 오늘도 아침에 일을 먼저 해 두고 커피를 마시면서 잠시 이곳에 들렀어요. 어제는 경기가 안 풀려서 기분이 저조한 채로 귀가했는데, 점심으로 맛난 것을 먹은 덕분에 마음이 너그러워지네요. 그럼 또 들를게요. 모두들 군녁!입니다.

정답은 영어에서 '행운을 빕니다' 또는 '일이 잘 되길 바랍니다' 등의 의미를 지니는 친교적 표현인 'Good luck'이다. 이것이 어떤 과정을 거쳐 한국어 화자에게 '군녁'이라고 발음된 것일까?

'Good luck'은 두 단어이지만, 사람들은 보통 폐에서 만들어 올린 한 번의 공기 흐름이 다하기 전에 이 두 단어를 발음하기 때문에 말소리를 내는 차원에서는 한 단어처럼 다루어진다. 그러므로 'Good luck'의 한국어 표기인 '굿 럭'은 우선 '굿럭'으로 인지된다. 그런데 한국어의 음절 종성에서는 'ㅅ'이 실현될 수 없다는 약속에 의해 '굿럭'은 [굳럭]이 된다(①). 그렇지만 [굳럭] 역시 그대로 실현되기 힘든데, 'ㄹ' 앞에 'ㄹ' 이외의 자음이 올 경우, 'ㄹ'이 'ㄴ'으로 바뀌는 현상 때문이다. 그래서 [굳럭]은 [굳넉]이 된다(②). 그렇다면 [굳넉]은 한국인이 실제로 발음하기 쉬운가? 그렇지 않다. [굳]과 [넉] 사이에 숨을 쉬지 않으면 음절 [굳]의 종성 'ㄷ'의 발음이 선명하지 않게 된다. 즉, [굳#넉]이 되어야 [굳넉]에 포함된 말소리의 음성적 특질을 다 살려 발음할 수 있다. 한 숨 안에 [굳넉]을 발음해야 하는 조건에서, 한국인들은 대체로 이를 [군넉]으로 발음한다. 종성 'ㄷ'의 바로 뒤에 이어지는 'ㄴ'의 비음성에 의해 이 'ㄷ'이 같은 위치에서 만들어지는 비음인 'ㄴ'으로 바뀌게 되는 규칙을 무의식으로 적용하기 때문이다. 사람의 말소리를 분석하여 가시적으로 보여 주는 프로그램인 프라트(Praat)의 결과물로 이를 확인해 보자.

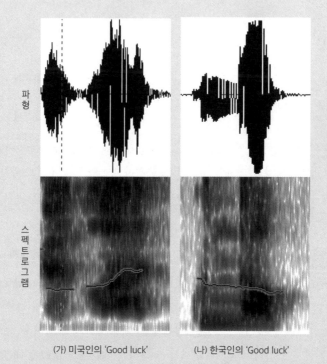

파
형

스
펙
트
로
그
램

(가) 미국인의 'Good luck'　　(나) 한국인의 'Good luck'

(가)는 미국인 여성 화자가 발음한 'Good luck'을 표시한 것이고, (나)는 한국인 여성 화자가 발음한 것을 표시한 것이다. (가)의 파형과 스펙트로그램을 보면 'good'과 'luck'이 두 단어로 선명히 구분되고 있다. 첫음절의 'd'가 제대로 실현되고 있는 것이다. 반면 (나)는 두 음절의 덩어리가 하나로 이어져 있다. 이는 'd'가 원래의 음이 아니라 비음으로 실현되어, 자음임에도 불구하고 상대적으로 긴 길이로 유지되면서 뒤에 오는 'ㄴ'으로 바로 이어지기 때문이다.

이처럼 '굿넉!'이라는 표현, 또는 인터넷상의 별명으로 존재하는 '굿넉이'라는 표현은 한국어 환경에서 발견되는 특유의 음운 현상이 반영된 것이다. 한국어의 음운 현상은 그 자체로 한국어의 고유한 특성이 드러나는 언어 현상 중의 하나라는 점도 기억해 두면 좋겠다.

3 음운 현상에는 어떤 것들이 있으며 그것들은 왜 일어나는가

앞서 살펴본 사례 외에도, 음운 현상은 기준에 따라 다르게 분류되며 각각의 종류도 다양하다. 여기에서는 여러 음운 현상 중에서 발음 생활과 표기 생활에 미치는 영향이 상대적으로 큰 비음화, 유음화, 된소리되기, 구개음화, 두음 법칙, 모음 탈락, 반모음 첨가, 거센소리되기를 다룰 것이다.[1] 이를 위해 앞서 제시한 음운 현상 사례를 다시 가져와서 여덟 가지 음운 현상 각각을 구체적으로 설명하고자 한다. 다음은 앞의 사례에 음운 현상의 이름을 붙인 것이다.

- 국물[궁물]   ⇨   비음화
- 녀자[여자]   ⇨   두음 법칙
- 달님[달림]   ⇨   유음화
- 크+어서[커서]   ⇨   모음 탈락
- 국밥[국빱]   ⇨   된소리되기
- 피어[피여]   ⇨   반모음 첨가
- 곧이[고지]   ⇨   구개음화
- 입학[이팍]   ⇨   거센소리되기

....

1   2015 개정 국어과 교육과정에서는 모든 음운 현상을 다루지 않고, 발음 생활과 표기 생활에 미치는 영향이 큰 것들로 이 여덟 가지 음운 현상을 제시하고 있다. 이 음운 현상들은 특정한 음운 규칙을 설정할 수 있기에, 정교하게 정의하면 음운 변동에 속한다.

비음화

'국물[궁물]'은 'ㄱ'과 'ㅁ'이 만나서 'ㅁ'의 비음성으로 인해 'ㄱ'이 같은 조음 위치의 비음인 'ㅇ'으로 바뀐 것이다. 이와 같이 비음화는 평파열음과 비음이 나란히 놓일 때, 평파열음이 비음으로 바뀌는 현상을 말한다. 이는 비음 앞에 평파열음이 올 수 없는 한국어 특유의 제약 때문에 일어난다. 또 다른 예시를 보자.

(3) 밥만 먹는 빛나[밤만 멍는 빈나]

'밥만[밤만], 먹는[멍는], 빛나 → (빋나) → [빈나]'는 모두 비음화의 예이다. 정리하면, 비음화는 평파열음 'ㅂ, ㄱ, ㄷ' 뒤에 'ㄴ, ㅁ'이 연속될 수 없기 때문에 'ㅂ, ㄷ, ㄱ'이 같은 조음 위치의 비음인 'ㅁ, ㄴ, ㅇ'으로 바뀌는 동화 현상의 일종이다.

비음이 아닌 말소리가 비음으로 바뀐다는 점에서는 동일하지만 세부적으로는 그 종류가 다른 음운 현상도 있다. 가령 '능력[능녁]'은 'ㄹ'이 'ㄴ'으로 바뀌었다는 점에서 비음화라 할 만하다. 그러나 바뀌는 조건이 평파열음과 비음이 연속되는 것이 아니라는 점에서 다르다. 이것은 'ㄹ'을 제외한 자음 뒤에서 'ㄹ'이 비음 'ㄴ'으로 바뀌는 것으로서, 공명도가 가장 큰 자음 'ㄹ' 앞에 공명도[2]가 'ㄹ'보다 작은 다른 자음이 올 수 없다는 한국

....
2 공명도란 말소리가 울리는 정도를 뜻한다. 소리 내는 길이나 높이 등의 조건을 같게 하고서 서로 다른 말소리를 발음하면, 멀리까지 정확히 들리는 정도가 다르다. 예를 들어 'ㅏ', 'ㄱ', 'ㄹ'을 각각 발음할 때, 소리를 내는 과정에서 공기의 흐름에 방해가 없는 모음 'ㅏ'가 가장 공명도가 높고, 혀의 옆 측면으로 공기가 나올 수 있는 길이 확보되는 'ㄹ'이 그다음으로 공명도가 높으며,

어 특유의 제약에 의한 것이다. 따라서 '국물[궁물]'과 '능력[능녁]', 이 둘은 동일한 음운 현상이라 보기 어렵다. 그래서 전자를 '비음 동화'라 하고 후자를 'ㄹ의 비음화'라 하여 달리 구분한다.

유음화

'달님[달림]'은 'ㄹ'과 'ㄴ'이 연이어 올 때 뒤의 'ㄴ'이 'ㄹ'로 바뀌는 것으로, 유음화의 한 예이다. 유음화는 음소 'ㄹ'과 'ㄴ'이 결합할 때 'ㄴ'이 'ㄹ'로 바뀌는 현상을 말한다. 'ㄹ'과 'ㄴ'의 결합은 결합 순서에 따라 두 가지 경우가 가능하다.

(4) 가. ㄹ+ㄴ: 달님[달림], 칼날[칼랄], 물놀이[물로리]

　　나. ㄴ+ㄹ: 논란[놀란], 논리[놀리], 진력[질:력]

(4가)는 'ㄹ' 다음에 'ㄴ'이 연이어 오는 것을 허용치 않는, 음소 배열과 관련된 한국어 특유의 제약에 의한 것이다. (4나)는 'ㄹ' 앞에는 'ㄹ'만 올 수 있다는 제약에 의한 것인데, 이는 근본적으로 두 개의 음절이 이어질 때 한국어에서 반드시 실현되어야 하는 조건과 연관되어 있다. 앞서 언급했듯 한국어에서는 뒤 음절 초성의 공명도가 앞 음절 종성의 공명도보다 크면 안 된다. 그러므로 (4나)는 'ㄴ+ㄹ' 연쇄에서 'ㄹ'이 'ㄴ'보다 공명도가 더 크기 때문에 'ㄴ'이 'ㄹ'로 바뀐 사례라고 설명할 수 있다.

....

혀의 움직임으로 인해 공기의 흐름에 방해가 적극적으로 일어나는 'ㄱ'이 가장 공명도가 낮다.

된소리되기

'국밥[국빱]'을 보면, 'ㄱ'과 'ㅂ'이 연결될 때 'ㅂ'이 된소리 'ㅃ'으로 바뀐다는 것을 알 수 있다. 이와 같이, 평장애음이 일정한 환경에서 된소리(경음)로 바뀌는 것을 '된소리되기(경음화)'라고 한다. 한국어에서 된소리되기 현상은 매우 다양한 환경에서 일어난다.

(5) 가. 국밥[국빱], 밥+도[밥또], 돋보기[돋뽀기]

　　 나. 안+고[안:꼬], 신+다[신:따], 감+지[감:찌]

　　 다. 길가[길까], 봄비[봄삐]. 냇가[내:까/낻:까]

　　 라. 갈 곳[갈꼳], 올 사람[올싸람], 할 줄도[할쭐도]

　　 마. 일생[일쌩], 일등[일뜽], 일심동체[일씸동체]

(5가)는 평파열음 'ㄱ, ㄷ, ㅂ' 뒤에서 일어나는 된소리되기 현상으로, 가장 전형적이고 대표적인 사례이다. (5나)~(5다)도 특정한 조건을 밝혀 기술할 수 있는 된소리되기 현상이지만, 그러한 조건에서도 된소리되기가 일어나지 않는 경우도 있다. 따라서 한국어에서 포착되는 모든 된소리되기 현상을 특정한 규칙으로 설명하기는 힘들다.

또한 왜 된소리가 되는지 언어학적으로 조건화하여 설명하기 힘든 된소리되기 현상도 존재한다. 대학생들이 '과방, 과사'를 '[과방], [과사]'라 발음하지 않고 일부러 '[꽈방], [꽈사]'라고 하는 것이 한 예이다. 이와 같이 된소리되기는 한국어에서 광범위하게 일어나는 음운 현상인 동시에, 체계적인 규칙화가 쉽지 않은 음운 현상이기도 하다.

구개음화

'굳이[고지]'에서는 'ㄷ'이 모음 'ㅣ' 앞에서 'ㅈ'으로 바뀌는 것을 확인할 수 있다. 이는 'ㄷ'과 모음 'ㅣ'의 위치가 가깝지 않아서 발음하기에 불편하므로, 'ㄷ'을 모음 'ㅣ'가 소리 나는 위치에 가까운 'ㅈ'으로 먼저 바꾸어 모음 'ㅣ'로 편하게 잇기 위해서이다. 그런데 이것만으로는 설명이 충분하지 않다. 앞서 언급했듯 '굳이어'의 경우에는 [고지어]가 아니라 [고디어]로 발음되기 때문이다. 그러므로 또 다른 조건이 설정되어야 이 현상을 제대로 설명할 수 있다. 두 단어의 음운 현상이 다르게 나타나는 이유는 'ㄷ' 뒤에 오는 '이'의 문법적 정체가 다르다는 데 있다. '굳이[고지]'의 '이'는 문법적 기능을 담당하는 형식 형태소이고, '굳이어[고디어]'의 '이'는 어휘적 의미를 가진 실질 형태소 '이어'의 부분이다. '끝이[끄치]'와 '끝일[끈닐]'에서도 마찬가지이다. 이와 같이 문법적 정보를 포함해야 비로소 구개음화의 정의가 가능해진다. 즉, 구개음화는 끝소리가 'ㄷ, ㅌ'인 형태소의 바로 뒤에 모음 'ㅣ'로 시작하는 형식 형태소가 올 때, 'ㄷ, ㅌ'이 경구개음 'ㅈ, ㅊ'으로 바뀌는 현상이다. 구개음화는 두 개의 음소가 조음 위치상 비슷하게 바뀌는 것이므로 동화 현상에 속한다. 그중에서도 뒤에 오는 모음 'ㅣ'의 조음 위치에 맞추어 치조음이 경구개음으로 바뀌는 것이므로 역행 동화에 해당한다.

두음 법칙

한국어에는 단어의 어두 초성에 대한 제약이 존재하며, 그 내용은 다음과 같다.

(6) 가. 어두에서 모음 'ㅣ'나 반모음 'j' 앞에 'ㄴ'이 허용되지 않는다.

　　나. 어두에 'ㄹ' 역시 허용되지 않는다.

'녀자[여자]'는 (6가)에 해당하는 사례로, 어두의 'ㄴ'이 반모음 'j' 앞에서 탈락한 경우이다. 또한 '란초[난초]'에서 'ㄹ'이 'ㄴ'으로 바뀌는 것은 (6나)의 어두 'ㄹ'에 관한 제약이 작용한 것이다. 이 두 가지 모두 어두 초성에 관한 제약이므로 두루 합쳐 '두음 법칙'이라 묶어 부른다.

그렇지만 이들은 음운 변동의 결과라는 측면에서 보면 동일한 현상이 아니다. (6가)의 'ㄴ 탈락'은 음운의 탈락에 해당하고, (6나)의 'ㄹ→ㄴ'은 음운의 대치에 해당한다.

한편, 두음 법칙을 판단할 때는 어종을 고려할 필요가 있다. 두음 법칙은 대체로 한자어에 적용되고, '니켈[니켈]', '라돈[라돈]'에서처럼 외래어에는 적용되지 않는다.

모음 탈락

'크+어서[커서]'는 모음 'ㅡ'의 바로 뒤에 모음 'ㅓ/ㅏ'가 오는 환경에서 'ㅡ'가 탈락하는 현상을 보여 준다. 이를 '으' 탈락이라고 한다. 두 개의 단모음이 연이어 올 경우, 두 단모음 간의 충돌을 피하기 위해서 나타나는 현상이다. 이처럼 모음 충돌[3]을 회피하기 위하여 모음이 탈락하는 경우는

....

3　한국어에서는 자음과 모음이 번갈아 배열되는 것이 자연스러운데, 모음과 모음이 연이어 올 경우 충돌이 생기게 되며 이를 모음 충돌이라고 한다. 모음 충돌을 피하기 위해 연이은 두 개의 모음 중 하나의 모음이 탈락되거나 모음 사이에 다른 음운이 첨가되는 등의 현상이 일어난다.

더 찾아볼 수 있다.

(7) 가. 가+아[가]

나. 건너+어서[건너서]

(7)은 '크+어서[커서]'와 마찬가지로 용언의 활용에서 보이는 모음 탈락 현상이다. 특히 (7)의 경우에는 같은 모음 두 개가 연속될 때 그중 하나가 탈락하는 현상을 보여 주는데, 이를 '동일 모음 탈락'이라고 한다.

반모음 첨가

'피+어[피여]'는 모음 'ㅣ'와 'ㅓ' 사이에 반모음 'j'가 새로 생긴 경우이다. 이처럼 모음으로 끝나는 형태소와 단모음으로 시작하는 형태소가 순서대로 결합할 때 반모음이 첨가되며, 이를 '반모음 첨가'라고 부른다.[4]

반모음 첨가는 앞의 모음 탈락과 마찬가지로 모음 충돌의 부담을 덜기 위해 일어난다. 모음 탈락이 두 개의 단모음 중에 하나를 탈락시켜 모음을 한 개로 줄임으로써 모음 간 충돌을 막는 방안이라면, '반모음 첨가'는 두 개의 단모음 사이에 반모음을 넣어서 '모음-반모음-모음'의 형태로 모음 간 충돌을 막는 방안이다.

....

4 반모음 첨가는 조건이 설정되었다고 해서 반드시 일어나는 음운 현상은 아니다. 그렇기에 표준 발음법에서는 '피+어'의 경우 [피어]로 발음함을 원칙으로 하되, [피여]도 허용한다고 규정하고 있다.

거센소리되기

'입학[이팍]'에서는 'ㅂ'과 'ㅎ'이 만나서 'ㅍ'이 되는 것이 확인된다. 두 개의 음소가 하나로 줄어들기 때문에 축약에 해당한다. 이 현상은 평파열음과 'ㅎ'이 만나서 거센소리(유기음)가 되기 때문에 '거센소리되기(유기음화)'라고 한다. 그 결합 순서는 다음과 같이 두 가지로 정리된다.

(8) 가. 'ㅂ, ㄷ, ㅈ, ㄱ' + 'ㅎ' → 'ㅍ, ㅌ, ㅊ, ㅋ' (예 닿다[다타])
나. 'ㅎ' + 'ㅂ, ㄷ, ㅈ, ㄱ' → 'ㅍ, ㅌ, ㅊ, ㅋ' (예 좋고[조코])

(8가)는 'ㅎ'이 뒤에 위치하여 일어나므로 역행적 유기음화이고, (8나)는 'ㅎ'이 앞에 위치하여 일어나므로 순행적 유기음화이다.

'능(陵)' 발음의 이모저모

한자 '陵'은 한국어에서 위치에 따라 '능'으로 쓰이기도 하고(⑩ 능참봉), '릉'으로 쓰이기도 한다(⑩ 구릉). '능'으로 쓰일 때는 그대로 발음하면 되지만, '릉'으로 쓰일 때는 한국어의 'ㄹ'과 관련된 제약 및 단어 내 구조에 따라 [능] 또는 [릉]으로 발음된다.

한국의 왕족 무덤 중에는 2음절 한자어 '-릉'의 형태로 이름 지어진 것들이 꽤 있다. 서울 지하철 2호선 역명에 들어간 '선릉(宣陵)'이 대표적인 예인데, 음운 구조가 같은 것으로 곤릉(坤陵), 순릉(純陵), 순릉(順陵), 안릉(安陵), 온릉(溫陵), 원릉(元陵), 인릉(仁陵), 헌릉(獻陵), 현릉(顯陵) 등이 표준국어대사전에 표제어로 등재되어 있다. 이 단어들은 모두 'ㄹ+ㄹ'로 발음하는 것이 표준 발음이다. 그런데 한국어 화자 중에는 [설릉]이 아니라 [선능]처럼, 'ㄴ+ㄴ'으로 발음하는 사람들이 많다. 그 이유를 알기 위해 3음절과 4음절의 능 이름은 어떻게 발음하는지 알아보자. 아래 예시는 표준국어대사전에서 제시된 대로 가져온 것이다.

- 금곡-릉(金谷陵) 「명사」『역사』 경기도 남양주시 금곡동에 있는 능.
- 동-구릉(東九陵) 「명사」『역사』 경기도 구리시에 있는 조선 시대의 아홉 능.
- 서-오릉(西五陵) 「명사」『역사』『역사』 경기도 고양시에 있는 조선 시대의 다섯 능.
- 동명왕-릉(東明王陵) 「명사」『역사』 평안남도 중화군에 있는, 동명 성왕의 능.

'금곡릉, 동명왕릉'은 '[금공능], [동명왕능]'으로 발음한다. 그렇지만 '동구릉, 서오릉'은 '[동구릉], [서오릉]'으로 발음한다. 왜 이런 차이가 생기는 것일까? 사전에 표제어로 제시된 부분을 자세히 보면, 네 개의 단어가 내적으로 어떤 구조로 짜여 있는지 표시한 내용이 있다. '금곡릉, 동명왕릉'은 '금곡-릉, 동명왕-릉'과 같이 '릉'이 독립적으로 인지된다. 반면 '동구릉, 서오릉'의 구조는

'동-구릉, 서-오릉'으로, '릉'이 뒤 요소의 한 부분으로 포함되어 독립적으로 인지되지 않는다. 즉, '금곡릉, 동명왕릉'의 '릉'은 하나의 독립적인 단어 구성 요소로 인지되기 때문에 첫 음절 초성에 'ㄹ'이 허용되지 않는다는 조건에 의하여 [능]으로 발음된다. 그러나 '동구릉, 서오릉'은 '구릉, 오릉'으로 인지되기 때문에 모음 다음에 이어지는 제2음절 초성 위치에 'ㄹ'이 있는 경우가 되어 [릉]으로 발음된다. 이처럼 [능]과 [릉]의 표준 발음의 원리를 정확히 이해하고 적용하기 위해서는, 단어 내적 구조에 대한 문법적 직관이 요구된다.

여기까지 검토하면 앞서 나온 '선릉' 등의 'ㄴ+ㄹ' 발음을 왜 'ㄹ+ㄹ'이 아니라 'ㄴ+ㄴ'으로 발음하는지에 대해서도 생각해 볼 수 있다. '선릉, 곤릉, 순릉'을 [선능], [곤능], [순능]으로 발음하는 사람들은 이 단어들을 하나의 덩어리로 보지 않고 '릉'을 독립적으로 인지하고 있을 가능성이 높다. 이 경우 첫 음절이 표상하는 한자의 뜻을 자세히 알지 못하더라도 2음절 한자어를 각각의 음절로 나누어 생각하게 된다. 그렇기 때문에 이들은 'ㄴ+ㄹ' 연쇄 제약에 대해 'ㄴ+ㄴ'의 방안을 체계적으로 적용하는 것으로 이해할 수 있다. 결국, 음운 현상에 대한 한국어 화자의 해석에는 나름의 문법적 직관이 영향을 미침을 알 수 있다.

지하철 역명 안내판에는 한글 표기와 함께 로마자 표기가 되어 있다. 로마자 표기는 표준 발음을 기준으로 하여 이루어지기 때문에 '릉'이 들어가는 지하철 역명 안내판을 보면 각 역명의 표준 발음을 정확히 알 수 있다.

학습자 오개념

음절의 끝소리 규칙, 자음군 단순화, 구개음화, 사잇소리 현상 등 학교 문법에서 자주 쓰인 특유의 개념과 용어를 중심으로 음운 현상에 대한 학습자의 대표적인 오개념을 정리한 김다연(2018)에 따르면, 학습자들은 음운 현상에 대해 다음과 같이 잘못 이해하고 있는 경우가 많다.

- 음절의 끝에서는 자음 'ㅈ'이 발음된다.
- 음절의 끝에서는 자음 'ㅅ'이 발음된다.
- 모음으로 시작하는 형식 형태소 앞에서도 음절의 끝소리 규칙이 나타난다.
- 연음 현상이 나타난 후 음절의 끝소리 규칙이 나타난다.
- 겹받침 중 하나가 연음되는 현상도 자음군 단순화이다.
- 받침의 개수가 줄어들면 자음군 단순화이다.
- 받침의 쌍자음이 교체되는 현상도 자음군 단순화이다.
- 자음군 단순화는 교체의 일종이다.
- 자음군 단순화는 축약의 일종이다.
- 모음의 종류는 구개음화의 실현에 영향을 미치지 않는다.
- 구개음화는 교체이지만 동화는 아니다.
- 구개음화는 자음을 세게 소리 내는 것이다.
- 사이시옷이 표기된 것만이 사잇소리 현상이다.
- 사잇소리 현상은 'ㄴ' 첨가와 동일하다.
- 사잇소리 현상은 된소리되기 현상과 동일하다.

이러한 오개념들은 각종 미디어로 촘촘하게 연결된 개인 간 또는 집단적 네트워크를 통해 광범위하게 확산되고 있다. 특히 이른바 '공스타그램', 인터넷 카페 등에서 정확성이 부족한 정보들이 공유되고 있는데, 학습자가 이런 정보들을 언제든 쉽게 접할 수 있다는 점을 고려하여 교수·학습을 계획하고 실행해야 한다.

3장 단어 형성

접미사, 때깔이 곱다

윤금초

거짓투성이, 욕심투성이, 허영투성이 밀쳐 두고
'투성이'란 접미사 앞에 '흙'이 턱 올라앉은 그날
그 말 참
때깔이 곱고
거룩해진 품새로다.

———

'-투성이'는 '그것이 너무 많은 상태' 또는 '그런 상태의 사물이나 사람'이라는 뜻을 지닌 접미사이다. 시인은 '-투성이'에 어떤 말이 덧붙는가에 따라 그 때깔이 달라짐을 포착한다. 그리하여 '거짓투성이'와 달리 '흙투성이'의 품새는 거룩하기까지 하다는 인상을 받는다. 이처럼 둘 이상의 요소로 형성된 단어는 어떤 요소끼리 결합하는가에 따라 말뜻이 달라짐은 물론 문법적인 성질이 변화하기도 한다. 이 장에서는 둘 이상의 요소로 형성된 단어의 내부를 들여다볼 것이다.

- 말뜻이 남아 있는 수준에서 단어를 분석하면 어떤 단위가 포착되는가?
- 결합 요소의 속성을 기준으로 단어가 형성되는 방식을 어떻게 체계화할 수 있는가?
- 합성과 파생 이외의 단어 형성 방식에는 어떤 것들이 있는가?

1 형태소란 무엇이며 어떻게 분류될 수 있는가

어렸을 때 불러 보았을 법한 동요 〈돌과 물〉을 떠올려 보자. 바윗돌을 깨뜨리면 돌덩이가 되고, 돌덩이를 깨뜨리면 돌멩이가 된다. 이런 식으로 계속 쪼개어 가다 보면, 더 쪼갤 경우에 돌 자체가 본래 가지고 있던 고유의 성질을 잃어버리는 단계에 이르게 된다. 언어 역시 마찬가지이다. 예를 들어, '자갈돌'이라는 단어는 '자갈'과 '돌'로 쪼갤 수 있지만, '자갈'을 '자'와 '갈'로, '돌'을 'ㄷ', 'ㅗ', 'ㄹ'로 쪼개면 말뜻을 잃게 된다. 물론, 앞에서 다루었던 것처럼 '자, 갈'은 음절(音節), 'ㄷ, ㅗ, ㄹ'은 음운(音韻)이라는 단위로 명명할 수 있지만 각각에서 말뜻은 찾아보기 어렵다. 여기에서는 말뜻이 남아 있는 단계에서 포착할 수 있는 언어 단위인 형태소에 대해 살펴볼 것이다.

형태소의 개념과 분석

주어진 언어 단위를 더 작은 단위로 분석할 때, 일반적으로 대치의 원리와 결합의 원리가 활용된다. 예를 들어, '나무꾼이 자갈돌을 집었다.'라는 문장에서 '나무꾼이' 자리에 '어부가' 등이, '자갈돌을' 자리에 '그물을' 등이, '집었다'의 자리에 '던졌다' 등이 올 수 있기 때문에, 이 문장은 '나무꾼이', '자갈돌을', '집었다'로 나눌 수 있다. 이처럼 어떤 말을 같은 성질을 지니는 다른 말로 교체할 수 있는 것을 대치(代置)라고 하고, 이 말들 간의 관계를 계열 관계(paradigmatic relation)라고 한다. 즉, '나무꾼이'와 '어부가', '자갈돌을'과 '그물을', '집었다'와 '던졌다'는 각각 계열 관계를 이루는 것이다. 또한 이 문장에서 각각의 단위 앞뒤에 다른 말이 결합(結合)

되는데, 이러한 결합을 이루는 말들 간의 관계를 통합 관계(syntagmatic relation)라고 한다. 즉, 주어진 예문에서 '나무꾼이', '자갈돌을', '집었다'는 결합 관계를 이루는 것이다.

형태소로 분석할 때에도 마찬가지이다. '나무'의 자리에 '사냥' 등이, '-꾼'의 자리에 '장수' 등이, '이'의 자리에 '은' 등이 올 수 있으므로, 대치의 원리에 따라 '나무꾼이'는 '나무, -꾼, 이'로 형태소 분석이 가능한 것이다. 마찬가지로, '집었다'에서 '집-'의 자리에 '먹-' 등이, '-었-'의 자리에 '-겠-' 등이, '-다'의 자리에 '-군' 등이 올 수 있기 때문에 이들은 각각 형태소이다. 또한 '집었다'는 다시 '집으시었겠다'처럼 '집-, -었-, -다' 사이에 다른 요소들이 추가될 수도 있기 때문에 결합의 원리에 따라 '집-, -었-, -다'로 형태소 분석을 할 수 있다.

이러한 대치 및 결합의 원리에 따른 언어 단위 분석은 소리 단위를 분석할 때에도 쓰인다. 예컨대, '돌'을 'ㄷ, ㅗ, ㄹ'로 나눌 때에도 적용되는 것이다. 그러나 이 단계에서의 분석은 이미 말뜻을 확인하기 어렵게 된다. 이렇게 볼 때, 형태소(形態素, morpheme)는 언어 단위를 분석해 가는 과정에서 말뜻이 유지되는 최소한의 단위로, '의미를 지니는 가장 작은 단위(minimal meaningful unit)'로 정의될 수 있다.

형태소의 교체와 이형태

그렇다면 형태소에서 '형태(形態)'는 무엇이며, '소(素)'는 어떤 의미일까? 이를 이해하기 위해서는 우선 표기된 글말이 아닌 입말을 기본으로 하여 언어에 접근할 필요가 있다. 예를 들어, 우리말의 표기 체계를 전혀 모르는 언어학자가 한국인들의 말을 통해 '닭'이라는 형태소를 포착하는 상황을 가정해 보자. 한국인들의 입에서는 '닭'이 결합 환경에 따라 '달기(닭+이), 닥또(닭+도), 당만(닭+만)'으로 발음되어 각각 '/닭/, /닥/, /당/'이 추출될 것이다. 이들을 각각 이형태(異形態, allomorph)라고 부른다. 또한 이들 중 대표로 '/닭/'을 기본형(basic allomorph)으로 선택하는 것이, '/닥/'이나 '/당/'을 선택하는 것보다 자연스러운 규칙으로 설명하기가 쉽다. 결합되는 환경에 따라, '닭'이 자음군 단순화, 비음화 등을 겪어 '[닥], [당]'으로 발음된다고 설명할 수 있기 때문이다. 다시 말해, 하나의 형태소를 이루는 이형태 중에서 대표가 되는 형태를 기본형이라고 한다. 형태소의 '바탕 소(素)'의 의미도 여기에서 찾을 수 있다.[1]

이처럼 하나의 형태소가 환경에 따라 상이한 모습으로 실현되는 것을 교체(alternation)라고 한다. 예컨대, 우리말의 조사 '이/가'는 결합되는 앞말의 받침 유무에 따라 달리 선택되는데, 음운론적 환경에 따라 교체되기 때문에 '이/가'를 음운적 조건에 의한 이형태라고 한다. 마찬가지로, '막아라, 먹어라'의 '-아라/어라'는 어간의 마지막 모음에 따라 달리 선택되는 음운적 조건에 의한 이형태이다. 그러나 같은 명령형 어미라고 하더라도 '하여라'의 '-여라'는 음운적 조건에 의해 교체되는 것이 아니라 '하-'와 같은 특정 단어 뒤에서만 교체가 이루어지기 때문에 형태·어휘적 조건에 의한 이형태라고 한다.

----

1   이 점에서, 이형태와 형태소의 관계는 변이음과 음소의 관계와 동질적이다. 음소 역시 여러 변이음들 중에서 대표로 정한 것이기 때문이다. 음소의 '소' 역시 '바탕 소(素)'의 의미이다.

형태소의 위상

많은 문법서들에서 형태소는 단어 형성을 다루는 장에서 언급되는 경우가 많으며, 이 책에서도 그러한 체재를 따른다. 그러나 형태소는 문법 전반에 대한 체계적인 이해를 도모할 수 있는 인식적 도구(이관희, 2015: 200)로서의 의의를 지닌다. 예컨대, '나무꾼이 자갈돌을 집겠다.'를 형태소로 분석한 결과 중 '나무, -꾼', '자갈, 돌'은 단어 형성 단원에서 주되게 다루어지지만, '이, 을' 같은 형태소들은 조사를 다루는 품사론의 주된 관심 대상이다. 또한 '집-, -었-, -겠-, -다'로 형태소를 분석한 결과에 따라, 어간, 어미, 선어말 어미, 종결 어미, 시간 표현, 양태 표현, 종결 표현 등이 다루어질 수 있다. 즉, 형태소 단위에 대한 분석적 인식이 선행되어야 각각의 분석 결과를 문법적 의미기능에 따라 어떻게 범주화하고 어떠한 용어로 명명하는지를 체계적으로 이해할 수 있는 것이다.

형태소의 분류

형태소는 일정한 기준을 세워 하위분류할 수도 있다. 다음의 (1가)를 형태소로 분석하면 (1나)와 같다. 이때 '큰'은 용언 어간 '크-'에 관형사형 전성 어미 '-ㄴ'이 결합한 단어이기 때문에 '크-'와 '-ㄴ'으로 분석해야 한다.

(1) 가. 나무꾼이 큰 것만 집었다.
　　 나. 나무, -꾼, 이, 크-, -ㄴ, 것, 만, 집-, -었-, -다

이러한 형태소들은 우선 자립성의 유무에 따라 분류될 수 있다. 자립성이 있는 형태소들은 다른 형태소와 결합하지 않고도 문장에서 홀로 쓰일 수 있는데, 이를 자립 형태소(自立 形態素, free morpheme)라고 한다. (1나)에서 '나무, 것'이 이에 해당한다. 반대로 자립성이 없는 형태소를 의존 형태소(依存 形態素, bound morpheme)라고 하는데, (1나)에서 '-꾼, 이, 크-, -ㄴ, 만, 집-, -었-, -다'가 의존 형태소이다. 이때 의존 명사 '것'은 자립 형태소가 아니라 의존 형태소라고 생각하기 쉬운데, 자립 형태소와 의존 형태소를 가르는 자립성 유무는 다른 형태소와의 결합이 필수적인지를 따지는 차원이기 때문에 '것'은 자립 형태소이다. 또한 '이, 만'과 같은 조사를 제외한 다른 의존 형태소는 '-' 표시를 하여 '-꾼, 크-, -ㄴ, 집-, -었-, -다'처럼 표현한다.

한편, 형태소가 지니는 의미[2]에 따라 실질 형태소(實質 形態素, full morpheme)와 형식 형태소(形式 形態素, empty morpheme)로 나눌 수도 있으며, 전자를 어휘 형태소로, 후자를 문법 형태소로 부르기도 한다.[3] (1나)에서 '나무, 크-, 것, 집-'이 실질 형태소이고, '-꾼, 이, -ㄴ, 만, -었-, -다'가 형식 형태소이다. 이때 '-꾼'은 '어떤 일을 전문적으로 하는 사람'이라는 뜻이, '만'은 '다른 것으로부터 제한하여 한정한다'는 뜻이, '-었-'은 '사건이나 행위가 과거에 일어났다'는 뜻이 있으니 실질 형태소로 나누어야 하지 않냐고 반문할 수도 있다. 학자에 따라 이들을 실질 형태소로 분류하

---

2 이때의 의미에는 어휘적인 의미뿐 아니라 문법적 의미 혹은 기능도 포함된다.
3 실질 형태소와 형식 형태소의 구분은 음운 현상을 학습할 때에도 유용하게 쓰인다. '밭이랑 논이 있다'의 '밭이랑[바치랑]'에서는 구개음화가 일어나지만 '밭이랑에 씨를 뿌리다'의 '밭이랑[반니랑]'에서는 구개음화가 일어나지 않는 현상, '꽃이[꼬치]'는 종성이 그대로 연음되지만 '꽃 위[꼬뒤]'는 대표음으로 바뀌어 연음되는 현상 등이 이와 관련된다.

는 경우도 있지만,[4] 학교 문법에서는 형태소 자체의 개념적인 의미보다는 다른 형태소들과의 문법적인 관계를 드러내는 기능을 우선시하여 이들을 형식 형태소로 분류한다.

형태소 분석의 어려움

대치 및 결합의 원리를 적용한다고 해도, 단어를 형태소로 분석하는 일이 언제나 딱 떨어지는 것은 아니다. 예외적인 사례가 등장하는 데다가 언어는 계속 변화하기 때문이다. 예를 들어, '가시다'에서 볼 수 있는 주체 높임 선어말 어미 '-시-'를 '계시다, 주무시다'에서도 분석할 수 있을 듯하지만, '가다'와 달리 '*계다, *주무다'가 존재하지 않음을 감안하면 '계시다, 주무시다'에서는 '-시-'를 하나의 형태소로 분석해 내기 어렵다. 또한 '지붕, 마중'의 의미를 고려하면 '집+-웅, 맞-+-웅'으로 분석될 것 같지만, '-웅'이 덧붙는 사례가 대단히 적다는 점에서 공시적으로 '-웅'을 형태소로 분석해야 하는지를 쉽게 판단하기 어렵다.

한편, 어떤 형태소들은 다른 형태소들과의 결합에 제약이 심한 경우도 있다. 예를 들어, '오솔길, 아름답다'에서 '길', '-답-'은 다른 형태소와의 결합이 비교적 자유롭지만, '오솔, 아름'은 그렇지 못하다. 이러한 경우까지 형태소로 분석해야 한다는 견해와 그럴 필요가 없다는 견해가 공존한다.

....

4   예컨대, 민현식(1994ㄴ)에서는 '-(으)ㅁ, -이-, -기-, -히-' 등의 지배 접사와 비교할 때 '-꾼' 과 같은 파생 접사들은 문법성이 두드러지게 드러나지 않는다는 점을 고려하여, 후자의 접사 들은 '어휘 문법 형태소'라는 새로운 유형으로 분류하는 방안을 제안하기도 하였다.

한힌샘 주시경 선생의 '늣씨'

분석적 관점으로 언어를 다루는 구조주의 언어학의 가장 기본적인 도구인 형태소를 현대적으로 개념화한 사람은 레너드 블룸필드(Leonard Bloomfield, 1887~1949)라는 미국의 언어학자이다. 그는 *Language*(1933)에서 형태소를 '말뜻이 있는 최소의 단위'라고 언명하였는데, 이러한 정의는 현재까지도 통용된다.

그런데 이보다 20여 년 전에 형태소와 유사한 개념을 자생적으로 주창한 우리 학자가 있었다. 우리 말글에 대한 이론을 체계적으로 정립하고 후진을 양성하여 한국어학을 대중화·근대화한 한힌샘 주시경(1876~1914) 선생이다.

그는 『대한 국어 문법』(1906), 『국문 연구』(1909) 등을 통해 한국어에 대한 독창적인 문법 체계를 이론적으로 체계화하였는데, 작고하기 불과 석 달 전에 『말의 소리』(1914)를 친필로 간행하였다. 그런데 이 책의 부록에 해당하는 「씨난의 틀」에서 구체적인 정의도 없이 '늣씨'라는 용어가 '느닷없이' 등장한다. 이전 저서에서는 찾아볼 수 없는 이 개념은 다음과 같이 짧게 기술된다.*

> ∧ 이는 벌잇이니 꾸민씨의 사이에 두어 늣씨와 늣씨를 가르는 보이라.

즉, 기호 '∧'는 벌잇인데, 늣씨와 늣씨의 경계를 표시하는 기능을 한다는 것이다. 여기에서 '씨'는 주시경 선생이 창안한 용어로 현대 언어학의 어소(語素)에 해당하며, '꾸민씨'는 '둘 이상의 씨로 구성된 씨'를 의미한다. 짧은 기술에 덧붙여 선생은 '해바라기'라는 단어는 '해∧바라∧기'라는 세 개의 늣씨로 구성됨을 예시한다.

....

* 원문은 세로쓰기로 되어 있고 우권점, 중권점 등의 별도 기호가 있으나, 이해를 돕기 위해 풀어 썼다.

『말의 소리』의 표지(왼쪽)와 부록 「씨난의 틀」(오른쪽)

물론『말의 소리』의 늣씨와 현대의 형태소가 개념적으로는 상당히 근접하지만, 보다 정교하게 비교하면 늣씨는 형태소 개념에까지 이르지는 못함을 지적하는 논의도 있어 왔다. 그러나 늣씨가 의미를 기준으로 하여 분석이 가능한 극한까지 나눈 언어 단위라는 점에서 자생적이고 독자적으로 우리말을 분석할 수 있는 단위로서의 지위를 지님은 분명하다.

늣씨에 관련된 기술이 너무 소략하여 선생의 뜻을 온전히 파악하기 어렵다는 점, 『말의 소리』는 형태론 저서가 아니었던 점을 감안하면 주시경 선생의 요절이 더욱 한스럽게 느껴진다. 선생은 몸도 돌보지 않고 연구와 강의에 매진하여 안타깝게도 1914년 7월 27일에 서울 수창동 자택에서 급서하고 마는데, 늣씨가 언급된『말의 소리』가 간행된 지 불과 3개월 만의 일이었다. 조금만 더 시간이 주어졌다면, 그리하여 지속적인 연구가 이루어졌다면 현대의 형태소만큼 정제된 개념으로서의 늣씨가 서양의 언어학보다 이른 시기에 정립될 수도 있었을 것이다.

2 형성 방식을 기준으로 단어를 어떻게 체계화할 수 있는가

앞서 설명했듯이 형태소는 단어 형성을 다루는 국면에서만 소용되는 단위가 아니다. 그렇지만 한 단어의 내부를 탐구하여 그 단어가 어떠한 구조로 형성되었는지를 살피기 위해서는 우선 형태소 단위를 중심으로 한 분석이 선행되어야 한다. 그 뒤 해당 형태소들이 어떠한 속성을 갖는지에 따라 어근, 접사로 범주화하고, 또 이들이 어떻게 결합되는가에 따라 합성, 파생의 형성 방식을 파악할 수 있다.

형성 방식에 따른 단어의 분류

단어는 하나의 형태소로 이루어지기도 하고, 둘 이상의 형태소가 결합하여 형성되기도 한다. 예를 들어, '나무'는 더 이상 형태소로 쪼갤 수 없는데, 이처럼 하나의 형태소로 되어 있어 그 짜임새가 단일한 단어를 단일어(simple word)라고 한다. 반면, '나무꾼'과 '자갈돌'은 각각 '나무, -꾼'과 '자갈, 돌'로 형태소 분석이 가능한데, 이처럼 둘 이상의 형태소로 되어 있어 그 짜임새가 복합적인 단어를 복합어(complex word)라고 한다.

특정 용언이 단일어인지 복합어인지를 따질 때에는 기본적으로 용언의 어간만을 대상으로 한다. 예를 들어 '집었다'는 '집-, -었-, -다'로 형태소 분석이 가능하지만, 어간이 '집-'임을 고려하면 단일어로 분류되는 것이다. 이에 반해, '뛰놀다, 새파랗다'는 어간인 '뛰놀-, 새파랗-'이 다시 '뛰-, 놀-', '새-, 파랗-'으로 분석되기 때문에 복합어에 해당한다.

한편 복합어는 다시 합성어와 파생어로 구분할 수 있다. '자갈돌, 뛰놀다'는 실질 형태소와 실질 형태소가 만나 이루어진 복합어이고, '나무꾼, 새파랗다'는 실질 형태소와 형식 형태소가 결합한 복합어이다. 전자를 합성어(合成語, compound word)라고 하고, 후자를 파생어(派生語, derived word)라고 한다. 또, 이때의 '자갈, 돌, 뛰-, 놀-'과 같은 실질 형태소를 어근(語根, root)이라고 하고, 어근의 앞이나 뒤에 덧붙어 그 뜻을 제한하는 '-꾼, 새-'와 같은 형식 형태소를 접사(接辭, affix)라고 한다.

이때 어간과 어근은 용어가 비슷하여 혼란을 일으킬 수 있으므로 주의해야 한다. 앞서 언급했듯이, 단어 형성 방식을 따지는 장면에서 용언은 어간만을 분석 대상으로 삼는다. 이렇게 볼 때, '놀다'의 '놀-'은 어간인 동시에 어근이다. 즉, 어미와의 결합 양상을 살피는 국면에서는 어간인 것이고, 단어 형성 방식을 살피는 국면에서는 어근인 것이다. 마찬가지로 '짓밟히다'의 어간은 '짓밟히-'이고, 어근은 '밟-'이며, '짓-', '-히-'는 접사이다.

어근끼리의 결합으로 형성되는 합성어

합성어는 실질 형태소인 어근과 어근의 결합으로 이루어진 복합어이다. 이러한 합성어는 일정한 기준에 따라 하위분류될 수 있다. 우선, 형성된 단어의 품사에 따라 합성 명사(예 자갈돌, 새신랑), 합성 동사(예 뛰놀다, 뛰어가다), 합성 형용사(예 낯익다, 검푸르다), 합성 부사(예 곧잘, 어느새) 등으로 나눌 수 있다.

또한 어근과 어근이 결합되는 양상에 따라서도 나눌 수 있다. 예를 들어, '논밭, 오가다'는 두 어근이 대등한 자격으로 결합되는 대등 합성어이고, '손수건, 뛰어가다'는 한 어근이 다른 어근을 수식하는 방식으로 결합되는 종속 합성어이다. 이에 더해, 어근 사이의 의미상 수식 여부를 따지기 어렵다는 점에서 이들과 같은 층위에서 다루기는 어렵지만, 두 어근의 의미를 단순히 더한 것이 아니라 제3의 새로운 의미를 갖는 합성어를 융합 합성어라고 한다. 예를 들어, '무엇을 이루기 위하여 애쓰는 노력과 정성을 비유적으로 이르는 말'인 '피땀'이나 '죽다'의 높임말로 쓰이는 '돌아가다' 등이 이에 해당한다.

한편, 어근끼리의 결합이 일반적인 통사 구성, 즉 둘 이상의 단어가 결합하여 구, 절, 문장을 이루는 양상에 부합하는지 여부에 따라 통사적 합성어와 비통사적 합성어로도 나눌 수 있다. 먼저 명사와 명사의 결합인 '국밥' 등은 물론, '늙은이, 뛰어가다' 등도 통사적 합성어이다. '늙은 사람, 늙은 동물', '담아 가다, 공부해 가다'와 같이 결합 양상이 일반적인 통사 구성을 취하기 때문이다. 반면, '덮밥, 검붉다'는 비통사적 합성어이다. 일반적인 통사 구성은 '덮은 밥, 검고 붉다'라는 점에 비추어 보면 이를 어렵지 않게 파악할 수 있다.

어근과 접사의 결합으로 형성되는 파생어

파생어는 실질 형태소인 어근과 형식 형태소인 접사의 결합으로 이루어진 복합어이다. 접사는 어근의 앞이나 뒤에 결합하여 특정한 뜻을 더하거나 제한하여 파생어를 만들어 낸다. 어근의 앞에 붙는 접사를 접두사(接頭辭, prefix)라고 하고, 어근의 뒤에 붙는 접사를 접미사(接尾辭, suffix)라고 한다.

합성어와 마찬가지로, 파생어 역시 형성된 단어의 품사에 따라 파생 명사(예 맨손, 도둑질), 파생 동사(예 짓누르다, 반짝거리다), 파생 형용사(예 새파랗다, 걱정스럽다), 파생 부사(例 많이, 열심히) 등으로 나눌 수 있다. 이때 어떤 접사들은 어근에 뜻을 더하거나 제한할 뿐 아니라 원래 단어의 품사를 바꾸기도 한다. 예를 들어, 동사 어간 '먹-'에 접미사 '-이'가 결합하면 '먹이'라는 명사가 파생된다. 형용사 어간 '같-'에 접미사 '-이'가 결합하여 부사 '같이'가 파생되는 경우, 명사 '꽃'에 접미사 '-답-'이 결합하여 형용사 '꽃답다'가 파생되는 경우 등도 이에 해당한다.

한편, 접사들 중에는 많은 수의 어근과 결합할 수 있는 것들이 있는가하면, 제한된 소수의 어근과만 결합하는 것들도 있다. 이러한 차이는「한글 맞춤법」에서의 표기 방식에도 영향을 미친다. 예를 들어 '-(으)ㅁ'은 결합 가능한 어근의 수가 많아서 '죽음'처럼 형태를 밝혀 적는 반면, 통시적으로는 '죽-+-엄'으로 분석 가능한 '-엄'은 결합 가능한 어근의 수가 제한적이어서 '주검'처럼 소리대로 적는다.

또한 '-(으)ㅁ, -기' 같은 접미사들은 전성 어미와 그 형태가 같아 둘을 구분하여 이해해야 한다. 예를 들어, 다음 (2가), (2나)에 쓰인 '-(으)ㅁ, -기'는 명사를 파생하는 접미사이고, (3가), (3나)에 쓰인 '-(으)ㅁ, -기'는 명사형 전성 어미이다.

(2) 가. 그는 밝은 웃음을 지어 보였다.

　　 나. 아침 달리기는 건강에 좋다.

(3) 가. 우리는 그녀가 억지로 웃음을 안다.

　　 나. 이곳은 천천히 달리기에 적합하지 않다.

접미사가 결합한 (2)의 '웃음, 달리기'는 일반적으로는 서술어로 쓰일 수 없고 관형어의 수식을 받을 수 있다. 그러나 전성 어미가 결합한 (3)의 '웃음, 달리기'는 서술어로 쓰일 수 있고 부사어의 수식을 받을 수 있다.

끝으로, 동사를 형성하는 접미사 중 '-이/히/리/기/되-'와 '-이/히/리/기/우/구/추-'는 각각 피동사 파생 접미사와 사동사 파생 접미사인데, 피동과 사동에 관한 장에서 중요하게 다루어지는 접미사들이다. 접미사가 결합하여 피동사가 파생된 경우로 '쌓이다, 먹히다, 팔리다, 쫓기다, 이룩되다' 등을, 접미사가 결합하여 사동사가 파생된 경우로 '높이다, 굽히다, 돌리다, 남기다, 비우다, 돋구다, 낮추다' 등을 들 수 있다.

셋 이상의 요소가 결합된 복합어

그런데 복합어를 이루는 요소들이 셋 이상일 때에는 합성어인지 파생어인지를 판별하기 위해 직접 구성 요소(immediate constituent: IC)를 확인해야 한다. 예를 들어, '코웃음'과 '비웃음'은 평면적으로만 보면 둘 다 접미사 '-음'이 확인되어 파생어처럼 보인다. 그러나 '코웃-'이 존재하지 않는다는 점, 의미상으로도 '코+웃음'이 자연스럽다는 점을 감안하면 '코웃음'은 어근과 어근의 결합인 합성어로 보아야 한다. 다만, 그 이전 단계에서 '웃-'에 '-음'이 결합한 파생어가 먼저 형성된 것이다. 이에 반해, '비웃음'은 '비웃-'에[5] 접미사 '-음'이 결합한 파생어로 분석하는 것이 자연스럽다. 둘 사이의 차이를 도식화하면 다음과 같다.

....

5 표준국어대사전에서는 '비웃다'를 '비-'와 '웃다'로 구분하지 않고, 단일어로 처리한다.

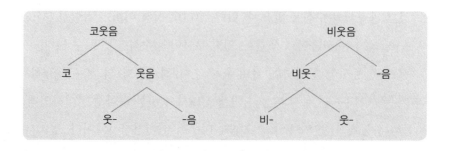

그렇지만 직접 구성 요소로 분석해도 합성어인지 파생어인지를 확정하기 어려운 경우도 존재한다. '해돋이'가 대표적인데, 직관적으로 보기에는 '해'와 '돋이'가 결합한 합성어처럼 보이지만, '돋이'라는 말이 하나의 어근으로 존재하지 않는다는 점이 분석을 어렵게 한다. 반면, '해돋-'에 접사 '-이'가 결합한 것으로 보면 파생어로 분류할 수도 있지만, 이 경우에도 '해돋-'이라는 말이 존재하지 않는다는 점, '해(가) 돋-'이 의미상으로는 자연스럽지만 구성 요소가 단어 단위보다 크다는 점에서 설명력이 부족하다.

3 새로운 단어를 만들어 쓰는 방식에는 어떤 것들이 있는가

새로운 개념이나 대상을 지시하기 위한 말을 만들고자 할 때, 기존에 없던 말을 새롭게 창조하는 것보다는 이미 있던 말들을 결합하는 것이 효과적일 때가 많다. 기존의 말을 재료로 하면 새로 만든 말의 말뜻을 이미 있는 말의 말뜻을 근거로 유추할 수 있기 때문이다. 현존하는 합성어나 파생어도 이러한 언중의 의식에 따라 탄생되었을 것이며, 이와 같은 과정은 지속되어 지금도 합성이나 파생의 원리에 따라 새말을 만들어 쓴다. 예를 들어 '가짜뉴스, 꽃노인'과 같은 말들은 어근과 어근이 결합한 합성어로, '갑질, 명품족'과 같은 말들은 어근과 접사가 결합한 파생어로 분류할 수 있다.

그러나 인간의 언어 능력은 대단히 발산적이어서 합성과 파생만으로 단어 형성의 원리를 담아내는 데에는 한계가 있다. 대표적으로, 결합되는 요소 중에서 일부만을 줄여 쓰는 방식으로 단어를 형성하기도 한다. 젊은 세대 사이에서 자주 쓰이는 '보배(보조 배터리), 문상(문화 상품권), 소확행(소소하지만 확실한 행복)' 등이 이에 해당되는데, 결합 요소의 첫 음절만을 따서 줄여 쓴다는 특징이 있다. 이와는 달리, 결합 요소의 서로 다른 부분을 따서 새로운 말을 만들기도 하는데, '거지'와 '비렁뱅이'가 결합한 '거렁뱅이', '컴퓨터'와 '문맹'이 결합한 '컴맹', '라면'과 '떡볶이'가 결합한 '라볶이' 등을 떠올릴 수 있다. 이들은 한 요소에서는 앞부분을, 또 다른 요소에서는 뒷부분을 차용하는 특징을 보인다. 이러한 방식을 혼성(混成, blending)이라고 부르는데, '스모그(smog ← smoke + fog)' 등을 통해 확인할 수 있듯이 비단 한국어에서만 발견되는 현상은 아니다.

한편 언중들의 공감과 호응을 얻은 결합 요소들은 어근이나 접사처럼 기능하기도 한다. 예를 들어, '노래방'이라는 말은 원래 '노래'와 '방'이 결합한 합성어로, '방(房)'이 어근으로 기능했을 가능성이 크다. 그러다 '빨래방, 게임방' 등에서 확장적으로 쓰이면서 '방'이 '벽으로 막아 만든 칸'이라는 본래 의미를 벗어나 '업소나 가게' 정도의 의미를 지니는 양상이 나타났다. 즉, 어근이었던 '방'이 흡사 접미사처럼 기능하여 생산적으로 쓰이는 것이다. 영어의 영향을 받은 '소개팅' 같은 말도 그 형성 과정을 따져 보면 흥미로운 점이 발견된다. 회의, 만남 등을 뜻하는 영어 단어 'meeting'은 '-ing'가 형태소로 분석되는데, 이를 우리말의 음절 구조대로 추출하여 '-팅'을 일종의 접미사처럼 활용하는 것이다. 이를 통해, '방팅, 과팅, 번개팅' 등의 쓰임을 보이기도 한다. '햄버거'의 '버거' 역시 마찬가지인데, '햄+버거'로 분석되는 단어가 아님에도 불구하고,[6] '-버거'가 일종의 접미사처럼 쓰여 '새우버거, 치즈버거, 김치버거' 등을 만들어 내는 것이다.[7]

　　이처럼 다양한 방식으로 형성되는 새말들은 언중들의 호응과 공준을 얻어 국어사전에 등재되기도 하고, 일정 기간만 사용되다가 그 생명력을 잃기도 한다.

6　햄버거(hamburger)는 독일의 지명 함부르크(Hamburg)에서 유래된 이름이다. 도시 이름 뒤에 '-er'을 붙인 것으로, '함부르크에서 온 사람이나 물건' 정도가 본래의 의미이다.
7　'버거'만을 일반적인 명사처럼 사용하는 경우도 있는데, 이때의 '버거'는 어근의 지위를 지니며 '새우버거, 김치버거'는 합성어일 것이다. 실제로 일부 영어사전에서는 'burger'와 'hamburger'를 동의어로 처리하며, 이에 따라 '버거'를 표제어로 올린 국어사전도 있다.

꿈의 섬유 나일론,
그 이름의 탄생

새로운 개념이나 대상에 이름을 붙일 때에도 단어 형성법이 활발히 활용된다. 전혀 새로운 말을 창안해 내는 것보다는 기존의 말들을 조합하여 명명하는 것이 더 경제적일뿐더러 사람들에게 쉽게 각인될 수 있기 때문이다. 의류, 산업, 군사 등 다양한 분야에서 현재까지도 널리 쓰이고 있는 합성 섬유 '나일론(nylon)'에서도 이를 확인할 수 있다.

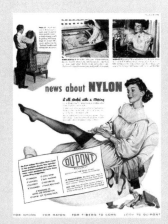

1927년 듀폰(Dupont) 사에서 근무하던 월리스 캐러더스(Wallace Carothers, 1896~1937)라는 화학자는 중합 반응에 관한 연구를 하는 과정에서 강한 신장력(伸張力)을 지니는 섬유가 생성될 수 있음을 발견하였다. 그는 연구 방향을 섬유 제작으로 바꾸었고, 5년 만에 나일론이라는 혁신적인 섬유를 만드는 데 성공했다. 이후, 나일론이 대중에게 선풍적인 인기를 얻기 시작한 것은 1939년에 나일론 스타킹이 판매되면서부터라고 한다. 실크 스타킹보다 비싼 가격에도 불구하고 질기고 잘 늘어난다는 장점 때문에 많은 사람들의 선택을 받았던 것이다.

듀폰 사의 나일론 스타킹 광고

그런데 나일론이라는 이름의 탄생 과정이 흥미롭다. 김정수(2005: 25-27)에서는 '나일론(nylon)'이 뉴욕의 'NY'와 런던의 'LON'이 결합한 말이며, 당시 뉴욕에 거점을 두고 있던 듀폰 사가 뉴욕은 물론 런던 시장까지 석권하겠다는 의지를 표현한 이름이었을 것이라고 분석한다. 그러나 자료를 좀 더 찾아보면, 1940년에 듀폰 사에서 'vinyl(비닐)'의 'nyl'과 'cotton'의 'on'을 조어한 것이라고 발표했음을 확인할 수 있다. 한편 1999년에 창간한 미국의 패션 잡지의 이름도 '나일론(Nylon)'인데, 이는 뉴욕(NY)과 런던(LON)을 결합한 조어라고 한다.

학습자 오개념

3장의 핵심 개념인 형태소 및 단어 형성법과 관련하여 실제 확인되거나 확인될 가능성이 높은 학습자들의 오개념을 추려 보면 다음과 같은 정도로 정리된다.*

- '땅, -질, -었-' 등처럼 형태소는 최소한 음절 단위 이상이다.
- 보조사, 어휘적 의미를 지니는 접사, 선어말 어미는 가의성(加意性)이 있으니 실질 형태소이다.
- '가-, -다'처럼 모든 용언은 둘 이상의 형태소로 분석할 수 있기 때문에 복합어이다.
- 용언의 어근과 어간은 같은 개념이다.
- 의존 명사, 관형사는 홀로 쓰일 수 없기 때문에 의존 형태소이다.
- '-(으)ㅁ, -기'가 결합한 말은 모두 명사이다.

이러한 오개념들은 대체로 두 방향에서 그 연유를 가늠해 볼 수 있다. 첫째, 특정 문법 개념에 대한 본질적 이해가 선행되지 않은 상태에서 전형적인 사례나 속성을 해당 문법 개념으로 손쉽게 환원하는 경우이다. 예를 들어, '최소의 유의미 단위'라는 정의를 어휘적 의미로만 이해하여 전형적 사례들만을 형태소로 인식하고, '삶'의 '-ㅁ', '떠날 사람'의 '-ㄹ' 등처럼 문법적 의미를 지니면서도 음절 단위보다 작은 말들은 형태소로 인식하지 못하는 것이다. 또한 문법적 의미(형식적 의미)의 개념을 타당하게 이해한다면 다소간은 어휘적 의미가 있더라도 보조사, 어휘적 접사, 선어말 어미가 실질 형태소가 아닌 형식 형태소로 분류됨을 인식할 수 있을 것이다.

둘째, 특정 문법 개념이나 현상이 어떠한 층위에서 다루어지는지를 두루 살

---

* 더 자세한 내용은 남가영(2012, 2013ㄱ), 조진수(2014), 이관희(2015), 이관희·조진수(2015) 등을 참고할 수 있다.

피지 않고 지엽적으로만 접근할 때에도 이러한 오개념이 형성되기 쉽다. 예를 들어, '어근-접사'와 '어간-어미'의 층위를 파악한다면 어근과 어간을 같은 것으로 인식하는 오개념에서 벗어날 수 있다. 나아가 복합어 여부를 판단할 때 용언은 어간만을 그 대상으로 삼는다는 점도 알 수 있게 된다. 또한 '형태론적 의존성'과 '통사론적 의존성'의 층위를 구분한다면 '의존 명사'의 '의존'은 통사론적 의존성을 의미하며, '의존 명사' 역시 명사의 한 갈래라는 점에서 형태론적으로는 자립적임을 인식할 수 있다. 이에 더해, '파생 접사'와 '전성 어미'에 대한 구분을 통해 '철수가 춤을 춤.'에 등장하는 두 '-(으)ㅁ'의 문법적 지위가 다름도 파악할 수 있게 된다.

문법을 공부하는 장면에서는 항상 이러한 지점들을 염두에 둔 상태에서 자신의 이해 상태를 점검할 필요가 있다. 온전히 이해하지 못하면서도 특정 개념의 정의를 암기하거나 전형적인 사례 혹은 현상 위주로만 특정 문법 개념을 이해해서는 곤란하다. 나아가 하나의 문법 개념이 유사하거나 다른 층위의 문법 개념들과 어떻게 관련되어 있으며, 또 어떻게 구분되는지에 대해서도 끊임없이 따져 보는 가운데 문법 개념에 대한 이해를 도모해야 한다.

4장

품사

['잘생기다' 등 형용사의 품사 변경에 대한 안내]

용언 중에는 활용을 거의 하지 않아 동사인지 형용사인지 판정하기 어려운 것들이 있습니다. '잘나다, 못나다, 잘생기다, 못생기다' 같은 예들이 그러합니다.

> 잘생기다: 잘생긴다(×) 잘생기는구나(×)
> 잘생기다(×) 잘생기구나(×)

이들은 활용의 양상이라는 기준을 가지고는 품사를 분별할 수 없기 때문에 학계에서 이들의 품사에 대한 논란이 많이 있었으며, 사전들마다 품사를 조금씩 달리 제시하기도 하였습니다. 그렇지만 이러한 논의가 축적되어 최근 국어학 분야에서 다음과 같은 이론이 중론으로 자리를 잡았고, 이를 반영하여 이번 3/4분기에 앞에서 든 몇몇 용언들의 품사를 형용사에서 동사로 수정하게 되었습니다.

먼저 한국어에서 두 요소(A와 B)가 결합하여 복합어를 이룰 때 보통 그 품사는 뒤 요소의 품사로 결정되는 것이 일반적입니다. '잘생기다' 등의 복합어는 뒤의 요소가 동사(생기다, 나다)이기 때문에 그 합성의 결과를 형용사보다는 동사가 되는 것으로 설명하는 것이 일반론에 부합한다고 할 수 있겠습니다.

그리고 보통 형용사 어간에 종결 어미 '-다'가 결합하면 현재의 뜻을 나타내고 선어말 어미 '-었-'이 결합하면 과거의 뜻을 나타냅니다('착하다', '착했다' 등). 그런데 '-었-'이 결합된 '잘생겼다, 못생겼다, 잘났다, 못났다'는 모두 과거가 아닌 현재의 상태를 나타냅니다. 이러한 현상은 동사 '늙다, 닮다' 등의 활용형('그 사람 젊냐, 아니면 늙었냐?', '저 학생은 어머니보다는 아버지를 많이 닮았다.' 등)에서도 확인할 수 있습니다.

그런데 '잘생기다'류가 현재를 표현하기 위해서는 '-었-'이 결합해야 하며, 일반적인 형용사처럼은 현재형이 가능하지 않습니다('그는 잘생기다'(X)). 만약 이들을 형용사로 본다면 '-었-'이 결합하였을 때 현재 상태의 의미를 드러내는 현상을 설명하기가 쉽지 않지만, 동사로 본다면 중세 국어 시절의 '-어 있-'에서 형성된 '-었-'이 붙어 현재 상태의 의미를 나타내는 것으로 설명할 수 있습니다.

(국립국어원 누리집 공지 사항, 2017.12.15.)

'잘생기다'는 "사람의 얼굴이나 풍채가 훤하여 보기에 썩 좋게 생기다."라는 뜻을 지닌 단어로, 의미만을 고려하면 형용사로 생각하기 쉽다. 그러나 앞의 국립국어원 안내 사항에서 볼 수 있듯, 최근 표준국어대사전에서는 '잘생기다'의 품사를 형용사에서 동사로 수정하였다. 단어의 품사를 결정할 때에는 의미뿐 아니라 다른 여러 가지 문법적 속성들도 함께 고려하기 때문이다. 이 장에서는 품사 분류의 기준과 적용 방식, 분류 결과에 대해 살펴본다.

• 품사 분류의 기준은 무엇이고, 각 기준들은 어떤 방식으로 적용되는가?
• 품사 분류의 쟁점은 무엇인가?
• 품사 분류의 결과로 나누어진 단어들은 어떤 특성을 지니게 되는가?

1 어떤 기준으로 단어를 분류할 것인가

아이들에게 '독수리, 사자, 날다, 달리다'라는 단어를 분류하는 과제를 주었다고 가정해 보자. 먼저 '독수리'와 '사자'는 동물이라는 점에서 한 부류로 처리하고, '날다'와 '달리다'는 움직임을 나타낸다는 점에서 한 부류로 처리하는 아이들이 있을 것이다. 한편 '독수리'는 날고, '사자'는 달린다는 점을 고려하여, '독수리'와 '날다'를 묶고 '사자'와 '달리다'를 묶는 아이들도 있을 수 있다. 두 가지 모두 가능한 분류 방식이다. 만약 여기에 '선인장'이라는 단어를 추가한다면 어떻게 될까? '선인장'은 '독수리, 사자', '날다, 달리다'와 '독수리, 날다', '사자, 달리다'의 어떤 분류 방식에도 속하기 어려울 것이다.

'선인장'을 '독수리, 사자'와 같은 부류로 묶기 위해서는 어떤 기준이 필요할까? 나아가 '선인장'뿐 아니라 '책상, 사람, 영수, 우정' 등과 같은 단어를 모두 '독수리, 사자'와 같은 부류로 처리하기 위해서는 어떤 기준이 있어야 할까? 여기에서는 품사의 개념과 분류 기준을 중심으로 이러한 문제에 대해 살펴본다.

품사의 개념과 품사 분류의 대상

품사(品詞, word class/part of speech)는 '단어를 문법적 성질에 따라 나눈 부류'로 정의할 수 있다. 이 정의를 살펴보면, 품사 분류의 대상이 '단어'임을 알 수 있다. 즉, 단어가 아니면 품사 분류의 대상이 되지 않는다. 예컨대, '밥을 먹었다'에서 '을'은 학교 문법의 관점에서 단어에 해당하므로 조사라는 품사로 분류되지만, '-었-'은 단어가 아니라 어미이므로 품사 분류의 대상이 되지 않는다. 따라서 품사 분류를 위해서는 우선 품사 분류 대상이 단어인지 아닌지를 확인해야 한다.

'단어(單語, word)'는 일반적으로 '최소 자립 형식'으로 규정되지만, 관점에 따라 조사와 어미의 포함 여부가 달라진다. 분석적 체계에서는 조사와 어미를 모두 단어로 보고, 종합적 체계에서는 조사와 어미 모두를 단어로 보지 않으며, 절충적 체계에서는 조사는 단어로 보고 어미는 단어로 보지 않는다. 학교 문법은 절충적 체계와 같은 입장을 취하고 있으므로, 조사는 품사 분류의 대상이 되고 어미는 품사 분류의 대상이 되지 않는다.

품사 분류의 기준

품사를 '단어를 문법적 성질에 따라 나눈 부류'라고 정의할 때, '문법적 성질'은 품사 분류의 기준이 된다. '문법적 성질'은 일반적으로 '형태, 기능, 의미'를 가리키며, 논자에 따라 '분포'가 추가되기도 한다.

여기서 '형태'란 일반적으로 '형태 변화 여부'를 가리킨다. '형태 변화 여부'를 기준으로 동사와 형용사, 서술격 조사와 같이 형태 변화를 하는 가변어와 그 외 형태 변화를 하지 않는 불변어를 구분할 수 있다. 이와 층위는 다르지만 '형태 변화 양상'도 품사 분류의 기준으로 활용할 수 있다. '형태 변화 양상'을 기준으로 '뛰어라, 뛰자'처럼 명령형 어미 '-어라/아라'와 청유형 어미 '-자'가 대체로 결합할 수 있는 동사와 이러한 어미의 결합이 일반적으로 제약되는 형용사를 구분할 수 있다.

'기능'은 품사 분류의 대상이 되는 단어가 다른 단어와 맺는 문법적 관계를 가리킨다. 예컨대, '헌 물건도 소중히 다루어라'라는 문장에서 '헌'은 '물건'을, '소중히'는 '다루어라'를 수식한다. 따라서 '헌'과 '소중히'는 '수식'이라는 기능에 의해 '수식언'으로 묶을 수 있다.

'의미'는 개별 단어의 의미가 아니라 부류 전체의 의미를 가리킨다. 예 컨대, '책상, 난초'의 경우 개별 단어의 의미는 서로 다르지만, 대상의 이름 을 나타낸다는 점에서는 공통된다.

'분포'는 단어의 상대적 위치를 의미한다. 조사는 체언 뒤에 나타나는 경우가 많은데 이는 조사의 분포상 특성에 해당한다. '새 구두'와 같이 수 식을 하는 관형사가 수식을 받는 체언 앞에 위치하는 것도 관형사와 체언 의 분포상 특성에 해당한다.

품사 분류 기준의 적용

품사 분류는 형태, 기능, 의미라는 기준을 종합적으로 고려하여 이루어 진다. 흔히 '명사'라는 품사는 용어의 축자적 의미에 이끌려 의미만을 고 려한 품사명으로 오해하는 경우가 많다. 그러나 '명사'는 세 가지 기준을 종합적으로 고려한 결과로 이해하는 것이 타당하다. 예컨대, '출발'은 동 사가 아니라 명사인데, 이는 '명사'라는 품사명이 의미뿐 아니라 형태, 기 능을 모두 고려한 것임을 잘 보여 준다. '동사'라는 품사명 역시 마찬가지 이다. '동사'는 '동작이나 작용'이라는 의미 기준뿐 아니라 형태, 기능을 모두 고려하여 분류한 결과이다.

물론 품사 분류 기준을 단계적으로 적용하는 경우도 있다. '불변어/가 변어'라는 명칭은 '형태 변화 여부'라는 형태 측면의 기준만을 적용하여 분류한 결과이다. 품사 분류 기준을 단계적으로 적용할 때는 대체로 형태 기준을 적용한 후 기능 기준을 적용한다. '체언, 용언, 수식언, 관계언, 독 립언'은 기능을 기준으로 단어를 분류한 결과이다.[1]

그러나 품사 분류 기준을 단계적으로 적용하는 경우라 할지라도 '명사, 대명사, 수사, 동사, 형용사, 관형사, 부사, 조사, 감탄사'와 같은 품사명을 의미 기준 하나만 적용된 것으로 간주하는 것은 적절하지 않다. 이러한 품사명은 앞서 언급한 대로 품사 분류의 다양한 기준이 종합적으로 적용된 결과로 이해하는 것이 타당하다.

품사 통용

한 단어가 둘 이상의 품사로 쓰이는 경우가 있다. 예를 들어, 표준국어대사전에서 '오늘'이라는 단어를 찾아보면 '오늘의 날씨'의 '오늘'은 명사로, '그가 오늘 왔다'의 '오늘'은 부사로 처리되어 있다. '오늘'이 명사로 사용되는 경우도 있고, 부사로 사용되는 경우도 있는 것이다. 이처럼 한 단어가 둘 이상의 품사에 속하는 현상을 '품사 통용'이라고 한다. '만세(명사/감탄사), 이지적(명사/관형사), 만큼'(명사/조사) 등 품사 통용에는 다양한 유형이 있다.

'품사 통용' 외에 '품사 전성'이나 '영 파생'이라는 용어를 사용하기도 한다. 이 두 용어는 품사가 변화하는 방향성을 전제한다. 즉, '품사 전성'은 품사의 전성이 일어나기 전 상태에서 전성이 일어난 후의 상태로, '영 파생'은 파생이 일어나기 전 상태에서 파생이 일어난 후의 상태로 변화함을

---

1 품사 분류 기준의 적용 순서에 대한 상세한 논의는 유현경 외(2018: 229-230)를 참조할 수 있다. 유현경 외(2018: 230)에서는 품사 분류의 기준을 단계적으로 적용하는 것이 어디까지나 분류의 편의를 위한 것임을 전제하면서, '표준 문법'에서는 학습자의 편의를 위해 품사 분류의 기준을 단계적으로 적용하되 최종 단계에서는 적용 가능한 모든 기준들을 상호 보완적으로 적용했음을 밝히고 있다.

전제한다. '품사 통용'이 그러한 방향성을 전제하지 않고, 한 단어가 둘 이상의 품사로 쓰이는 현상에 주목하는 것과 대조적이다.[2]

품사 분류의 쟁점

품사 분류의 쟁점은 '품사 분류의 대상, 품사 범주의 설정, 개별 단어의 품사 분류'의 세 측면으로 나눌 수 있다.

우선, '단어'라는 개념의 모호성으로 인하여 품사 분류의 대상을 선정하는 데 모호성이 발생하는 경우가 있다. 앞서 언급한 대로 분석적 체계, 종합적 체계, 절충적 체계 중 어떤 입장을 취하느냐에 따라 조사와 어미를 단어로 볼 것인지가 달라지고, 이에 따라 품사 분류의 대상도 달라진다. 또한 최근에는 '음운론적 단어', '통사적 단어'와 같이 단어의 개념을 언어 단위의 층위에 따라 구분하는 논의도 활발히 이루어지고 있다. 이에 따르면 조사와 어미는 모두 음운론적 단어는 아니지만 통사적 단어에는 해당한다.[3]

다음으로, 특정한 품사 범주의 설정이 쟁점이 되는 경우가 있다. 「학교 문법 통일안」에서 9품사 체계를 정립하기 이전에는 '지정사, 존재사, 접속사' 등과 같은 품사 범주도 제시된 바 있다.[4] 예컨대, 현행 학교 문법에서 '이다'는 조사로 분류되지만, '지정사'라는 품사를 설정하여 '이다'를 지정사로 처리해야 한다고 주장하는 경우도 있다. '존재사'라는 품사를 설정

....

2 구본관(2010: 195)에서는 '품사 통용'이 '품사 전성(轉成)'이나 '영(零) 파생'과 달리 국어학계에서 자생적으로 생겨난 용어임을 지적하고, 품사 통용이 언어에 대해 다양한 생각과 인식을 촉발할 수 있다는 점에서 좋은 교육 내용이 될 수 있다고 보았다.
3 '통사적 단어' 대신 '통사 원자'라는 용어를 사용하기도 한다. '통사 원자'에 대해서는 박진호(1994)를 참조.
4 국어 품사 분류의 사적 전개 과정은 이광정(1997)을 참조.

하여 '있다, 없다, 계시다'와 같은 단어를 '존재사'로 처리하자는 주장, '접속사'라는 품사를 설정하여 '그러나, 그리고, 그래서'와 같은 부사를 '접속사'로 처리해야 한다는 주장도 이러한 쟁점과 관련된다.

마지막으로 개별 단어의 품사 처리가 쟁점이 되는 경우가 있다. '잘생기다'와 같이 의미 측면에서는 상태를 나타내는 것처럼 보이지만 다른 기준들을 적용하면 형용사인지 동사인지가 쟁점이 되는 단어가 있다. 어떤 단어들은 명사인지 관형사인지가 쟁점이 된다. 예를 들어 '간이 영수증, 구급 상자'와 같은 구를 명사와 명사가 이어진 것으로 볼 수도 있지만, '간이'와 '구급'은 조사와 결합하여 쓰이는 경우가 없기 때문에 관형사로 볼 가능성도 있는 것이다.

'이다'는 품사 처리가 쟁점이 되는 대표적인 단어로 학교 문법에서는 서술격 조사로 분류하지만, 학자에 따라 '지정사'라는 품사로 보기도 한다. 최근『한국어 표준 문법』(2018: 269)에서는 "어미와 결합하여 활용을 한다는 측면에 주목하여" 용언설을 받아들여 형용사로 처리하기도 하였다.

그 외에도 용언에 명사형 전성 어미가 결합하여 만들어진 '용언의 활용형'과 명사 파생 접사가 붙어 만들어진 '명사'의 품사 구분이 쟁점이 되는 경우도 있다. 예컨대, '그가 잠을 일찍 잠은 만성적 피로 때문이다'에서 '잠을'의 '잠'은 명사 파생 접사가 결합한 명사이고 '일찍 잠'의 '잠'은 명사형 어미가 결합한 용언의 활용형으로서 품사는 동사이다. '일찍 잠'의 '잠'이 동사라는 점은 문장에서 부사의 수식을 받고 있고 서술성이 잘 드러난다는 데에서 확인할 수 있다. 용언의 활용형과 명사의 구분이 비교적 용이한 사례도 있으나 실제 사용문에서는 그렇지 않은 경우도 많기 때문에 품사 판단에 어려움이 있을 수 있다.

2 각 품사는 어떤 특성을 지니는가

품사 분류의 결과 하나의 부류로 묶이게 된 단어들은 몇 가지 특성을 공유한다. 각 품사의 특성을 이해하면, 단어들을 보다 상위 층위인 부류의 관점에서 이해할 수 있다.[5]

체언

체언은 명사, 대명사, 수사를 통틀어 이르는 말로, 문장에서 주어, 목적어, 보어 등으로 두루 사용된다. 체언은 조사와 결합하여 사용되는 것이 일반적이지만, 맥락에 따라 조사가 생략되거나 애초에 조사 없이 사용될 수도 있다.

명사

명사는 어떤 대상의 이름을 나타내는 말로, 기준에 따라 몇 가지 유형으로 나뉜다. 보통 명사는 '도시, 사람' 등과 같이 동일한 종류에 두루 쓰이는 명사이고, 고유 명사는 '서울, 홍길동'과 같이 낱낱의 특정한 대상을 다른 것과 구별하여 가리키는 명사이다. 고유 명사의 범위는 쟁점적 문제로, 고영근·구본관(2018: 85)에서도 상품명이나 '리기다소나무'와 같은 최하위 품종 이름이 고유 명사의 가장 큰 특징인 '지시 대상의 유일성' 기

------

5   이 절에서는 각 품사의 특성을 중심으로 논의한다. 품사 관련 내용의 교재론적 위상에 대해서는 오현아·조진수(2016)를 참조. 오현아·조진수(2016)에서는 품사 관련 문법 지식을 '교육 내용으로서의 합의 정도가 높은 유형, 합의 정도가 낮은 유형, 교육 내용으로서의 가치가 쟁점적인 유형'으로 분류한 바 있다.

준을 만족시키지 않는다는 점을 들어 고유 명사의 범위가 어디까지인지 명확하게 말하기 어렵다고 보았다.

자립 명사는 관형어 없이도 문장에서 사용될 수 있는 명사를 가리키고, 의존 명사는 '학교를 떠난 지 20년이 지났다'의 '지', '나는 할 수 있다'의 '수'와 같이 관형어의 수식을 받아야 문장에서 사용될 수 있는 명사를 가리킨다. 의존 명사를 '형식 명사'라고도 하는데, 의존 명사는 통사적 의존성에 주목한 용어이고 형식 명사는 의미의 형식성에 주목한 용어이다.

대명사

대명사는 사람이나 사물 등의 이름을 대신 나타내는 말로, 대용과 직시를 특성으로 지닌다. 대용은 말 그대로 대명사가 사람이나 사물 등의 이름 대신 사용됨을 의미하고, 직시는 대명사가 가리키는 대상이 구체적 발화 상황을 바탕으로 결정됨을 의미한다. 예컨대, 어떤 사람이 앞에 있는 책상을 가리키며 "이거 어때?"라고 묻고 상대편이 그 책상을 보며 "아, 그거. 괜찮은 거 같아."라고 답했을 때, '이거'와 '그거'는 다른 대명사지만 동일한 책상을 가리킨다. 반대로 동일한 대명사가 사용되었더라도 발화 상황에 따라 다른 대상을 가리킬 수도 있다.

대명사는 일반적으로 인칭 대명사와 지시 대명사로 구분한다. 인칭 대명사는 사람을, 지시 대명사는 사물이나 공간을 가리키는 대명사이다. 인칭 대명사 중 '나, 저, 우리, 저희'는 화자 또는 화자가 포함된 무리를 가리키는 1인칭 대명사이고, '너, 너희, 자네' 등은 청자를 가리키는 2인칭 대명사이며, '이, 이분, 그, 그분, 저, 저분' 등은 화자와 청자 외의 사람을 가리키는 3인칭 대명사이다. 지시 대명사에는 '이것, 그것, 저것, 여기, 거기, 저기' 등이 있다.

대명사 중에는 모르는 대상을 가리키는 '미지칭(未知稱)', 정해지지 않은 대상을 가리키는 '부정칭(不定稱)'이 있다. 미지칭과 부정칭을 구분하기 위해서는 억양과 맥락을 잘 살펴야 한다. 예컨대, "너 누구 좋아하니?↗"라는 물음에 사람 이름이 아니라 '예/아니요'로 대답했다면 이때 '누구'는 부정칭으로 사용된 것으로 볼 수 있다.

대명사 중 '그는 항상 자기 뜻대로 한다'의 '자기'와 같이 일반적으로 한 문장 안에서 앞에 나온 체언을 다시 가리키는 대명사를 '재귀칭(再歸稱)'이라고 한다. '당신'은 2인칭 대명사로 사용되기도 하지만, '할머니께서는 생전에 당신의 물건들을 소중히 여기셨지'에서와 같이 재귀칭으로 사용되기도 한다.

대명사를 다른 방식으로 분류할 수도 있다. 왕문용·민현식(1993: 115)에서는 기존의 '인칭 대명사, 지시 대명사' 분류가 인칭 대명사에는 마치 지시성이 없다는 오해를 불러일으킬 수 있다는 점을 지적하고, 대명사를 '인칭 대명사, 사물 대명사, 공간 대명사, 시간 대명사'로 분류하였다.

수사

수사는 수량이나 순서를 나타내는 말로, 양수사와 서수사로 나뉜다. 양수사는 '하나, 둘, 한둘, 일, 이' 등과 같이 수량을 나타내고, 서수사는 '첫째, 둘째, 한두째, 제일, 제이'와 같이 순서를 나타낸다.

용언

용언은 동사, 형용사를 통틀어 이르는 말이다. 용언은 기본적으로 문장에서 서술의 기능을 한다. 그러나 '먹을 음식'의 '먹을', '예쁜 꽃'의 '예쁜'

과 같이 관형사형 전성 어미가 결합하면 수식의 기능을 할 수도 있다.

동사

동사는 동작이나 작용 등을 나타내는 말로, 자동사와 타동사로 나눌 수 있다. 자동사는 '꽃이 피다'의 '피다'와 같이 목적어를 가지지 않는 동사이고, 타동사는 '나는 빵을 먹었다'의 '먹다'와 같이 목적어를 가지는 동사이다. '멈추다'는 '차가 멈추다'에서는 자동사로 '그 사람이 차를 멈추었다'에서는 타동사로 쓰였는데, 이런 동사를 '자타양용동사'라고 부르기도 한다.

형용사

형용사는 상태나 성질을 나타내는 말로, 기준에 따라 몇 가지 유형으로 나뉜다. '달다, 멋지다, 다르다'와 같이 상태나 성질을 나타내는 형용사를 성상 형용사라 하고, '이렇다, 그렇다, 저렇다'와 같이 앞에 나온 형용사를 다시 가리키는 형용사를 지시 형용사라 한다. '나는 정말 기쁘다'의 '기쁘다'와 같이 주로 화자의 심리 상태를 나타내는 주관성 형용사, '강당이 매우 조용하다'의 '조용하다'와 같이 주로 대상이나 처소의 상태를 나타내는 객관성 형용사로 나누기도 한다(유현경, 1998: 34-38; 고영근·구본관, 2018: 97-98).

용언의 활용

용언은 어간에 여러 어미가 번갈아 결합하는데, 이를 용언의 활용이라 한다. 어미는 크게 어말 어미와 선어말 어미로 나눌 수 있다. 어말 어미는 다시 종결 어미, 연결 어미, 전성 어미로 나뉜다. 연결 어미에는 대등적 연결 어미, 종속적 연결 어미, 보조적 연결 어미가 있고, 전성 어미에는 명사형 어미, 관형사형 어미, 부사형 어미가 있다. 선어말 어미에는 주체 높임 선어말 어미, 시제 선어말 어미 등이 있다. 학교 문법에서는 종속적 연결 어미로 유도된 종속절을 부사절로 볼 수도 있다는 관점을 취하고 있으므로, 종속적 연결 어미는 부사형 어미로 볼 수도 있음에 유의해야 한다.[6]

용언은 활용 양상에 따라 규칙 활용과 불규칙 활용으로 나뉜다. 규칙 활용과 불규칙 활용은 활용 시 어간이나 어미의 형태가 그대로 유지되는지가 아니라 활용 양상이 규칙적인지 여부를 기준으로 구분된다. 예컨대, '팔다'는 '파네, 파세, 파오' 등 'ㄹ'이 탈락하는 환경이 일정하다. 이처럼 일정한 환경에서 'ㄹ'이 탈락하는 현상은 '알다, 살다, 날다' 등 어간 마지막 음절의 종성이 'ㄹ'인 모든 용언에서 일정하게 나타나므로, 'ㄹ' 탈락은 어간의 형태가 변함에도 불구하고 규칙 활용으로 본다.

용언의 불규칙 활용과 관련하여 '-거라'와 '-너라'의 문제에도 주목할 필요가 있다. 과거에 '거라 불규칙 활용'을 설정한 적도 있었으나, '먹어라, 먹거라'가 모두 성립한다는 점을 근거로 현재는 이를 불규칙 활용으로 보지 않는다. 민현식(1999ㄱ: 116)에서는 '-거라'와 같은 어미를 명령형 어미 '-어라/아라'의 사회언어학적 세대 차이에 따른 이형태로 보고, 이를 문체론적 이형태로 명명하였다.

'-너라'의 경우, 2017년 2/4분기에 표준국어대사전에서 뜻풀이를 "해라할 자리에 쓰여, 명령을 나타내는 종결 어미. '-어라'보다 예스러운 느낌을 준다."로 수정하였다. '-너라'를 예스러운 느낌을 주는 명령형 어미로 보고 활용형인 '오너라'와 '와라'를 모두 인정할 경우, 기존 의미의 '너

....

6 부사절과 종속절의 관계에 관해서는 이익섭(1986, 2003), 이익섭·채완(1999), 왕문용·민현식(1993), 민현식(2002) 등을 참조.

라 불규칙 활용'은 성립하지 않는다는 점에 유의해야 한다.[7]

수식언

수식언은 관형사와 부사를 통틀어 이르는 말로, 문장에서 뒤에 오는 말을 수식한다. 관형사는 체언 또는 체언 구를 수식하고 부사는 용언이나 부사, 절 또는 문장을 수식한다.

관형사

관형사는 성상 관형사, 지시 관형사, 수 관형사로 나뉜다. 성상 관형사는 '새, 헌, 옛, 순'과 같이 수식을 받는 체언의 성질이나 상태를 제한하고, 지시 관형사는 '이, 그, 저'와 같이 일반적으로 특정한 대상을 지시하며, 수 관형사는 '한, 두, 한두'와 같이 대상의 수나 양을 정해 주는 관형사이다.

관형사는 접두사와의 구분, 명사와의 구분, 수사와의 구분에 어려움이 발생하기도 한다. 예컨대, 표준국어대사전에 따르면 '구 시민 회관'에 쓰인 '구'는 관형사이고, '구시가(舊市街)'에 사용된 '구-'는 접사이다. '간이, 구급'과 같은 소위 관형 명사는 관형사와 명사의 구분이 어려운 경우에 해당한다. 관형사와 수사의 구분에 대해서는 다양한 견해가 있다. 일반적으로 '의자가 모자라 여덟은 안 된다'의 '여덟'은 수사로, '여덟 사람이 온다고 한다'의 '여덟'은 수 관형사로 처리한다. 그러나 '다섯, 여섯, 일곱,

....

7 '-너라'가 '-거라'와 마찬가지로 문체론적 이형태에 해당한다는 점을 고려하여 둘을 비교하면 '오너라'를 불규칙 활용으로 볼 수도 있다. 민현식(1999ㄱ: 116)에서는 '-거라'가 규칙 어미인 반면, '-거라'와 같은 보수적 명령형 어미인 '-너라'는 '오다'에만 쓰이므로 '오너라'를 불규칙 활용으로 볼 수 있음을 지적하였다.

여덟, …'을 수사로만 처리하는 것이 합리적이라고 보는 관점(남기심 외, 2006: 65-66; 구본관 외, 2015: 173)도 있다.

부사

부사는 기준에 따라 여러 방식으로 분류된다. 의미적 특성을 기준으로 하면 '매우, 잘'과 같이 성질이나 상태를 한정하는 성상 부사, '이리, 저리'와 같이 처소나 시간 등을 가리켜 한정하는 지시 부사, '아니, 안, 못'과 같이 용언의 의미를 부정하는 부정 부사로 나뉜다.

수식 대상을 기준으로 하면 특정한 문장 성분을 수식하는 성분 부사와 문장 전체를 수식하는 문장 부사로 나뉜다. 문장 부사가 수식하는 대상이 엄밀히 말해 문장의 일부인 절이라는 점에서 문장 부사를 '절 부사'로 명명하는 입장(구본관 외, 2015: 187)도 있다. '그러나, 및'과 같은 부사들은 앞 문장과 뒤 문장 혹은 앞말과 뒷말을 이어 주기 때문에 접속 부사라고 하고, '아마, 정말'과 같은 부사들은 명제에 대한 화자의 태도를 드러내기 때문에 양태 부사로 불리기도 한다.

부사가 수식하는 대상은 매우 다양하다. 부사는 일반적으로 용언이나 또 다른 부사를 수식하지만, 체언이나 관형사를 수식하는 경우도 있다. '그는 아주 멋쟁이다', '내가 찾던 사람은 바로 너다', '아주 새 옷을 입었다'에서 부사는 각각 명사, 대명사, 관형사를 수식한다. '멋쟁이'와 '너'를 수식하는 '아주'와 '바로'를 학교 문법에서는 일반적으로 부사로 처리하지만, 체언을 수식한다는 점을 고려할 때 품사 통용의 논리를 적용하여 관형사로 보면 된다는 입장(왕문용·민현식, 1993: 181; 민현식, 2002: 247)도 있다.

관계언

조사

관계언은 문법적 관계를 나타내는 기능을 하는 말로, 조사가 이에 해당한다. 조사는 일반적으로 격 조사, 보조사, 접속 조사로 나뉜다.

격 조사는 조사와 결합한 대상이 문장에서 어떤 자격으로 사용되었는지를 나타낸다. 격 조사는 다시 주격 조사, 목적격 조사, 보격 조사, 관형격 조사, 부사격 조사, 호격 조사로 나뉜다. 주격 조사는 '이/가, 께서' 등이 있는데, '우리 회사에서 신입 사원을 모집한다'와 같이 단체가 주어로 올 때에는 '에서'도 주격 조사로 사용된다. 학교 문법에서 인정하는 보어의 개념을 수용하면 보격 조사에는 '이/가'가 있는데, '물이 얼음이 되었다', '그것은 자동차가 아니다'에서 보어인 '얼음이, 자동차가'에 사용된 '이, 가'가 보격 조사이다.

목적격 조사에는 '을/를'이 있고, 관형격 조사에는 '의'가 있다. 부사격 조사에는 '에, 에서, 에게, (으)로' 등이 있다. 부사격 조사는 종류가 많을 뿐 아니라 하나의 형태가 담당하는 기능도 많다. 예를 들어, 부사격 조사 '에'는 일반적으로 처소를 나타내지만 시간, 진행 방향, 원인, 작용이 미치는 대상, 기준 대상 등을 나타내는 데 사용되기도 한다. 호격 조사에는 '아/야, (이)여' 등이 있다.

보조사는 특정한 의미를 더해 주는 조사로, '만, 도, 은/는, 까지, 조차, 요' 등이 있다. 예컨대, '나도 그곳에 가 보았어'에서 '도'는 포함의 의미를 나타낸다. '너마저 떠나는구나'에서 '마저'는 이미 다른 것이 포함된 상태에서 추가된다는 의미를 나타내는데, 일반적으로 결합하는 대상이 마지막으로 남아 있는 것일 때 사용된다. '제가 치웠어요'에 사용된 '요'는 종결 보조사로 두루 높임의 의미를 나타낸다.

접속 조사는 둘 이상의 단어나 구를 같은 자격으로 이어 주는 조사로 '와/과, 하고' 등이 있다. 예컨대, '나는 사과와 배를 모두 샀다'에 사용된 '와', '먹하고 벼루를 가져오너라'에 사용된 '하고'는 모두 접속 조사이다.

독립언

감탄사

독립언은 문장 내에서 독립적으로 사용되는 단어로, 감탄사가 이에 해당한다. 감탄사에는 '아, 아이고'와 같은 감정 감탄사, '응, 네'와 같은 의지 감탄사, '말이지, 에'와 같은 입버릇이나 더듬거림이 포함된다. 감탄사는 화자의 감정, 의지 등을 직접 드러내기 때문에 감탄사가 사용된 맥락을 잘 확인해야 그 의미를 적절히 이해할 수 있다.

「학교 문법 통일안」과 품사

현행 학교 문법에서는 '명사, 대명사, 수사, 동사, 형용사, 관형사, 부사, 조사, 감탄사'의 9품사 체계를 유지하고 있다. 이와 같은 9품사 체계는 1963년 공포된 「학교 문법 통일안」에 근거한 것이다. 이광정(1997: 52-53)은 「학교 문법 통일안」을 제정하기 위한 회의에서 이루어진 주요 결정 사항을 정리하여 제시한 바 있는데, 다음은 그중 몇 개를 발췌한 것이다.

- 제3회(4. 20.) 과반수 이상으로 결정하기로 하고, "토는 독립 품사로 보고 어미는 독립 품사로 보지 않는다"를 참석 10에 8 : 1로 채택.
- 제5회(4. 25.) "명사, 대명사, 수사를 각각 독립 품사로 설정한다"를 참석 10에 3차 투표에서 6 : 4로 채택하고, "존재사는 불인정"을 참석 9에 7 : 2로 채택.
- 제6회(4. 30.) "접속사는 설정하지 않는다"를 재석 14에 8 : 6으로 채택.

위 기록을 보면, 「학교 문법 통일안」에서의 내용 중 회의에 참석한 사람들 대부분이 합의한 사항도 있지만 그렇지 않은 사항도 있음을 알 수 있다. 예를 들어, '토'와 '어미'의 처리 문제, 존재사의 불인정 문제에 대해서는 대부분 동의했으나, 명사, 대명사, 수사를 독립 품사로 설정하는 문제, 접속사를 설정하는 문제에 대해서는 참석자들의 의견이 팽팽히 맞섰음을 확인할 수 있다.

「학교 문법 통일안」의 제정 과정에서 드러난 다양한 문법적 의견과 역동적 토론 과정은 문법교육적으로 소중한 자산이라고 할 수 있다. 품사를 가르치는 문법 교사는 학교 문법의 품사 체계가 이와 같이 치열한 토론의 과정을 거쳐 수립된 것임을 인식하고, 그러한 토론 과정 자체의 교육적 가치를 인식할 필요가 있다.

학습자 오개념

품사와 관련하여 예상되는 학습자의 오개념을 나열하면 다음과 같다.*

- 국어 문법에서도 영문법처럼 8품사로 분류한다.
- 형용사는 수식을 하는 기능만 하고 서술하는 기능은 하지 않는다.
- 동사, 형용사의 활용형이 수식의 기능을 하면 이 활용형은 수식언이다.
- '에서' 앞에 단체가 나오면 '에서'는 항상 주격 조사이다.
- 수를 나타내면 무조건 수사이다.
- 불규칙 활용은 활용 시 어간이나 어미의 기본 형태가 변화하는 것이다.
- 관형사와 관형어는 같은 것이다.

이러한 오개념은 성격에 따라 몇 개의 부류로 구분할 수 있다. 우선, 국어 문법의 품사 체계와 영문법의 품사 체계를 혼동하는 경우가 있다. 형용사의 기능으로 '수식'만 생각하고 '서술'을 생각하지 못하는 것은 국어의 품사 인식에 영문법이 간섭을 일으킨 대표적 사례이다.

수식의 기능을 하는 용언의 활용형을 수식언으로 인식하는 오개념도 학습자들에게 빈번히 나타난다. 이러한 오개념은 용언의 서술 기능에 대한 미인식, 수식언에 속하는 품사에 대한 미인식이 복합적으로 작용하여 형성된 것으로 볼 수 있다. 그러나 보다 근본적으로는 품사 분류가 어떠한 기준에 의해 이루어지는지를 인식하지 못했기 때문에 이러한 오개념이 발생했다고 할 수 있다.

조사 '에서'와 '수사'에 관한 오개념은 대상의 특성을 종합적으로 살피지 않고 특정한 부분에만 주목했기 때문에 형성된 것으로 볼 수 있다. 또한 불규칙 활용과 기본 형태의 변화를 연결 짓는 오개념은 기본 형태가 변화해도 그 양상이

---

* 더 자세한 내용은 민현식(2007), 이관희(2008), 김지영(2013), 이관희·조진수(2015), 엄혜성·오현아(2016), 황용우(2018) 등을 참고.

규칙적이면 규칙 활용이라는 점을 간과했기 때문에 발생한 것이다. 이런 경우 '규칙'의 개념에 대해 다시 생각해 보도록 지도할 필요가 있다. 관형사와 관형어를 동일한 것으로 생각하는 오개념은 품사 층위와 문장 성분 층위를 구분하지 못했기 때문에 발생한 것으로 볼 수 있다.

품사에 관한 학습자들의 오개념을 살펴보면, 무엇보다 국어 문법에서 품사를 어떤 기준으로 분류하고 있는지에 대한 기본적 이해가 중요하다는 것을 알 수 있다. 품사 분류에 어떤 기준이 사용되는지 이해한다면 형용사를 수식언으로 오해하거나 수사와 수 관형사를 혼동하는 문제 등을 해결할 수 있을 것이다.

아울러, 품사 층위와 문장 성분 층위를 혼동하는 오개념이 있다는 점은 언어학적 층위에 대한 인식이 문법교육에서 중요하다는 점을 잘 보여 준다. 품사를 교수·학습할 때, 분류 그 자체에만 주목하게 하기보다는 어떠한 언어학적 층위에서 분류가 이루어지고 있는지를 학습자들이 인식하도록 지도하는 것이 중요하다.

5장

어휘

La trahison des images 1929 © René Magritte / ADAGP, Paris-SACK, Seoul, 2019

위 작품은 르네 마그리트(René Magritte, 1898~1967)의 〈이미지의 배반(La trahison des images)〉이라는 작품이다. 그림 아래에는 프랑스어로 "Ceci n'est pas une pipe."라고 적혀 있는데, 이는 '이것은 파이프가 아니다'라는 뜻이다. 분명히 파이프를 그린 것인데 왜 아니라는 것일까? 프랑스 철학자 미셸 푸코(Michel Foucault)는 마그리트의 위와 같은 '파이프 데생'을 바탕으로 80여 쪽의 비평서를 쓰기도 했다.

이 작품에 대한 해석은 다양하지만 이 작품이 언어의 한계를 꼬집고 있는 것만은 분명하다. '파이프'라는 이름이 파이프라는 사물이 갖는 본질과 같을 수는 없다. 그럼에도 많은 경우 어떤 대상을 'A'로 명명하는 순간 대상이 갖는 본질을 탐구하려 하지 않고 'A'의 개념에 근거하여 대상을 이해하려는 경향이 있다. 이 작품은 단어의 개념과 해당 단어가 지시하는 본질을 구별하는 것의 중요성을 새삼 깨닫게 해 준다.

그러나 단어는 세계와 문화를 이해하는 매우 유용한 도구이기도 하다. 단어는 개념화와 범주화의 결과이다. 세계를 범주화하는 기준이나 단어의 개념 등은 인간이 세계를 이해하는 방식에 따라 변화한다. 그렇기 때문에 단어는 사고의 방향과 깊이를 잘 보여 준다.

이 장에서 우리는 이러한 단어의 특징을 염두에 두고 단어들의 세계를 그 유형화와 관계에 주목하여 탐구해 보고자 한다.

- 수많은 단어들이 생겨나고 사라진다. 이들 단어들을 어떻게 유형화할 수 있는가?
- 단어들은 서로 어떤 관계를 맺으며 살아가는가?

1 어휘란 무엇이며 어떻게 유형화할 수 있는가

단어란 어떤 대상이나 현상을 명명하기 위해 생겨난다. 명명은 인간 의사소통의 기원과 본질을 설명하는 매우 중요한 행위이다. 그런데 문명이 발전하고 인류의 지식 창고가 늘어남에 따라 이제는 한 사람이 모두 다 알기 어려울 만큼 수많은 단어들이 존재하게 되었다. 그러면서 각각의 단어들이 무엇을 명명하는지를 아는 것만으로는 단어들의 세계를 이해하기 어려워졌다. 예를 들어, 서로 다른 모양의 조약돌이 5~6개 있을 때에는 각 조약돌의 모양과 색깔을 하나씩 기술함으로써 조약돌의 세계를 이해할 수 있지만, 그 수가 많아지면 일일이 기술하기도 어렵거니와 그러한 행위로 대상을 온전히 파악하기가 어렵다. 시냇가에 널려 있는 수많은 조약돌들을 설명해야 한다고 생각해 보라. 조약돌들을 개별적으로 다루기보다는 속성에 따라 분류하고 분류된 몇몇 그룹의 특징을 기술하는 것이 조약돌 전체를 이해하고 설명하는 데 더 유리하다.

단어가 모여 그룹을 이룬 것을 어휘(語彙)라고 부른다. 어휘의 세계를 이해하기 위해서는 단어들을 일정한 분류 기준에 따라 그룹화하고 해당 그룹의 특징을 기술할 필요가 있다. 이때 어휘가 개방 집합(open set)이라는 사실을 유념해야 한다. 지금도 새로운 단어가 계속 생겨나고 사라지고 있다. 분류 대상 자체가 유동적이라는 점에서 누구나 동의하는 어휘 분류 체계를 설정하기는 쉽지 않다. 여기에서는 어휘를 어떤 분류 기준에 따라 유형화할 수 있는지, 각 어휘 유형의 특징은 무엇인지 살펴보고자 한다.

어휘 분류 기준

어휘는 어떻게 분류할 수 있을까? 가장 일반적인 어휘 분류 결과는 사전에서 찾아볼 수 있다. 다음은 국어사전에서 '스커트'라는 단어를 찾아본 결과이다.

스커트(skirt) 「명사」 주로 여성이 입는 서양식 치마.

괄호 안에 'skirt'를 적시하여 이 단어의 어원을 밝히고 「명사」를 통해 품사를 표시하였다. 이어서 단어의 의미(뜻풀이)를 제공하고 있는데, 이러한 설명을 통해 '스커트'가 치마의 한 종류임도 알 수 있다. 이와 같은 '어원, 품사, 의미'는 수많은 단어들을 분류하는 가장 일반적인 방법이다. 한국어의 단어는 어원에 따라 고유어, 한자어, 외래어, 혼종어로 나눌 수 있고, 품사에 따라 총 9개(명사, 대명사, 수사, 동사, 형용사, 관형사, 부사, 조사, 감탄사)로 구분할 수 있다. 또한 단어의 의미가 다른 단어의 의미와 맺는 관계에 따라 유의 관계, 대립 관계, 상하 관계 등으로 나눌 수 있으며, 의미들이 맺는 관련성을 종합적으로 고려하여 일종의 의미 지도인 시소러스(thesaurus) 구축이 가능하다. 표준국어대사전에는 50여 만 개의 단어가 있는데, 각 단어마다 어원과 품사 분류를 밝혀 놓았다. 또한 뜻풀이를 제시하여 의미 유형별 분류 작업을 할 수 있는 기반을 제공하고 있다.

이러한 사전적 분류는 한국어 단어 전체를 하나의 체계로 상정하고, 일정한 시점에서 이루어지는 폐쇄 선택(closed choice)의 문제로 어휘 분류에 접근한 결과이다. 그런데 어휘란 새롭게 생겨나기도 하고 소멸하기도 하며 특정한 집단이나 상황에서만 사용되기도 한다. 이러한 어휘의 사용

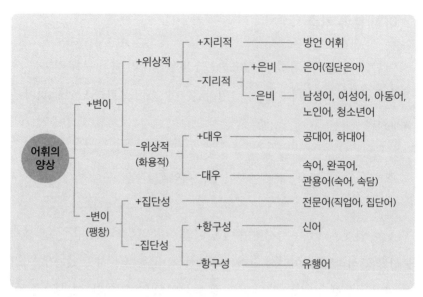

그림 5-1 어휘의 양상 분류 1(김광해, 1993: 140)

양상을 고려한다면 새로운 분류 기준이 필요하다. 어휘 사용 양상의 패턴화 방식을 고려한 분류로 가장 주목되는 것은 김광해(1993: 140)이다. 여기에서는 어휘 양상을 변이 여부를 중심으로 다루었으며, 이를 그림 5-1과 같이 변이와 팽창으로 분류하였다.[1]

　그림 5-1의 분류는 그간 혼란스럽게 사용된 방언, 은어, 공대어, 전문어, 신어, 유행어 등을 통어할 수 있는 일관된 분류 기준을 제시했다는 점에서 선구적인 업적으로 평가된다. 특히 '변이'의 개념을 동원하여 어휘 양상을 분류한 것은 김광해(1993)가 처음이다.

　어휘의 사용 양상은 그림 5-2와 같이 화용적, 지리적, 사회적, 기능적, 역사적 측면으로 분류하는 것도 가능하다. 화용적 분류는 의사소통 상황별

....

1　변이에 대해서는 10장 사회언어학 참조.

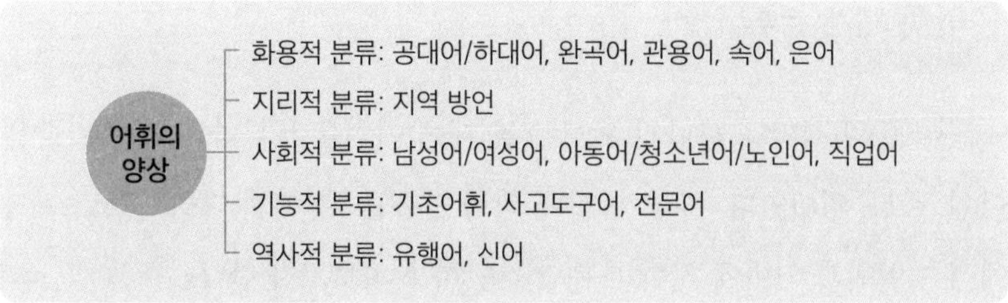

그림 5-2 어휘의 양상 분류 2

특성을 고려한 분류로서, 화청자 간의 관계에 따른 표현의 공손성 여부와 표현 욕구, 소통 장소의 은비성 여부 등에 따른 분류이다. 지리적 분류가 지역 방언 중심의 분류라면 사회적 분류는 사회 방언 중심의 분류이다. 기능적 분류는 각 어휘의 사용 범위 및 역할에 따른 분류이다. 역사적 분류는 등장 시기와 역사적 잔존 여부에 따른 분류이다. 각 분류에 따른 어휘 유형은 그림 5-2에 제시하였다.[2]

어휘 분류는 엄격한 구별 짓기라기보다 수많은 어휘들을 보다 깊이 있게 이해하기 위한 이론적·방법적 도구이다. 하나의 어휘가 하나의 부류에만 포함되는 것은 아니다. 예컨대 '분류'는 기초어휘이면서 동시에 사고도구어이다(기초어휘와 사고도구어에 대해서는 후술한다). 또 상당수 청소년어는 유행어이며(⑩ 갑분싸), 은어 중에서는 직업어인 것도 있다(산삼채취인들은 '뱀'을 '진대마니, 진짐승, 진대, 공치' 등으로 부르는데 이 단어들은 은어이면서 직업어이다).

....

2 어휘 유형의 예 중 사회적 분류의 '직업어'와 기능적 분류의 '전문어'는 서로 유사하지만, 그 개념이 완전히 일치하지는 않는다. 특정 직업 분야에서 사용되는 어휘 중에 전문어만 있는 것은 아니기 때문이다.

어휘 체계 분류

단어들의 집합을 하나의 체계로 볼 때에 어휘를 분류하는 주요 기준은 어원, 품사, 의미였다. 이 중 품사에 의한 분류는 4장에서 다뤘으므로 여기에서는 어원과 의미에 의한 분류만 간단히 살펴보고자 한다.

어종별 분류

어느 언어나 여러 타 언어를 차용하여 새로운 사물이나 개념을 표현한다. 현대 영어 단어 중 빈도순으로 상위 14만 개 단어의 어원 분포를 보면 본래어(=고유어) 14%, 라틴어 36%, 불어 21%, 그리스어 4.5%, 북구어 2%, 기타 등등으로 구성되어 있다(김광해, 1993: 111). 우리나라 표준국어대사전의 어종별 분포는 표5-1과 같다.

우리말은 역사적으로 중국에서 많은 한자어를 받아들이면서 '고유어와 한자어 사이의 일대다 대응 현상'이 발생하였다.[3] 이는 고유어 하나에 둘 이상의 한자어가 대응하는 현상으로서 고유어 동사 '고치다'를 예로 들 수 있다. '고치다'는 '(건물을) 수리(修理)하다, (옷을) 수선(修繕)하다, (병을) 치료(治療)하다, (잘못을) 교정(矯正)하다, (정책이나 진로를) 수정(修正·修整)하다, (세법을) 개정(改正)하다, (제도를) 개혁(改革)하다, (기록을) 경정(更正)하다, (구조를) 개조(改造, 改組)하다, (낡은 건축물을) 개수(改修)하다' 등의 한자어 동사들과 대응한다.

최근에는 외래어의 영향이 강하다. '슈트, 원피스, 드레스, 블라우스, 슬랙스, 스커트, 베스트, 스웨터, 스카프, 벨트, 펜던트, 핸드백' 등 서구에서

----

3   이에 대한 광범위한 조사 결과는 김광해(1989)를 참고.

표 5-1 표준국어대사전 어종별 분포(정호성, 2000: 63)

	항목수	고유어	한자어	외래어	한+고	외+고	한+외	한+외+고
전체 (백분율)	440,262 (100%)	111,299 (25.28%)	251,478 (57.12%)	23,196 (8.28%)	36,461 (8.28%)	1,331 (0.30%)	15,548 (3.53%)	751 (0.17%)
명사	333,226	69,888	205,229	19,443	31,221	845	6,142	312
의존 명사	1,049	411	207	350	9	6	65	1
대명사	462	219	236	0	7	0	0	0
수사	275	186	89	0	0	0	0	0
동사	15,135	14,701	0	0	433	1	0	0
형용사	6,438	5,145	0	0	1,266	27	0	0
부사	14,076	13,268	528	0	280	0	0	0
관형사	525	332	191	0	2	0	0	0
감탄사	811	738	30	11	32	0	0	0
조사	356	356	0	0	0	0	0	0
어미	2,523	2,523	0	0	0	0	0	0
접두사	204	114	90	0	0	0	0	0
접미사	450	230	220	0	0	0	0	0
어근	7,353	3,003	4,324	0	26	0	0	0
무품사	58,884	1,181	40,782	3,426	3,271	452	9,342	439
품사 통용	1,526	957	490	34	43	0	2	0

받아들인 말들이 우리말 어휘의 상당 부분을 차지하게 되었다. 특히 이러한 현상은 전문어나 직업어에서 두드러진다. 기존에는 주요 개념어들을 한자어가 담당했는데 최근에는 그 자리를 외래어나 혼종어가 담당하는 경향이 가속화되고 있다.

의미별 분류

어휘를 의미별로 분류하는 작업은 오래전부터 시작되었다. 임지룡 (1989)에 의하면 어휘 의미 분류 작업은 예전부터 교육용으로 이루어졌다. 예를 들어『훈몽자회(訓蒙字會)』(1527)와『자류주석(字類註釋)』(1856) 등은 한자를 항목별로 구분하여 한글로 음과 뜻을 단 어린이 한자 학습서이며,『조선관역어(朝鮮館譯語)』(15세기 말)와『역어유해(譯語類解)』 (1690) 등은 역관들을 훈련시키기 위해 중국어 어휘를 분류한 뒤 발음과 뜻을 적은 어휘집이다.

서구에서 이루어진 의미 분류 작업으로 가장 유명한 것은 영국의 피터 로제(Peter Roget)가 편찬한 *Thesaurus of English Words and Phrases* (1852)이다. 이 사전에서는 어휘 의미를 추상(abstract), 공간(space) 등 6개 영역으로 나누고 다시 천여 개 항목으로 세분하였다. 이 책은 영어 어휘 분류 어휘집의 전범이 되어 후대로 이어졌으며, 이후 롱맨 (Longman) 사의 *Longman Lexicon of Contemporary English*(1981)로 이어졌다.

현대 국어의 어휘 의미 분류 작업은 남영신의『우리말 분류 사전』(1987) 과 박용수의『우리말 갈래 사전』(1989) 등으로 결실을 맺었다.『우리말 분류 사전』은 동식물의 이름, 날씨 및 시간, 수와 양 같은 추상적인 낱말, 심리적 작용 등 총 18개로 의미를 대분류하고 총 163개로 소분류하여 21,272개 어휘를 의미 분류하였다.『우리말 갈래 사전』은 사람의 몸, 사람의 행위, 사람의 마음 등 총 33개로 의미를 대분류하여 33,721개의 어휘를 의미 분류하였다. 두 사전 모두 고유어만을 대상으로 하였다.

오늘날은 컴퓨터 처리에 유용한 방식으로 어휘 의미를 분류하려는 노력이 보다 분명해졌다. 인공지능 컴퓨터, 자동번역기, 음성대화 시스템,

통역 시스템, 자동요약 시스템 등은 모두 국어 정보화[4] 없이는 불가능하다. 그동안은 주로 형태소 분석기나 외래어 표기법 검색 시스템 등 국어의 형태 부문을 처리하는 데 집중해 왔으나, 최근에는 어휘의 내용에 해당하는 부분 즉, 의미 정보의 처리에 대한 관심이 높아졌다. 컴퓨터가 문장 전후 어휘소들의 의미를 파악할 수 있도록 하기 위해서는 어휘 의미 정보화 작업이 선결되어야 한다. 의미 정보 처리 기술이 높아지면 형태소 분석기의 정확도뿐만 아니라, 문장생성기나 문장검사기 등의 실현율도 높아질 수 있다.

어휘 양상 분류

어휘 양상은 여러 가지 측면에서 살펴볼 수 있는데 여기에서는 기능적 분류와 역사적 분류만 간단하게 짚어 보도록 한다.

기능적 분류: 기초어휘, 사고도구어, 전문어

어휘는 그 사용 범위와 기능을 고려하여 기초어휘, 사고도구어, 전문어로 분류할 수 있다. 사용 범위가 가장 넓은 순서대로 나열하면 '기초어휘 〉 사고도구어 〉 전문어' 순이 된다.

기초어휘는 구어나 문어를 막론하고 모든 의사소통 분야에서 사용되는 가장 기본이 되는 어휘로서 교육용 기본어휘, 생활 기초어휘(survival Korean/ basic Korean)의 기능을 한다. 그에 비해 사고도구어는 주로 문어

......

4 '국어 정보화'란 자연언어인 국어를 컴퓨터로 처리하기 위하여 필요한 여러 가지 기술 구축 작업을 통칭하는 말이다. 14장 국어 정책 참조.

표 5-2 국어 기초어휘 조사 연구 사례

해당 연구	규모 및 선정 기준
국어의 기초어휘에 대한 연구 (임지룡, 1991)	- 최초의 기초어휘 연구, 기초어휘 1,500개 제시 - 사람, 의식주, 사회생활, 교육 및 예체능 등 총 9개 분야로 분류 제시 - 선정 방법: 절충적 방법(객관적 평정과 주관적 평정 혼합)
등급별 국어교육용 어휘 (김광해, 2003)	- 한국어 어휘에 대한 최초의 등급화 연구, 기초어휘 1,845개 제시 - 한국어를 등급으로 평정, 1등급 어휘가 기초어휘 - 등급 평정 방법: 메타 계량(기존 어휘 목록 14종의 타당도를 고려하여 등급화 수행)
한국어 교육 어휘 내용 개발(4단계) (한송화 외, 2015)	- 가장 최근의 대규모 기초어휘 연구, 기초어휘 1,836개 선정(초급이 기초어휘에 해당, 중급 3,855개, 고급 4,950개 제시) - 선정 방법: 절충적 방법(객관적 평정과 주관적 평정 혼합), 어휘 선정과 등급화 과정에서 빈도, 범위, 사용 가능성 및 친숙도, 활용성 고려

텍스트, 특히 학술 텍스트에서 두드러지는 어휘로서 사고 및 논리 전개 과정을 담당한다. 마지막으로 전문어는 특정 전문 분야에서만 사용되는 어휘로서 섬세한 전문적 의미를 담당하며 해당 분야의 지식과 정보의 창고 역할을 한다.

국어 기초어휘에 대한 초기 연구는 임지룡(1991)에 의해 이루어졌다. 김광해(2003)는 한국어 전체를 등급화하여 국내에서 최초로 등급별 국어교육용 어휘를 제시하였다. 최근에는 한국어교육용 기초어휘 선정 작업이 활발하게 이루어지고 있는데, 가장 최신 연구로는 한송화 외(2015)를 들 수 있다. 이상의 내용을 정리하면 표5-2와 같다.

한국어 사고도구어에 대한 조사 연구는 신명선(2004)에 의해 최초로 시도되었다. 이 연구에서는 인문, 사회, 과학, 기술, 예술 등 5개 분야의 학술 텍스트 총 770개를 대상으로 3,634,809개의 말뭉치를 구축하여 926단어족(word family) 1,404개의 사고도구어를 구축하였다. 사고도구어의 예를 제시하면 다음과 같다.[5]

- '개념류': 개념, 관념[02], 사고[14], 의사[02], 아이디어, 사상, 내용, 정보, 의의[04], 정의[05]
- '논의하다류': 논의하다, 언급하다, 주장하다, 주지하다, 요약하다, 정의하다, 부여하다
- '방법류': 실용적, 실재적(실재[02]), 실증적, 실험적, 양적[01](질적), 실질적
- '틀류': 구조[08], 체계[03], 시스템, 프로그램, 체재[03], 체제[02], 조직, 기구[15], 기제[05]

사고도구어는 구어 의사소통 단계를 넘어 문어 의사소통 능력을 기르기 위해 반드시 알아야 하는 단어들이다. 이는 사고도구어가 기초적 의사소통 기술(Basic Interpersonal Communication Skills: BICS)을 넘어 인지 학술적 언어 능력(Cognitive Academic Language Proficiency: CALP)[6]을 기르기 위해 꼭 알아야 하는 단어들임을 의미한다. 이 때문에 최근에는 학습부진아, 다문화가정 학생들, 유학생이나 대학원생 등의 학습 능력 신장을 위해 사고도구어가 폭넓게 연구되고 있으며 기초어휘 및 전문어와의 관련성도 깊이 탐구되고 있다.

전문어는 일반 전문어와 특수 전문어로 분류할 수 있다. 전자가 기초어휘나 사고도구어적 성격도 갖는 전문어라면, 후자는 특수 분야의 전문어로만 사용된다. 예컨대 '비율'은 수학 분야의 전문어이지만 일상적으로

5 단어의 어깨번호는 표준국어대사전에 근거한다.
6 CALP에 대해서는 11장 언어 발달 참조.

도 사용되므로 일반 전문어로 볼 수 있다. 그에 비해 '그래핀(graphene)'은 공학 분야의 전문어로서 관련 분야에서만 사용된다. 일상적으로는 흔히 특수 전문어만을 전문어로 일컫기도 한다.

역사적 분류: 유행어, 신어

유행어와 신어는 특정 시대에 새로 생겨난 단어들이라는 공통점이 있다. 따라서 둘 다 해당 단어가 만들어지고 사용되는 시대의 사회문화적 흐름을 담고 있다. 그러나 유행어는 일시적으로 유행하다가 사라진 단어이며, 신어는 시간의 흐름을 견디고 살아남아 역사적으로 기록된 단어라는 점에서 차이가 있다. 신어는 신조어라 불리기도 한다.

유행어나 신어는 해당 단어가 생겨난 역사적 배경을 품고 있어 사회문화적 변화를 연구하기 위한 자원으로 기능한다. 예컨대 '치맛바람'(1965년), '입시지옥'(1965년), '엠티(MT)'(1979년), '수능세대'(1994년) 등의 단어들을 보면 해당 단어가 생겨난 시대의 흐름을 읽을 수 있다.

최근 새롭게 생겨나는 유행어나 신어는 축약어(=약어, abbreviation), 특히 두문자어(acronym)가 많다. '지못미(지켜주지 못해서 미안해)', '듣보잡(듣도 보도 못한 잡것)' 등이 그 예이다. 이러한 현상의 원인으로는 휴대폰이나 컴퓨터에서 타자 속도를 높이려는 욕구 등 매체 환경의 변화 등이 지목된다.

개화기의 한글 사전 편찬 작업과 영화 〈말모이〉

1920년대는 일제의 한글 말살 정책이 극에 달하던 시기였다. 뜻 있는 몇몇 국어 연구가들은 일제의 탄압으로 한글과 국어가 크게 위축될 것을 염려하여 우리말과 글을 연구할 목적으로 1921년 12월 3일 '조선어연구회'를 조직하였다. 조선어연구회에는 장지영, 김윤경, 이윤재, 이극로, 최현배, 이병기 등이 함께했던 것으로 알려져 있다. 1927년 2월부터는 기관지『한글』을 발간했고, 1929년부터는 조선어사전 편찬 작업을 시작했다. 그러나 일제의 탄압으로 성공하지는 못한다.

〈말모이〉는 조선어연구회의 조선어사전 편찬 작업을 소재로 한 영화이다. 영화적 상상력이 가미되었기 때문에 영화의 내용이 조선어연구회의 실제 작업 과정과 완전히 동일하지는 않다. 그러나 극 중 김판수(유해진 분)는 김석린, 류정환(윤계상 분)은 이극로, 조갑윤(김홍파 분)은 이윤재를 모델로 한 것으로 알려져 있다.

조선어연구회는 1931년 학회 이름을 '조선어학회'로 바꾸고 1933년「한글 마춤법 통일안」을 발표했다. 이것은 1988년 공포된「한글 맞춤법」의 기초이다.

1942년 일제의 극악한 탄압으로 일명 '조선어학회 사건'이 발생하여 회원 33명이 검거되고 28명이 투옥되었다. 조선어학회는 해방 후인 1949년 '한글 학회'로 이름을 바꾸고 1957년 6권짜리『큰 사전』을 발간하였다.

「한글 마춤법 통일안」(1933)

『큰 사전』(1957)

2 단어들은 서로 어떤 관계를 맺으며 살아가는가

어휘의 세계를 이해하기 위한 또 한 가지 방법은 단어들 사이의 관계를 살펴보는 것이다. 이는 몇 가지 측면에서 이루어질 수 있다. 첫째, 단어들을 하나의 체계로 간주하고 특정 시점에서 단어들의 관계를 분석하는 것이다. 그동안 구조언어학에서 논의된 의미론이나 어휘론 관련 논저들은 이러한 관점에서 수행되었다. 둘째, 인간의 머릿속 사전의 작동 양상, 특히 의미망 등을 고려하여 단어들의 관계를 분석하는 것이다. 최근 활발하게 논의되는 인지언어학이나 인공지능 등에 관한 연구를 참조할 수 있다. 셋째, 구체적인 의사소통 상황의 텍스트를 분석하여 어휘들이 특정 맥락 내에서 어떤 관계를 맺으며 사용되는지를 분석하는 것이다. 텍스트언어학이나 화용론 관련 논저들을 참조할 수 있다. 이 중 둘째와 셋째는 최근 활발하게 논의되고 있지만 아직 연구 성과가 충분하지 않다. 여기에서는 첫 번째 관점에서 어휘들이 맺는 관계를 살펴보고자 한다.

다의어와 동음이의어

어휘들이 맺는 관계를 살펴보기 위해서는 단어의 형태와 의미 사이에 일대일 대응 관계가 성립해야 한다. 예컨대 '예쁘다'와 '밉다'가 서로 반대되는 의미를 갖고 있다고 말하기 위해서는 '예쁘다'라는 형태(형식)가 'pretty'의 의미(내용)를 가진다는 것이 전제되어야 한다.[7] 그런데 단어의 형태와 의미 사이에 일대일 대응 관계가 성립하지 않는 경우도 있다. 여기

....

7 편의상 의미를 영어 단어로 표시하기로 한다.

그림 5-3 단어의 형태와 의미 관계

에서는 하나의 형태가 여러 의미를 지니는 다의어와 우연히 음은 같지만 의미는 서로 다른 동음이의어에 대해 살펴보고자 한다.

먼저, 단어의 형태와 의미의 관계에 대해 우리는 그림 5-3의 (가), (나)와 같은 두 가지 모습을 생각해 볼 수 있다. (가)는 하나의 형태가 여러 의미를 가진 경우이며 반대로 (나)는 하나의 의미를 여러 형태로 표현하는 경우이다. '다의어'와 '동음이의어'는 (가)의 문제, '유의 관계'는 (나)의 문제로 볼 수 있다.

그런데 다음 예시에서 볼 수 있듯, (가)의 경우도 여러 가지 유형으로 나눌 수 있다.

(1) 아침: morning, breakfast

(2) 배: stomach, pear, ship

(3) 밤: night / 밤[밤ː]: chestnut

(4) 입: mouth / 잎[입]: leaf

(1)의 경우 '아침'이라는 하나의 형태가 두 가지 의미를, (2)의 경우 '배'라는 하나의 형태가 세 가지 의미를 지닌다. 그런데 의미들의 관계를

살펴보면 (2)의 세 가지 의미는 의미적 유사성이 전혀 없다. 그러나 (1)의 경우 '아침'과 '아침에 먹는 밥' 사이에는 시간적 인접성이 존재해서 의미적 유사성을 인정할 수 있다. (1)의 경우를 다의어, (2)의 경우를 동음이의어라 부른다. 이처럼 동음이의어와 다의어는 하나의 형태가 여러 의미를 지닌다는 점에서는 같으나, 그 의미들 사이에 유사성이 존재하느냐 여부에 의해 구별된다. 의미적 유사성(=의미적 유연성)이 존재하면 다의어이고, 그렇지 않으면 동음이의어이다.

(3)도 동일한 형태 '밤'이 두 개의 의미를 지닌다고 볼 수 있다. 그런데 소리의 장단에 차이가 있다. 한편 (4)는 형태는 다르지만 '입'과 '잎'은 동일하게 [입]으로 소리가 나서 소리의 동일성이 인정된다. (2), (3), (4)는 모두 의미적 유사성은 없다. 이러한 점에서 (2), (3), (4)는 (1)과 구별된다.

동음이의어란 소리는 같으나 의미가 다른 어휘를 가리키므로, 엄밀히 따지면 (3)은 [밤]과 [밤:]으로 소리가 달라 원칙적으로는 동음이의어로 볼 수 없다. 그러나 현대 국어에서 장단음이 거의 사라져 언중들이 장단을 제대로 구별하기 어려워한다는 점에서 소리의 장단을 고려하지 않는 경향도 있다. 또 장단, 고저와 같은 운율적 요소들은 동음이의어 논의에서 무시되는 경향도 있다. 만일 소리의 장단을 무시한다면 (3)은 완전 동음이의어가 될 수 있다. (4)의 경우 소리는 같지만 형태가 달라 형태적 측면에서의 완전 동일성이 인정되지 않으므로 완전 동음이의어로 보기 어렵다.

예시	형태	소리	의미적 유사성	분류
(2) 배	O	O	X	완전 동음이의어(동철자 동음 이의어)
(3) 밤/밤[밤:]	O	X	X	유사 동음이의어(동철자 이음 이의어)
(4) 입/잎[입]	X	O	X	유사 동음이의어(이철자 동음 이의어)

'형태, 소리, 의미'라는 세 가지 기준을 엄격하게 적용한다면 (2)의 예시만 완전 동음이의어이고 (3), (4)와 같은 유형은 유사 동음이의어로 볼 수 있다.

　다의어는 하나의 형태가 여러 의미를 지니는데, 이때 의미들 사이에는 의미적 유사성이 존재한다. 여러 의미들 중 핵심이 되는 의미를 중심 의미, 기본 의미 등으로 부르고 그 외 의미를 주변 의미, 파생 의미로 부른다. 따라서 다의어는 '중심 의미+주변 의미' 혹은 '기본 의미+파생 의미'의 의미 구조를 갖는다고 볼 수 있다.

　다의어의 의미 변화를 일으키는 주요 기제로는 유사성(similarity)과 인접성(contiguity)을 들 수 있다. 형태, 기능, 속성 등의 유사성으로 인해 또는 공간, 시간, 인과적 측면에서의 인접성으로 인해 단어 의미가 확장되거나 변화하여 다의어가 생성되었다고 보는 것이다. 이러한 관점에서라면 다의어의 의미 구조는 유사 구조와 인접 구조로 유형화될 수 있다. 임지룡(2011: 218-219)을 참고하여 정리하면 다음과 같다.

1) 유사 구조
 • 형태적 유사성 　⑩ 사람의 '목'-자라목, 손목, 병목, 길목, 물목
 • 기능적 유사성 　⑩ 사람의 '손'-손발이 되다(조력자), 손이 달리다(일꾼), 손을 잡다(관계), 손이 크다(씀씀이)
 • 속성적 유사성 　⑩ '높다'-기온이 높다, 소리가 높다, 학벌이 높다, 지위가 높다, 코가 높다

2) 인접 구조
 • 공간적 인접성 　⑩ '가슴'-가슴을 내밀다, 가슴이 나쁘다(폐), 가슴을 태우다(속)

- 시간적 인접성 ㉐ '아침'-아침이 밝아 온다, 아침 먹는다
- 인과적 인접성 ㉐ '잔'-술잔, 한잔했다

동음이의어와 다의어는 사전 기술 방식에서 차이가 난다. 다음 예시에서 손¹과 손²는 서로 동음이의 관계로서 별개의 표제어로 등재되었다. 또 손¹, 손² 각각을 보면, 나열된 여러 의미 중 '1'에 기술된 설명이 중심 의미이며 나머지는 주변 의미이다. 손¹, 손² 각각은 '손'이라는 하나의 형태가 의미적 유사성을 지닌 둘 이상의 의미를 갖고 있기에 다의어이다.

손¹ 1. 사람의 팔목 끝에 달린 부분
    2. 손가락
    3. 일손
    4. 관계
손² 1. 다른 곳에서 찾아온 사람
    2. 지나가다 잠시 들른 사람

의미의 계열 관계

모든 단어들은 의미를 지니므로 단어들의 관계는 의미를 중심으로 관찰될 수 있다. 그간 어휘의 의미 관계는 계열 관계와 결합 관계로 논의되어 왔다. 계열 관계는 교환이 가능한 단위들의 세로 관계를, 결합 관계는 언어의 가로 관계를 가리킨다. '(   ) 날씨'에서 괄호 안에 넣을 수 있는 단어들은 '따뜻한, 추운, 시원한, 선선한'처럼 다양하다. 이들은 선택 가능한 단위들로서 '시원한'과 '선선한'은 유의 관계를, '따뜻한'과 '추운'은 대립

관계를 맺는다. 이처럼 문장의 동일 위치에 넣을 수 있는 선택항들이 맺는 관계를 세로 관계라 한다. 여기에서는 계열 관계의 대표적인 예인 유의 관계, 대립 관계, 상하 관계 등을 살펴보고자 한다.

유의 관계

유의 관계는 둘 이상의 단어가 유사한 의미를 지닐 때 성립하며, 그러한 관계를 지니는 단어들을 유의어(synonym)라고 한다. 기존에는 동의 관계, 동의어로 명명하기도 하였으나 최근에는 완벽한 의미적 동일성을 인정하지 않는 경향이 우세하다.

유의어의 의미적 차이는 방언, 문체, 전문성, 내포, 완곡어법 등에서 드러난다. 이 다섯 가지 요소는 유의어가 동일한 지시 대상을 가리키지만 미묘한 의미 차이를 일으키는 주요 국면을 살필 수 있는 기준이 되기도 한다. '부추-솔'(방언 차이), '눈썹-아미(蛾眉)'(문체 차이), '소금-염화나트륨'(전문어 여부), '정치가-정치꾼'(내포 차이), '죽다-돌아가시다'(완곡어 여부) 등을 예로 들 수 있다.

유의어는 의미가 유사하지만 실제 문장에서의 사용 양상을 보면 의미가 완전히 일치하지 않는다. 이러한 차이를 살펴보기 위해 교체 검증, 대립 검증, 배열 검증 등이 이용된다. 교체 검증은 문장의 한 단어를 유의어로 교체하여 문맥적 차이를 확인하는 방법이다. 예컨대 '달리다'와 '뛰다'는 유의 관계를 맺는다. 그런데 '버스가 달린다'는 가능하지만 '버스가 뛴다'는 이상하다. 이러한 예를 통해 '달리다'와 '뛰다'의 의미 차이, 즉 '뛰다'는 무정물 뒤에서는 어색하다는 사실을 알 수 있다.

대립 검증은 유의어의 대립어를 찾아 서로 비교해 보는 방법이다. 예컨대 '흐리다'와 '더럽다'는 의미가 유사하지만, '흐리다'의 대립어는 '맑다'

이고 '더럽다'의 대립어는 '깨끗하다'여서 서로 의미적 차이가 있음을 알 수 있다. 또한 '작다'와 '적다'의 경우 의미가 유사하여 둘을 혼동하기도 하는데, 대립 검증을 해 보면 '작다'의 반대말은 '크다'이지만 '적다'의 반대말은 '많다'여서 두 의미가 구별됨을 알 수 있다.

배열 검증은 의미가 유사한 단어들을 하나의 계열로 배열하여 의미적 유사성을 확인해 보는 방법이다. 예컨대 '물줄기'라는 유사한 의미를 지닌 단어들을 '실개천-시내-강'처럼 물의 양을 기준으로 나열하면, 실개천이 가장 적고 강이 가장 많다는 것을 알 수 있다.

대립 관계

대립 관계는 기존에 반의 관계로 명명되던 것으로, 이러한 관계를 맺고 있는 단어들을 대립어, 반의어(antonym) 등으로 부른다. 대립 관계는 두 단어가 의미상 단 하나의 의미 성분만 다를 경우 성립한다. 예컨대 '엄마'와 '아빠'는 대립 관계를 맺는데 '엄마'는 '[+사람], [+결혼], [+자식], [-남성]'인데 '아빠'는 '[+사람], [+결혼], [+자식], [+남성]'으로 성별 요인 하나만 다르다. 이런 측면에서 동일 의미 영역(의미 부류), 동일 어휘 범주(품사)에 속하면서 의미적으로 단 하나만 대조적 배타성을 지녀야 대립 관계가 형성된다. 다시 말해, 대립 관계가 성립하기 위해서는 동질성 조건과 이질성 조건을 둘 다 만족해야 한다.

대립어는 크게 정도 대립어와 상보 대립어, 관계 대립어로 나눌 수 있다. 정도 대립어(=등급 대립어=반의 대립어=정도 반의어=등급 반의어)는 주로 척도 형용사(예 크다, 짧다, 많다 등), 평가 형용사(예 좋다, 쉽다, 아름답다 등), 감각이나 감정 형용사(예 덥다, 기쁘다, 불쾌하다 등) 등에서 나타난다. 이러한 단어들은 첫째, 단언과 부정에 대한 일방함의가 성립한다. '크다'는 것은 '작지 않다'를 함의한다. 그러나 상호함의는 성립하지 않는다. '작지 않다'는 것이 곧 '크다'를 의미하지는 않는다. 둘째, 동시 부정이 성립한다. 예컨대 '크지도 작지도 않다'고 해도 모순이 일어나지 않는다. 셋째, 정도 부사 수식 및 비교 표현이 가능하다. 예컨대 '조금/꽤/엄청/매우 크다'와 '그것보다 더 크다'가 성립한다.

상보 대립어는 상호 배타적인 두 영역으로 완전히 양분되는 대립어들이다. 예를 들면 '남성-여성, 참-거짓, 삶-죽음' 등이 있다. 상보 대립어는 다음과 같은 특징을 지닌다. 첫째, 단언과 부정에 대한 상호함의가 성립한다. '참이다'는 '거짓이 아니다'를 의미하므로 '참, 거짓' 중 하나를 부정하면 다른 하나의 의미가 성립한다. 둘째, 동시 부정이 성립하지 않는다. '남자도 여자도 아니다'는 의미상 모순이다. 셋째, 정도 부사 수식 및 비교 표현이 불가능하다. 예컨대, '꽤 죽었다'는 불가능한 표현이다.

관계 대립어(=방향 대립어)는 대립쌍을 이루는 단어들이 일정한 방향성을 갖고 상대적 관계를 맺어 의미상 대칭을 맺는 경우이다. 여기에는 역의 관계(converse relation), 역행 관계(reverse relation), 대척 관계(antipodal relation), 대응 관계(counterpart relation)가 있다. 역의 관계는 'x가 y의 A이다 = y가 x의 B이다'에서 A와 B가 맺는 관계(=동치 관계)를 가리킨다. '남편-아내, 주다-받다' 등을 들 수 있다. 역행 관계는 방향이 서로 반대가 되는 관계를 가리킨다. '가다-오다, 열다-닫다, 밀다-당기다' 등이 그 예이다. 대척 관계는 방향의 양쪽 끝을 가리키는 관계이다. '시작-끝, 출발선-결승선, 지붕-바닥' 등을 들 수 있다. 대응 관계는 표면상 위상 차이를 드러내는 관계이다. '볼록-오목, 두둑-고랑, 양각-음각' 등을 들 수 있다.

상하 관계

상하 관계는 한 단어의 의미가 다른 단어의 의미를 포함하는 단어 간 관계를 가리킨다. 상하 관계를 맺는 단어들은 '상위어(superordinate), 하위어(subordinate)' 또는 '상의어(hypernym), 하의어(hyponym)'로 지칭된다. 전자는 상하 관계를 맺는 단어들이 계층적 상하 구조를 형성하여 상위나 하위에 위치하기 때문에 붙여진 이름이다. 후자는 이들의 의미 범위가 더 위인가 아래인가에 초점을 둔 명칭이다. '생물'과 '동물'은 각각 상위어와 하위어 관계에 있다.

상하 관계에 있는 단어들은 이행적(移行的) 관계를 맺는다. 예컨대 '생물-동물-강아지'에서 '생물'과 '동물', '동물'과 '강아지'는 각각 상하 관계인데, 이러한 계층적 위계 관계에서 '생물'과 '강아지' 역시 상하 관계가 된다. 이와 같이 계층적 구조 내에서 계층을 달리하여도 단어들의 위계 관계가 유지되는 특성을 이행성으로 명명할 수 있다. 상하 관계에 있는 단어들은 일방함의 관계를 맺는다. 예컨대 '나는 강아지를 보았다'에서 '강아지' 대신 상위어인 '동물'을 써도 성립하는 것처럼, 하위어를 상위어로 교체할 수는 있지만 그 반대는 불가능하다.

의미의 결합 관계

지금까지 계열 관계를 중심으로 어휘 의미 관계를 살펴보았다. 이제 언어의 결합 관계를 중심으로 어휘 의미 관계를 살펴보도록 하자. 결합 관계는 주로 단어들의 공기(co-occurrence) 양상, 즉 한 문장 안에 단어들이 동시에 등장하는 양상에 초점을 두어 논의된다. 단어들은 문장 안에서 의미적·통사적으로 관계를 맺는다. 그런데 어떤 경우에는 문장 내 단어들이 의미적 또는 통사적으로 공기하기 어려워서 부자연스러운 문장이 생겨난다. 이것을 공기 제약이라고 한다.

공기 제약은 '연어 제약(collocational restriction)'과 '선택 제약(selectional restriction)'으로 나누어 살필 수 있다. 먼저, 선택 제약의 예로 '색깔 없는 녹색(colorless green)'을 들 수 있다. 이 표현은 이상한데, '녹색'의 핵심적 의미를 '색깔 없는'이라는 수식어가 부정하고 있기 때문이다. 따라서 '녹색' 대신 유의어인 '초록'으로 대체하여도 모순이 발생한다. 연어 제약의 예로는 '예쁜 남자'를 들 수 있다. 이 표현 역시 다소 어색한데, '예쁜' 대신 유의어인 '잘생긴'을 넣으면 자연스러워진다. 이처럼 연어 제약은 통사 규칙으로 설명되기보다는 의미적 제약으로 이해된다.

연어 관계(collocation)는 정의 내리기 어렵지만, 대개 한 문장 안에서 함께 등장할 확률이 높은 어휘 항목들의 관계를 가리킨다. 이는 대개 '어휘적 연어 관계'와 '통사적 연어 관계'로 구분된다. 전자의 예로는 '눈을 뜨다, 의문을 던지다' 등을, 후자의 예로는 '결코 ~ㄹ 수 없다, 단지 ~ㄹ 뿐이다' 등을 들 수 있다. '눈을 뜨다'에서 '뜨다' 대신 '열다'를 사용하거나 '결코' 뒤에 긍정형을 붙여 '결코 그것을 한다'처럼 사용하면 부자연스러운 문장이 된다.

연어 관계는 언중의 언어 사용 관습과도 긴밀한 관련을 맺는다. '눈을 뜨다'에서 '뜨다' 대신 '열다'를 쓰면 안 되는 이유는 논리적으로 설명되지 않는다. 영어에서는 'open your eyes'처럼 'open'을 쓰는데, 이 역시 논리적 이유를 들기 어렵다.

언어의 한계는 세계의 한계이다*

"언어의 한계는 세계의 한계이다." 널리 알려진 이 말은 오스트리아 태생의 영국 철학자 루트비히 비트겐슈타인(Ludwig Wittgenstein, 1989~1951)의 『논리철학 논고(Tractatus Logico-Philosophicus)』(1922)에 나온 말이다. 그는 이 외에도 "말할 수 있는 것은 분명하게 말할 수 있어야 한다. 그리고 말할 수 없는 것에 대해서는 침묵을 지켜야 한다."라는 유명한 말을 남겼다.

루트비히 비트겐슈타인

비트겐슈타인은 대학 시절 비행기를 연구하는 공학자였다. 비행기 프로펠러를 고안하기 위해 수학에 관심을 갖던 그는 버트런드 러셀(Bertrand Russell)의 『수학의 원리(The Principles of mathematics)』(1903)를 접한 뒤, 케임브리지로 가서 러셀과 함께 철학을 연구했다. 러셀은 비트겐슈타인을 알게 된 것이 자신의 삶에서 "가장 흥미로운 지적 모험 가운데 하나"였다고 술회했다.

1차 세계대전이 발발했을 때 비트겐슈타인은 오스트리아 군대에 자원해 훈장을 타기도 했다. 전시에도 그는 논리학과 철학을 계속 연구하여 전쟁이 끝난 후 『논리철학 논고』를 출판하였다. 『논리철학 논고』는 75쪽 분량의 짧은 글이지만, 언어의 본성, 말할 수 있는 것의 한계, 논리학, 철학 등 폭넓은 주제를 담고 있다.

『논리철학 논고』 영어판 초판 표지

이 책을 쓴 이후 그는 철학을 그만둔다. 그러나 10여 년이 지난 후 다시 철학을 하기 위해 케임브리지로 돌아간다. 당대의 저명한 경제학자 존 케인스(John Keynes)는 1929년 한 편지에서 비트겐슈타인의 귀환을 "신이 도착했다!"라고 표현했다고 한다. 이것은 비트겐슈타인의 『논리철학 논고』가 당대에 얼마나 큰 영향력을 미쳤는지를 입증해 준다.

....

● 이 부분의 내용은 박정일(2003)을 참고하였다.

학습자 오개념

어휘 유형 분류 및 의미 관계와 관련하여 발생할 가능성 높은 학습자들의 오개념을 열거하면 다음과 같다.

- 하나의 어휘는 하나의 유형으로 분류되어야 한다.
- 은어, 속어, 유행어 등은 격이 떨어지는 언어로서 사용하지 말아야 한다.
- 대립어는 의미가 정반대이므로 의미적으로 가장 거리가 먼 단어들이다.
- 유의어는 의미가 유사하므로 맥락과 관계 없이 교체 사용할 수 있다.

어휘는 개방 집합이므로 어휘 분류는 관점과 기준에 따라 다양하게 이루어질 수 있다. 따라서 하나의 어휘는 여러 유형으로 분류될 수 있다. 그리고 은어, 속어, 유행어 등도 한국어를 구성하는 어휘로서 매우 중요한 연구 가치를 지닌다. 이런 단어들이 왜 생겨나고 어떻게 사용되는지 성찰하고, 이들이 갖는 특성을 고려하여 사용하고 이해하도록 노력해야 한다. 대립어의 경우 한 가지 의미 성분을 제외하고 나머지 의미 성분들은 모두 같으므로 사실상 매우 긴밀한 의미 관계를 맺고 있다. 그럼에도 '반대'라는 말에 치우쳐 이 단어들의 관계를 오해할 수 있다. 유의어는 지시 대상은 유사하지만 의미상 미묘한 차이가 존재하므로 맥락을 고려하여 신중하게 사용해야 한다.

위와 같은 오개념이 생겨나는 이유는 어휘의 유형과 의미 관계를 개념이나 원리로 받아들이지 않고, 변하지 않는 진실이나 사실로 받아들이려는 태도 때문일 수 있다. 따라서 학습자들이 언어 사용의 주체로서 자신의 어휘 사용 양상을 돌이켜 보고 메타적으로 분석해 보도록 지도해야 한다. 또한 어휘가 개방 집합임을 상기하고 학습자들이 실제로 단어들을 분류하고 관계를 찾아보도록 유도함으로써 개념과 원리의 기본적 속성을 강조할 필요가 있다.

문장 구조

6장

통사론

박상천

주어와 서술어만 있으면 문장은 성립되지만
그것은 위기와 절정이 빠져버린 플롯같다.
'그는 우두커니 그녀를 바라보았다.'라는 문장에서
부사어 '우두커니'와 목적어 '그녀를' 제외해버려도
'그는 바라보았다.'는 문장은 이루어진다.
그러나 우리 삶에서 '그는 바라보았다.'는 행위가
뭐 그리 중요한가
우리 삶에서 중요한 것은
주어나 서술어가 아니라
차라리 부사어가 아닐까
주어와 서술어만으로 이루어진 문장에는
눈물도 보이지 않고
가슴 설레임도 없고
한바탕 웃음도 없고
고뇌도 없다.
우리 삶은 그처럼
결말만 있는 플롯은 아니지 않은가.
'그는 힘없이 밥을 먹었다.'에서
중요한 것은 그가 밥을 먹은 사실이 아니라

'힘없이' 먹었다는 것이다.

역사는 주어와 서술어만으로도 이루어지지만
시는 부사어를 사랑한다.

──────

시인은 '그는 우두커니 그녀를 바라보았다.'라는 문장에서 '우두커니'에 주목한다. 문장을 구성하는 데에는 주체인 주어와 행위를 나타내는 서술어가 기본이라 할 수 있겠지만, 문학에서의 문장은 '어떻게'에 해당하는 부사어가 더 큰 의미를 지닐 때가 많고 우리의 삶 역시 그러하다는 것을 말하고 싶기 때문일 것이다. 이 장에서는 문장의 의미를 구성하는 각 단위의 개념과 기능을 살펴봄으로써 문법적인 요소가 문장의 의미를 어떻게 구성해 나가는지에 대해 살펴보고자 한다.

• 문장이란 무엇이며, 국어의 문장은 무엇으로 어떻게 구성되는가?
• 문장을 구성하는 언어 단위들은 어떠한 특징을 가지고 문장
  구성에 관여하는가?

1 문장이란 무엇인가

일반적으로 우리는 단어가 모여 문장이 되고, 문장이 모여 글이 된다고 생각한다. 그렇다면 단어를 나열하면 문장이 되는 것일까? 조금만 생각해 보면 그렇지 않다는 것을 알 수 있다. 그렇다면 단어들이 어떻게 모여야 문장이라는 단위를 구성하고, 또 그렇게 구성된 문장은 어떠한 구조를 가지고 글에서 기능하게 되는 것일까? 여기에서는 먼저 말이나 글에 사용되는 '문장'의 개념을 명확히 이해하고 이와 같은 문장이 어떻게 구성되는지를 살펴보도록 한다.

문장 성립의 조건

문장은 전통적으로 '주어와 서술어로 이루어진 완결된 발화 혹은 텍스트'로, '종결 억양의 휴지나 정서법의 마침표로 끝난 구성'이라고 규정되어 왔다.[1] 이러한 정의에서 보면 '주어와 서술어로 이루어진다'거나 '휴지나 마침표가 있다'는 점이 문장이 성립하는 조건이라 할 수 있을 것이다. 하지만 이러한 형식적 조건들은 실제 발화나 텍스트에서 사용되는 다양한 양상의 문장들을 아우르기에는 부족한 면이 있다. 다음 문장을 보자.

(1) 뭐라고?

(2) 그래, 너.

----

1 민현식 · 왕문용(1993) 외 여타 국어학 개론서에 일반적으로 기술되어 온 문장의 개념이다.

(3) … 그 산길의 가지 끝에 둥지를 올려놓은 새의 말이 오늘은 푸릇푸릇 이기적으로 흔들리고 할 때 저 멀리서 노인을 꽃가마에 태운 이들이 산길을 올라가면서 느린 노래를 부르며 느린 노래를 몇 송이 떨어뜨려 참나무 진한 잎사귀에 싸서 꽁꽁 묶어 놓을 때 꽃그늘 아래 수북이 앉아 있던 키 작은 꽃들의 물음이 저 할아버지는 누구야 바라보다 누군가의 발바닥에 밟혀서 뭉개져버린 얼굴이 다시 이게 뭐야 고개를 들어서 꽃가마 서늘하게 지나가버린 길바닥을 환하게 다시 보고 싶어한다

(이기인, 「느린 노래가 지나가는 길」)

한국어 화자들은 문장을 구성하는 정보의 종류나 양과 관계없이, 또 주어나 서술어의 존재 여부와 관계없이, 그리고 마침표의 유무와도 관계없이 예문 (1)~(3)을 모두 문장으로 인식한다. 이는 '주어와 서술어' 또는 '종결의 휴지나 마침표' 등의 조건보다는, '발화나 텍스트가 하나의 완결된 의미 단위로 기능할 수 있는가'가 문장이 성립되는 중요한 조건이라는 것을 의미한다.

이와 같은 문장 성립 조건에서는 문장이 성립하기 위해 '주어'나 '서술어'가 반드시 필요한지도 분명하지 않다. 예문 (2)를 보면 '그래'는 독립어임이 명백해 보이지만, '너'의 경우는 앞뒤 맥락에 따라 주어일 수도, 목적어일 수도, 혹은 부사어나 그 밖의 다른 성분일 수도 있다. 이는 문장의 개념을 정의할 때, 특정한 문장 성분의 유무가 아니라 문장을 구성하는 요소들이 전달하는 의미를 기준으로 문장을 정의하는 것이 보다 적절하다는 것을 보여 준다.[2]

....

2   이러한 관점에서 문장의 개념에 접근한 구체적인 논의는 이희자(2002)를 참고.

문장의 개념

앞서 설명했듯, 문장이 성립하는 주요 조건은 발화나 텍스트가 해당 맥락에서 하나의 완결된 의미 단위로 기능하는 것이라 할 수 있다. 이때 문장을 구성하는 필수 요소는 '맥락에서 필요한 특정 정보'가 된다. 그 결과 문장의 개념은 다음과 같이 정의할 수 있다.

> **문장(文章)** 하나의 완결된 의미를 전달할 수 있는 독립적인 최소의 언어 단위. 주로 발화나 텍스트 맥락에서 요구되는 정보들이 여러 문법 요소에 의해 유기적으로 결합되어 이루어진다.

이 정의를 살펴보면, 앞에서 문장 성립의 조건으로 제시한 것 외에 '문법 요소에 의해 유기적으로 결합되어'라는 설명이 있다. 이는 '단어가 모여 문장이 된다'고 할 때 단어가 '어떻게' 모여야 하는지를 규정한 것이다. 단어들을 관련성 없이 그저 나열하기만 한다고 해서 문장이 되는 것은 아니기 때문이다. 예를 들어 '동생 밥 먹다'라는 문장을 보자. 이 문장에서는 '동생, 밥, 먹다'와 같은 단어들이 어떠한 관계를 맺고 있는지가 명확하지 않고, 현재의 일인지 과거의 일인지 등 맥락에 관한 정보도 거의 없다. 즉, 이 문장은 생각이나 의도의 대강을 전달할 뿐, 화자의 의도를 온전히 전달하고 있다고 보기 어렵다. 현실에서는 '동생이 밥을 먹는다, 밥을 동생이 먹었다, 동생이 밥도 먹겠다'처럼 다양하게 나타난다. 이처럼 각 단어에 '이, 을, 도'와 같은 조사, 그리고 '-었-, -겠-' 등과 같은 어미가 유기적으로 결합하면 완결된 의미를 가진 문장을 구성할 수 있다. 이때 단어가 어휘적인 의미를 나타낸다면 조사나 어미는 문법적인 관계를 나타내는 요소라고 할 수 있다.

2 문장은 무엇으로 구성되는가

발화나 텍스트에서 요구되는 정보들은 단어 단위로 동원되고, 이러한 단어들이 유기적으로 결합하여 문장이 구성된다. 이렇게 만들어진 문장은 발화나 텍스트에서 하나의 완결된 의미 구조체로 기능한다. 그렇다면 단어가 문장 구성의 기본 단위일까? 여기에서는 문장을 구성하는 단위와 그것의 기능 혹은 문장 내에서의 역할에 대해 살펴보도록 한다.[3]

단어와 어절

아래의 글을 읽어 보자. 주인공은 구어만으로 소통하는 집단에서 나고 자라다가 글쓰기를 배우며 다음과 같은 것들을 스스로 깨치게 된다(밑줄은 필자가 추가한 것이다).

> 글쓰기란 실로 묘한 기술이었다. 밭에 씨참마를 심을 때는 일정한 간격으로 나란하게 심는 편이 나았다. 모스비가 종이에 표시들을 뭉쳐 놓은 것처럼 씨참마들을 뭉텅이지게 심어 놓았다간 아버지한테 맞았을 것이다. …
> 지징기가 <u>마침내 간격을 두어야 하는 곳을 깨우치고</u>, 모스비가 말한 '단어'의 의미를 이해한 것은 여러 번의 교습을 거친 뒤의 일이었다. <u>듣는 것만으로는 단어가 어디서 시작되고 끝나는지 알 수 없었다.</u> … 단어란 살

----

3 구조주의 언어학이 문법 지식을 체계화하고 언어에 대한 설명력을 높이는 데 기여하였다면, 문법교육에서는 이러한 문법 지식이 가지는 수행력 즉 '문법 지식의 의미 구성력'(주세형, 2005ㄱ)에 보다 주목할 필요가 있다.

아래 숨은 뼈 같은 것이었고, 단어들 사이의 간격은 그 살을 분리하고 싶을 때 잘라내는 관절이었다. 글을 쓸 때 간격을 둠으로써, 모스비는 자기가 한 말에 숨은 뼈들이 보이게 하고 있었다.

(테드 창, 『숨』)

이 글에서 '마침내 간격을 두어야 하는 곳을 깨우치고'라는 것은 아마도 문장을 쓸 때 필요한, 띄어 써야 할 부분에 대한 깨우침일 것이다. 이와 같이 간격을 두어야 하는 곳을 깨우쳐야 한다는 것은 글의 띄어쓰기 단위가 말의 휴지 단위와 일치하지 않기 때문일 거라고 추측할 수 있다. 우리말도 마찬가지로 띄어쓰기 단위와 휴지 단위가 동일하지 않다. 띄어쓰기는 구어적 소통이 아닌 문어적 소통, 즉 그 글을 읽는 독자를 위한 것이기 때문이다. 글에서는 대체로 가독성을 높이기 위해 눈으로 의미를 인식하는 단위별로 띄어 쓴다.

또한 앞의 글에서 주인공은 이렇게 간격을 두어야 하는 경계가 '단어의 경계'임을 깨닫는다. 그렇다면 우리말에서도 마찬가지로 단어의 경계에서 띄어 써야 하는 것일까? 띄어쓰기에 대한 원칙은 「한글 맞춤법」에서 찾아볼 수 있다.

제2항 문장의 각 단어는 띄어 씀을 원칙으로 한다.

이처럼 우리말도 단어별로 띄어 쓰는 것을 원칙으로 한다. 단어가 자립적이어서 띄어쓰기의 기본 단위로 적합하기 때문이다. 그런데 국어에서 조사는 단어로 다루어지고 있지만 비자립적이다. 따라서 '단어별로 띄어 쓴다'라는 것에는 다음과 같은 조건, 즉 특별 규정이 필요하다.

제41항 조사는 그 앞말에 붙여 쓴다.

'동생이 밥을 먹었다'에서 단어의 경계를 표시하면 '동생∨이∨밥∨을
∨먹었다'이다. 하지만 우리말은 '이'나 '을'과 같은 조사를 앞말에 붙여
'동생이∨밥을∨먹었다'로 띄어서 쓴다. 이와 같이 띄어쓰기로 구분되는
단위를 '어절'이라 한다. 어절은 '먹었다'와 같이 단어 단위와 일치하는 경
우도 있지만 '동생이, 밥을'과 같이 일치하지 않는 경우도 있다.

문장 성분

문장은 단어들이 어절 이상의 단위로 모여 구성된다고 할 수 있다. '문
장 성분'이란 이러한 단어 혹은 어절 이상의 단위가 문장에서 어떠한 역할
이나 기능을 하고 있는가에 주목한 개념이다.

(4) 동생이 새 옷을 입었다.

예를 들어 (4)에서 '새'는 하나의 단어이고 문장 내에서 뒤에 나오는
'옷'을 꾸며 주는 역할을 한다. 이처럼 단어가 그 자체로 하나의 문장 성분
으로 기능하기도 한다. 하지만 '동생'은 하나의 단어이기는 하지만, 그 자
체로는 문장에서 어떤 문법적·의미적 기능을 하는지 알기 어렵다. '동생
이'와 같이 조사 '이'가 결합한 단위로 보아야만 '밥을 먹는 주체로서의 동
생'을 파악할 수 있다. 이처럼 단어 혹은 어절 이상의 단위가 문장 내에서
차지하는 특정한 역할 또는 문법적 기능을 '문장 성분'이라고 한다.

문장 성분의 종류

한국어에서 문장 성분은 보통 '주어, 서술어, 목적어, 보어, 관형어, 부사어, 독립어' 7개로 분류된다. 다음 문장을 보자.

(5) 아이가 마당에 꽃을 심었다.

(6) 가을에는 국화가 무척 예쁘다.

(7) 아, 이 꽃이 어제 심은 꽃이구나.

(8) 무슨 꽃을 심어도 좋은 가을이 되었다.

주어는 각 문장에서 동작이나 상태의 주체가 되는 성분으로, (5)~(7)에서 주어는 각각 '아이가, 국화가, 이 꽃이'이다. 주어는 일반적으로 주격 조사 '이/가'나 보조사 '은/는' 등이 붙어 실현되는 경우가 많다.

이와 같은 주체의 '행위(어찌하다), 상태(어떠하다), 속성(무엇이다)'을 나타내는 부분이 서술어이다. (5)~(8)에서는 '심었다, 예쁘다, 꽃이구나, 되었다'가 각 문장의 서술어이다.

문장은 서술어가 요구하는 정보를 갖추어야 자연스러운 문장이 된다. (5)의 경우 행위를 나타내는 서술어 '심었다'가 '무엇을'에 해당하는 정보를 요구한다고 할 수 있다. 이렇듯 서술어의 대상이 되는 말을 목적어라 한다.

한편, 주어와 서술어만으로는 뜻이 불완전한 문장이 있다. 흔히 이를 보충하는 말을 보어라 하는데, 학교 문법에서는 (8)의 '가을이'와 같이 '되다'와 '아니다' 앞에 오는 말을 보어라 한다.

일반적으로 문장이 성립하기 위해 서술어가 요구하는 필수적인 성분을 '주성분'이라 하는데, 한국어에서는 문장 성분 중 '주어, 서술어, 목적어, 보어'를 주성분으로 분류한다. 주성분 외에 '관형어, 부사어'와 같이 주성분을 수식하는 역할을 하는 문장 성분을 부속 성분이라 한다. (6)의 '무척'은 '예쁘다'를 수식하는 부사어이다. 부사어는 서술어 외에도 관형어나 문장 전체를 수식하기도 하며 체언을 수식하기도 한다. 관형어는 (8)의 '무슨'과 같이 뒤에 나오는 체언을 수식하는 기능을 하는 말이다.

마지막으로 '독립어'는 감탄이나 부름, 접속 등과 같이 문장 내에서 다른 성분들과 직접적인 관계를 맺지 않고 생각이나 감정 등을 전달하는 말이다. (7)의 '아'와 같은 말이 독립어이다.

문장 성분의 단위

문장 성분의 단위가 어절과 일치하기도 하지만 반드시 그런 것은 아니다. 두 개 이상의 어절에 해당하는 부분이 하나의 성분으로 기능하기도 한다. 다음을 보자.

(9) 가. 그는 <u>처음 만난</u> 사람처럼 <u>어색한</u> 표정으로 나를 보았다.

　　나. 딱 한 사람만 <u>강원도가</u> 집이었다.

(9가)에서 '표정'을 수식하는 관형어는 '어색한'으로, '어색하다'라는 형용사의 활용형이 관형어로 기능하고 있다. 그렇다면 '사람'을 수식하고 있는 관형어는 무엇일까? 사람 앞에 있는 '만난'만 관형어라고 하기에는 의미가 잘 통하지 않는다. 문장의 의미를 생각해 볼 때 '사람'을 수식하는 부분은 '처음 만난'이라 할 수 있다. 두 개의 어절이 하나의 관형어로 기능

하고 있는 것이다.

또한 예문 (9나)에서 주어는 무엇일까? 이 또한 문장의 의미를 고려하면, '사람만'이 아닌 '한 사람만'이 주어라고 할 수 있다. 나아가 '한 사람만'을 강조하는 '딱'도 포함하여 '딱 한 사람만'이 이 문장의 주어라고 할 수도 있다. 또한 주체의 속성에 대해 서술하는 부분도 '집이었다'가 아닌 '강원도가 집이었다'이므로 두 어절이 함께 서술어의 기능을 하고 있다고 할 수 있다.

이처럼 문장 성분의 최소 단위는 어절이라 할 수 있지만, 그 이상의 단위도 문장 성분의 단위가 될 수 있다.

3 절과 절의 연결에 따라 어떠한 문장이 생성되는가

두 개 이상의 단어가 모여 문장의 일부분을 이루는 언어 단위를 '구(句)'라고 한다. 예를 들어 '운동화가 편하다'와 '새 운동화가 편하다'를 비교해 보자. '운동화'는 한 단어이지만, '새 운동화'는 '구'이다.

이와 비슷하게 '꽃이 피었다'라는 문장에서 '꽃' 대신에 '예쁜 꽃'을 쓰면 '예쁜 꽃이 피었다'가 된다. 이때의 '예쁜 꽃이 피었다'는 '꽃이 예쁘다'와 '꽃이 피었다'가 하나로 묶인 문장으로, '예쁜'의 주어는 '꽃이'라고 할 수 있다. 이처럼 '주어-서술어' 관계를 이루지만, 독립된 문장으로 사용되지 않고 하나의 단위로 묶여 다른 문장의 한 성분으로 기능하는 언어 단위를 '절(節)'이라고 한다. 여기에서는 이와 같은 절의 종류를 알아보고, 절과 절의 결합에 대해 살펴보도록 한다.

절의 종류

절은 하나의 덩어리로 묶여 품사의 특성을 드러내거나 문장 성분으로서 기능한다. 앞서 예로 든 '예쁜 꽃'의 '예쁜'은 '꽃'이라는 명사를 수식하므로 '관형절' 또는 '관형사절'이라고 한다. 이처럼 관형어의 기능을 하는 관형절의 예로 다음과 같은 것들이 있다.

(10) 가. 내가 어제 만난 친구는 유학을 떠난다.

　　　나. 나는 이제 혼자라는 생각을 했다.

　　　다. 생선 굽는 냄새가 온 집안에 가득하다.

앞의 세 문장에서 밑줄 친 부분은 모두 관형어의 역할을 하는 관형절이지만 각각 조금 다른 특징을 가진다. (10가)의 경우 관형절의 수식을 받는 '친구'가 '내가 어제 친구를 만났다'와 같이 밑줄 친 관형절의 한 성분이 된다. 하지만 (10나)에서 수식을 받는 '생각'은 앞의 밑줄 친 관형절의 한 성분이 아니며, 이때 관형절은 '생각'의 내용이 된다. 그리고 (10다)는 (10나)와 유사하지만 밑줄 친 부분이 '냄새'의 내용이 아니라는 점에서 차이가 있다.

관형절과 같이 다른 문장에서 하나의 문장 성분으로 사용되는 절의 종류에는 관형사절 외에 명사절, 부사절, 서술절, 인용절 등이 있다. 다음 예문을 보자.

(11) 나는 네가 먼저 말하기를 기다렸어.

(12) 친구가 기척도 없이 다가왔다.

(13) 동생은 친구가 많다.

(14) 동생은 "나랑 같이 가자."라고 말했다.

명사절은 '-(으)ㅁ, -기'와 같은 어미가 결합하여 명사의 역할을 하는 절이다. (11)에서 '네가 먼저 말하기'가 명사절에 해당하며, 일반적인 명사처럼 조사가 결합하여 명사로서의 역할을 한다. 이때 명사절을 만드는 어미 '-(으)ㅁ'과 '-기'는 의미에 차이가 있다. 예를 들어 '그가 무죄임이 뒤늦게 밝혀졌다'처럼 '-(으)ㅁ'은 결정된 사실을 나타내지만, '그가 무죄이기를 모두가 바랐다'에서 볼 수 있듯 '-기'는 결정되지 않은 사실을 나타낸다.

부사절은 '-게, -도록, -듯(이)'과 같은 어미나 '-이'와 같은 접사가 결합하여 부사의 역할을 하는 절이다. (12)에서 '기척도 없이'가 부사절로, 서술어인 '다가왔다'를 수식하고 있다. 여기에서 '-이'는 '기척도 없-'과 같이 단어보다 큰 단위에 결합한다는 점에서 일반적인 접사와는 다른 면이 있다. 이 때문에 '-이'를 부사형 어미로 보아야 한다는 견해도 있다. 나아가 부사절이 종속 접속절과 사실상 차이가 없다는 점에서 모든 종속절을 부사절로 파악하려는 견해도 존재한다. 한편 '<u>동생은 너무 기쁜 나머지 눈물까지 흘렸다</u>'나 '<u>모두 등산을 가는 대신</u> 소풍을 가기로 결정했다.'처럼 주어와 서술어를 갖춘 명사구가 부사절로 기능하기도 한다.

서술절은 별도의 표지 없이 주어와 서술어가 들어 있는 절이 하나의 서술어로 기능하는 것을 말한다. 서술절이 있는 문장은 주어가 두 개 존재한다. (13)에서 '동생은'은 전체 문장의 주어로서 서술어 역할을 하는 서술절 '친구가 많다'와 연결되며, '친구가'는 서술절의 주어로서 서술어 '많다'와 연결된다. 서술절은 이처럼 주어가 두 개 혹은 그 이상으로 나타나는 문장을 설명하기에 적합하다. 예를 들어 '전통시장이 쇠고기가 가격이 천 원이 싸다'와 같은 문장은 서술절 안에 서술절이 여러 개 들어 있는 구조라고 설명할 수 있다.

인용절은 다른 사람의 말이나 생각, 관용 표현 등을 인용하는 문장에서 사용되며, '(이)라고, 고'와 같은 인용을 나타내는 표지가 결합되어 나타난다. (14)에서는 '나랑 같이 가자'가 인용절인데, 이때는 직접 인용절이므로 인용 조사 '(이)라고'와 결합한다. (14)를 간접 인용절로 바꾸어 쓰면, "동생은 <u>자기랑 같이 가자고</u> 말했다."가 된다. 이처럼 간접 인용절은 '-다고, -냐고, -자고, -라고'와 같은 인용 어미와 결합한다.[4] 직접 인용절은 조사

....

4   학교 문법에서는 직접 인용절에 붙는 '라고'와 간접 인용절에 붙는 '고'를 격 조사로 기술하고

를 제외한 부분으로, 인용 조사와 결합하여 부사절의 기능을 한다면, 간접 인용절은 인용 어미를 포함한 부분을 뜻하기 때문에 그 자체로 부사절의 기능을 보인다는 차이점이 있다. 그러나 둘 모두 문장 내에서의 기능은 동일하다고 할 수 있다. 이때 직접 인용절에 사용되는 인용 조사는 인용절 종결 어미의 받침 유무에 따라 '이라고'와 '라고'가 선택된다. 한편 "누군가 '내일 만날까?' 하고 말했다"처럼 인용절과 함께 사용되는 '하고'의 경우 조사나 어미가 아니라 용언 '하다'의 활용형이다.

홑문장과 겹문장

주어-서술어 관계가 한 번만 나타나는 문장을 홑문장이라 한다. 이에 비해 주어-서술어 관계가 두 번 이상 나타나는 문장을 겹문장이라 한다. 겹문장에는 '안은문장'과 '이어진문장'이 있다.

안은문장은 하나의 문장 성분으로 기능하는 '절'을 안고 있는 문장을 말한다. 이때 다른 문장에 포함된 절을 '안긴절'이라 한다. 앞서 설명한 '명사절, 관형절, 부사절, 서술절, 인용절'은 다른 문장에 포함되어 하나의 문장 성분 기능을 하고 있으므로 안긴절이고, 이 절이 포함된 문장은 안은문장이다.

이어진문장은 하나의 절이 보다 큰 문장의 문장 성분으로 포함되어 있는 것이 아니라, 두 개의 절이 대등하게 혹은 종속적으로 이어져 있는 문장을 말한다.

....

조사가 결합된 부분까지를 인용절로 보기도 한다. 그러나 인용절이 부사절의 기능을 하고 있다는 측면에서 인용절의 설정에 대한 논의는 여전히 쟁점이 되고 있다.

안긴절(관형절)

(15) 가. 엄마는 내가 좋아하는 고기를 늘 구워 주셨어. → 안은문장

　　　　　절1　　　　　　　　　　　절2

나. 나는 고기를 좋아하고 엄마는 채소를 좋아하셨어. → 대등하게 이어진 문장

　　　절1(종속절)　　　　　　　　　절2(주절)

다. 내가 고기를 좋아해서 엄마는 늘 고기를 구워 주셨어. → 종속적으로 이어진 문장

(15)는 모두 겹문장이다. 이 중 (15나), (15다)와 같이 두 개의 절이 나란히 이어지는 문장을 이어진문장이라 한다. (15나)처럼 대등하게 이어진 문장은 이어진 두 절의 의미적인 관계가 동등하여 앞의 절과 뒤의 절을 바꾸어도 의미상 큰 차이가 없다. (15다)는 종속적으로 이어진 문장으로, 하나의 절(종속절)이 다른 절(주절)에 의미상으로 종속되어 있다. 이때 종속절은 '-어서/아서, -(으)면, -(으)려고, -(으)ㄴ/는데, -(으)ㄹ지라도'와 같은 종속적 연결 어미와 결합하여 '원인, 조건, 의도, 배경, 양보'의 의미를 드러낸다. 따라서 종속절과 주절의 순서를 바꿀 수 없는데, 예를 들어 종속절이 '원인'을 나타내는 (15다)의 경우 '?엄마가 늘 고기를 구워 주셔서 나는 고기를 좋아해.'라고 바꾸면 인과관계가 뒤바뀌게 된다. 그러나 '엄마는 [내가 고기를 좋아해서] 늘 고기를 구워 주셨어.'와 같이 바꿀 수는 있다. '소리도 없이 비가 내린다 → 비가 [소리도 없이] 내린다'와 같이 부사절을 안은 문장에서 나타나는 현상이 종속적으로 이어진 문장에서도 가능한 것이다.

작가의 문장은
어떻게 다를까?

　내가 쓴 장편소설 『칼의 노래』 첫 문장은 "버려진 섬마다 꽃이 피었다"입니다. 이순신이 백의종군해서 남해안으로 내려왔더니 그 두 달 전에 원균의 함대가 칠천량에서 대패해서 조선 수군은 전멸하고 남해에서 조선 수군의 깨진 배와 송장이 떠돌아다니고 그 쓰레기로 덮인 바다에 봄이 오는 풍경을 묘사하기 시작한 것입니다. "버려진 섬마다 꽃이 피었다"에서 버려진 섬이란 사람들이 다 도망가고 빈 섬이란 뜻으로, 거기 꽃이 피었다는 거예요.

　나는 처음에 이것을 "꽃은 피었다"라고 썼습니다. 그러고 며칠 있다가 담배를 한 갑 피면서 고민고민 끝에 "꽃이 피었다"라고 고쳐놨어요. 그러면 "꽃은 피었다"와 "꽃이 피었다"는 어떻게 다른가. 이것은 하늘과 땅의 차이가 있습니다. "꽃이 피었다"는 꽃이 핀 물리적 사실을 객관적으로 진술한 언어입니다. "꽃은 피었다"는 꽃이 피었다는 객관적 사실에 그것을 들여다보는 자의 주관적 정서를 섞어 넣은 것이죠. "꽃이 피었다"는 사실의 세계를 진술한 언어이고 "꽃은 피었다"는 의견과 정서의 세계를 진술한 언어입니다. 이것을 구별하지 못하면 나의 문장과 소설은 몽매해집니다. 문장 하나하나마다 의미의 세계와 사실의 세계를 구별해서 끌고 나가는 그런 전략이 있어야만 내가 원하고자 하는 문장에 도달할 수 있습니다.

(김훈, 『바다의 기별』)

　윗글에서 작가 김훈은 한국어의 예리한 직관과 감정으로 문장을 분별하여 인식하고 있다. 그는 "꽃이 피었다"는 사실의 세계를 진술한 언어이고, "꽃은 피었다"는 의견과 정서의 세계를 진술한 언어라 했다. 왜 그럴까? '꽃이'와 '꽃은'은 모두 문장에서 주어로 기능하지만 조사 '은/는'과 '이/가'의 의미가 서로 다르기 때문이다.

　옛날에 놀부가(*놀부는) 살고 있었습니다. 그런데 그 놀부는(*놀부가) 심술궂은 사람이었습니다.

한국어에서 새로운 정보를 제시할 때는 '이/가'가 결합하고 이미 알고 있는 정보를 제시할 때는 '은/는'이 결합한다. 화자가 처음 이야기를 꺼낼 때는 '놀부가'라고 표현하다가 두 번째 말할 때는 '놀부는'이 되는 것에서 이를 파악할 수 있다.

이를 통해 우리는 작가의 말을 더 잘 이해할 수 있다. 만약 작가가 "꽃은 피었다"라고 한다면 꽃은 '놀부는'과 같이 앞에서 한 번 언급된 대상이거나 혹은 그 대상을 작가와 독자가 이미 알고 있음을 전제한 것이 된다. 작가는 이를 '들여다보는 자의 의견과 정서가 개입된 언어'라 하였다. 반면 "꽃이 피었다"는 새로운 정보를 제시하는 것과 같아서 대상을 객관적 실체로 인식하게 한다. 작가는 이를 '물리적 사실을 객관적으로 진술한 언어'라 하였다. 작가가 "꽃이 피었다"를 객관적인 관찰자로서 바라본 세상의 일로, "꽃은 피었다"를 마음을 투영하여 바라본 세상의 일로 변별한 것처럼, 문장의 의미는 단어 하나, 문법 요소 하나의 의미기능에 따라 전혀 다른 의미로 구성될 수 있다. 그러므로 의도가 충분히 잘 드러날 수 있도록 문장을 표현하기 위해서는 예민하게 언어를 관찰하고 이를 바탕으로 섬세하게 문장을 구성할 수 있어야 한다. 이러한 언어 감각이 작가의 문장을 만들어 낸다고 할 수 있다.

학습자 오개념

문장이라는 언어 단위와 문장의 구성 및 문장의 연결 등을 이해할 때 흔히 나타나는 학습자들의 오개념으로는 다음과 같은 것들이 있다.

- 어절은 문법적 단위이다.
- 명사를 수식하는 문장 성분은 모두 관형어이다.
- 보조 용언 구성은 겹문장이다.

먼저 국어에서 '어절'은 띄어쓰기에 의해 구분되는 단위라고 할 수 있다. 띄어쓰기 단위가 '단어'이고 그중 조사와 같이 비자립적인 요소는 자립적인 요소에 붙여 쓰기 때문에 어절이 자립적인 단어 단위와 일치하는 면이 많은 것이 사실이다. 그렇지만 문법의 단위로 어절이 유효한지는 분명하지 않다. 예를 들어 '예쁜 꽃이 피었다'의 '예쁜 꽃'은 두 개의 어절이지만, 여기에 조사 '이'가 결합한 양상을 볼 때 문법적인 관점에서 이는 하나의 단위로 기능하기 때문이다. 이렇듯 어절은 문법적 단위라 하기 어려운 부분이 있으며, 문장 성분과 일대일로 대응하지도 않는다. 학교 문법에서 문장 성분의 개념을 가르칠 때 편의상 어절의 단위를 가르치지만, 어절이 곧 문장 성분의 단위라 하기 어려운 이유가 바로 이것이다.*

관형어는 명사를 수식하는 문장 성분이다. 다음 문장의 밑줄 친 부분도 관형어라 할 수 있는지 생각해 보자.

바로 뒤에 있는 책 좀 건네 줄래?

....

* 문장 성분의 개념과 단위, 그 기능이 학교 문법에서 어떻게 교과 내용 지식으로 구성되고 있는가에 대해서는 이지수·정희창(2015)을 참조.

여기에서 '바로'는 바로 뒤에 있는 '뒤'라는 명사를 수식하고 있다. 이와 같이 국어의 부사 가운데는 명사를 수식하는 것들이 존재한다. 문장 성분이 문장 내의 역할이나 다른 구성 요소들과의 관계에 따라 결정된다면, '바로'의 경우, 품사는 부사지만 문장 성분은 부사어가 아닌 관형어가 된다 할 수 있다. 하지만 부사가 관형어로 기능한다는 것이 체계상 맞지 않는다고 보는 입장에서는 앞의 예문에서의 '바로'가 '뒤에'라는 부사어를 수식하는 부사어로 기능하고 있다고 설명하기도 한다. 또한 품사 통용의 관점에서는 체언 수식 부사를 인정하지 않고 '바로'의 품사 자체를 관형사로 보기도 한다. 따라서 명사를 수식하는 성분을 모두 관형어라고 단정 짓기는 어렵다.

문장의 연결에서 보조 용언 구성 즉, '본용언+연결 어미+보조 용언'을 두 개의 문장이 연결된 것으로 파악하는 현상도 흔히 나타나는 오개념 중 하나이다. 다음 문장을 보자.

동생이 과자를 모두 <u>먹어 버렸다</u>.

친구가 자전거를 <u>타고 있다</u>.

여기에서 '먹어 버렸다'와 '타고 있다'의 경우 두 개의 서술어가 쓰였으므로 겹문장이라고 생각하기 쉽다. 그러나 학교 문법에서는 주어가 하나라는 점에서 이를 홑문장으로 처리하고 있다. 본용언과 보조 용언을 연결하는 어미를 '보조적 연결 어미'라고 하여 일반적인 연결 어미와 구분하는 것도 이 때문이다.

7장

문법 요소

㉠ 정연: (창문을 쳐다보며) 창문이 몇 달이 넘도록 닦이질 않았네.

　　지훈: 뭐라고?

　　정연: (당황하며) 아니, 뭐, 너보고 닦으란 얘긴 아니었어. 그냥 좀 더럽다고.

㉡ 자룡: 자, 이거 받아.

　　은성: 이게 뭔데.

　　자룡: 오늘이 네 생일이잖아.

　　은성: 그럼 이거 생일 선물이야? 웬일이야. 생일 같은 걸 다 기억하고? 뭔데? 풀어 봐도 돼?

　　자룡: 별것 아냐. 왜, 지난번에 동대문 갔을 때 그 모자 있잖아, 네가 하도 예쁘다고 해서.

　　은성: (갑자기 얼굴 표정 바뀌며) 동대문? 나 너랑 동대문 간 적 없는데? (잠시 침묵) 아, 그러셨어요? 누구랑 같이 보러 다녔는지 모르지만, 그 여자에게나 가져다 주시죠!

㉢ 스키너는 언어가 철저히 통제된 자극-반응의 과정의 반복을 통해 학습된다고 주장하였다. 그러나 촘스키는 이 방식으로는 언어가 결코 학습될 수 없다고 하면서, 우리는 누구나 학습 과정을 지원하는 언어 습득 장치를 가지고 태어난다고 말한다.

㉣ 글을 읽는 까닭은 자신의 삶을 풍부하게 만들기 위해 적극적으로 언어를 사용하고 더 높은 사고를 하기 위함일 것이다. 읽기 교육의 목표를 논할 때 주의할 것은 글의 내용을 학습 대상으로 하는 읽기와 읽는 방법을 학습 대상으로 하는 읽기를 구별하는 일이다.

이 텍스트는 남가영(2008)에서 발췌한 것이다. ㉠~㉣에 대해 연구자는 다음과 같은 질문을 던진다.

- ㉠의 대화에서 정연의 발화에 숨겨진 의도는 무엇인가?
- ㉡의 대화에서 침묵 이후에 은성의 상대 높임법이 바뀌는 이유는 무엇인가?
- ㉢의 필자는 스키너와 촘스키의 입장 중 어느 쪽을 지지한다고 볼 수 있는가?
- ㉣의 밑줄 친 부분에서 드러나는 화자의 심리적 태도는 어떠한가?

이러한 질문이 가능한 이유는 무엇인가? 우리는 무엇을 통해서 이 질문에 답을 하고 이러한 현상을 설명할 수 있는가?

문장을 '생각을 드러내는 언어 단위'라 할 때, 이 '생각'에는 사람을 어떻게 대우할 것인가에 대한 관점, 세계의 시간에 대한 관점, 사태의 참여자 사이의 관계에 대한 관점, 나와 남의 목소리에 대한 관점 등이 함께 드러난다. 문법은 이러한 관점을 드러내는 합의된 방식이라 할 수 있다. 이와 같은 문법적 관점을 언어적으로 드러내는 표현들이 하나의 계열을 이룰 때, 이들을 분류하여 '문법 범주(grammatical category)'라 칭한다. 언어에는 성(性), 수, 인칭, 시제, 상, 피동이나 사동, 태와 같은 다양한 문법 범주가 있다.

한국어의 주요한 문법 범주에는 높임, 피동과 사동, 시제, 상, 양태, 인용, 부정 등이 있으며, 이들은 여러 문법적 기제들을 통해 드러난다. 이 장에서는 이러한 문법적 기제들을 '문법 요소'라 통칭하고, 높임 표현, 시간 표현, 피사동 표현, 인용 표현을 중심으로 그 요소와 의미기능을 살펴보고자 한다. 이를 통해 위의 질문에 대한 답을 찾을 수 있을 것이다.

- 한국어의 문법 범주에는 어떤 것들이 있으며, 각각의 문법 범주는 어떤 요소들을 통해 실현되는가?
- 화자가 사태나 사건을 대하는 관점과 태도는 문법 요소를 통해 어떻게 드러나는가?

1 높임 표현은 무엇이며 어떻게 사용되는가

높임 표현은 의사소통 상황에서 화자가 어떤 대상에 대한 높임의 태도를 드러내는 것이다. 한국어에서 화자는 발화 참여자들의 나이, 직업, 사회적 지위, 친밀감, 격식성 등에 따라 높임의 여부를 결정하고, 이를 언어로 표현한다. 이때 '높임'은 포괄적 의미로 접근할 필요가 있다. 실상 한국어의 높임 표현은 누군가를 높이는 것에만 한정되지 않고, 화자나 청자를 낮추는 표현까지 포함하기 때문이다. 그렇기에 높임 표현은 학자에 따라 존대법, 경어법, 대우법 등으로 달리 불리기도 한다. 여기에서는 '높임'의 이러한 포괄적 의미를 '높임 표현'이라는 말로 지칭하면서, 높임 표현의 종류, 사용 방법, 사례 등을 살펴보고자 한다.

한국어의 높임 대상

의사소통 상황이란 화자가 청자에게 어떠한 메시지를 전달하는 과정이며, 전달되는 메시지는 주어와 서술어를 지닌 하나의 문장이라고 생각해 보자. 화자 입장에서 자신과의 관계를 따져야 하는 인물은 세 자리에 위치한다. 첫째는 청자이다. 청자는 화자가 직접 대면하고 있든 아니든 간에 자신의 메시지를 전달하는 '상대'로서 화자와 직접적인 관계를 맺는다. 둘째 인물과 셋째 인물은 전달되는 메시지인 문장 안에 존재한다. 둘째 인물은 문장의 주체인 주어이며, 셋째 인물은 문장의 목적어나 부사어 자리에 있다. 첫째 인물을 높이는 것을 '상대 높임', 둘째 인물을 높이는 것을 '주체 높임', 셋째 인물을 높이는 것을 '객체 높임'이라고 한다.

높임 표현의 종류와 표현 방법

이처럼 한국어 높임 표현은 높임의 대상에 따라 상대 높임, 주체 높임, 객체 높임으로 나눌 수 있다. 이들을 표현하는 방법은 다음과 같다.

상대 높임의 표현 방법

청자를 높이는 상대 높임은 종결 어미에 의해서 표현된다. 한국어의 종결 표현에는 화자의 의도가 드러나는데, 이 화자의 의도에는 높임의 의도 또한 포함된다. 상대에 대한 높임의 의도는 격식체에서는 '아주 높임, 예사 높임, 예사 낮춤, 아주 낮춤'의 네 등급으로, 비격식체에서는 '두루 높임, 두루 낮춤'의 두 등급으로 표현된다.

	높임		낮춤	
격식체	아주 높임 (하십시오체)	예사 높임 (하오체)	예사 낮춤 (하게체)	아주 낮춤 (해라체)
비격식체	두루 높임 (해요체)		두루 낮춤 (해체)	

그러나 이는 높임의 정도를 일반화한 것일 뿐, 모든 상황에서 이러한 여섯 가지 높임 표현이 동등한 선택항으로 존재하는 것은 아니다. 예를 들어, 현대 한국어에서 하게체는 일반적으로 높임의 대상이 성인일 때 선택되며, 하오체는 구어체보다는 문어체에서 주로 선택된다. 구어체의 비격식적 상황에서는 해요체와 해체가 선택되는 경향이 있다.

주체 높임의 표현 방법

문장의 주어 자리에 위치한 인물을 높이는 주체 높임은 조사 '께서', 선어말 어미 '-(으)시-', 그리고 높임의 어휘를 통해 표현된다.

(1) 가. 할머니께서 진지를 잡수신다.[1]

　　나. 할머니께서 댁에 가신다.

　　다. 선생님의 옥고를 받았다.

(1가)에서는 주체인 '할머니'를 높이기 위해 조사 '께서'와 높임 어휘 '진지, 잡수시다'가 사용되었고, (1나)에서는 조사 '께서'와 높임 어휘 '댁', 선어말 어미 '-(으)시-'가 사용되었다. 때로 (1다)의 '옥'처럼 높임의 의미를 지니는 접사를 써서[2] 높임 어휘를 만들기도 한다.

객체 높임의 표현 방법

객체 높임은 문장의 주어의 행위가 미치는 대상을 높이는 것으로서, 조사 '께'나 높임의 의미를 지니는 어휘에 의해 표현된다.

(2) 가. 어머니께서 아이를 데리고 오셨다.

....

1　'잡수시다' 외에 준말인 '잡숫다'나 '잡수다, 들다, 드시다'도 '먹다'의 높임 표현이 될 수 있다. '잡수시다(잡숫다), 드시다'는 각각 '잡수다, 들다'에 주체 높임 선어말 어미 '-(으)시-'를 덧붙인 형태이기 때문이다. 다만 현재 표준국어대사전에는 '잡수다, 잡수시다, 들다'만 등재되어 있어, 이들 단어에 대한 인식에는 차이가 있다.

2　'옥'은 현재 표준국어대사전에 높임을 나타내는 접두사로 등재되어 있지 않다. 이 장에서는 단어 생성의 관점에서 '옥'이 사용되는 양상에 비추어 이것이 원고를 뜻하는 '고(稿)'에 붙어 높임의 어휘를 파생시킨 접사라 보았다.

나. 어머니께서 할머니를 <u>모시고</u> 오셨다.

다. 동생이 할머니를 <u>모시고</u> 왔다.

라. 동생이 할머니<u>께</u> 선물을 <u>드렸다</u>.

(2가)와 (2나)의 '께서'나 '오시다'는 주체인 '어머니'를 높이는 표현이지만, (2나)와 (2다)에 쓰인 '모시다'는 목적어 자리에 위치한 객체인 '할머니'를 높이기 위해 선택된 표현이다. (2라)의 '께'와 '드리다' 역시 객체인 '할머니'를 높이기 위한 것이다. 현대 한국어에서 객체를 높이는 표현은 몇몇 어휘에 의해 한정적으로 실현된다.

높임 표현의 사용

앞서 살펴본 바와 같이 한국어의 높임 표현은 높이려고 하는 대상이 어디에 위치하는지에 따라 상대 높임, 주체 높임, 객체 높임으로 나뉜다. 그런데 현대 한국어에서는 높임 표현을 사용할 때, 참여자들의 관계에 따라 추가적으로 고려해야 할 문제들이 존재한다. 여기에서는 압존법과 간접 높임을 중심으로 이를 살펴보고자 한다.

압존법

압존법이란 화자의 입장에서는 높여야 할 대상이지만 청자가 그 대상보다 더 높을 때 높임을 줄이는 어법을 뜻한다.

(3) 가. 할아버지, 신문을 아버지께 갖다 드렸습니다.

나. 할아버지, 신문을 아버지<u>에게</u> 갖다 <u>주었습니다</u>.

(3가)와 (3나)를 비교해 보면, (3가)에서는 상대인 '할아버지'와 객체인 '아버지' 모두에게 높임 표현을 쓰고 있지만 (3나)에서는 상대인 '할아버지'께만 높임 표현을 쓰고 있다. (3나)에서는 청자인 '할아버지'가 '아버지'보다 더 높기 때문에 '아버지'에 대한 높임을 줄인 것이다. 이렇듯 압존법은 한국어의 높임 표현이 화자와 청자의 관계뿐만 아니라, 청자 외의 참여자들의 관계까지 고려하여 선택된다는 것을 보여 준다.

전통적인 학교 교육에서는 압존법이 한국어의 예의범절에 포함되므로 꼭 지도해야 할 내용이라고 보았다. 그러나 최근의 경향은 달라지고 있다. 압존법은 과거 가족 중심의 사회에서 통용되던 것으로, 현대 사회와 같이 사회적 관계가 분화된 사회에서는 어울리지 않는 어법이라는 시각이 일반적이다. 일례로 국립국어원의『표준 언어 예절』(2011)에서는 변화하는 언어 현실을 반영하여 가족 내에서도 (3가)와 같은 표현을 사용할 수 있다고 보았다. 또한 압존법을 철저히 지키던 군대에서조차 2016년 3월 1일자로 압존법을 폐지하였다.

간접 높임

높임 표현은 높임의 대상을 직접 높이느냐, 아니면 높임을 받는 대상과 관계있는 인물이나 소유물 따위를 높임으로써 높임의 대상을 간접적으로 높이느냐에 따라 직접 높임과 간접 높임으로 나눌 수 있다.

(4) 선생님의 말씀이 있으시겠습니다.

(4)는 간접 높임의 사례이다. 여기서 '-(으)시-'는 주어인 '말'을 높이기 위해 사용되었는데, 일반적으로 '말'은 높임의 대상이 아니다. 그런데 화자

의 입장에서는 그 '말'이 '선생님'의 '말'이기 때문에 이를 '말씀'으로 높이고, 다시 이 '말씀'을 서술하는 '있-'에 '-(으)시-'를 붙이는 것이다.

(4)와 비교하여 다음의 (5)를 보자. (5)는 서비스업종에서 빈번하게 사용하는 표현으로, 간접 높임의 잘못된 사례로 자주 언급된다.

(5) 손님, 음료수가 나오셨습니다.

이러한 표현에 대해 크게 두 가지 관점에서 분석해 볼 수 있다. 첫 번째는 현재 문장에서 주어인 '음료수'는 사실 '손님의 음료수'인데, 높임의 대상인 '손님(의)'이 생략되었다고 보는 것이다. 간접 높임의 대상이 어디까지 가능한가에 대해서는 이견이 있을 수 있기 때문에, 이 관점에서는 (5)와 같은 표현도 간접 높임의 범위를 확장하여 적용한 사례로 본다.

두 번째는 이러한 표현이 한국어에서 일시적인 것이 아니라 광범위한 현상이며, 주체 높임 선어말 어미 '-(으)시-'의 기능이 확장된 양상을 드러낸다고 보는 것이다. 즉, 기존에는 주체 높임 표현의 요소로만 여겼던 '-(으)시-'가 높임 표현의 대표적인 요소로 인식되면서, 이것이 청자를 높이는 경우까지 확장되어 사용되고 있다는 관점이다.[3]

이 두 관점은 (5)와 같은 높임 표현을 '오용'으로만 처리하던 기존의 관점에서 벗어나, 높임 표현 역시 '변화하는 현상'으로 본다는 점에서 공통적이다. 높임 표현은 화자와 청자의 사회적·문화적 관계와 밀접한 관련을 지니므로, 그 관계에 대한 인식이 변화하면 이를 표현하는 방식 또한 변화할 수 있는 것이다.

....

3   이러한 관점을 보여 주는 연구로는 이정복(2006, 2010), 이래호(2012), 오현아(2014) 등이 있다.

높임을 표현하는 다양한 방법

앞서 살펴본 압존법과 간접 높임의 사례들은 모두 '어법'으로 인식되어 정오로 판단되던 높임 표현이 사회적 맥락 속에서 화자가 활용하는 '전략'으로 이해될 수 있음을 보여 준다.

다른 예를 들어 보자. 다음 중 어떤 표현이 '적절한' 표현일까?

(6) 가. 진지 잡수셨습니까?

　　나. 점심 드셨어요?

　　다. 식사하셨어요?

(6가)~(6다)는 청자가 누구냐에 따라 화자에게 달리 선택된다. 예컨대, 청자가 나이가 많고 화자와 격식적 관계에 있다면 (6가)가 선택될 것이다. 청자가 화자보다 나이가 많더라도 보다 비격식적인 관계에 있다면 (6가)보다는 (6나)가 선택될 가능성이 높고, 나이에 상관없이 화자와 청자의 사회적 지위가 동등하다면 (6다)가 선택될 가능성이 높다. 또한 이 외에도 '진지 잡수셨어요?, 점심 잡수셨어요?, 식사하셨습니까?' 등의 표현이 선택될 수도 있다.

이러한 사례는 한국어에서 높임을 표현하는 방법이 다양함을 보여 준다. 민현식(1999ㄱ), 김은성(2006) 등에서 기술한 바와 같이 한국어의 높임 표현은 호칭어나 지칭어의 사용과 밀접하게 관련되므로, 어휘적 표현이 높임의 의미를 보다 세밀하게 조정하고 보완해 줄 수 있다. 따라서 이러한 다양한 높임 표현에 대한 체계적인 교육이 필요하다.

2 시간 표현은 무엇이며 어떻게 사용되는가

세계의 사태에 대한 화자의 생각을 문장으로 표현하기 위해서는 이러한 사태의 시간적 정보가 함께 표현되어야 한다. 그런데 문장 안에 표현된 시점(時點)[1]은 화자의 시점(視點)[2]에서 인식된 것으로, 세계의 시간과 반드시 일대일로 대응되지는 않는다.[4] 그렇다면 화자는 무엇을 통해 사태를 바라보는 자신의 시점을 언어로 표현할 수 있을까? 이를 '시간 표현'이라는 범주로 명명하여 살펴보고자 한다.

화자의 시점

우선, 사태를 바라보는 화자의 시점[2]은 그 사태의 외부에서 바라보는 것과 내부에서 바라보는 것으로 나누어 살펴볼 수 있다. 아래 예시를 통해 둘의 차이를 알아보자.

(7) 가. 나는 어제 말을 <u>탔다</u>.

　　 나. 나는 지금 막 지하철에 <u>탔다</u>.

(7가)에서 화자의 시점은 '말을 탄' 행위의 외부에 존재한다. 화자는 '말

4　이 장에서 시점은 시점(時點)[1]과 시점(視點)[2]의 두 가지 의미로 사용된다. 시점[1]은 '시간의 흐름 가운데 어느 한 순간'을 의미하며, 시점[2]는 '화자가 사태를 바라보는 시각이나 관점'을 의미한다. 문장에서 문법 요소로 표현되는 것은 시점[1]이지만, 시점[1]은 시점[2]의 영향을 받는다는 점에서 시점[2] 또한 고려할 필요가 있다. 이는 발화시 외에 상황시, 인식시 등을 고려하는 것과 상통한다. 이와 관련된 내용은 한동완(1996), 이재성(2001) 등을 참고할 수 있다.

을 탄' 사건이 끝난 이후, 이것이 지금보다 과거에 일어난 일임을 전하고 있다. 반면 (7나)에서 화자의 시점은 '지하철에 타는' 행위의 끝자락에 위치한다. 화자는 '지하철에 타는' 사건이 이제 막 종료되었음을 전하고 있다.

한국어에서는 (7가)와 같은 표현을 '시제(時制)', (7나)와 같은 표현을 '상(相)'[5]이라는 범주로 분류한다. 그런데 (7가)와 (7나)가 모두 '-었-'이라는 어미를 사용하였듯, 시제의 표현과 상의 표현은 동일한 언어 형식을 공유할 수 있다.

시제와 상을 표현하는 방법

시제의 표현

한국어에서 시제를 표현하는 가장 대표적인 방법은 사태가 일어난 시간('사건시')과 화자가 말하는 시간('발화시')의 관계를 살펴보는 것이다. 사건시를 발화시와 비교하여, 발화시보다 사건시가 이전에 존재한다면 '과거', 이후에 존재한다면 '미래', 두 시간이 일치한다면 '현재'로 보는 것이다. 이러한 사건시와 발화시의 관계는 주로 용언의 활용에서 선어말 어미를 통해 드러나며, '지금, 어제, 내일'과 같이 시간을 드러내는 부사어가 함께 쓰이기도 한다. 일반적으로 국어학에서는 '사태의 발생 시점[1]을 나타내는 언어적 수단 가운에 문법적 수단에 의한 것만을 시제'(박진호, 2011: 290)라고 하여 시간 부사어를 시제의 범주에서 다루지 않지만, 여기에서는 이들을 모두 '시간 표현'이라는 범주에서 다루기로 한다.

....

5 학교 문법에서는 보다 이해하기 쉬운 '동작상'이라는 용어를 쓴다. 그러나 '상'은 동작에만 국한된 것이 아니므로, 여기에서는 '상'이라는 용어를 쓰기로 한다.

(8) 가. 나는 <u>지금</u> 밥을 <u>먹는다</u>.

　　나. 나는 <u>어제</u> 밥을 <u>먹었다</u>.

　　다. 나는 <u>내일</u> 밥을 <u>먹겠다</u>.

(8가)는 사건시(밥을 먹은 사건의 시간)와 발화시(이 사건을 전달하고 있는 시간)가 일치하고 있기에 선어말 어미 '-는-'을 사용하였다. 또한 (8나)는 사건시가 발화시보다 과거에 있으므로 '-었-'을, (8다)는 사건시가 발화시보다 미래에 있기에 '-겠-'을 사용하였다. 이때 '-ㄴ/는, -었-, -겠-'은 한국어의 대표적인 시제 선어말 어미이다. 이 외에 '-더-'를 씀으로써 과거 시간을 표현하기도 하고,[6] 아무런 시제 선어말 어미를 쓰지 않음으로써 현재 시간을 표현하기도 하며, '-(으)ㄹ 것이-'로 미래 시간을 표현하기도 한다.

그런데 언제나 발화시가 기준 시점[1]이 되는 것은 아니다. 문장의 종결 어미가 붙는 서술어의 시점[1]을 기준으로 삼기도 한다.[7]

(9) 가. 밥 <u>먹는</u> 친구를 불렀다.

　　나. 친구에게 <u>줄</u> 선물을 샀다.

6　'-더-'에 대하여 화자가 직접적으로 지각하여 인지한 내용을 과거의 경험으로 회상할 때 선택되는 것으로 보고, 이를 회상법의 양태를 드러내는 언어 형식이라 말하기도 한다. 기본적으로 한 언어 형식이 하나의 의미기능을 드러내거나 하나의 문법 범주에 귀속되는 것은 아니라고 보는 관점에서 편의상 '-더-'를 시제 표현에서 다루었을 뿐, 이것이 '-더-'의 양태적 의미를 배제하는 것이 아님을 밝혀 둔다.

7　'문장의 종결 어미가 붙는 서술어'를 정동사(定動詞)라고 하며, 정동사가 이끄는 절을 정동사절이라고 한다. 정동사는 일반적으로 주어에 대한 진술을 완결하는 서술어를 일컬으며, 한국어에서는 종결 어미가 결합하는 서술어를 가리킨다.

다. 꼭 꿈을 이루는 사람이 될 것이다.

(9)에서 관형절에 쓰인 '-는, -ㄹ, -는'의 시제는 각각의 서술어 '불렀다, 샀다, 될 것이다'의 시점을 기준으로 결정된다. 예컨대 (9가)에서 친구가 밥을 먹는 사건은 서술어인 '불렀다'의 시점을 기준으로 한다. 친구가 밥을 먹는 사건 또한 발화시를 기준으로 했을 때는 과거이지만, 서술어 '불렀다'의 시점을 기준으로 하여 현재로 해석된 것이다.

(8)의 경우처럼 발화시를 기준 시점으로 결정되는 시제를 '절대 시제'라고 하고, (9)의 경우처럼 발화시가 아닌 다른 시점을 기준으로 결정되는 시제를 '상대 시제'라고 한다. 따라서 문장에 표현된 시간 표현의 시간적 정보를 해석하기 위해서는 전체 문장의 맥락을 살펴보아야 한다.

상의 표현
사태에 대한 화자의 시점[2]은 사태의 내부에 존재할 수도 있다.

(10) 가. 지금 뭐 해?
　　　나. 나 밥 먹어.
　　　다. 나 밥 먹고 있어.
　　　라. 동생이 내 밥을 다 먹어 버렸다.
　　　마. 좋은 집에 살게 되었다.

(10가)에 대한 화자의 답은 (10나)와 같이 표현될 수도 있고, (10다)와 같이 표현될 수도 있다. (10나)와 (10다)의 차이는 밥을 먹는 행위에 대한 화자의 시점에서 비롯되는데, (10나)에서 화자의 시점이 먹는 행위 바깥

에 존재한다면 (10다)에서는 먹는 행위의 시간 내부에 존재한다. (10다)처럼 사건이나 사태 안에서 동작이 이루어지는 양상을 드러내는 표현을 '상(aspect)'이라고 한다. 한국어의 상 표현에는 완료상, 진행상, 예정상 등이 있다. 진행상은 어떤 사건이 특정 시점 안에서 계속 진행되고 있음을, 완료상은 어떤 사건이 끝났거나 끝난 상태가 지속되고 있음을, 예정상은 기준 시점에서 사건이 전개될 예정임을 나타낸다. (10다)의 '-고 있-'은 진행상, (10라)의 '-어 버리-'는 완료상, (10마)의 '-게 되-'는 예정상의 표현이다. 이렇듯 한국어의 상은 보조 용언 구성을 통해 표현되는 경우가 많다.[8]

상을 '동작상'이라 할 만큼, 상 표현은 행위의 특성 그 자체와 밀접한 연관성이 있다. 그렇기에 용언이 지닌 특성 그 자체가 상과 직접적으로 관련된다.[9]

(11) 가. 나는 엄마를 닮았다. (?나는 엄마를 닮고 있다.)

나. 나는 지금 옷을 입고 있다.

다. 나는 손이 작다.

라. *고양이가 1년 동안 죽었다.

(11가)에서 '닮다'는 상태성과 지속성을 지니기 때문에 진행상으로 표현하기는 어렵고 완료상으로 표현할 수 있다. (11나)에서 '입다'는 지속성과 완결성을 동시에 지니기 때문에 상황에 따라 진행상이나 완료상 둘 다

....

8   이 절에서는 '-게 되-'를 보조 용언 구성으로 보았으나 표준국어대사전에서는 '되-'를 본동사로 보고 그 앞에 온 '-게' 용언도 본용언이 부사어로 쓰인 것으로 보기도 한다.

9   앞서 살펴본 바와 같이 주로 보조 용언 구성과 같은 문법 형태소에 의해 표현되는 상은 '문법상'이라 하고, 여기서 살펴볼 바와 같이 용언의 어휘 자체에 담긴 상적 의미를 '어휘상'이라 한다.

로 해석될 수 있다. (11다)의 '작다'는 상태성과 지속성을 지니기 때문에 어떠한 시간 표현을 쓰고 있지 않아도 이 문장에서 표현된 사태는 지속성을 지닌다. '죽다'는 순간성과 완결성을 지니기 때문에 (11라)와 같은 표현은 사용할 수 없다.[10] (11가)의 사례에서 보듯, 시제 선어말 어미를 사용하여 상을 표현할 수도 있다.

또한 시제 범주에서 '과거의 과거' 또는 '대과거'라 일컬어지는 '-었었-'이라는 표현도 상적으로 접근할 수 있다.

(12) 민경이가 <u>예뻤었지</u>.

(12)에서 상태성과 지속성을 갖는 '예쁘다'라는 용언이 '-었었-'과 만났을 때, 언명된 상대(민경)는 발끈할 수도 있다. 이는 '-었었-'이 지니는 단절성의 의미 때문일 것이다.

....

10 이에 따라 한국어의 용언을 상적 특성으로 분류하기도 한다. 여기서는 고영근·구본관(2018)에서 제시한 분류를 하나의 사례로 제시한다. 이때 '동사'란 '형용사'를 포함하는 용언의 개념으로 쓰인다.

　　가. 상태 동사: 높다, 낮다 등
　　나. 과정 동사: (바람) 불다, 사랑하다, 미워하다, 걷다, 읽다 등
　　다. 완성 동사: 닫다, 열다, 눕다, 앉다, 서다 등 [결과성/비결과성]
　　　　　: (편지) 쓰다, 먹다, 주다, (집) 짓다, 만들다 등 [비결과성]
　　라. 순간 동사: 죽다, 가지다, (눈) 뜨다/감다, 도착하다 등 [결과성]
　　　　　: 끝나다, 이기다, 차다, 때리다, 꼬집다 등 [비결과성]
　　마. 심리 동사: 믿다, 느끼다, 알다, 바라다, 생각하다 등

화자의 주관적인 태도의 표현

시제나 상을 표현하는 문법 요소는 사태를 바라보는 화자의 태도를 표현하기 위해 사용되기도 한다.

(13) 너 이제 선생님한테 <u>혼났다</u>.

(13)의 서술어에는 '-았-'이라는 과거 시제의 선어말 어미가 사용되었지만, 이 문장은 과거에 일어났던 사건이 아닌 미래에 일어날 일을 전하고 있다. 화자는 '-았-'을 사용함으로써 '너'라는 인물이 선생님한테 혼날 것이 틀림없다는 확신을 드러내고 있다. 즉, 미래의 일이지만 이미 과거에 있었던 일처럼 일어날 것이 명백하므로 이를 확신하는 의미에서 '-았-'을 사용한 것이다.

이처럼 시간을 나타내는 문법 요소 중 일부는 사건에 대한 화자의 태도를 드러내기도 한다. 여기에서는 이를 '양태(樣態)'라는 문법 범주로 살펴보고자 한다. 양태는 문장의 명제에 대한 화자의 주관적인 태도를 나타내는 문법 범주이다(구본관 외, 2015: 323). 화자의 주관적인 태도에는 의무감이나 당위성, 가능성, 추측, 희망은 물론이고 지각이나 감정의 측면까지도 포함된다. 이들은 화자의 주관적 태도가 '명제' 그 자체에 대한 것이냐, 담화나 명제의 참여자의 '행위'에 대한 것이냐에 따라 나눌 수 있다.

(14) 가. 내일 비가 <u>올 것이다</u>.
　　　나. 내일 비가 와도 <u>가야 한다</u>.

(14가)는 내일 비가 온다는 정보에 대한 화자의 앎이 확실하지 않다는 것을 표현하기 위해 '-ㄹ 것이-'를 쓰고 있는 반면, (14나)는 내일 비가 와도 가야 한다는 화자의 의지를 표현하기 위해 '-아야/어야 하-'를 쓰고 있다.[11]

양태의 표현

다음 (15)는 모두 '-겠-'이라는 선어말 어미가 사용되었지만, 이를 통해 전하고자 하는 화자의 태도는 상이하다.

(15) 가. 나는 시인이 <u>되겠다</u>.

　　 나. 지금 떠나면 새벽에 <u>도착하겠다</u>.

(15가)는 시인이 되겠다는 '의지'를 표현하고 있는 반면, (15나)는 도착 시점에 대한 '추측'을 표현하고 있다.

한국어에서 이러한 화자의 태도는 보조 용언 구성이나 의존 명사 구문을 사용하여 표현할 수도 있다.

(16) 가. 저 물건을 반드시 <u>사야 한다</u>.

　　 나. 이 책은 <u>재밌을 것 같다</u>.

　　 다. 이 약은 효과가 <u>있을 수 있다</u>.

(16가)는 '당위성', (16나)는 '추측', (16다)는 '가능성'을 표현하고 있

---

11 이는 양태의 하위분류인 인식 양태와 행위 양태에 대한 설명이다. 그러나 양태는 이 외에도 의무 양태, 감정 양태 등 다양하게 설정할 수 있으며, 관련된 논의는 국어학계에서도 진행 중이다.

다. 또한 다음 (17)과 같이, 부사어나 종결 어미를 통해서도 화자의 태도를 드러낼 수 있다.

(17) 가. 나는 <u>이미</u> 알았지.

　　　나. 나는 <u>지금</u> 알았네.

(17가)는 부사어 '이미'와 종결 어미 '-지'를 통해 '이미 앎'을, (17나)는 부사어 '지금'과 종결 어미 '-네'를 통해 '새로 앎'을 표현하고 있다.

3 피사동 표현은 무엇이며 어떻게 사용되는가

피동은 동작이나 행위의 주체 또는 동작주의 행위 결과 영향을 받은 것이 무엇인지에 관심을 두고자 하는 모어 화자의 경향성이 문법 범주화된 것이다. 한편, 사동은 동작이나 행위를 주어가 직접 하는지 아니면 다른 사람이 하도록 시키는지에 관심을 두고자 하는 모어 화자의 경향성이 문법 범주화된 것이다.

한국어에서는 피사동 현상을 공부할 때, 피동과 사동을 각기 독립적으로 학습한 후 서로 관련지어 이해할 필요가 있다. 즉, 피동은 능동과, 사동은 주동과 관련하여 독립적으로 익히는 과정이 중요하다. 그런데 한국어에서는 사동보다는 피동 표현을 중심으로 다양한 현상이 광범위하게 나타나고 있기 때문에, 여기에서는 피동 표현을 먼저 살펴보고 사동 표현은 그 개념적 이해를 도울 차원에서만 간략히 살펴보고자 한다.

특히, '피동 표현'이라는 용어를 사용하여 피동과 관련하여 보다 넓은 범위의 내용을 다루고자 한다. 통사 구조에 의해 능동과의 대응 관계가 성립하여 문법 범주로 판단할 수 있는 전형적인 피동 표현도 있지만, 이러한 엄밀한 의미의 피동만을 다루면 문법의 일부 내용이나 전형적인 사례를 확인하는 데 그칠 수 있기 때문이다. 따라서 형식적인 요건을 엄밀히 갖추지는 못하였으나 '의미적으로 규정'할 때 피동의 개념으로 포괄하여 다룰 수 있는 비전형적인 경우들까지 포함하여 피동 표현을 다룰 것이다.

전형적인 피동 표현

피동 접사가 각기 피동사를 만들고 능동문에서 피동문으로 바뀔 때 통사 구조가 일정하게 변하는 경우를 전형적인 피동 표현이라 할 수 있다.

피동과 능동의 대응 관계

한국어에서 피동 논의는 변형 문법이라는 언어학 사조로 인해 주로 '통사 구조의 변형 사례'로 다루어져 왔다. 이 관점에서는 피동문을 능동 문으로 바꾸었을 때 통사적 구조가 잘 대응하는 경우만을 '피동'이라고 본다. 다음과 같이 피동문의 주어는 능동문의 목적어에, 피동문의 부사어는 '을/를' 등의 조사와 함께 능동문의 주어에, 피동문의 피동사는 능동문의 능동사에 대응되는 것이다.

피동문		
어린이가	개한테	물렸다.
피동주+주격 조사	행동주+부사격 조사(한테/에/에게)	피동사

능동문		
개가	어린이를	물었다.
능동주+주격 조사	대상주+목적격 조사(을/를)	능동사

그러나 한국어에서는 위와 같이 통사 구조가 대응 관계를 이루는 사례 가 많지 않다. 이에 대해서는 비전형적인 피동 표현에서 살펴보도록 한다.

피동의 형식

피동은 파생적 피동과 통사적 피동으로 나눌 수 있다. 피동의 종류를 식별하려면 문장의 서술어부터 파악해야 한다.

파생적 피동은 우선 피동사가 서술어로 사용되어야 한다. 피동사에는 능동사의 어간을 어근으로 하여 접미사 '-이-, -히-, -리-, -기-'가 붙는다. 또한 '-되-', '-받-', '-당하-'와 같은 접미사가 붙어서 피동사가 만들어지기도 한다.

통사적 피동은 능동사 어간에 '-어지-'가 붙어 서술어로 사용된다.

(18) 그 모자는 영희에 의하여 <u>만들어졌다</u>.

'-어지-'는 보조적 연결 어미 '-어'와 보조 용언인 '지다'로 이루어진 구조이기에 통사적인 장치라 한다. 엄밀하게 말하면 '-어 지-'로 띄어 써야 하지만, 모어 화자들이 이 구조를 피동의 의미로 자주 사용하면서 보조 용언이 아니라 접사로 인식하게 되어 이제는 통상적으로 붙여 쓴다. '-어지-'는 워낙 광범위하게 결합하여 사용되고 있기 때문에, 머지않아 '-어지-' 역시 피동의 의미를 나타내는 접사로 가르치게 될지도 모른다.

비전형적인 피동 표현

전형적인 피동은 통사 구조에 의해 능동과의 대응 관계가 성립되는 경우였다. 그러나 한국어에서는 '능동-피동'의 관계가 정확하게 대응되지 않는 경우가 많다. 어떠한 의미를 나타내는 용언인지에 따라 피동문이나 능동문의 표현이 제약이 되는 경우도 있다.

(19) 가. 날씨가 많이 <u>풀렸다</u>.
　　 나. *누가 날씨를 많이 <u>풀었다</u>.

'춥던 날씨가 누그러지다'라는 뜻의 '풀리다'는 능동의 행위자를 설정할 수 없다. 날씨는 시간에 따라 저절로 상태가 변화하기에 인위적인 행위가 불가능하다. 따라서 대응하는 능동문이 성립하지 않는다. 이처럼 '풀리다'가 자연적인 발생이나 변화를 표현하는 데 사용되면 '상태 변화, 무의지적/비의도적 상황, 탈행동성' 등의 부차적인 의미를 지니게 된다. 그래서 이와 같은 단어를 '피동 표현'이 아니라 '상태 변화를 나타내는 자동사'라고 말하는 학자들도 많다. '-어지-' 피동 표현을 중심으로 좀 더 살펴보자.

(20) 가. 수학 문제가 점차 어려워지네요.
　　　나. 날이 갈수록 나의 결심은 점차로 굳어졌다.

(20가)와 (20나)는 모두 용언의 어간에 '-어지-'가 결합하였으나, 엄밀히 말해 피동이라기보다는 상태 변화로 보는 것이 옳다. '-어지-' 결합 용언이 실현된 문장이라 하더라도 타동사와 결합했을 경우에만 '엄밀한 의미에서의 피동 표현'이다. (20)과 같이 '-어지-'가 형용사나 자동사와 결합했을 경우에는 상태 변화를 나타낼 뿐이다.

'-게 되-' 결합 용언이 실현된 다음과 같은 문장도 비슷한 맥락에서 살펴볼 수 있다.

(21) 가. 나는 그 작업을 시작하게 되었다.
　　　나. 나는 그 작업을 시작하였다.
　　　다. 그 작업이 나에 의해 시작되었다.

(21나)는 능동문이고, (21다)는 이를 피동문으로 바꾼 사례이다. 그런

데 (21가)는 (21나)와 비교했을 때, 서술어만 바뀌었을 뿐 통사 구조는 변화하지 않았다. 따라서 '-게 되-'는 '-어지-'와는 달리 피동 표현의 범주에 넣기 어렵다. '-게 되-'와 결합한 표현이 피동의 의미를 지닌다고 느껴져 이를 종종 피동 표현의 범주에 포함하는 논의가 있지만, 상이나 양태로 취급하는 것이 더 타당하다.[12]

피동 표현의 사용

결론적으로, 국어의 피동은 능동에서 파생된 '변형문'의 결과라고 볼 경우 설명이 어려운 경우가 많이 생긴다. 능동과 대응 관계가 발견되는 경우라도 피동 표현을 선택한 맥락과 의도, 각 문장의 사건 구조를 표현하는데 피동이 수행하는 역할을 살펴보는 것이 적절한 경우가 많다.

능동/피동의 선택

화자가 사태를 보는 시각에 따라 피동과 능동이 달리 선택된다고 생각해 보자. 화자는 동일한 사태에 대해 능동으로도 피동으로도 표현할 수 있다. 화자가 능동/피동을 선택할 때는 행위의 주체와 사태들 간의 관계를 고려한다. 즉, 문장의 주어로 무엇을 선택하는지, 사태들의 관계를 어떻게 파악하는지에 따라 달라진다.

먼저 문장의 주어에 따른 능동/피동의 선택에 대해 알아보자. 보통 문장의 주어가 용언의 행위나 동작을 스스로 한다고 볼 경우에는 능동을, 문장의 주어가 외부의 힘에 의해 일어난 일의 영향을 받는다고 볼 경우에는

....

12 이에 대한 자세한 설명은 최경봉 외(2017: 69-70)를 참고.

피동을 선택한다.

그런데 다음과 같이 피동 표현이 부차적인 의미를 드러내기도 한다.

(22) 가. 이번 추석에는 너무 많은 양의 음식이 <u>만들어졌다</u>.

　　　나. 부적절한 일이 <u>저질러졌습니다</u>.

(22가)와 (22나)는 모두 주어가 원하지 않는 일을 당했거나, 타인의 행동이 아닌 특정 상황에 의해 어떤 일이 발생했다고 해석할 수 있다. 피동 표현에 상황 의존성이 내포되어 있는 것이다. 또한 (22가)와 (22나)의 문장을 발화한 화자가 해당 사건의 행위자라면, 이는 행위자를 숨김으로써 자신의 발언에 대한 책임을 회피하려는 의도가 반영되었다고 볼 수 있다.

다음으로, 사태들의 관계에서 무엇을 강조하고자 하는지에 따라 능동/피동의 선택이 달라질 수 있다. 사회과학에서는 어떤 행위와 그 후에 일어난 사태가 서로 긴밀한 관련이 있다고 볼 경우,[13] 이를 '인과 관계'로 해석한다. 행위주가 드러나는 능동 표현에서는 이후에 일어난 사태(결과)의 원인이 되는 행위가 명확하게 나타난다. 그러나 피동 표현은 행위주가 문장의 주어에서 빠짐으로써 사태의 원인이 다소 모호해진다. (21가)와 (21나)를 다시 보자. 행위의 결과로 나타난 사태를 그 사태를 야기한 원인보다 강조하고자 하는 의도에서 능동 대신 피동 표현을 사용했다고 볼 수 있다.

....

13 긴밀한 관련, 즉 인과 관계를 파악하는 활동과 관련된 자세한 내용은 김윤신(2014)에 근거하여 논외로 하고자 한다. 이 연구에서는 언어학 연구에서 인과 관계를 무엇으로 볼 것인지를 명확히 하지 않은 상태에서, 특히 '피동과 사동'을 인과 관계와 관련지어 해석하고자 하는 논의는 섣부르다고 비판하고 있다.

이중 피동이란 일반적인 피동 표현인 '-이-, -히-, -리-, -기-, -되-' 등이 붙어 만들어진 피동사에 다시 피동의 뜻을 더하는 '-어지-'를 덧붙인 표현이다. 통상적으로 이러한 이중 피동은 불필요하게 피동 표현을 두 번 사용했다고 보아, 규범상 잘못된 표현으로 본다. 그런데 다음과 같은 표현을 생각해 보자.

(23) 가. 그 기억은 내 머릿속에서 잊혀진 지 오래이다.

　　　나. 그가 불을 켜자, 온 방 안이 환해졌다.

일반적으로 (23가)의 '잊혀진'은 동사 '잊다'의 어간 '잊'에 '-히-'와 '-어지-'가 결합한 이중 피동 표현으로 설명된다. 반면, (23나)의 '환해졌다'는 형용사 '환하다'에 '-어지-'가 결합하여 피동이 아니라 상태 변화를 나타내는 표현으로 본다. 그런데 (23가)도 형태적으로만 판단하지 않고 전체 문장의 맥락에서 '-어지-'가 상태 변화를 강화하는 의미로 사용되었다고 본다면, 이 표현이 규범에 어긋났다고 무작정 단언하기 어렵다. 이처럼 특정 언어 현상이 새롭게 발생했을 때 이것이 규범에서 벗어난다고 판단할 수도 있지만, 언어 공동체 구성원들이 새로운 표현 의도를 갖게 되면서 기존 언어 체계를 새로운 의미기능으로 전용한 것으로 볼 수도 있다. 이중 피동에 대해서도 전체 언어 공동체가 사회문화적으로 합의를 하게 된다면 '규범'으로 자리 잡게 될 것이며, 그렇기에 지금은 합의의 과정에 있다고 해석할 수 있다.

사동 표현

사동 표현이란 사동주가 대상에게 어떤 행동을 하도록 시키는 것을 말한다.

사동과 주동의 대응 관계

피동과 마찬가지로 사동 접사나 통사적 장치로 사동의 의미를 드러내고, 주동문에서 사동문으로 바뀔 때 통사적 구조가 서로 대응되는 관계를 형성한다.

사동문			
어머니가	아들에게	아침을	먹였다.
사동주+주격 조사	피사동주+부사격 조사		사동사

주동문		
아들이	아침을	먹었다.
주동주+주격 조사		주동사

사동의 형식

사동은 그 형식에 따라 파생적 사동과 통사적 사동, 두 종류로 나눌 수 있다. 이는 서술어에 따라 달라진다. 파생적 사동은 주동사 어간에 '-이-, -히-, -리-, -기-, -우-, -구-, -추-'가 붙거나 명사에 '-시키-'가 붙은 사동사가 서술어로 사용된다. 통사적 사동은 '어머니는 아들에게 아침을 먹게 하였다'와 같이 주동사 어간에 '-게 하-'가 붙어 사동문의 서술어로 실현된다.

이때 '-시키-'류의 동사가 항상 사동의 의미를 갖는 것은 아니기 때문에 규범적인 쟁점이 생긴다는 점에 유의해야 한다. 실제 문장에서 '소개하다'와 '소개시키다'는 동일한 상황에서 거의 비슷한 의미로 사용된다. 그렇기 때문에 규범적으로는 '소개시키다'는 오류로 파악하고, '소개하다'라고 써야 함을 강조하기도 한다. 그렇지만 실제 언어생활에서 많은 언중들이 이러한 표현을 이미 광범위하게 사용하고 있다.

4 인용 표현은 무엇이며 어떻게 사용되는가

현대 사회에서는 누구든 자신의 의견을 밝힐 수 있다. 수많은 의견 중에서도 자신의 의견이 더 돋보이도록 하는 일은 결코 쉽지 않다. 여러 의견 사이에서 묻히지 않고 자신의 의견이 영향력을 미치기 위해서는 남들과는 다른 독창적인 의견을 제출해야 한다고 생각하는 경우가 많다. 내가 무엇을 말하고자 하는지를 명확히 알고, '나만의 의견'을 주장하는 것은 중요하다. 그런데 '나만의 의견'이라는 것도 다른 사람의 의견에 영향을 받아 형성되고 확립된다. 누군가의 의견이나 관점은 진공 속에서 창조되는 것이 아니라, 다른 사람의 의견을 읽고 듣는 과정에서 만들어지는 것이다. 그러므로 나의 의견을 표현할 때에는 이를 남의 의견과 구분하는 것이 중요하다. 여기에서는 다른 사람의 말이나 글을 자신의 말이나 글 속에 끌어 쓰는 인용 표현의 개념과 사용에 대해 알아본다.

인용의 개념

국어학에서는 문장의 접속과 내포를 설명하면서 내포 현상 중 하나로 '인용절'을 다루거나[14] 문법 요소 중 하나로 '인용 표현'을 다룬다. 여기에서는 인용절에 관련된 쟁점보다는 인용 표현의 기능과 의미에 실제 언어

---

14 인용 표현은 학교 문법에서 문법 요소의 일부로 다루어지나, 문장의 짜임새에서도 다루어진다. 인용과 관련된 연구가 구조주의 관점의 통사론에서 이루어져 왔기 때문에, 그 내용을 압축하여 문장의 짜임새에서 다루고 있는 것이다. 이때는 인용절이 지니는 형식적인 요건에 주목하여 "주어진 문장에 부사격 조사(어미) '(-)라고, (-)고'가 붙어서 이루어진 절을 인용(부사)절이라고 하고, 인용 동사가 상위문의 동사로 사용된 경우 인용문이라고 한다."라고 정의하고, 이를 내포 현상 중 하나로 다룬다.

자료를 통해 살펴보고자 한다.

'인용'이란 무엇일까? 일상적으로 사용하는 인용의 의미는 그다지 어렵지 않게 느껴질 수 있으나, 국어학계에서 인용의 개념역을 정의하는 과정은 지난했다. 이는 실제 한국어 화자들의 인용 관련 표현 양상에 주목하기보다는 통사론적 관점에서만 형식적인 요건을 규정하고, 그에 부합하는 개념역으로 인용을 정의했기 때문이다. 정확히 말하면 통사론적 관점에서의 인용을 정의했다기보다는 인용문 혹은 인용구문의 형식적인 요건을 분석해 온 것이다. 그러나 의미적 문제를 전혀 고려하지 않을 수는 없기에, '인용의 피정의항'을 설정하는 것은 고민스러운 일이었다. 이에 관한 몇 가지 쟁점들을 정리해 보자.

첫째, 다른 사람의 말, 그중에서도 직접 발화된 말을 전달하는 것만 인용이라고 규정할 수 있다. 이때는 (24)와 같이 발화 인용 동사가 쓰인 구문만을 인용이라고 규정하게 된다.

(24) 담임 선생님께서는 미란에게 "내일은 절대로 지각하면 안 된다."라고 말씀하셨다.

둘째, 인용의 대상을 직접 발화로 한정하는 것은 인용을 지나치게 좁게 규정하는 것이며, 다른 사람이 생각한 것도 인용에 포함해야 한다고 볼 수도 있다. 이 경우, '생각하다, 느끼다'와 같이 내적인 인식이나 생각 등을 나타내는 사유 인용 동사가 쓰이는 구문도 인용이라고 본다.

(25) 담임 선생님께서는 미란이가 계속 지각하면 안 될 것 같다고 생각하셨다.

셋째, 다른 사람의 말이나 생각을 전달하는 것은 당연히 인용이지만 나의 말이나 생각을 나에게 전달하는 것도 인용에 포함되어야 하는지에 관한 쟁점이 있다. 이 현상에 대해서는 최근에 '자가인용구문'이라는 명명으로 인용의 일종으로 보며 다루게 되었다.

(26) 가. 대학원 진학 문제를 어제 김 교수님과 진지하게 의논하였다고 부모님께 말씀드렸다.

나. 대학원 진학 문제를 어제 김 교수님과 진지하게 의논한 것을 오늘 다시 생각해 보았다.

넷째, (27)과 같이 언어 그 자체에 주목하는 것, 즉 메타언어적 표현을 인용이라 할 수 있을지에 관한 논의도 있다. 이러한 표현은 인용 부호가 사용되었기에 인용인가, 아니면 인용 부호가 특수하게 사용된 사례일 뿐 인용은 아닌 것인가?

(27) '인권', 누구에게나 주어져야 할 당연한 권리인데 왜 우리가 이 자리에서 논의를 한다는 말인가?

이러한 사항들이 인용의 개념을 규정하고자 할 때 학자들이 고민한 쟁점들이었다. 실제 한국어 화자들이 통상적으로 사용하는 인용의 의미와 기능을 고려하면, 형식적 요건만 고려하는 인용문 또는 인용구문은 그 범위가 지나치게 좁다. 예를 들어 몇몇 학자들은 자신의 말을 곱씹어 보는 것은 인용이 아니라며 '유사 인용문'으로 명명하여 다루기까지 했다. 그러나 의미기능을 중시하고 담화 텍스트의 용법을 중시하는 문법교육 관점에서는 실제 언어 상황에서 화자가 인용의 목적성을 가지고 언어 형식으로 나타낸 것이라면,[15] 이를 전반적으로 '인용 표현'으로 다룬다.

인용 표현의 종류와 선택 기제

인용 표현의 문법적 정의

인용 표현은 크게 직접 인용과 간접 인용으로 나눌 수 있다. 통사론적 관점에서는 직접 인용과 간접 인용을 다음과 같이 형식적인 특성에 따라 규정하고 있다.

- 직접 인용: 직접 인용의 인용절은 마침표 등을 모두 표시하고 큰따옴표로 묶은 뒤 조사 '라고'를 붙인다.
- 간접 인용: 간접 인용의 인용절은 조사 '고'를 붙여 나타낸다. '라고'와 '고' 이외에 '하고'도 인용 표지로 사용된다.

통사론적 관점에서는 문장 부호와 인용 표지, 그리고 상위 동사의 종류를 중점적으로 살핀다. 그런데 이처럼 통사론의 입장에서 인용절의 형식적 특성에 따라 인용 표현의 종류를 설정하면, 실제로는 인용의 기능을 수행하는 (28)과 같은 경우를 인용 표현에서 제외하게 된다.

(28) 가. 이처럼 피동의 의미가 더해지면 논문의 필자로 하여금 '어떤 사실

....

15 의미기능을 중시하여 인용을 규정하기 시작한 시점은 이창덕(1999)이며, 이후 문법 교과서에서도 이 관점을 많이 따르고 있다.

을 보고, 생각하고, 판단하'도록 하는 외부 사실이 존재하는 것처럼 보인다.

나. 교육부총리는 "학교 폭력 문제 대처 방안을 구체화하라"고 지시하였다.

언어 현상과 규범적 판단의 괴리

실제 사용되는 한국어 인용 표현을 보면 다양한 형태적·통사적 변이가 나타난다. 또한 직접 인용과 간접 인용이 명확히 구분되지 않으며, 전형적인 인용 형식에 부합하지 않는 경우가 많다. 인용절에 큰따옴표를 사용하면서도 간접 인용 조사나 그 외의 형태소를 결합한 혼합 형식 또는 특수한 형식의 인용 표현들이 많이 나타나고 있다. 그러므로 다양한 변이 유형에 대해 짚어 볼 필요가 있다.

이러한 변이형들은 나의 생각과 남의 생각을 명확히 구분해야 하는 상황이 많이 늘어나면서 인용자의 인용 목적이 더욱 다양해졌기 때문에 나타난 것으로 보인다. 화자(필자)가 원 발화의 내용뿐만 아니라 그 의도까지 최대한 그대로 담아내기 원한다면, 발화 당시의 상황까지 복원하려는 목적에서 직접 인용 표현을 선택할 것이다. 반면, 화자가 자신의 생각을 전개하기 위해 원 발화의 내용이 필요하여 이를 끌어오고자 한다면 간접 인용 표현을 선택할 것이다. 따라서 간접 인용 표현은 인용하는 이유가 더 명확하게 드러나며 자신이 강조하고 싶지 않은 것은 제거할 수 있다는 특징을 지닌다. 범박하게 말해, 직접 인용은 '객관성'과, 간접 인용은 '주관성'과 관련된다고 할 수 있다. 그런데 이 두 경우가 명확하게 구분되지 않는 맥락이 많아졌고, 그에 따라 직접 인용과 간접 인용의 중간적 형태를 띠는 인용 형식도 생기게 된 것이다.

언중이 이미 변이형을 익숙하게 사용하고 있음에도, 이러한 변이형에 대해 '규범적 오류'라는 판단을 하는 경우가 많고 다수의 교과서에서도 오류라고 기술하고 있다. 국어학 연구에서도 변이형에 대해 규범적으로 접근한 연구가 훨씬 많으며, 언어 현상을 있는 그대로 바라보는 기술 문법적인 연구는 드물다.

2015 개정 교육과정 이후에는 특정한 상황에서 반복적으로 선택되는 문법적 장치를 교수·학습하도록 되어 있다. 그러므로 광범위하게 나타나는 변이 현상을 기술 문법적인 태도로 접근하는 것은 문법교육에서 의미가 있다. 이때 직접 인용과 간접 인용 중 하나를 선택하는 화자(필자)의 의도를 중심으로 해당 변이형이 발생한 이유를 특정 상황 맥락과 관련지어 파악해 보는 것이 중요하다.

이와 관련하여 (28가)를 다시 살펴보자. 이 문장은 규범적으로만 판단하면 문장 부호가 부적절하게 사용되었기 때문에 틀린 문장이다. (28가)는 피인용 명제의 내용이 중요하므로 화시소(話視素)를 드러낼 필요가 없어서 당연히 간접 인용 형식을 사용해야 하지만, 굳이 인용 부호까지 활용하여 나타낸 것이다. 그런데 문장 부호 역시 문장의 의사소통적 태도를 드러낸다는 관점에서 이렇게 표현한 이유를 생각해 볼 수 있다. 인용 부호를 사용하지 않았을 때에 비해 피인용 명제가 인용자에 의해 좀 더 강조됨으로써, 독자는 필자가 인용을 사용한 의도를 적극적으로 파악하게 된다. 필자는 자신이 생각하는 '명제'가 무엇이고 그 명제에 대한 자신의 '의견'이 무엇인지 명확하게 구분하고자 하는 의도를 표현한 것이다.[16]

....

16 최근에는 인용부호에 대해 의미론·화용론적으로 접근한 연구들도 생겨나기 시작했으며, 이선웅(2012), 김진웅(2017) 등이 있다. 인용 표현은 '작은따옴표, 큰따옴표, 마침표'라는 문장 부호가 의사소통적 태도를 드러내고 있음을 살펴볼 수 있는 대표적 사례이다.

문법과 장르의 만남

문법과 장르는 매우 멀리 떨어져 있는 개념으로 여겨진다. 그러나 조금만 생각해 보면 이 둘의 관계가 그리 멀지 않음을 알게 된다. 특정 종류의 글에는 왜 특정 언어 형식이 '특히 많이' 사용될까? 이에 대한 답이 바로 문법과 장르의 관계에 있다.

(1)은 학술 텍스트의 사례이다. 일반적으로 학술 텍스트에서는 (1나), (1다)와 같은 능동 표현보다는 (1가)와 같은 피동 표현이 많이 사용된다. 학술 텍스트에서는 자신의 주장을 담는 동시에 설득력을 높이기 위하여 객관성도 확보해야하는데, 필자로서의 '나'가 문면에 명시적으로 드러나면 객관성이 떨어지는 경우가 있기 때문이다.

(1) 가. ○○○(2019)에서는 학술 텍스트의 특성이 기술되었다.

　　나. 나는 ○○○(2019)에서는 학술 텍스트의 특성이 기술되었다고 논평한다.

　　다. ○○○(2019)는 학술 논문 텍스트의 특성을 기술하였다.

장르적인 면에서 학술 텍스트와 비슷한 텍스트는 기사문이다. 두 텍스트는 객관성과 주관성이 경합된다는 점에서 공통점을 가진다. 그러나 객관성과 주관성이 경합하는 방향에 있어서는 차이가 있다. 기사문은 사실성을 우선적으로 추구해야 한다는 점에서 객관성에서 출발하지만, 사실상 기자의 눈으로 재구성될수밖에 없다는 점에서 주관성이 가미된다. 반면 학술 텍스트는 자신의 주장을 드러내는 것이 궁극적인 목적이므로 주관성에서 출발하는데, 권위 있는 문헌을 가져옴으로써 자신의 논지를 보강한다는 점에서 객관성이 가미된다.

이로 인해 학술 텍스트와 기사문에는 다음과 같이 직접 인용과 간접 인용의 특성을 모두 지니는 표현들이 많이 나타난다.

....

* 　문법과 장르의 관계에 대해서는 제민경(2015, 2019), 주세형(2016) 등을 참고할 수 있다.

(2) 가. 교육부총리는 "학교 폭력 문제 대처 방안을 구체화하라"고 지시하였다.

　　나. 관계란 사회심리학에서 널리 쓰여 온 용어로서 "두 사람 혹은 두 집단이
　　　서로에 대해 상호 영향력을 갖는 것"이라고 할 수 있다(김은정 외, 2001:
　　　1080).

(2가)는 기사문의 일부이다. 큰따옴표를 쓰고 있기는 하지만 전형적인 인용
표지를 사용하고 있지는 않다. 교육부총리가 어떠한 어투로 어떤 문장 형식을
써서 말을 했는지에 대해서는 생략하고, 발언의 명제 내용만을 밝힌 셈이다. 명
제 내용을 중시했다는 점에서 간접 인용이라고 볼 수도 있지만 큰따옴표가 사
용되었기 때문에 직접 인용이라고도 볼 수 있는데, 둘 중 어느 하나로 단정 지어
분류하기 어렵다. (2나) 문장에서는 원 발화의 서술어가 '이다'로 중화되면서 여
기에 인용 표지가 융합되고, 더 나아가 따옴표 내의 인용절이 서술어 없이 명사
로만 끝나고 있다. 이 역시 직접 인용이나 간접 인용 중 어느 하나로 분류되기
어렵다.

학습자 오개념

문법 요소와 관련하여 실제 확인되거나 확인될 가능성이 높은 학습자들의 오개념 사례는 다음과 같다.

- 높임 표현을 쓰는 것은 화자보다 청자가 우위에 있기 때문이다.
- '-었-'이 있으면 과거 시간 표현이다.
- 대응되는 능동 표현이 있어야 피동 표현이다.
- 큰따옴표를 쓰면 직접 인용이다. / 인용 표지가 있어야 인용 표현이다.

우선 높임 표현의 선택에는 화자와 청자의 나이나 사회적 관계뿐만 아니라, 다른 참여자들의 관계, 격식성 여부 등이 관여되므로 이를 단순히 화자-청자 간의 '우위'로 설명해서는 안 된다. 그리고 '-었-'은 맥락에 따라 시제나 상, 양태의 표현이 될 수 있으므로 이를 하나의 의미기능에 귀속시킬 수 없다. 또한 능동 표현과 피동 표현의 대응 관계는 '통사 구조'적인 것이며, 실제 한국어의 피동 표현에는 비전형적인 사례가 많이 사용된다. 인용 표지와 인용 표현의 관계에서도 주의가 필요하다. 직접 인용이기 때문에 큰따옴표를 쓰는 것이 아니라 큰따옴표를 써서 직접 인용으로 '보이게' 하는 사례도 빈번하게 발견된다.

이러한 오개념은 특정 언어 형식이 특정 문법 범주나 의미기능에 일대일로 대응된다고 규칙적으로 이해하기 때문에 발생한다. 많은 학습자들이 문법을 공부할 때 하나의 언어 형식이 하나의 의미기능을 지닌다고 단정하고, 이것에서 벗어나는 현상은 모두 예외라고 생각하는 경향이 있다. 그러나 언어는 생동하는 언어 주체의 것이며, 때문에 하나의 언어 형식이 늘 한 가지 의미기능에 귀속된다고 볼 수는 없다.

인간은 언어에 끌려가는 것이 아니라 언어를 자신의 맥락에서 정확하고 적절하면서도 타당하게 조정할 수 있는 주체이다. 따라서 문법교육의 장에서는 인간과 언어의 관계가 전복되는 일이 발생하지 않도록, 언어 주체가 다양한 사례들을 주체적으로 해석할 수 있도록 도와야 한다.

2부

삶으로서의
한국어

8장

어문 규범

문법교육 경시에 말·글 흔들려

언어는 사회 변화에 따라 변하는 것이 순리요, 어법도 시간이 지남에 따라 바뀌게 마련이다. 즉, 언어는 점진적으로 변하게 되어 있다. 그런데 현대는 언어 변화가 급격하게 이루어져 지역, 가족, 세대, 계층, 성별, 직업 간 언어 소통이 원활하지 못하고 갈등을 일으키고 있다. 심지어 사람들은 아예 언어 규범(한글 맞춤법, 표준어 규정, 외래어 표기법, 로마자 표기법)을 포함한 문법을 준수하지 않고 무법(無法)의 언어 생활을 하고 있다.

무법을 막으려면 법대로 지키겠다는 약속을 하고 지키면 된다. 이런 점에서 헌법(憲法)과 문법(文法)은 중요한 두 가지 사회적 약속이다. 헌법은 사회생활을 위한 국가적 약속이요, 문법은 말과 글의 소통 방식을 정한 언어적 약속이다. 문법은 단순히 품사 지식만이 아니라 언어 교양, 언어 논리, 언어 규범을 포괄한 넓은 개념이다. 헌법과 일반법이 바르게 만들어지고 집행되는 사회를 법치(法治) 사회라고 한다면, 넓은 의미의 문법 곧 언어 사용의 규율이 잘 지켜지는 사회는 문치(文治) 사회라 할 수 있다. 교육은 법치 사회와 문치 사회를 이루기 위하여 이러한 법을 잘 지키자고 하는 것으로 법치를 위한 사회교육이나 문치를 위한 국어교육은 중요한 기초교육이 된다.

… 문치나 법치는 교육을 통해 이루어진다. 그러나 우리의 학교교육이 민주시민으로서의 법치교육은 잘하는지 몰라도, 문치교육은 국어교육에서 제대로 행하고 있지 않다. … 국어교육이 문법교육을 화법교육, 독서교육, 작문교육, 문학교육의 기초교육으로 제대로 할 때 말과 글이 바르게 되고 언어 교양과 언어 논리도 세워지며 합리적 선진사회의 토대를 이루어 법치사회로 발전하게 될 것이다.

(『경향신문』, 2004.12.29.)

앞의 글은 언어 규범의 필요성에 대해 기술한 칼럼이다. 사회생활을 위한 국가적인 약속으로서 헌법이 있듯이, 다른 사람들과 말과 글로 소통하기 위한 언어적인 약속으로서 언어 규범이 있다. 즉, 언어 규범이란 기본적인 의사소통, 적절한 의사소통, 효과적인 의사소통에 이르기까지 말과 글에서 지켜야 할 중요한 약속이라 할 수 있다.

그렇다면 이러한 언어 규범에는 어떠한 종류가 있으며, 어떤 원리로 만들어지는 것인가? 그리고 이렇게 만들어진 수많은 규범들은 어떤 과정으로 전파되어 규범의 역할을 하게 되는 것인가? 이러한 규범에 대한 사람들의 인식이나 수용 정도는 어떠한가? 사람들에게 충분히 수용되지 못한 규범들의 문제점은 무엇이고, 이후에 우리는 이를 어떻게 개선할 수 있을 것인가? 이 장에서는 이러한 물음들을 출발점으로 삼아 규범의 필요성에서부터 규범의 원리, 규범의 전파와 표기, 규범의 종류, 규범들의 문제점과 개선 방안에 대해 살펴본다.

- 언어의 규범은 꼭 필요한가?
- 규범은 어떤 원리로 만들어지며, 이렇게 만들어진 수많은 규범들은
  어떤 과정으로 전파되어 규범으로서의 효과를 발휘하고 있는가?
- 어문 규범의 종류에는 어떤 것이 있는가? 현재 통용되고 있는
  규범들의 문제점은 무엇이고 개선 방안은 무엇인가?

1 언어의 규범은 꼭 필요한가

인간은 언어적 존재로서 서로 소통하여 공동체를 이루고 문명을 건설한다. 소통의 도구인 언어에 내재된 일정한 원리나 규칙을 문법이라 하는데, 문법에는 학자들이 언어 현상을 설명하고자 체계적으로 기술한 학문 문법과 언중들이 언어를 규범에 맞게 사용할 수 있도록 언어 규칙을 기술한 규범 문법이 있다. 이 중에 교육용으로 적절하게 기술한 규범 문법을 학교 문법이라고 한다. 따라서 규범 문법은 언어 규범에서 가장 중요하다.

우리나라의 규범 문법은 개화기에 유길준의 『대한문전(大韓文典)』(1908), 주시경의 『국어문법(國語文法)』(1910)이 나온 이래 일제 강점기에도 여러 교과서 형태로 존속해 왔다. 또한 대한민국 정부 수립 후 「학교 문법 통일안」(1963)이 나온 뒤에도 교육과정 개정 시기마다 체제의 변화를 보이면서 오늘날까지 중·고교 국어 교과서의 '문법' 단원이나 고등학교 『문법』(1985, 1991, 1996, 2002), 『독서와 문법』(2012, 2014), 『언어와 매체』(2019) 교과서에서 규범 문법이 이어지고 있다.

7차 교육과정에 따른 고등학교 『문법』(2002)은 마지막 국정 교과서인데, 현재의 학교 문법은 이 교과서의 내용을 유지하고 있다고 볼 수 있다. 그 후에 '문법'은 독립 교과로는 사라져, 2009 개정 교육과정에서는 고교 선택과목인 『독서와 문법』이라는 복합 교과로 존재했다. 2015 개정 교육과정에서는 『독서와 문법』에서 『독서』가 독립하였고, 문법 교과는 '문법'이 '언어'로 바뀌고 '매체'가 추가되어 『언어와 매체』가 되었다. 현재는 고등학교 문법이라는 국정 독립 교과가 사라지고, 한 학기 교과 내용의 1/2로 존속할 정도로 축소된 점에서 문법교육의 위기라 할 수 있다.

언어 규범 중에서 학교 문법과 같은 규범 문법의 원리와 규칙을 존중하면서 발음과 표기를 규범화하여 제정한 것이 어문 규범이다. 세종은 한국어에 맞는 문자를 제정하고, 『훈민정음』에 그 창제 원리와 함께 일정한 표기법을 밝혀 최초의 어문 규범을 예시하였다. 그 후 500여 년 동안 여러 과정을 거쳐 오늘날에는 '한글 맞춤법, 표준어 규정, 외래어 표기법, 국어의 로마자 표기법'과 같은 4대 어문 규범이 표기 규범으로 갖추어졌으며, 알파벳 문명, 한자 문명, 가나 문명 등과 다른 독자적인 한글 문명을 건설하게 되었다.

어문 규범은 넓게는 언어 예절, 대화법, 회의법, 작문법 등을 포함하기도 하나, 이들은 다소 주관적인 성격을 띠며 다양한 방법이 있으므로 일반적으로는 표기법이라는 좁은 의미로 사용되기도 한다. 이러한 표기법을 구체적·종합적·모범적으로 보여 주는 것이 국어사전이다. 국어사전은 표제어, 어원, 발음, 품사, 뜻풀이, 동의어와 반의어, 관련어 정보를 포함하고, 국어학의 음운론, 형태론, 어휘론, 의미론, 통사론 등 학문 문법의 수준을 반영하여 형성된 규범 문법과 어문 규범의 종합이라 할 수 있다.

그렇다면 표기법은 꼭 가르쳐야 하는가? 국어사전만 찾아볼 수 있다면 표기법 교육은 크게 강조하지 않아도 된다고 생각할 수 있다. 표기법 교육은 화자나 필자가 자신의 의도와 의미가 오해되지 않도록 정확한 뜻의 단어를 정확한 표기로 써서 전달하고, 청자나 독자도 다른 사람의 말에 담긴 의도와 의미를 정확히 알아듣기 위해 반드시 필요하다. 그리고 이러한 정확한 단어 사용이 뒷받침되어야 문장도 정확하게 쓸 수 있고, 문장 및 담화(텍스트) 차원에서 퇴고도 원활하게 수행할 수 있다. 즉, 언어를 듣고 말하고 읽고 쓰는 과정에서 표기법 문제가 대두되기 때문에 표기법이라는 어문 규범이 필요하고 통일된 표기의 약속으로 만들어진 국어사전도 필요한 것이다. 이 장에서는 규범 문법의 토대 위에서 4대 어문 규범을 중심으로 각 표기법의 원리와 주요 규정을 살펴보도록 한다.

2 한글 맞춤법의 원리는 무엇인가

「한글 맞춤법」(1988)[1]은 '제1장 총칙, 제2장 자모, 제3장 소리에 관한 것, 제4장 형태에 관한 것, 제5장 띄어쓰기, 제6장 그 밖의 것, [부록] 문장 부호'로 되어 있는데, 제1장 총칙의 3개 항은 다음과 같다.

> 제1항 한글 맞춤법은 표준어를 소리대로 적되, 어법에 맞도록 함을 원칙
> 으로 한다.
> 제2항 문장의 각 단어는 띄어 씀을 원칙으로 한다.
> 제3항 외래어는 '외래어 표기법'에 따라 적는다.

제1항은 "소리대로 적되"가 뜻하는 표음주의와 "어법에 맞도록 함"이 뜻하는 표의주의가 결합하였다. 표음주의는 소리 나는 음소를 반영해 적는다는 뜻에서 음소주의로, 표의주의는 기본 형태의 음소를 반영해 적는다는 뜻에서 형태음소주의 또는 형태주의라는 용어로 설명할 수 있다. 이 때, '소리대로'와 '어법대로 적기' 중 어느 원리가 더 중요한가에 대한 논란이 있다. 혹자는 '소리대로'가 기본 원리이고 '어법대로'가 부가적 원리라고 보기도 하지만, 대부분의 학자들은 '어법대로'가 기본 원리이고 '소리대로'는 단서로 붙는 조항으로 이해한다(이익섭, 1992).

단어의 표기는 언문일치에 따라 소리대로 적는 음소주의 원리가 필수적이지만, 단어들은 조사, 어미, 접사가 붙거나 다른 단어와 합성해 쓰일

....
1 이 책에서는 어문 규범과 관련하여 생산된 과거와 현재의 자료는 물론, 북한의 관련 자료도
   모두 홑낫표(「」)로 표시한다.

때 언문불일치의 이형태들이 나타나므로 기본형을 밝혀 어법에 맞도록 적는 형태주의 원리도 필수적이다.

예를 들어, 어간 '밥, 먹-'과 같은 실질 형태소는 소리대로 표기하면서 형태를 고정한다. 조사, 어미, 접사와 같은 문법 형태소도 소리대로 표기하면서 기본형을 고정한다. 또한 어간이나 어근이 곡용(조사 결합), 활용(어미 결합), 접사 결합(파생어), 어근 결합(합성어)을 할 때에도 원칙적으로 기본형을 고정해 가독성을 높인다. 가령, 소리대로 적으면 '바비, 바블'이지만 '밥이, 밥을'로 분철을 해 어법에 맞게 적는 것이다. '객스럽다, 새침데기'도 '[객쓰럽따], [새침떼기]'와 같이 된소리가 나타나지만 '-스럽다, -데기'를 고정해 적는다. 그러나 '안쓰럽다'처럼 소리대로 적는 예외도 있고, '밭떼기'의 '-떼기'는 '(밭을) 떼어 (팔기)'라는 뜻으로 '떼다'와 관련되므로 '-데기'와 달리 어원에 따라 소리대로 적는다. 특히 '업다(負), 없다(無)'와 같은 용언은 모음 어미를 만날 때 기본형이 드러나 구별이 가능해진다. 즉, 모음 어미와 만나 '어버, 어브니' 등으로 발음되는 '업다'는 '업-'을 기본형으로 하여 '업어, 업으니' 등으로 적고, '업서, 업스니' 등으로 발음되는 '없다'는 '없-'을 기본형으로 하여 '없어, 없으니' 등으로 적어 구별한다.

이처럼 표음주의와 표의주의는 대등하게 중요하며 동시에 작용한다. 따라서 「한글 맞춤법」 제1항은 이 두 원리를 오묘하게 함축한 규정이라고 볼 수 있다. 「한글 맞춤법」 제1항의 의미를 잘 보여 주는 단어가 '얽히고 설키다'이다. '얽히다'는 '얽다'에 피동 접미사 '-히-'가 붙어 어법에 맞도록 적은 것이고, '설키다'는 '섥다, 섥히다'라는 단어가 없으므로 소리대로 '설키다'라고 적어야 한다. 이처럼 두 원리만 잘 이해하면 맞춤법은 결코 어렵지 않다.

표음주의와 표의주의는 맞춤법 교육에서 핵심적인 내용으로, 다음 도표를 활용해 효과적으로 설명할 수 있다.

	가	나-1	나-2	다-1	다-2	다-3	라	마
표음주의 (표음형)	책 채기* 채글*	업다* 엄니* 업서*	듣다 들어 들어서	잡기 자븜* 자비*	무덤 너무 마중	뻐꾸기 개구리 얼루기	부치다 반드시 느리다	국따랗다* 널따랗다 널찍하다
표의주의 (표의형)	책 책이 책을	없다 없니 없어	듣다 듣어* 듣어서*	잡기 잡음 잡이	묻엄* 넘우* 맞웅*	뻐꿕이* 개굴이* 얼룩이*	붙이다 반듯이 늘이다	굵다랗다 넓다랗다* 넓직하다*

(가)와 (나-1)은 각각 체언의 곡용과 용언의 활용에서 체언 어근과 용언 어간은 어형을 고정하고 이에 결합하는 조사와 어미도 자주 쓰이는 생산적 형태소라 기본형을 고정하여 적는 사례를 보여 준다. (나-2)는 '듣어, 듣어서'로 원형을 밝히면 '들어, 들어서'라는 실제 발음에서 너무 벗어나는 불규칙 활용이므로 소리대로 적는 사례이다.

(다-1)은 '-기-, -음, -이'가 빈도 높은 생산적 형태소라 형태를 고정해 적는 사례이다. 반면 (다-2)는 '-엄, -우, -웅'이 빈도 낮은 비생산적 형태소라 기본형을 적지 않고 소리대로 써도 기억에 부담이 되지 않아 소리대로 표기하는 사례이다. (다-3)은 생산적 형태소 '-이'로 끝나 표의주의 표기가 타당하나 역사적으로 '뻐꾸기, 개구리, 제비, 까치'처럼 써 온 것을 '뻐꿕이, 개굴이, 젭이, 깣이'로 바꾸면 어색해 표음주의의 관습적 표기를 존중하기로 한 사례이다. 그러나 '더욱이'의 경우 1988년 이전에는 역사적으로 적용해 온 표음주의 표기를 존중하여 '더우기'로 적었으나, 1988년 고시한 「한글 맞춤법」에서 '더욱'이라는 어원을 밝혀 적는 표의주의 표기로 변경되었다. (라)는 표음형 '(편지를/빈대떡을) 부치다'와 표의형 '(우표를/

흥정을/불을) 붙이다'로 의미를 구별해 쓰는 사례이다. '(동작이) 느리다'
와 '(엿가락을) 늘이다'도 마찬가지이다. (마)는 ㄹ계 겹받침에서 겹받침
앞의 ㄹ이 발음되면 소리대로 적고, 겹받침 ㄹ 뒤의 자음이 발음되면 겹받
침을 밝혀 적는 사례이다. 이처럼 표기의 원리를 알면 맞춤법이 쉽다. 이
때, (가)에서 (마)로 갈수록 익히기 어려우므로, 이를 가르칠 때는 단계적
으로 학습할 수 있도록 하는 것이 바람직하다.

그런데 한글 맞춤법은 다음 규정에서 까다로움이 드러나기도 한다.

(1) 가. 독자란(讀者欄), 비고란(備考欄)

　　나. 어린이난, 가십(gossip)난

「한글 맞춤법」 제12항 해설 [붙임 1]에 따르면, '欄'(난간 란)을 고유어
와 외래어 뒤에서는 '난'으로 적고 한자어 뒤에서는 '란'으로 적는다고 규
정하여 어종에 따라 구분이 어렵게 되었다.

접미사 '-이'의 분철과 연철 표기도 원리를 익히기 전에는 어렵게 느껴
질 수 있다. 「한글 맞춤법」 제19항, 제20항, 제23항을 토대로 '-이'의 표기
유형을 네 가지로 나눌 수 있다.

(2) 가. 곰배팔이, 바둑이, 삼발이, 절름발이, 각설이, 외톨이, 딸깍발이, 왕
　　　 눈이, 네눈이

　　나. 굽도리, 무녀리, 코끼리, 쌕쌔기(벌레), 목도리, 빈털터리, 너비

　　다. 꿀꿀이, 살살이, 오뚝이, 홀쭉이, 더펄이, 쌕쌕이(비행기)

　　라. 개구리, 기러기, 날라리, 뻐꾸기, 얼루기, 깍두기, 종다리, 떠버리,
　　　 삽사리, 덩다리

(2가)는 어근이 명사일 때 원형을 밝혀 적는 유형(제20항), (2나)는 어근이 명사이나 어원에서 멀어진 단어라 소리대로 적는 유형(제19항)이다. (2다)는 '-하다, -거리다'가 붙는 어근과 결합할 경우 원형을 밝혀 적는 유형(제23항), (2라)는 '-하다, -거리다'가 붙지 않는 어근과 결합할 경우 소리대로 적는 유형(제23항 붙임)이다.

제30항 사이시옷 규정에서는 한자어 합성어 중 다음 (3)의 6개 한자어만 사이시옷을 적는다고 규정하고 있다.

(3) 셋방, 횟수, 곳간, 숫자, 찻간, 툇간

그런데 '회수(回收)-횟수(回數)'는 발음이 달라 구별하면서 '대가(代價, 大家), 호수(戶數, 湖水)'는 발음이 다른데도 동일한 표기로 적고 있어 일관성이 없다. '전셋집-전세방-셋방'도 '전세방'은 6개 한자어가 아니라 사이시옷을 적지 않고, '셋방'은 6개에 속하므로 사이시옷을 적으며, '전셋집'은 한자어+고유어 구조라 사이시옷을 적으므로 까다롭다. '머리말-예사말-인사말-혼잣말'이나 '고무줄-빨랫줄'도 유사 음운 환경임에도 사이시옷 표기가 다르다.

준말에 관한 규정인 제32항에서 준말 용언은 활용 시 모음 어미가 오는 경우가 허용되지 않는다. 예컨대 '가지다'는 모든 활용이 허용되지만 준말 '갖다'는 '갖-' 뒤에 모음 어미 '-어, -으면, -으니' 등이 오는 경우를 허용하지 않는다. 이 규정은 「표준어 규정」 제16항의 '머무르다-머물다'에도 적용된다. '머무르다'는 르 불규칙 활용 용언이고 준말 '머물다'는 ㄹ 탈락 활용 용언인데, '머물다'의 활용은 '머물-' 뒤에 모음 어미가 오는 경우를 허용하지 않는다.

(4) 가-1. 가지다, 가지고, 가지는, 가지어, 가지면, 가지니, 가진, 가질

　　가-2. 갖다, 갖고, 갖는, 갖어*, 갖으면*, 갖으니*, 갖은*, 갖을*

　　나-1. 머무르다, 머무르고, 머무르는, 머물러, 머무르면, 머무르니, 머
　　　　무른, 머무를

　　나-2. 머물다, 머물고, 머무는, 머물어*, 머물면*, 머무니*, 머문*, 머물*

현 규정에서는 '가지다-갖다, 머무르다-머물다'를 준말의 복수 표준어로 인정한다. 그런데 (4가-2), (4나-2)의 *이 붙은 활용형에서 볼 수 있듯, 준말에서는 모음 어미가 오는 경우(매개 모음 '으'가 오는 경우도 포함)가 허용되지 않는다. 이러한 표기 규정은 현실과 거리가 멀어 규정을 어렵게 느끼게 할 수 있다. 특히 '갖-, 머물-' 뒤에 오는 관형형 어미 중에 자음 시작 어미인 '-는'은 허용하고 모음 시작 어미인 '-은, -을'을 허용하지 않는 것은 준말 활용에서 현재 관형형 '-는'은 허용하고, 과거 관형형 '-은', 미래 관형형 '-을'은 허용하지 않는 것이라 매우 까다롭게 비친다. 단, '갖은'이 '갖은 음식, 갖은 변명'처럼 쓰일 때는 관형사로 인정한다.

제51항의 부사의 끝음절에 관한 규정에서 ㄱ 말음 어근의 사례를 사전에서 찾아보면 혼란스럽다.

(5) 가. 그윽이, 깊숙이, 빽빽이, 수북이, 소복이, 자욱이, 시무룩이

　　나. 가득히, 머쓱히, 똑똑히, 넉넉히, 솔직히, 톡톡히

(5)에서 볼 수 있듯, 'ㄱ' 받침으로 끝나는 형용사 어근의 '-이/히' 결합에 일관성이 없다. (5가)와 (5나) 모두 '-이/히' 앞에 'ㄱ' 받침이 오지만, (5가)는 '-이', (5나)는 '-히'로 적고 있다.

국어의 띄어쓰기 규정은 제41~50항까지 10개 항이나 차지하는데, 제50항 전문 용어의 띄어쓰기는 특히 혼란스럽다. 제50항에서는 "전문 용어는 단어별로 띄어 씀을 원칙으로 하되, 붙여 쓸 수 있다."라고 규정한다. 얼핏 보면 띄어쓰기나 붙여 쓰기 모두 허용하고 있어 쉬워 보이지만, 표준국어대사전에서 처리한 것을 보면 다음과 같은 세 유형이 나타나 정확한 띄어쓰기가 쉽지 않음을 알 수 있다.

(6) 가. **경제-사상**(經濟思想)「명사」『경제』인류가 재화를 획득하고 사용함으로써 생활을 유지하고 향상시키려는 사상.

　　　경제-생활(經濟生活)「명사」『경제』사람이 살아가는 데 필요한 재화나 용역을 생산·교환·분배·소비하는 모든 활동.

　　나. **경제ˆ가치**(經濟價値)『경제』경제 활동에 따라 생겨나는, 재화의 가치.

　　　경제ˆ개발(經濟開發)『정치』산업을 일으켜 국가 경제를 발전시키는 일.

　　다. **경제-관념**(經濟觀念)「명사」재화나 노력, 시간 따위를 유효하게 쓰려고 하는 생각.

　　　경제-속도(經濟速度)「명사」자동차, 항공기 따위의 탈것이 연료를 되도록 적게 소비하여 가장 많은 거리를 운행할 수 있는 속도. ≒경제속력.

(6가)는 - 표시 합성어 품사 처리 전문 용어로서, 합성어로 간주할 만하여 품사 자격도 부여되며 형태소 구분을 - 표로 할 수 있는 경우이다.

전문 용어 상당수가 이에 속한다. (6나)는 ^ 표시[2] 무품사 처리 전문 용어로, 합성어로 보지 않고 구로 보아 형태소 구분을 ^으로 표시하였다. 그러나 전문가조차도 합성어와 구를 구분하기는 쉽지 않다. 양자의 구분이 어렵고 이미 사전에 올릴 수준으로 단어 가치가 있다는 점을 고려하면, (6나)의 용례는 (6가)와 같은 합성어 전문 용어로 볼 가능성이 충분하다. 또한 (6다)는 - 표시 품사 처리 단순 합성어이다. 즉, 품사를 부여해 놓고 전문 용어를 표시하지 않는 것이다. (6다)와 같은 단어들은 내용상 전문 용어로 보아도 무방하므로 전문 용어 범주 표시(『 』)를 하여 (6가)의 유형으로 통합할 수 있다.

결과적으로 (6가), (6나), (6다) 유형은 모두 합성어로 보아 (6가)와 같은 - 표시 합성어 품사 처리 전문 용어라 해도 되는 것인데, (6나) 유형에 대한 최초의 경직된 해석으로 불필요한 문제들이 발생하게 되었다. 이러한 규정은 언중이 혼란스러워 할 수 있으므로 앞으로 재검토할 필요가 있다.

한편, 「한글 맞춤법」은 부록에 '문장 부호' 규정이 있다. 2014년에 일부 수정을 하면서, 1988년에 규정한 '온점, 반점'이란 용어가 아직도 정착되지 않아 '마침표, 쉼표'로 바꾸었다. 또한 세로쓰기로만 쓰던 겹낫표(『 』)와 홑낫표(「 」)를 가로쓰기에서도 허용하였고, 겹화살괄호(≪ ≫)와 홑화살괄호(〈 〉)를 새로 쓰도록 허용하였다.

---

2 ^ 표시는 '삿갓' 표시라고 부르며, 표준국어대사전의 띄어쓰기 방식에 도입되었다. 국립국어연구원에서 발간한 『《표준국어대사전》 편찬 지침 I』(2000: 194-195)에서 사용 원리를 밝히고 있다.

3 표준어 규정은 왜 필요한가

표준어 정비는 조선어학회가 근대적인 어휘 사업의 일환으로 조선어 사전을 편찬하기 위해 표준어를 사정(査定)하면서 「사정한 조선어 표준 말 모음」(1936)을 펴낸 때부터 시작한다. 조선어표준어사정위원회의 위원은 총 73명이었는데, 「한글 마춤법 통일안」(1933)에서 "표준말은 대체로 현재 중류사회에서 쓰는 서울말로 한다."라고 규정했기 때문에 서울 출생 26명, 경기 출생 11명, 기타 도별 인구 비례에 따른 36명으로 선출하여 서울·경기 출생 위원을 1명 많은 37명으로 구성하였다. 이들은 표결로 9,547개의 어휘를 사정하였고 수정위원 11명이 마무리 작업을 하여 '아기, 가자미, 난장이, 당기다' 등의 표준어를 확정하였다. 조선어학회의 사전 편찬은 '조선어학회 사건'(1942)으로 회원들이 체포되어 수난을 겪어 중단되었지만, 해방 이후 압수당한 원고를 찾아 다시 10여 년을 작업한 끝에 한글학회의 『큰 사전』(1947~1957) 6권으로 결실을 보게 되었다. 그 후 1984년에 국어연구소가 세워지면서 어문 규범을 정비하게 되어 1988년 「한글 맞춤법」과 「표준어 규정」이 제정되었다. 이 중 「표준어 규정」은 '제1부 표준어 사정 원칙' 총 3장 26항과 '제2부 표준 발음법' 총 7장 30항으로 구성되어 있다. 제1부 제1장 총칙은 제1항과 제2항으로 되어 있는데, 이를 좀 더 자세히 살펴보자.

제1항 표준어는 교양 있는 사람들이 두루 쓰는 현대 서울말로 정함을 원칙으로 한다.
제2항 외래어는 따로 사정한다.

제1항은 표준어에 대한 정의이다. 앞서 언급했듯 1933년 「한글 마춤법 통일안」에서는 "표준말은 대체로 현재 중류사회에서 쓰는 서울말"이라고 규정하였는데, '중류사회'와 같은 계급적 표현이 부적절하여 "교양 있는 사람이 두루 쓰는 현대 서울말"로 바뀌었다. 그런데 '교양 있는'이라는 표현 역시 마치 방언을 쓰면 교양 없는 사람이라는 의미로 읽힐 수 있어, 2009년에는 이 규정을 폐지하라는 헌법 소원이 제기되기도 하였다(2009년 판결에서 7:2로 기각). 이러한 문제의식에서 '표준어'라는 용어를 '공통어'로 쓰자고 하는 견해도 있으며, 북한에서는 '문화어'라는 용어를 사용한다.

「표준어 규정」(1988)의 '표준어 사정 원칙'에서는 그동안 혼란스러웠던 형태들의 표준어를 규정하였다. '셋째, 넷째'(제6항), '깡충깡충, 오뚝이'(제8항), '아지랑이, 멋쟁이'(제9항), '괴팍하다, 미루나무, 으레'(제10항), '상추'(제11항), '윗눈썹, 위쪽, 위층, 웃어른, 웃옷'(제12항), '무, 똬리'(제14항), '귀이개'(제15항), '-습니다'(제17항), '신기롭다'(제25항)처럼 단수 표준어를 정하였다. 또한 복수 표준어라는 개념을 도입해 '네/예, 소고기/쇠고기'(제18항), '-뜨리다/-트리다, -거리다/-대다, 가엾다/가엽다, 서럽다/섧다, 넝쿨/덩굴, 우레/천둥, 고까/꼬까/때때, 멍게/우렁쉥이, 생/생강/새앙'(제26항)처럼 두 개 이상의 표준어를 허용하기도 하였다.

2011년부터는 복수 표준어 사례를 추가로 늘려 고시하여 '자장면/짜장면, -기에/-길래, 냄새/내음, 날개/나래, 뜰/뜨락, 손자/손주, 메우다/메꾸다, 끄적거리다/끼적거리다, 괴발개발/개발새발, 먹을거리/먹거리, 오순도순/오손도손, 아옹다옹/아웅다웅' 등을 복수로 허용하였다. 2014년에는 '삐지다/삐치다, 속병/속앓이, 쬐다/꼬시다, 허접스럽다/허접하다' 등을 허용하였고, 2015년에는 '마을/마실, 잎새/잎사귀, 예쁘다/이쁘다, 푸르다/푸르르다, 의논/의론' 등을, 2016년에는 '까다롭다/까탈스럽다,

-에는/-엘랑, 주책없다/주책이다' 등을 복수 표준어로 선정하였다.

그런데 「표준어 규정」(1988)을 보면, 많은 비속어들이 들어 있다. '끄나풀, 털어먹다(재산 따위를 몽땅 잃다)'(제3항), '뻗정다리'(제8항) '발목쟁이'(제9항), '허우대'(제10항), '시러베아들, 튀기'(제11항), '장사치'(제14항), '궁상떨다'(제15항), '뺨따귀, 뻐기다[誇], 상판대기, 오금팽이, 까막눈'(제17항), '나부랭이'(제19항), '늙다리'(제21항), 까뭉개다(제24항), '농지거리, 뒤통수, 빙충이, 술고래, 짓고땡'(제25항), '게을러빠지다/게을러터지다, 극성떨다/극성부리다, 서방질/화냥질, 까까중/중대가리, 발모가지/발목쟁이, 애꾸눈이/외눈박이, 오사리잡놈/오색잡놈, 철따구니/철딱서니/철딱지'(제26항) 등이 그것이다. 이는 결과적으로 비속어를 표준어로 규정한 것이 되므로 앞으로 개정 시 삭제해야 할 것이다.

영어권에서는 별도의 어문 규범을 두지 않고 『웹스터 사전(Webster Dictionary)』, 『옥스퍼드 영어 사전(Oxford English Dictionary)』 등이 표준 규범 역할을 한다. 그러나 우리나라는 일제 강점기에 민족어를 빼앗긴 경험이 있어서 국어 문법 연구, 어문 규범 제정을 항일문화운동 차원에서 수행하였다. 따라서 서구의 민간 사전 편찬 방식을 참고하여 별도 표준어 규정을 두지 않더라도 '표준국어대사전'이나 국립국어원의 개방형 한국어 사전인 '우리말샘'에 엄선하여 등재한 단어를 표준어 또는 공통어로 간주하는 것이 자연스러울 것이다. 아울러 지역 방언의 존재를 고려하여, 표준어는 지역어를 차별하려는 것이 아니라 전 국민의 소통을 위한 공통어로서 교육되어야 한다. 또한 향토성과 지역어 보전을 위해서도 특색 있는 지역어와 미채록 방언의 발굴을 포함하여 초·중·고교 과정에서 지역 방언 교육을 일정하게 제공할 필요가 있다. 나아가 표준어와 지역어를 이중언어로 잘 구사할 수 있도록 하는 '표준어-지역어'의 이중언어 정책도 필요하다.

4 외래어 표기법과 국어의 로마자 표기법은 왜 필요한가

외래어 표기법과 국어의 로마자 표기법은 개화기에 들어온 외국인 선교사나 외교관, 일본 학자들이 관심을 가지고 개인 규정을 만든 경우가 있다. 그 후 일제 강점기에 조선어학회가 조선어사전 편찬을 추진하면서 외래어 표기법과 국어의 로마자 표기법을 제정한 바 있고 해방 후에도 정부에서 몇 차례 제정과 개정을 거친 바 있다.

- 외래어 표기법: 조선어학회의 「외래어 표기법 통일안」(1940) → 문교부의 「들온말 적는법」(1948) → 「로오마자의 한글화 표기법」(1959) → 국어연구소의 「외래어 표기법」(1986)
- 국어의 로마자 표기법: 조선어학회의 '조선어음 라마자(羅馬字) 표기법' (1940) → 문교부의 '한글을 로오마자로 적는 법'(1948) → 「한글의 로오마자 표기법」(1959) → 국어연구소의 「국어의 로마자 표기법」 (1984) → 국립국어연구원의 「국어의 로마자 표기법」(2000)

국제화 시대를 맞아 이웃 나라들과 빈번하게 교류하게 되면서 외래어 표기와 우리말의 로마자 표기 문제가 필연적으로 대두되었다. 이러한 작업은 수많은 외국어와 한국어의 표기 대응 규칙을 세워 추진해야 하므로 복잡하고 까다로우며 어느 경우든 완벽하게 만족할 수 없다는 한계가 있다.

국어의 외래어 표기법은 일반적으로 원지음(原地音)에 따르는 방법과 관용적인 표기에 따르는 방법이 있다. 전자를 원음주의라 하고, 후자를 관용주의라 한다. 예를 들어 'Niagara [naiǽgərə]'는 관용주의가 적용되는 조건이므로 '나이아가라'로 표기하면 된다. 그러면 원음주의가 더 이상 적용될 필요가 없으므로 '나이애거러'로는 적히지 않는다. 반면, 'Indian[ɪndiən]'의 경우 관용주의가 적용되지 않으므로 이 규칙은 공전되고 원음주의가 적용되어 '인디언'으로 표기한다. 물론 특수한 규칙인 관용주의가 언제 적용되어야 하는지는 각각의 외래어에 따라 다르다(구본관·오현아, 2011: 32).

현행 「외래어 표기법」 제1장에서 밝히고 있는 외래어 표기의 기본원칙 5개 항은 다음과 같다.

제1항 외래어는 국어의 현용 24 자모만으로 적는다.
제2항 외래어의 1 음운은 원칙적으로 1 기호로 적는다.
제3항 받침에는 'ㄱ, ㄴ, ㄹ, ㅁ, ㅂ, ㅅ, ㅇ'만을 쓴다.
제4항 파열음 표기에는 된소리를 쓰지 않는 것을 원칙으로 한다.
제5항 이미 굳어진 외래어는 관용을 존중하되, 그 범위와 용례는 따로 정한다.

제1항의 경우, 수많은 외래어의 원어 발음을 모두 반영해 적고자 문자를 제정하다 보면 국어의 자모가 늘어나 복잡해지는 문제점이 있으므로 현용 24자모 안에서 적도록 한 규정이다.

제2항은 하나의 음운에 대하여 두 개 이상의 기호를 사용할 수 있게 하면 혼동이 생기므로 원칙적으로 통일하도록 한 규정이다. 예를 들어, 'f'를 'fighting, family'에서는 '화이팅, 훼밀리'로 하고 'coffee, film'에서는 '커피, 필름'으로 하여 'ㅎ'과 'ㅍ'으로 달리 수용하면 혼란이 생기기 때문에 '파이팅, 패밀리'와 같이 'ㅍ'으로 적도록 통일하였다. 외국어는 우리말에

들어오면 우리말 체계에 맞게 변형되어 쓰이는 것이 정상이므로 외국어 원음대로 적을 수도 없고 그럴 필요도 없다. 'radio, orange'는 '[레이디오 우], [아린지]'에 가까우나 국어에는 '라디오, 오렌지'로 정착되었고 사전에도 그렇게 올라 있다.

제3항은 우리말 끝소리에 7개의 자음만 실현된다는 끝소리 규칙이 외래어에도 적용되도록 한 것으로 이를 반영한 표기를 규정한 것이다. 따라서 'coffee shop, supermarket'은 '커피숖, 슈퍼마켙'이 아니라 '커피숍, 슈퍼마켓'으로 적어야 한다. 특히 받침에 'ㄷ'을 쓰지 않고 'ㅅ'으로 써서 'hotdog, robot'은 '핫도그, 로봇'으로 적는다.

제4항은 외국어의 유성 파열음은 평음 'ㄱ, ㄷ, ㅂ'으로, 무성 파열음은 격음 'ㅋ, ㅌ, ㅍ'으로 적기로 한 것이다. 즉, 무성 파열음의 표기에 가급적 된소리를 쓰지 말라는 것이다. 우리에게 영어 'pen, television, caramel'의 무성 파열음은 'ㅍ, ㅌ, ㅋ'으로 들리고 프랑스어 'Paris, Notre-Dame, concours'의 그것은 'ㅃ, ㄸ, ㄲ'처럼 들리는데, 이를 일관되게 'ㅍ, ㅌ, ㅋ'으로 적으라는 것이다. 영어 'bus, dam, gas'의 유성 파열음도 'ㅃ, ㄸ, ㄲ'처럼 들리지만 역시 된소리 표기를 금하여 '버스, 댐, 가스'로 적어야 한다. 이처럼 된소리 표기를 금한 것은 국어에 된소리로 시작하는 단어들이 많지 않은데 외래어들이 마구 된소리로 표기되면 국어의 음운 체계에 큰 변동을 일으켜 부드러운 국어를 억센 발음의 언어로 만들 것을 우려하기 때문이다.

제5항은 제1~4항의 규정에도 불구하고 이미 굳어진 외래어는 관용 표기를 존중한다는 것이다. 'camera, radio, Catholic'은 규정대로 하면 '캐머러, 레이디오, 캐톨릭'으로 해야 하지만 '카메라, 라디오, 가톨릭'으로 굳어진 것을 수용한다. 또한 'cut'은 스포츠에서는 '커트'로 하고 인쇄 필름 분

야에서는 '컷'으로 하여 분야마다 관용이 다르게 굳어져 쓰임도 인정한다. 다음은 틀리기 쉬운 외래어 표기법의 사례를 모아 본 것이다.

(7) 가. 커피숖→커피숍, 슈퍼마켙→슈퍼마켓, 맑스→마르크스, 핟도
　　　 그→핫도그
　　 나. 까스→가스, 써비스→서비스, 도꾜→도쿄, 쏘나타→소나타
　　 다. 보우트→보트, 코우트→코트
　　 라. 비젼→비전, 쥬스→주스, 스케쥴→스케줄, 크리스쳔→크리스천
　　 마. 뱃지→배지, 홀몬→호르몬, 샷시→새시, 플래쉬→플래시, 기
　　　 부스→깁스, 알콜→알코올, 부페→뷔페, 데뷰→데뷔, 로보
　　　 트→로봇, 초콜렛→초콜릿, 훼밀리→패밀리

(7가)의 경우 앞서 언급한 「외래어 표기법」 제3항, (7나)는 제4항, (7다)는 제8항 "중모음(重母音)은 각 단모음의 음가를 살려서 적되, [ou]는 '오'로, [auə]는 '아워'로 적는다."를 보면 이해할 수 있다. 또한 (7라)의 경우, 한국어의 'ㅈ, ㅊ' 다음에는 이중 모음이 발음되지 않는 특성이 있어, '쟈, 져, 죠, 쥬, 챠, 쳐, 쵸, 츄'로 적지 않고 '자, 저, 조, 주, 차, 처, 초, 추'로 적어야 한다. (7마)의 여러 사례들도 「외래어 표기법」의 각종 규정에 따라 오른쪽에 있는 단어로 표기해야 한다.

중국어 외래어 표기법,
북경인가 베이징인가

외래어 표기법에는 원음주의와 관용주의가 있다. 이러한 외래어 표기법의 두 가지 원리가 직접적으로 대립 구도를 취하면서 원음과 관용음이 비슷한 비율로 사용되는 언어가 바로 중국어이다. 그중에서도 지명과 인명에서 이러한 현상이 두드러지게 나타나는 경향이 있다. 북경인가 베이징인가? 모택동인가 마오쩌둥인가? 다시 말해, 한자로 된 중국어 지명, 인명에 대하여 '한국식 관용 한자음'으로 표기할 것인가 아니면 중국어 '현지 원음' 대로 표기할 것인가?

일반적으로 신해혁명(1911)을 기준으로 삼아 표기 방식을 다르게 적용하는 경우가 많다. 즉 신해혁명 이전의 인물과 지명은 한국식 관용 한자음 표기로, 신해혁명 이후의 인물과 지명은 중국어 현지 원음대로 표기하는 것이다. 그렇다면 이러한 기준은 얼마나 합리적인지 따져 보자.

먼저 인명을 생각해 보자. 1980~90년대 홍콩 영화는 세계적인 인기를 끌었고, 이는 한국에서도 마찬가지였다. '류덕화, 주윤발, 임청하, 왕조현, 장만옥' 등 당시 활발히 활동했던 홍콩 영화 배우의 이름들은 한국식 관용 한자음으로 여전히 사람들의 기억 속에 남아 있다. 그러나 현재 외래어 표기법에 따르면 이들 영화 배우의 이름은 '류더화, 저우룬파, 린칭샤, 왕쭈셴, 장만위'로 표기해야 한다. 그리고 이러한 한국식 관용 한자음 표기와 현지 원음 표기는 신문 기사에서도 혼재된 양상으로 나타나고 있다.

지명 표기에서도 현재 외래어 표기법에 따르면 '상하이, 난징, 선전, 후이저우' 등의 현지 원음 표기가 사용되어야 하지만 실제로는 '상해, 남경, 심천, 혜주' 등의 한국식 관용 한자음 표기가 혼재되어 사용되고 있다. 또한 역사적인 기술의 경우, 신해혁명 이전은 '상해, 남경, 심천, 혜주' 등으로, 신해혁명 이후는 '상하이, 난징, 선전, 후이저우' 등으로 다르게 사용해야 하므로 까다롭게 느껴진다.

이제, 국어의 로마자 표기법에 대해 알아보자. 다음은 현행「국어의 로마자 표기법」제1장에서 밝히고 있는 로마자 표기의 기본 원칙이다.

제1항 국어의 로마자 표기는 국어의 표준 발음법에 따라 적는 것을 원칙으로 한다.
제2항 로마자 이외의 부호는 되도록 사용하지 않는다.

국어의 로마자 표기법은 국어의 발음을 기준으로 하는 음성 표기법과 국어의 맞춤법 표기를 기준으로 하는 음운 표기법이 있다. 전자를 표음주의법 또는 전사법(轉寫法, transcription)이라 하고, 후자를 표의주의법 또는 전자법(轉字法, transliteration)이라고 부르기도 한다. 가령 '강릉, 독립문, 왕십리'의 한글 표기를 발음과 관계없이 이에 대응하는 로마자로 기계적으로 전환하여 'Gangreung, Dokripmun, Wangsipri'처럼 적으면 표의주의 표기, 즉 전자법이 된다. 반면에 이들의 발음은 '[강능], [동님문], [왕심니]'이므로 이에 따라 'Gangneung, Dongnimmun, Wangsimni'처럼 적으면 표음주의 표기법, 즉 전사법이 된다. 과거 1959년의 문교부 표기법은 전자법을, 1984년과 2000년의 교육부 표기법은「국어의 로마자 표기법」제1항에서 볼 수 있듯 전사법을 택하였다. 이처럼 우리의 로마자 표기법은 시대에 따라 극적인 대비를 이루었다.

표8-1, 표8-2, 표8-3은 단모음, 이중 모음, 자음의 표기 규정을 과거 규정과 대비한 것이다. 이 표를 통해 어느 자음이나 모음에서 표기의 차이가 논란이 되었는지 살펴보자.

표 8-1 단모음의 로마자 표기 규정 비교

단모음	ㅏ	ㅓ	ㅗ	ㅜ	ㅡ	ㅣ	ㅐ	ㅔ	ㅚ	ㅟ
1939 M-R[3]	a	ŏ	o	u	ŭ	i	ae	e	oe	wi
1959 문교부 2000 현행	a	eo	o	u	eu	i	ae	e	oe	wi
1984 문교부	a	ŏ	o	u	ŭ	i	ae	e	oe	wi

표 8-2 이중 모음의 로마자 표기 규정 비교

이중 모음	ㅑ	ㅕ	ㅛ	ㅠ	ㅒ	ㅖ	ㅘ	ㅙ	ㅝ	ㅞ	ㅢ
1939 M-R	ya	yŏ	yo	yu	yae	ye	wa	wae	wŏ	we	ŭi
1959 문교부	ya	yeo	yo	yu	yae	ye	wa	wae	weo	we	eui
1984 문교부	ya	yŏ	yo	yu	yae	ye	wa	wae	wo	we	ŭi
2000 현행	ya	yeo	yo	yu	yae	ye	wa	wae	wo	we	ui

표 8-3 자음의 로마자 표기 규정 비교

자음	ㄱ	ㅋ	ㄲ	ㄷ	ㅌ	ㄸ	ㅂ	ㅍ	ㅃ	ㅈ	ㅊ	ㅉ	ㅅ
1939 M-R	k, g	k'	kk	t, d	t'	tt	p, b	p'	pp	ch	ch'	tch	s, sh
1959 문교부	g	k	gg	d	t	dd	b	p	bb	j	ch	jj	s
1984 문교부	k, g	k'	kk	t, d	t'	tt	p, b	p'	pp	ch	ch'	tch	s, sh
2000 현행	g, k	k	kk	d, t	t	tt	b, p	p	pp	j	ch	jj	s

....

3 M-R은 평양 숭실전문학교 교장이던 미국인 선교사 조지 매큔(George McCune)과 하버드 대학교 대학원에서 일본사를 전공하던 에드윈 라이샤워(Edwin Reischauer)가 공동으로 정한 로마자 표기법을 뜻한다. 1939년 M-R 안이 발표되면서 2차 대전 중이던 미군은 이를 공식적인 표기법으로 채택하였고, 이후 미국의 한국학자들이 널리 사용하였다. 1984년의 로마자 표기법은 바로 이 안을 거의 그대로 채택하였다.

국어의 로마자 표기법에서는 성명 표기도 중요한 쟁점이라, 제4항에서도 성(姓)의 표기는 따로 정한다고 규정하고 있다. 이는 현행 표기법에 따라 성을 적을 경우, 그 표기가 부정적인 연상을 불러일으킬 수 있기 때문이다. 예를 들어, '방, 강, 노, 문, 박'과 같은 성은 표기법에 따르면 'Bang, Gang, No, Moon, Bag' 등으로 표기할 수 있는데, 각각 '폭발, 갱, 반대/금지, 달/멍하니 보내다, 가방/매춘부/마약 주머니' 등 부정적인 어감이 있어서 달리 쓰고 싶어 한다. 이러한 논란을 대비해 따로 제정한다고 한 성씨 규정은 아직도 만들지 못한 상태여서 언중은 자기 성을 제각각 쓰고 있다. 이로 인해 한 가족이더라도 'Kim, Gim' 등으로 성을 다르게 표기하기도 하며, 여권 상의 영문 표기가 달라 해외에서 가족 관계 증명이 되지 않는 등 현실적인 문제가 발생하기도 한다.

지금까지 어문 규범의 원리와 규정을 살펴보았다. 문법교육에서 가장 실용적인 영역이 어문 규범 부문이므로 단순히 암기할 것이 아니라 초등학교부터 반복적으로 원리를 깨우쳐 평소에 생활화하도록 해야 한다.

남북 언어 규범의 차이

남북의 언어 통일도 중요한 과제이다. 북한의 「조선말 규범집」(2010)과 남한의 「한글 맞춤법」을 비교해 보면 다음과 같은 차이가 보인다.

(1) 총칙

남: [한글 맞춤법 총칙 제1항] 한글 맞춤법은 표준어를 소리대로 적되, 어법에 맞도록 함을 원칙으로 한다.

북: [조선말 규범집 제1항] 조선말 맞춤법은 단어에서 뜻을 가지는 매개 부분을 언제나 같게 적는 원칙을 기본으로 하면서 일부 경우 소리 나는 대로 적거나 관습을 따르는 것을 허용한다.

(2) 자음 순서

남: ㄱ ㄲ ㄴ ㄷ ㄸ ㄹ ㅁ ㅂ ㅃ ㅅ ㅆ ㅇ ㅈ ㅉ ㅊ ㅋ ㅌ ㅍ ㅎ

북: ㄱ ㄴ ㄷ ㄹ ㅁ ㅂ ㅅ ㅈ ㅊ ㅋ ㅌ ㅍ ㅎ ㄲ ㄸ ㅃ ㅆ ㅉ ㅇ

(3) 모음 순서

남: ㅏ ㅐ ㅑ ㅒ ㅓ ㅔ ㅕ ㅖ ㅗ ㅘ ㅙ ㅚ ㅛ ㅜ ㅝ ㅞ ㅟ ㅠ ㅡ ㅢ ㅣ

북: ㅏ ㅑ ㅓ ㅕ ㅗ ㅛ ㅜ ㅠ ㅡ ㅣ ㅐ ㅒ ㅔ ㅖ ㅚ ㅟ ㅢ ㅘ ㅝ ㅙ ㅞ

(4) 받침

남: ㄱ ㄲ ㄳ ㄴ ㄵ ㄶ ㄷ ㄹ ㄺ ㄻ ㄼ ㄽ ㄾ ㄿ ㅀ ㅁ ㅂ ㅄ ㅅ ㅆ ㅇ ㅈ ㅊ ㅋ ㅌ ㅍ ㅎ

북: ㄱ ㄳ ㄴ ㄵ ㄶ ㄷ ㄹ ㄺ ㄻ ㄼ ㄽ ㄾ ㄿ ㅀ ㅁ ㅂ ㅄ ㅅ ㅇ ㅈ ㅊ ㅋ ㅌ ㅍ ㅎ ㄲ ㅆ

(5) 남북한의 글자 이름

홑자음 'ㄱ, ㄷ, ㅅ'의 경우 남한은 '기역, 디귿, 시옷'이고 북한은 '기윽, 디은, 시읏'이다. 겹자음의 경우 남한은 자음 이름 앞에 '쌍'을 붙이고, 북한은 '된'을 붙인다. 또한 북한에서는 자음명에 대해 '그, 느, 드, …, 끄, 뜨, 쁘, …'도 허용한다.

9장

텍스트

오감도(烏瞰圖)

이상(李箱)

시 제 1 호

13인의아해(兒孩)가도로로질주하오.
(길은막다른골목이적당하오.)

제1의아해가무섭다고그리오.
제2의아해도무섭다고그리오.
제3의아해도무섭다고그리오.
제4의아해도무섭다고그리오.
제5의아해도무섭다고그리오.
제6의아해도무섭다고그리오.
제7의아해도무섭다고그리오.
제8의아해도무섭다고그리오.
제9의아해도무섭다고그리오.
제10의아해도무섭다고그리오.
제11의아해도무섭다고그리오.
제12의아해도무섭다고그리오.
제13의아해도무섭다고그리오.
13인의아해는무서운아해와무서워하는아해와그렇게뿐이모였소.

(다른사정은없는 것이차라리나았소)

그중에1인의아해가무서운아해라도좋소.
그중에2인의아해가무서운아해라도좋소.
그중에2인의아해가무서워하는아해라도좋소.
그중에1인의아해가무서워하는아해라도좋소.

(길은뚫린골목이라도적당하오.)
13인의아해가도로로질주하지아니하여도좋소.

———

이상이 쓴 「오감도」는 암울한 현실에 대한 지식인의 절망과 공포, 자의식 등을 표현한 시로 알려져 있다. 그런데 언뜻 봐서는 시의 주제를 파악하기가 쉽지 않다. 이 시가 처음 나왔을 때 시인 이상의 의도를 모르는 당대 사람들은 '이 시는 글도 시도 아니다'라고 혹평하기도 했다. 그리고 이 때문에 이상을 『조선중앙일보』에 추천한 이태준은 호주머니에 사직서를 넣고 다녀야 했다고 한다. 사람들이 「오감도」를 글이나 시가 아니라고 한 이유는 무엇일까?

• 글이나 시는 텍스트로 명명될 수 있다. 텍스트를 텍스트라고 규정짓게 만드는 요소는 무엇인가?
• 텍스트는 어떤 구조와 기능을 지니고 있는가?

1 텍스트란 무엇인가

텍스트를 텍스트답게 만들어 주는 성질: 텍스트성

"학교에 꽃이 피어 구경을 했다. 미국 오바마 대통령이 캘리포니아에 가고 있다."라는 글이 있다고 하자. 이 글은 무엇을 말하려는 것일까? 주제를 파악하기 어렵다면 왜 그런 것일까? 앞의 글을 "나는 오늘 학교에 갔다. 꽃이 활짝 피어 있어서 기분이 좋았다."와 비교해 보자. 이 글의 내용이 쉽게 이해되었다면 앞의 글과 어떤 차이가 있기 때문일까?

'문장 1+문장 2+…문장 n', '발화 1+발화 2+…발화 n'처럼, 문장이나 발화를 연결한다고 해서 모두 텍스트가 되는 것은 아니다. 텍스트로 성립하기 위해서는 텍스트를 텍스트답게 만드는 '텍스트성(textuality)'을 갖추어야 한다. 텍스트성은 드 보그란데와 드레슬러(de Beaugrande & Dressler, 1981)에 의해 깊이 있게 논의된 후 많은 학자들에 의해 재검토, 수정되어 왔다. 드 보그란데와 드레슬러(1981)에서 설명하는 텍스트 구성 요인 및 텍스트성의 조건은 다음과 같다.

1. 텍스트 구성 요인

언어: 텍스트적 요인

정신: 심리적 요인

현실: 사회적 요인

통화: 정보처리적 요인

2. 텍스트성의 조건

언어: 응집성(cohesion), 통일성(coherence)[1]

정신: 의도성(intentionality), 용인성(acceptability)

현실: 상황성(situationality), 상호텍스트성(intertextuality)

통화: 정보성(informativeness)

이 논의에서 주목되는 바는 텍스트 구성 요인에 언어적 요인인 텍스트적 요인 외에 심리적 요인, 사회적 요인, 정보처리적 요인을 상정하고 있다는 점이다. 이는 텍스트가 언어만으로 구성되는 것이 아니라 인간의 정신적 요소와 사회적인 의사소통적 요소, 그리고 정보처리적 요소가 모두 통합되어 이루어짐을 지적한 것이다. 이들은 언어, 정신, 현실, 통화의 네 가지 텍스트 구성 요인을 고려하여 응집성, 통일성, 의도성, 용인성, 상황성, 상호텍스트성, 정보성이라는 텍스트성의 일곱 가지 조건을 제시하였다.

응집성과 통일성은 텍스트성을 구성하는 언어적 요인이다. 응집성은 텍스트 표층 구조에 드러나는 문법적·어휘적 연결 장치이다. 텍스트 내한 요소의 해석이 다른 요소 없이는 불가능하여 두 요소가 서로 연결되게 하는 성질이다. 대표적인 예로는 대용과 지시('이것, 그것'과 같은 대명사나 '이, 그, 저'와 같은 관형사 등에 의해 실현),[2] 접속('그리고, 그러나'와 같은 접속부사에 의해 실현), 생략, 어휘(유의어, 대립어, 상하위어 등의 의미 관계에

----

1 'cohesion'과 'coherence'는 여러 가지로 번역된다. 순서대로 '응집성, 응결성', '결속성, 결속구조' 등이 많이 사용되는데 'coherence'는 '통일성'이나 '일관성'으로 번역되기도 한다. 국어과 교육 내에서는 'cohesion'과 'coherence'를 각각 '응집성'과 '통일성'으로 번역하는 경우가 많았으므로 여기에서는 관례를 존중하여 이 용어를 사용하였다.

2 '대용'은 앞뒤 말을 대신 받는 표현이고 '지시'는 의사소통 상황 내에 존재하는 무언가를 가리키기 위해 사용하는 말이다. 예컨대 "철수는 학교에 갔다. 그는 오늘 피곤하다."의 '그'는 앞에 있는 철수를 대신 받는 말이므로 '대용'이다. 지시는 대용과 다소 다르다. 예컨대 영수와 영희가 다음과 같은 대화를 나눈다고 하자. "영수: 영희야, 철수 어디 간 지 아니?" "영희: 개 너 바로 뒤에 있잖아." 이 대화에서 영희가 철수를 지시하기 위해 '개(그 애)'라고 한 것은 지시이다.

의해 실현)를 들 수 있다.

(1) 철수는 오늘 매우 피곤했다. 그래서 그는 일찍 잠들었다. 치치(강아지)도 철수 옆에서 잤다. 그 반려견은 늘 철수 옆에 있다.

(1)이 텍스트로 기능하는 이유는 여러 가지 응집 장치가 있어 4개의 문장이 서로 연결되기 때문이다. '그래서'는 첫 번째 문장과 두 번째 문장을 연결하는 장치이며, '그'는 앞 문장의 '철수'를 가리켜 두 문장을 이어 준다. 세 번째 문장과 네 번째 문장은 어휘의 상하 관계('강아지'와 '반려견')와 '그'라는 관형사를 통해 연결되어 있다. 위 네 문장은 전체적으로 '철수'로 연결되어 있다. 이처럼 문장들이 서로 연결될 수 있도록 해 주는 어휘적·문법적 연결 장치가 텍스트에 응집성을 부여하는 응집 장치의 역할을 한다.

그런데 텍스트 표층에 이와 같은 명확한 응집 장치가 없더라도 텍스트 이면의 의미적 연결 장치를 통해 내용이 연결되기도 한다.

(2) 절차는 사실상 아주 단순하다. 우선 물건들을 몇 개 그룹으로 분류한다. 물론 양이 얼마나 많은가에 따라 다른데 한 덩어리로도 충분할 수 있다. 시설이 부족해서 다른 곳으로 가야 한다면 그것은 다음 단계이다. 그렇지 않다면 준비가 꽤 잘 된 상태이다.

(2)를 처음 접한다면 내용을 이해하기 어려울 것이다. 그러나 세탁방을 이용하는 방법에 관한 글임을 알고 읽는다면 내용을 쉽게 파악할 수 있다. 이는 '세탁방 시설 이용'에 관한 독자의 배경지식이 이 문장들을 일관

되게 연결시켜 내용이 이해되도록 유도했기 때문이다. 이렇듯 내용의 통일성을 유지시켜 주는 성질인 텍스트의 주제 중심성을 통일성이라 한다. 통일성이 없다면 텍스트의 주제를 찾기 어렵고, 텍스트로 인정받기 힘들 것이다.

많은 텍스트에서 응집성과 통일성은 명확히 분리되지 않는다. 응집 장치의 실현도 결과적으로는 통일성에 근거해서 이루어지기 때문이다. 그렇기에 응집성과 통일성을 분리하지 않고 둘 중 하나로 통합하려는 노력도 있다.

의도성과 용인성은 텍스트성에 작용하는 인간의 정신적 요인이다. 의도성은 텍스트 생산자와, 용인성은 텍스트 수용자와 관련된다. 텍스트는 의도를 가진 텍스트 생산자에 의해 산출되며, 텍스트 수용자의 수용 여부에 의해 이해되고 해석된다. 문장들이 아무리 난해하고 주제를 찾기가 어려워도 독자가 지극히 비범하여 해당 텍스트의 주제를 찾아낸다면, 그 글은 텍스트가 될 수 있다(용인성의 문제). 반대로 독자가 이해하기 어렵더라도 텍스트 생산자의 의도가 명확하다면 또는 텍스트 생산자가 의도적으로 난해하게 글을 썼다면, 그 글은 해석을 기다리는 텍스트가 될 수 있다(의도성의 문제). 앞서 본 이상의 「오감도」가 이런 경우라고 할 수 있다.

정보성은 텍스트의 정보처리적 요인에서 발생한다. 텍스트는 새로운 정보를 담고 있어야 한다. 만일 모든 독자가 알고 있는 내용을 단지 글로 옮긴 것이라면 그 글은 텍스트성이 떨어진다. 예컨대 '이것은 연필이다, 이것은 책이다' 등과 같이 모두가 다 아는 사실을 단지 나열한 글이라면 독자들은 이 글을 읽으려 하지 않을 것이다.

마지막으로 상황성과 상호텍스트성은 텍스트를 구성하는 사회적 요인이다. 상황성은 텍스트가 생성되고 소통되는 의사소통 상황이 텍스트를 텍스트답게 만드는 중요한 요소임을 함의한다. 예컨대 "오늘 밤 비 안 온다. 우리는 미국!"과 같은 발화가 있다고 하자. 언뜻 보기에 이 발화들은 텍스트를 구성할 수 없다. 그러나 만일 오늘 밤에 비가 안 오면 미국으로 여행을 가고 비가 오면 영국으로 여행을 가기로 한 내기 상황이 있었다고 가정하면, 이 발화들은 한 편의 텍스트를 구성할 수 있다. 이처럼 상황은 텍스트성을 결정짓는 매우 중요한 요소이다.

상호텍스트성은 한 텍스트가 다른 텍스트와 연결되어 있음을 가리키는 용어이다. 즉, 한 편의 텍스트가 그 자체로 텍스트가 되는 것이 아니라 타 텍스트의 내용 기반 위에서 혹은 타 텍스트와 연결됨으로써 의미가 완성된다는 것을 뜻한다. '인용'은 상호텍스트성을 드러내는 장치이고 '서평'은 본질적으로 상호텍스트적인 장르이다.

이상의 일곱 가지 텍스트성 조건은 텍스트를 연구하는 관점에 따라 여러 가지 방식으로 응용·활용될 수 있다. 앞에서 설명한 것처럼 용인성과 정보성은 독자에 따라 달라지므로 지극히 주관적인 성질을 지닌다. 그러므로 이 두 요소는 독자 요인을 분석할 때 유용하다. 한편 텍스트 생산자의 의도가 텍스트 내에서 언어적으로 어떻게 표상되었는가를 분석하는 관점에서 텍스트성을 고찰한다면 의도성, 통일성, 응집성 등이 매우 중요한 요소로 부각될 것이다. 또 담론의 형성과 발전, 언어 공동체의 텍스트 의미 해석의 변화 등에 연구 초점이 있다면 상호텍스트성 분석이 매우 중시될 것이다.

텍스트와 담화

페르디낭 드 소쉬르(Ferdinand de Saussure, 1857~1913) 이후 언어학은 구조주의적 관점을 견지해 왔다. 이러한 흐름은 언어의 형태와 의미 사이의 관계에 주목하고, 문장을 최대 연구 단위로 삼으며, 언어를 하나의 구조와 체계로 상정하여 그 구성요소들을 분석하는 데 집중하게 만들었다. 그런데 1960~70년대에 이르러 언어의 형태와 기능 사이의 관계를 탐구하고, 문장을 넘어 텍스트를 연구 대상으로 삼으며, 언어의 기능을 언어학의 중심 과제로 상정하는 기능주의적 관점이 등장했다.[*] 이러한 관점 하에서 활발하게 논의된 것이 독일을 중심으로 하는 텍스트언어학(textlinguistik)과 영미권을 중심으로 한 담화 분석(discourse analysis) 연구였다. 연구의 관점은 유사했지만 텍스트언어학은 신문의 기사문 등 문어를 중심으로, 담화 분석은 대화 등 구어를 중심으로 이루어졌다. 이 때문에 오늘날 텍스트는 신문 기사나 설명문 등 문어를 가리키는 것으로, 담화는 대화나 연설 등 구어를 가리키는 것으로 이해하는 경향도 있다.

국내에서 '텍스트'와 '담화'라는 용어는 매우 혼란스럽게 사용된다. 그러나 '구어 텍스트, 문어 텍스트', '구어 담화, 문어 담화'라는 용어가 널리 사용되는 데에서 알 수 있듯이 텍스트와 담화 모두 문장(또는 발화) 이상의 말과 글을 가리킨다. 국어학 내에서도 연구자의 관점에 따라 텍스트나 담화라는 용어가 선택되는 상황이어서 아직 이 두 용어에 대한 정교한 합의는 없는 듯하다. 연구자에 따라서는 기존의 연구 경향을 존중하여 텍스트는 신문 기사 등 문어를 가리키는 용어로 담화는 대화 등 구어를 가리키는 용어로 사용하기도 한다.[**]

최근 들어 텍스트는 기호학과 결합하여 '건축 텍스트, 음악 텍스트'처럼 그 의미가 확장되고 있다. 문자 언어를 넘어 기호로 이루어진 모든 기호체를 텍스

....

- 텍스트언어학(Textlinguistik)이라는 용어는 1967년에 독일의 하랄트 바인리히(Harald Wein-rich)가 처음 사용한 것이라고 한다.
- 담화의 원어인 'discourse'를 국내 문학이나 사회학 등에서는 '담론'으로 번역하기도 한다.

트로 명명하는 경향이 강하다. 또 '텍스트언어학'이 아니라 '텍스트학'을 지향함으로써 다양한 학문들과 융합하고 있다. 이러한 점을 고려하면 텍스트라는 용어가 담화보다 개념의 폭이 더 넓은 것으로 파악된다.

오늘날 동영상, 그림, 음악 등으로 이루어진 매체 언어 텍스트가 활발하게 생산·소비되고 있는 점을 고려하면, 국어교육에서 다루는 텍스트도 더 이상 문자 언어나 음성 언어 텍스트에만 머무를 수 없다. 이 장에서도 이러한 흐름을 고려하여 문장(또는 발화)을 넘어선 단위를 가리키는 용어로 담화보다는 텍스트를 사용하였다. 텍스트는 구어와 문어를 포괄하는 개념이며, '구어 텍스트, 문어 텍스트, 매체 언어 텍스트'처럼 사용될 수 있다. 이때 '구어 텍스트'는 담화를 포괄하는, 즉 담화보다 더 큰 개념으로 이해된다.

2 텍스트는 어떤 구조와 기능을 지니고 있는가

텍스트의 구조

텍스트가 텍스트성을 지녔다면 그 텍스트는 일정한 구조[3]를 갖고 있다. 텍스트 전체를 통어하는 구조를 거시 구조(macro structure)라고 부른다. 그리고 거시 구조를 요약·정리하여 표현한 명제를 거시 명제라고 한다.

거시 구조는 여러 층위를 지닌다. 따라서 거시 명제 역시 여러 층위를 갖게 된다. 여러 층위의 거시 구조를 정리하여 여러 거시 명제를 추출·정리하는 작업은 곧 텍스트 내용을 요약하는 작업으로 귀결된다. 그리고 최상위 거시 명제는 텍스트의 주제가 될 수 있다. 결과적으로 거시 구조는 텍스트 전체 내용의 요약이며, 이는 거시 명제로서 '주제'로 표현될 수 있다.

그림 9-1과 같은 거시 구조를 지닌 텍스트가 있다고 하자. 거시 구조 1과

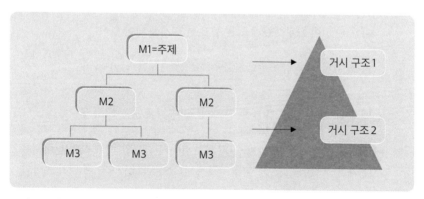

그림 9-1 텍스트의 거시 구조와 주제

....

3   텍스트는 미시 구조와 거시 구조를 갖는다. 미시 구조는 응집성과 통일성 등을 만들어 내기 위한 모종의 규칙을 가리킨다.

거시 구조 2는 각각 거시 명제 1과 거시 명제 2로 표현될 수 있으며, 이 텍스트의 요약 작업은 거시 명제 1과 거시 명제 2를 정리하는 작업이 된다. 이 텍스트의 주제는 M1으로 수렴될 수 있다.

반 다이크(Van Dijk, 1980)는 텍스트의 거시 구조 파악을 위한 네 가지 거시 규칙을 제시하였다. 그것은 생략 규칙, 선택 규칙, 일반화 규칙, 구성화 규칙으로서 다음과 같이 정리될 수 있다.

① 생략 규칙: 텍스트 해석에 필요 없는 비핵심 정보는 생략하라.

> ㉔ 떡을 얻어 갖고 한 고개 넘으니까 호랑이가 쑥 나와 앉아서
> "할머니, 할머니!"
> "왜 그러냐!"
> "그게 뭐여?"
> "우리 애기들 떡"
> "그 떡 나 줘"
> "우리 애기들 줄라 그러는데"
> "안 주면 내가 할머니 잡아 먹지"
> 어쩔 수 없이 호랑이한테 떡을 주고 한 고개를 넘어 왔어.
>
> ⇒ 할머니가 호랑이한테 떡을 주고 한 고개를 넘어 왔어.

② 선택 규칙: 일련의 과정 정보 중 대표적인 정보만 선택하라.

> ㉔ 식당에 가서 밥을 먹었지. 먼저 메뉴판에서 그동안 먹고 싶었던 순두부찌개를 골랐어. 그리고 냠냠 먹었지. 계산을 하고 나오는데 배가 두둑하더라고.
>
> ⇒ 식당에 가서 밥을 먹었다.

③ 일반화 규칙: 요소들을 일반화할 수 있는 상위 개념으로 대치하라.

> ㉠ 가현이는 어제 친구들을 만나 강남역에 갔다. 로드숍을 들러 화장품을 구경하고 지하 상가에 가서 옷도 구경했다. 배가 고파지자 닭갈비를 먹으면서 수다를 떨었다. 식사 후에는 노래방에 가서 노래를 불렀다.
>
> ⇒ 가현이는 어제 강남역에서 친구들과 놀았다.

④ 구성화 규칙: 요소들을 통합하여 하나의 상위 개념을 구성하여 제시하라.

> ㉠ 가윤이는 하얀색 티셔츠를 골랐다. 그리고 청반바지를 골랐다. 하얀 색 양말도 찾아 신었다.
>
> ⇒ 가윤이는 옷을 입었다.

③ 일반화 규칙과 ④ 구성화 규칙은 사실상 명확하게 구별되지 않는다. 이 둘을 구별하는 핵심 요소는 상위 개념으로 하위 요소를 추론할 수 있느냐 여부이다. ③에서 일반화한 '놀았다'라는 단어로 '노래방에 가다, 로드숍에 가다, 밥을 먹다' 등의 하위 요소를 추론하기는 어렵다. 그러나 ④에서 구성화한 '입다'를 통해 '티셔츠나 바지를 입다'를 추론하는 것은 가능하다.

그런데 ①~④의 거시 규칙이 어느 상황에서나 적용되는 객관적 · 절대적 규칙은 아니다. 텍스트 해석이나 요약 목적에 따라 이 규칙들은 무시될 수 있다. 예컨대 가윤이가 어떤 옷을 좋아하는지가 궁금한 독자라면 구성화 규칙을 적용하지 않을 것이다.

텍스트는 이러한 거시 구조뿐만 아니라 형태 구조(form structure)를 가질 수 있다. 반 다이크(1980)는 이를 '상위 구조(superstructure)'라 칭했다. 거시 구조가 거시 명제들로 구성되는 의미 구조라면, 상위 구조는 관습화된 도식으로서의 형태 구조이다. 한 언어권 내에서 언어 공동체 구성원들은 담화의 거시 구조를 쉽게 형성하기 위해 일종의 구조적 틀 혹은 텍스트 형태를 제공하는 경향이 있다. 예컨대 '편지'라면 '수신인 이름, 인사말, 용건, 마무리 인사, 일시' 등의 틀이 관습적으로 존재한다.

상위 구조는 절대적인 것은 아니지만 텍스트 생산이나 해석 과정에 영향을 미친다. 만약 지원서를 작성하고자 하는 사람이라면 지원서의 상위 구조를 떠올리면서 그 틀에 맞는 내용을 생성해 내려 노력할 것이다. 텍스트 수용자 역시 텍스트를 평가하고 해석할 때 상위 구조를 고려하는 경향이 있다. 예컨대 "지원서에 왜 지원 동기가 없어?"와 같은 평가는 지원서의 상위 구조, 즉 관습적 도식이 텍스트 평가에 영향을 미치고 있음을 함의한다. 이러한 측면에서 상위 구조는 '장르'와 유사하다.

텍스트의 기능

텍스트 생산자는 특정한 의사소통 목적을 갖고 텍스트를 산출한다. 텍스트 생산자의 의사소통 목적은 텍스트 생산의 의도이며, 이는 텍스트의 기능으로 수렴된다. 예를 들어 너무 더워서 창문을 열고 싶어 하는 화자가 창가에 앉은 친구에게 "덥지 않니?"라고 말했다면, 이 말의 의도는 창문을 열어 달라는 청유이다.

일찍이 언어 철학자인 존 오스틴(John Austin)은 *How to Do Things with Words*(1962)라는 책에서 언어 사용을 목적성을 갖는 행위로 규정하고 '화행(話行, speech act)'이라는 개념을 제안했다. 화행은 언어적 행위의 단위이다. 화행은 의사소통 목적에 따라 유형화될 수 있으며, 이는 곧 발화의 기능으로 수렴된다.

오스틴(1962)은 발화를 크게 세 가지로 분류했다. 첫째는 발화 행위(locutionary act)로서 모든 발화는 언표 행위이다. 언표 행위란 무엇인가에 대해 말하는(of saying something) 행위로, 의의와 지시를 지닌 표현 행위이다. 둘째는 발화수반 행위(illocutionary act)로서 무엇인가를 발화할 때 수행되는 행위를 가리킨다. 이때 발화된 것은 단순한 의미가 아니라 발화자의 의도이다. 발화수반 행위는 발화수반력(illocutionary force), 즉 힘을 갖게 된다. 오스틴(1962)에 따르면 발화 행위는 '의미'에 관한 것이며 발화수반 행위는 '힘'에 관한 것이다. 셋째는 발화효과 행위(perlocutionary act)로서 발화가 청자에게 미치는 결과를 가리킨다. 이것은 무엇인가를 발화함으로써 성취된 효과이다.[4]

예컨대 앞의 예시에서 화자가 "덥지 않니?"라고 발화했으므로 이 말은 발화 행위이다. 이때 화자의 의도는 문을 열어 달라고 요청하는 것이기에 발화수반 행위는 '요청'이다. 이 '요청'은 화자의 발화 생산 의도이자 이 발화의 기능이기도 하다. 만일 청자가 화자의 의도를 알아차리고 문을 열었다면 이것은 발화효과 행위이다.

화행을 직접적으로 드러내는 동사들을 수행 동사라고 부른다. '명령하다, 요청하다, 고백하다, 추천하다, 축하하다, 부탁하다, 약속하다, 사과하다, 선언하다'와 같은 동사들이 수행 동사에 속한다. 예를 들어 "~을 부탁해."라고 말하면 명시적 수행 동사 '부탁하다'가 사용되었으므로 이 발화의 의사소통 목적은 '부탁'이 된다. 이처럼 명시적 수행 동사를 사용하는 경우를 '직접 화행'이라고 한다.

....

4 논저에 따라서는 '발화 행위, 발화수반 행위, 발화효과 행위'를 각각 '언표 행위, 언표내적 행위, 언향적 행위'로 번역하기도 한다.

그런데 많은 경우 수행 동사가 명시적으로 드러나지 않는다. 앞의 예시 "덥지 않니?"처럼 화자의 의도가 '요청'이더라도 의문문의 형식을 취하여 의도를 간접적으로 드러내는 경우가 많다. 이와 같은 발화를 '간접 화행'이라 한다.

화행은 그 특성에 따라 몇 가지 유형으로 분류할 수 있다. 예컨대 '주장, 통보, 보고' 등은 화자의 믿음이나 사실을 청자에게 전달한다는 공통점이 있고, '강요, 명령, 부탁' 등은 화자가 청자에게 무엇인가를 하도록 한다는 공통점을 지닌다.

화행을 분류한 대표적인 연구로는 설(Searle, 1979)이 있다. 설(1979)은 발화의 목적을 고려하여 화행을 '단언, 지시, 위임, 정표, 선언'으로 유형화하였다. 단언 화행은 화자가 사실이나 믿음을 전달하는 것을 목적으로 하는데, '주장, 보고, 예고, 통보' 등이 그 예이다. 지시 화행은 청자가 무엇인가를 하도록 하는 것을 목적으로 하며, '강요, 명령, 부탁, 지시, 추천, 충고, 협박' 등이 그 예이다. 위임 화행은 화자가 자신의 미래 행위를 드러내는 데 목적이 있는 것으로서, '약속, 제의, 맹세, 보증, 확약' 등이 그 예이다. 정표 화행은 어떤 상황이나 사태에 대해 화자가 자신의 심리적 태도를 표현하는 것을 목적으로 하며, '감사, 동정, 사과, 유감, 저주, 축하, 칭찬, 환영' 등이 그 예이다. 선언 화행은 제도적인 틀 안에서 어떤 사태를 결정하거나 새로운 사태를 만드는 데 목적이 있는 것으로서, '선고, 선언, 선포, 임명, 판결, 해고' 등이 그 예이다.

브링커(Brinker, 1992)는 설(1979)의 위와 같은 다섯 가지 화행 분류를 바탕으로 텍스트의 기본 기능을 '제보, 호소, 책무, 접촉, 선언'으로 제안한 바 있다.

- 제보 기능: 지식과 정보 등을 전달하는 기능
- 호소 기능: 텍스트 생산자의 의견을 표현하거나 텍스트 생산자가 원하는 행동을 수용자가 하도록 하는 기능
- 책무 기능: 텍스트 생산자가 하려는 행위를 수용자에게 알리는 기능
- 접촉 기능: 텍스트 생산자의 심리적 태도 등을 전달하여 관계를 형성하고 유지하는 기능
- 선언 기능: 텍스트 생산을 통해 기존에 없었던 새로운 사태나 사실을 만드는 기능

제보 기능은 설명문이나 안내문, 기사문 등에서, 호소 기능은 광고나 논설문 등에서, 책무 기능은 각서, 계약서, 보증서, 서약서 등에서, 접촉 기능은 감사 편지, 사과문, 축하 카드, 연하장 등에서, 선언 기능은 판결문, 성혼 선언문, 임명장 등에서 드러난다.

그런데 하나의 텍스트가 오직 하나의 기능만을 하는 것은 아니다. 예컨대 기사문은 객관적인 정보를 제공하는 것 외에 기자나 언론사의 의견을 드러내기도 하며, 광고 역시 호소 기능뿐 아니라 정보 전달의 기능을 가질 수도 있다.

그러므로 텍스트의 기능을 판단하기 위해서는 여러 가지 요소를 종합적으로 고려해야 한다. 언어적 표현은 물론, 텍스트의 제목과 구성 방식, 텍스트가 사용된 맥락과 상황, 제도적인 틀 등을 통합하여 판단해야 하는 것이다. 이때 텍스트의 제목은 텍스트의 기능을 판단할 때 매우 유용한 자원이다. '각서, 계약서, 부고' 등은 대개 제목에 표기된다. 그 외에 문장 종결법(예 의문문, 명령문, 감탄문)이나 기능을 파악하게 해 주는 주요 동사(예 감사하다, 계약하다, 전달하다, 주장하다), 감정을 드러내는 단어들(예 민

다, 확신하다, 바라다, 유감이다)도 참고가 된다. 청첩장이나 부고, 판결문, 일기 등 많은 텍스트들은 관습적인 구성 방식을 갖고 있다. 따라서 텍스트의 관습적 구성 방식을 살펴보는 것도 텍스트의 기능을 파악하는 데 도움을 준다.

무엇보다 중요한 것은 텍스트가 사용된 맥락과 상황을 고려하는 것이다. 해당 텍스트가 어떤 상황에서 생산되고 유통되는지를 아는 것은 텍스트의 기능을 파악하는 데 핵심적 요소가 된다. 제도적 틀 역시 중요하다. 예를 들어 사람들은 특별한 조건이 없는 한 신문에 실린 글을 기사문이라고 받아들이는데, 이는 언론이 사회의 제도적 틀을 구성하는 요소이기 때문이다.

텍스트 구조 비교와
언어 문화권 이해

텍스트의 구조는 언어 문화권마다 다소 다르다. 따라서 언어권별로 텍스트의 구조를 비교하는 것은 해당 언어권의 문화적 특성을 이해하는 데 도움이 된다. 특히 텍스트 주제의 전개 방식과 화행 및 언어적 표현은 언어권 간 차이를 잘 드러내 주는 것으로 알려져 있다. 조국현(2008)은 이러한 점에서 흥미롭다. 이 연구는 독일어와 한국어 추모 텍스트를 비교·분석하여 언어권별 문화적 차이를 드러내었다. 이 연구의 내용을 소개하면 다음과 같다.

사망 사실의 언급	시작 단계. 독일어 추모문은 사망 사실을 보통 작성자의 주관적인 감정 표현이나 수사적인 표현 사용 없이 객관적으로 '전달'하는 데 초점을 둔다. 한국어 추모문에서는 독일어 추모문에서 볼 수 없는 감정적인 요소도 나타난다. 예를 들어 죽음을 믿을 수 없다는 듯한 '반어적 질문'이나 죽음을 수용하기 어렵다는 자세가 드러난다.
애도 및 상실감 표현	독일어 추모문과 달리 한국어 추모문에서 '애도 및 상실감 표현'은 필수적인 요소이며 경우에 따라서는 전체 텍스트의 1/3을 차지할 만큼 큰 비중을 차지한다.
행적 및 업적 회고	자질 평가(주관적 판단)와 성과 평가(객관적 평가). 독일어의 경우 대체로 자질 평가와 성과 평가를 비슷한 비중으로 다룬다. 반면에 한국어의 경우 상대적으로 자질 평가에 초점을 맞춘다.
이별 고하기	마무리 단계. 독일어 추모문의 경우 고인에 대한 개인적인 감사 혹은 존경심을 표하거나 잊지 않겠다고 다짐하는 것이 전형적인 마무리 형식이다. 반면 한국어 추모문에서는 여기에 덧붙여 죽은 자의 명복과 안식을 기원하는 예가 많다. '편안한 하늘나라, 편히 잠들다, 편히 쉬다, 짐을 벗어 놓다' 등은 한국어 추모문의 마무리에 종종 등장하는 작별 인사인데, 여기에는 죽음과 삶에 대한 한국인의 보편적인 인식, 즉 '이승 = 고행의 장소, 저승 = 안식의 장소'이며 따라서 죽음은 안식에 이르는 과정이라는 생각이 담겨 있다.

이처럼 각 언어권의 문화적 차이는 텍스트에 반영되어 텍스트의 구조나 내용에 영향을 미친다. 위 사례에 의하면 한국어 추모 텍스트가 독일어 추모 텍스트에 비해 더 주관적·감정적이라는 것을 알 수 있다.

10장

사회언어학

혁신 도시 부모들 '급구, 서울말 쓰는 선생님'

"엄마 엄마. 집에선 뛰댕기지 말고 꼽발로(까치발로) 다녀야 해. 아래층 시끄럽다잉."

본사 이전으로 서울에서 전남 나주 혁신 도시로 일터를 옮긴 한전 직원 김 모(32)씨는 다섯 살 딸아이의 '유창한' 전라도 사투리에 놀랐다. '어디서 그런 말을 배웠느냐'는 질문에 아이는 웃으며 "워메 여는 전라도랑께"라고 답했다. 회사 근처 어린이집에 맡긴 지 석 달쯤 된 날이었다. 김씨는 다음 날 출근하자마자 회사 복지팀에 전화를 걸었다. "어린이집 선생님 좀 바꿔 주시면 안 될까요?" …

지난해 3월 울산광역시로 이전한 근로복지공단이 본사 이전에 따른 '사원 복지 간담회'를 열었을 때도 어린이집 선생님의 표준어 구사 문제가 핫 이슈였다. "현지에 융화하기 위해선 사투리도 필요하다"는 의견도 있었지만, 대부분은 "말을 배우는 아이들에겐 표준어 쓰는 선생님이 있어야 한다"는 의견이었다. 공단 이전과 함께 서울에서 울산으로 내려온 박 모(38)씨는 "아이 말을 이해할 수 없는 상황이 벌어지기도 한다"고 말했다. 예컨대 집 안에 떨어뜨린 동전을 주워든 네 살배기 아들이 '아빠 이거 널찟다(떨어졌다), 맞제?'라고 말했다는 것이다. 공단 관계자는 "사투리를 최대한 쓰지 않는 선생님들을 구해서 부모들을 달래고 있다"고 말했다.

3년 전 전남 나주로 이전한 우정사업정보센터 직원들도 비슷한 민원을 제기 중이다. 서울에서 나주로 내려온 김 모(35)씨는 "아이들 억양이 미묘하게 달려졌다"며 "아이들은 말투를 스펀지처럼 흡수한다"고 걱정했다.

사정이 이렇다 보니 공기업 본사가 이전하는 지역 어린이집·유치원들은 '표준어를 구사하는 선생님'들을 확보하기 위해 전에 없이 애를 쓰고 있다. 나주 혁신 도시의 어린이집 원장들은 인근 광주시에 위치한 대학·전문 대학 유아교육과에

"표준어 사용 가능한 선생님들을 우선 추천해 달라"며 요청했다. 요청을 받은 대학들도 정규 과목 중에 '표준어 사용의 중요성'을 더 강조하기 시작했다. 광주 동신대 유아교육과 이승은 교수는 "전공 수업인 유아언어교육 수업 시간에 '아이들은 선생님의 언어 습관 전체를 흉내 내며 언어를 습득하는 만큼 되도록 표준어를 올바르게 사용해야 한다'고 가르치고 있다"고 말했다.

아이를 둔 엄마 사원들은 사투리를 포함한 교육 여건 문제로 아예 이직까지 고려하는 경우도 있다. 올해 12월 강원도 원주로 본사가 이전하는 도로교통공단 직원 이모(33)씨는 "취업난 때문에 선뜻 결정을 못 내리고 있지만 나 때문에 아이 교육에 해가 되는 건 아닌지 우려된다"며 "주변에 이직을 고려하는 엄마가 많다"고 말했다.

(『조선일보』, 2015. 3. 20.)

지역마다 지역색이 담긴 특유의 향토 음식이 있다. 제주의 자리돔회, 안동의 헛제삿밥, 서산의 어리굴젓 등 각 고장의 지리적 환경에서 주로 나는 식재료를 사용한 음식들이 있고, 이에 따라 지역 고유의 음식 문화가 형성된다. 언어도 마찬가지이다. 각 지역마다 지역색이 담긴 말이 있다. 그리고 그 지역 특유의 말 자체가 해당 지역의 문화를 이룬다. 그런데 지역에 고유의 음식과 음식 문화가 있는 것은 문제가 되지도 않고 서로 다른 지역 음식 간에 우열을 가리지도 않는데, 앞의 기사에서 볼 수 있듯 방언 사용은 왜 문제가 될까? 왜 지역의 언어는 표준어나 서울말보다 낮게 평가되곤 할까? 이 장에서는 언어와 사회의 관계를 중심으로 한국 사회에서 나타나는 한국어 현상에 대해 알아보기로 한다.

- 사회언어학은 언어의 어떤 특성을 주로 다루는 분야이며, 핵심 개념에는 어떤 것들이 있는가?
- 한국 사회의 특성 및 변화와 연관된 한국어의 현상에는 어떤 것들이 있으며, 특히 교육적 차원에서 주목해야 할 부분은 무엇인가?

1 사회언어학이란 무엇이며 어떤 것들을 주로 다루는가

사회언어학(sociolinguistics)은 사회적 차원에서 언어에 대해 연구하는 언어학의 한 분야이다. 언어 교육 및 응용 언어학에 관한 사전인 *Longman Dictionary of Language Teaching & Applied Linguistics*에는 사회언어학을 "사회 계급, 교육 수준과 유형, 나이, 성, 인종이나 민족 등의 사회적 변인과 관련지어 언어를 연구하는 언어학의 하위 분야"(Richards, Platt & Platt, 1992: 399)로 설명하고 있다. 가령 특정한 언어 현상에 대해 기술한 다음 신문 논설(정연욱, 2019)의 내용에 주목해 보자.

(1) 요즘 한국의 커피 전문점에선 직원들이 "총 1만 원이십니다", "커피 나오셨습니다"라고 말하는 장면을 심심찮게 볼 수 있다. 골프장에서 캐디가 "공이 빠지셨어요"라고 하거나 주민센터에서 "인지(印紙)값이 500원이시고요"라고 말하는 경우도 있다. 사람이 아니라 사물을 높이는 엉터리 존댓말이다. 어법을 무시한 '사물 존칭'인데 실제 문법을 몰라서라기보다는, 무조건 높임말을 사용하려다 보니 주술 관계나 맥락을 무시하게 되는 것이다. … 어쨌든 서비스 업계 직원들은 사물 존칭이 잘못된 표현임을 알면서도 그렇게 사용할 수밖에 없다고 토로한다. 그런 표현을 써야 예의와 격식 있는 대우를 받는 것처럼 받아들이는 고객이 많기 때문이란다. 만에 하나 직원이 공손하지 않다며 고객들이 회사를 상대로 문제를 제기하면 그 피해는 고스란히 직원들에게 돌아온다. 가뜩이나 경제 여건이 좋지 않아 아르바이트 자리 구하기도 어려운데 표현 문제로 자칫 고객의 심기를 거스를 일은 엄두를 내지 못하는 게 현실인 것 같다.

높임 표현이 발달한 한국어에서 사물을 높이는 표현이 없는 것은 아니다. 예를 들어 다음 (2가)와 같은 표현은 매우 자연스럽게 쓰인다. '수염'은 그 자체로 높여야 할 대상은 아니지만 '할아버지'에 속한 것이므로 높이는 것인데, 이는 대상에 대한 높임을 그와 관련된 인물이나 소유물 등을 높임으로써 간접적으로 실현하는 한국어 특유의 언어적 높임 방식이다.

(2) 가. 우리 할아버지는 수염이 많으시다.

　　나. 김나희 님, 약 나오셨습니다.

(2가)의 연장선에서 (2나)도 이해해 볼 수 있다. 약국의 손님인 '김나희 님'을 소중한 고객으로 잘 대접하고자 하는 마음이 있으므로, 손님의 '약' 역시 일반적인 사물이 아니라 고객에게 중요한 물건이라고 보면 이 역시 언어적으로 간접 높임을 실현할 수 있는 조건이 되는 것이다.

이상의 설명과 이해는 어디까지나 높임 표현과 관련된 문법적 장치가 작동하는 원리에 준한 것으로, 이러한 언어 현상이 가능한 이유를 설명할 수 있다. 그렇지만 이 정도로는 이러한 현상이 왜 생기는지 그리고 한국어 화자들이 예전과 달리 왜 이러한 표현을 자주 쓰게 되었는지에 대해 명확하게 설명할 수 없다.

다시 (1)의 글로 돌아가 보자. (1)에서는 이러한 언어 현상에 대한 답을 두 가지 차원에서 분석하고 있다. 첫째, 이러한 표현을 쓰는 사람들의 언어적 의식과 감각은 어떠한가? 사람들은 사물 존칭에 대해 문법적 정오를 따지기보다는 '격식 있는 대우'의 표지로 받아들이고 있다. 둘째, 그 사람들이 속한 사회의 상황은 이러한 표현을 사용한 소통에 어떠한 영향을 미치고 있는가? 사람들은 서비스를 받을 때 언어적으로도 대접받고자 하는

데, 특히 경제가 나빠진 상황에서는 서비스를 제공하는 사람이 서비스의 대가를 지불하는 소비자의 요구에 부응하지 않을 수 없다. 따라서 문법적으로 적절치 않다는 점을 알면서도 소비자가 원하는 대로 표현하게 된다. 이 두 가지 답은 특정 언어 현상을 해당 언어 사용자들이 살고 있는 공동체의 다양하고 복잡한 사회적 맥락을 고려하여 분석했을 때 나올 수 있는 답이다.

이와 같이 사회적 맥락에서 언어를 다루는 학문이 사회언어학이다. 사회언어학은 언어를 그 자체로 자족적인 체계로서 이해하는 것이 아니라, 사회 즉 특정한 언어 공동체 안에서 구성원들의 사회적 삶을 구성하고 조정하는 중요한 요소로서 이해한다. 그래서 사회언어학은 궁극적으로 언어의 다양성을 정리하고, 사회와 연관된 언어 문제를 해결하는 것을 목적으로 한다(사나다 신지 편/강석우 외 역, 2008: 14).

한편 사회언어학은 언어 현상을 화자나 언어 공동체(사회)와 연관 지어 파악하기 때문에 관점에 따라 그 범위와 내용이 달라지는데, 크게는 미시 사회언어학과 거시 사회언어학으로 나뉜다. 미시 사회언어학은 사회적 요인에 따라 언어의 다양한 단위와 측면에서 발생하는 특징적 현상을 주로 다룬다. 반면 거시 사회언어학은 언어를 둘러싼 언어 공동체 전체 차원의 신념이나 가치관의 문제, 사회적 요인을 반영한 언어 정책의 수립과 실행의 문제 등을 주로 다룬다. 응용 사회언어학을 따로 설정하기도 한다. 응용 사회언어학은 사회언어학의 연구 성과를 통해 실제 사회 문제를 해결하는 데 직접적인 도움을 주는 것을 목적으로 하는데, 예를 들어 법률 문제, 여성이나 소수자의 인권 문제 등을 관련된 언어 현상과 연관 지어 실천적 성과를 내는 데 주력한다(강현석 외, 2014: 30 참고).

사회언어학의
초창기 모습과 현재

미국의 사회언어학 연구자인 아즈마 쇼지(東照二)는 그의 저서에서 사회언어학이 미국 언어학계에 막 자리 잡던 시기에 있었던 흥미로운 일화를 소개하고 있다.

미국에서는 매년 여름에 언어학 분야에서 1개월 또는 2개월에 걸친 언어학 학교(Linguistic Society of America Summer Institute)가 열린다. 1989년에 열린 언어학 학교에서는 미국의 사회언어학의 창시자라 할 수 있는 윌리엄 라보프(William Labov)가 강의를 했는데, 그는 다음과 같은 설명으로 사회언어학에 대한 초창기 오해나 편견을 없애고자 하였다.

Sociolinguistics is not Sociolinguistics, but Sociolinguistics is linguistics.
사회언어학이란 '사회'언어학이 아니라, 언어학이다.

라보프의 이 말은 당시 사회언어학을 둘러싼 상황을 잘 보여 준다. 첫째, 사회언어학은 일반 언어학자들로부터 순수한 언어학이 아니라며 언어학으로 인정받지 못하거나 언어학의 아류로 취급되었다는 점이다. 많은 언어학자들은 언어학의 본류는 통사론이나 음운론 같은 이론적인 분야라고 보았다. 둘째, 그럼에도 라보프를 비롯한 사회언어학자들은 사회언어학이 전통적인 언어학과 마찬가지로 과학적인 방법과 이론에 기초를 둔 언어 연구의 분야가 될 수 있다는 기대와 자신감을 가졌다는 점이다.[*]

현재 앞에서 언급된 초기 사회언어학자들의 바람은 매우 성공적으로 실현된 것으로 보인다. 2019년 미국 여름 언어학 학교의 전체 프로그램 코스 중 총 6개 코스가 다양한 사회언어학 주제로 제공되었다. 사회언어학의 전통적 하위

....
* 아즈마 쇼지/스즈키 준·박문성 역(2007: 18-19)을 참조하여 재구성하였다.

분야인 〈사회언어학 입문〉, 〈역사적 사회언어학〉, 〈사회언어학 심화: 사회적 의미의 분석〉, 현장 언어 조사 방법론에 대한 〈사회언어학적 현장 방법〉이 개설되었으며, 이 외에도 인접 학문과 연계된 최신 이론 경향을 보여 주는 〈사회언어학적 변이와 변화에 대한 게임이론적 접근〉, 〈사회언어학과 컴퓨터 매개 의사소통 분야의 주제들〉 등이 개설되었다. 이러한 범위와 깊이를 지닌 코스가 개설되었다는 것은, 라보프가 사회언어학은 언어학의 아류나 별종이 아니라는 것을 굳이 주장해야 했던 시기의 난제를 사회언어학이 매우 성공적으로 해결하고 발전을 거듭해 왔다는 점을 입증해 준다.

한국에서도 사회언어학의 일반적 이론과 함께 한국 특유의 특성을 밝히고자 하는 '한국적 사회언어학'(김희숙, 2005: 59)이 '한국사회언어학회'를 중심으로 하여 일찍부터 모색되어 왔으며, 다양한 주제와 분야에 대한 연구 성과들이 축적되고 있다.

2019 LSA의 프로그램 중 사회언어학 관련 코스
(https://www.linguisticsociety.org)

'한국사회언어학회'(http://www.socioling.com)

2 사회언어학의 핵심 개념에는 어떤 것들이 있는가

언어 공동체와 의사소통 능력

인류학의 지적 전통 위에서 현대 사회언어학이 전개되는 데 결정적인 기여를 한 델 하임즈(Dell Hymes)는 그의 기념비적 논문인 「말하기의 민족지학(The Ethnography of Speaking)」(1962)에서 다음과 같이 선언하였다(Hymes, 1962: 13).

> 말하기의 민족지학은 … 어린아이가 언어 사회의 능숙한 일원으로 성장하는 동안 문법 규칙과 사전을 넘어서 말하기에 대한 무엇을 내면화하는가에 대한 질문이다. 즉, 그것은 외국인이 적절하고 효과적으로 언어 활동에 참여하기 위하여 그 언어 사회의 어떤 언어 행동을 배워야만 할 것인가에 대한 질문이기도 하다. 말하기의 민족지학은 하나의 활동으로서 존재하는 말하기의 상황과 사용, 패턴과 기능에 관계된 문제를 다룬다.

어떤 사람이 특정 언어를 능숙하게 구사할 수 있다는 것은, 그가 그 언어를 사용하는 집단 내에서 통용되는 각종 의사소통의 규칙과 맥락을 충분히 익혔다는 것을 의미한다. 따라서 한 사람의 의사소통에 대해 말할 때에는 반드시 그가 속한 사회, 특히 언어적 집단을 전제해야 한다. 그래야만 해당 언어적 집단 안에서 발생하고 존재하는 다양한 사회적 차원의 언어 현상들이 온전히 설명될 수 있다.

그렇기 때문에 사회언어학의 핵심 개념 중에서도 언어 공동체(speech community)는 매우 중요하다. 언어 공동체는 학자에 따라 여러 가지로 정의되었는데, 주요하게는 '공유된 언어의 사용'(Lyons, 1970), '공유된 말의 규칙 및 언어 수행의 이해'(Hymes, 1972), '언어 형식 및 사용과 관련된 태도 및 가치관의 공유'(Labov, 1972), '언어에 관한 사회문화적 이해 및 전제(presupposition)의 공유'(Shezer, 1975) 등이 있다(뮤리엘 사빌-트로이케/왕한석 외 역, 2009: 22). 이 논의들을 종합하면, 언어공동체는 동일한 언어로 공유된 소통의 규칙에 따라 의사소통 및 사회적 상호작용을 하는 집단으로 정의되고 있음을 알 수 있다. 그런데 언어 공동체는 고정되어 있는 것이 아니라 끊임없이 변화한다. 일찍이 언어와 인간, 문화의 관계에 대해 주목한 에드워드 사피어(Edward Sapir)는 이 점을 다음과 같이 설명하였다(제리 무어/김우영 역, 2002: 146-147).

사회를 구성하는 다양한 집단과 그 성원들 간의 상호이해를 쌓아 올리기 위해서, 어떤 의사소통 과정이 필요하다는 사실은 너무도 명약관화하다. 우리는 흔히 사회가 전통에 의해 규정되는 정체된 구조인 것처럼 말하지만, 이는 근본적으로 사실이 아니다. 오히려 사회는 온갖 크기와 복합성을 지닌 조직 단위의 구성원들 사이에서 부분적인 또는 완벽한 상호이해가 이루어지도록 해 주는 고도로 복합적인 망(network)이다. … 그것은 단지 겉보기에만 사회제도의 정태적 합이다. 실제로 그것은 참여하는 개인들 사이에서 유행하는 의사소통적 성격의 특수한 행위에 의해 날마다 소생되거나 창조적으로 재확인된다.

또한 언어 공동체가 하나의 동일한 언어를 사용하는 집단만을 뜻하는 것은 아니다. 사회가 복잡해지고 집단 간 이동이 활발해짐에 따라 하나의 언어로만 소통하는 언어 공동체는 점점 찾기 힘들어지고 있다. 또한 한 개인이 다양한 사회적 역할을 맡아 여러 상황에서 소통하게 되면서, 하나 이상의 언어 공동체에 속하게 되는 경우도 흔하다.

그뿐만 아니라, 동일한 언어가 반드시 같은 언어 공동체의 소속 표지라고 볼 수 없다는 점도 고려해야 한다. 재미 교포인 한인 3세와 한국에서 나고 자란 청년이 한국어로 소통한다고 해도, 같은 언어 공동체에 속한다고 단언하기는 어렵다. 이들은 언어를 공유하고 있기는 하지만, 언어로 소통하는 문화적 관습이나 규칙까지 완전히 같은 수준과 내용으로 공유한다고 볼 수는 없기 때문이다.

언어 공동체의 성원들은 성장하면서 해당 공동체의 언어를 익혀 간다. 이 과정은 단순히 읽고 쓰고 말하는 능력뿐만 아니라 시간, 장소, 화제, 상대 등에 따라 소속 집단 내의 규칙과 맥락에 맞게 자신의 말을 조정하여 표현하고, 이를 통해 원하는 것을 얻을 수 있는 능력을 갖추는 과정이다. 이러한 능력을 가리켜 의사소통 능력(communicative competence)이라고 한다. 즉, 의사소통 능력은 단어 배열 규칙과 구문 구조 규칙을 지켜 문장을 구성할 수 있는 능력 이상을 뜻한다.

언어 변이와 방언

언어는 해당 언어 공동체가 분화되고 내부에 다양한 하위 집단들이 생겨나면서 조금씩 바뀌게 된다. 국제 공용어의 지위를 가지는 영어도 이 사용 지역에 따라 음운, 단어, 문법 등에 차이가 있어, 서로 조금씩 다르다. 또한 같은 미국 영어라고 할지라도 아프리카계 미국인이 쓰는 영어는 독특한 특징이 있어, 이른바 표준 미국 영어(Standard American English: SAE)와 확연히 구분된다.

표 10-1 한국의 지역 방언 구획(정승철, 2013: 157-158)

방언 구분	포함 지역
중부 방언	경기도, 충청도, 황해도, 강원도 영서 지역
서남 방언	전라북도, 전라남도
서북 방언	평안북도, 평안남도
동남 방언	경상북도, 경상남도, 강원도 영동 지역
동북 방언	함경북도, 함경남도
제주 방언	제주도

이와 같이 모든 언어는 지역이나 사회적 요인 또는 언어가 사용되는 구체적인 장면이나 상황에 따라 말소리는 물론 어휘와 문장 등 다양한 문법적 층위에서 차이를 보이는데, 이러한 차이들을 일컬어 언어 변이(linguistic variation)라고 한다(강희숙, 2014: 51).

언어 변이에는 크게 지역적 변이, 사회적 변이, 상황적 변이가 있다. 이 중에서 지역적 변이(regional variation)를 보이는 말을 흔히 방언(dialect)이라 부른다. 그런데 엄밀히 말하면 방언은 특정한 언어 변이가 체계적으로 일어난 변이어(a variety of language)의 또 다른 총칭일 뿐이므로, '방언'보다는 '지역 방언'이라고 구분하는 것이 좋다. 대체로 한국어 지역 방언은 표10-1과 같이 크게 6개의 권역으로 나누어 방위에 따라 이름을 붙여 구분한다.

지역이라는 지리적 변인 외에도 성(性), 나이, 직업 등 언어 공동체의 다양한 사회적 변인에 따라 여성어와 남성어, 노인어와 유아어 및 청소년어, 의료 언어와 비즈니스 언어 등 수많은 변이어 목록이 만들어질 수 있다. 이들은 사회적 변이(social variation)의 결과로서, 특정 언어 공동체의 구조와 특성을 드러내기도 하고 역으로 사회 구조에 영향을 주기도 한다.

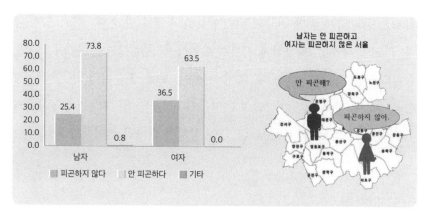

그림 10-1 서울 지역 남녀의 부정문 사용 양상의 차(양민호 외, 2015: 122)

그림10-1은 최근 서울 지역의 사회 방언을 조사한 결과 중 일부로서, 성별이라는 사회적 변인에 의한 변이 양상을 보여 준다. 통계 결과를 보면, 부정문을 사용할 때 서울 지역의 남성과 여성 모두 긴 부정문에 비해 짧은 부정문을 더 선호한다. 그런데 각 부정문 사용 비율 면에서 성별 차이가 드러난다. 남성의 경우, '안 피곤하다'의 사용 비율이 '피곤하지 않다'의 사용 비율보다 약 3배 높은 반면, 여성의 경우는 '안 피곤하다'의 사용 비율이 '피곤하지 않다'의 사용 비율의 2배를 넘지 못한다(양민호 외 2015: 95-96). 용언의 음절이 많을 경우 긴 부정문을 표준형으로 삼는다는 점을 염두에 두면, 여성은 대체로 표준형을 선호하고 남성은 덜 선호한다는 그간의 연구 결과와 일치한다는 것을 알 수 있다.

지역적 변이와 사회적 변이가 특정 언어 공동체 내부에 있는 하위 집단이 분화하면서 발생한다면, 상황적 변이(contextual variation)는 개인 내적 차원의 변이에 해당한다. 모든 사람들은 자신이 가진 다양한 언어 자원들 중에서 의사소통이 일어나는 특정 상황에 적합한 것들을 주도면밀하게 선택하여 상황에 어울리는 말하기 스타일을 실현한다. 예컨대 한국어 화자는 동갑의 친밀한 친구와 비격식적 상황에서 만날 때 "나는 요게 좋아."라고 말하지만, 윗사람과 격식적 상황에서 만날 때는 "저는 이것이 좋습니다."라고 말한다. '나-저, 요게-이것이, 좋아-좋습니다'의 차이는 상황적 변인에 따라 생긴다. 2인칭 대명사인 러시아어의 'Ty-Vy', 독일어의 'Du-Sie', 프랑스어의 'Tu-Vous' 역시 상황적 변이의 전형적인 예이다.

코드 전환

단일 언어를 사용하는 상황에서 화자들이 방언이나 상황 변이어를 바꿔 가며 말하는 현상 혹은 이중/다중 언어를 사용하는 상황에서 화자가 이미 사용하고 있던 언어를 다른 것으로 교체하는 현상을 코드 전환(code-switching)이라고 한다(박용한, 2014: 365). 블롬과 검퍼즈(Blom&Gumperz, 1972)는 북부 노르웨이 지역의 두 변이어인 '보크몰(Bokmål)'(표준어)과 '라나몰(Ranamål)'(비표준어)의 코드 전환 현상을 면밀히 분석하여 코드 전환을 상황적 전환(situational switching)과 은유적 전환(metaphorical switching)이라는 두 가지 유형으로 구분하였다. 상황적 전환은 공식적인 상황과 비공식적인 상황, 동일 언어 공동체의 성원만 있는 상황과 다른 언어 화자가 섞여 있는 상황 등에 따라 거의 자동적으로 코드가 전환되는 것이다. 노르웨이어 화자들은 격식적 상황이거나 공적인 사회 문제에 대해 진지하게 논할 때에는 대체로 보크몰을 쓰고, 그렇지 않은 사적인 화제의 이야기가 오가는 상황에서는 라나몰을 구사했다. 반면, 은유적 전환은 언어적 상호작용에서 화제를 다루는 방식이나 맥락을 바꾸거나 상대방과의 거리를 조정하기 위해 전략적으로 코드를 전환하는 것이다. 가령, 직장에서 동료끼리 업무와 관련된 화제로 보크몰로 대화를 진행하다가 그중 한 사람이 갑자기 라나몰로 바꾸어 같은 화제의 대화를 이어 가는 경우가 있을 수 있다. 이 선택으로 인해 화자는 동일한 대화 상황이라 할지라도 공적 관계가 아닌 사적 관계를 더 강조하면서 대화의 국면을 다른 방향으로 이끌 수 있다.

언어 태도

한 사람의 말은 그 사람에 대해 많은 것을 알려준다. 다음은 소설『완득이』(2008)에서 '조폭 교사'로 묘사되는 '똥주 선생'의 말이다.

> "하이고 새끼들, 공부하는 거 봐라. 공부하지 말라니까? 어차피 세상은 특별한 놈 두어 명이 끌고 가는 거야. 고 두어 명 빼고 나머지는 그저 인구 수 채우는 기능밖에 없어. 니들은 벌써 그 기능 다 했고."

사람들은 교사들이 이렇게 말하면 안 된다고 생각한다. 학생들에게 '새끼'라는 비속어를 쓰는 것, 공부하지 말라고 하는 것, 세상의 불공평함을 적나라하게 드러내면서 희망을 빼앗는 말을 하는 것 등은 교사라는 직종에 어울리지 않는다고 여기는 것이다. 이처럼 사람들은 누군가의 말에 대해 일정한 태도를 드러낸다.

언어나 그 언어를 사용하는 사람들에 대해 가지는 감정적인 선호를 언어 태도(language attitude)라고 한다. 그런데 지금까지의 연구에 의하면 특정한 언어에 대한 태도와 해당 언어 사용자에 대한 태도는 서로 긴밀하게 연결되어 있고, 심리학적인 면에서 분리될 수 없다고 한다(최진숙, 2011: 434).[1]

북한 이탈 주민의 경우, 같은 한국어이기는 하지만 남한 사회에서 잘 쓰이지 않는 다소 낯선 변이어를 구사하기 때문에 한국에 정착한 뒤에도 '어디에서 왔느냐'는 질문을 자주 받는다. 북한 이탈 주민들은 이러한 질문에 북한이 아니라 중국에서 왔다고 답하는 경우가 많다. 남한 사람들이 북한에서 왔다고 하면 낮추어 보기 때문에 조선족 등 한국어가 가능한 중국인이라고 말하는 것이 자신을 보호하는 데 더 유리하다고 판단하는 것이다. 북한 이탈 주민의 언어 태도에 관한 최신 연구인 김주성(2014)에서도, 북한 이탈 주민의 언어는 남한 주민들에게 남한의 여러 방언들에 비해 더 유표적으로 다가오며, 그 평가에 있어서도 남한 지역 방언들보다 낮은 위세나 매력을 부여받는 경향이 있다는 점을 실제 조사를 통해 확인하였다.

이러한 언어 태도가 너무 강하게 작용하면 언어에 따라 사람을 고정된 이미지로 평가하는 정형화(stereotyping)로 귀결되기도 한다. 예를 들어 특정 지역 방언의 화자를 통틀어, '거칠고 무식한 사람들, 능구렁이 같고 믿을 수 없는 사람들'과 같이 말하는 것도 정형화의 결과이다. 정형화로 인해 형성된 고정 관념은 심각한 사회적 문제가 되기도 한다.

언어 이데올로기

언어 이데올로기(language ideology)는 해당 언어 사용자들이 표출하는 언어에 대한 신념(Salzmann, 2004)을 뜻한다. 특정 언어 공동체의 구성

....

1 더 크게 보면 언어와 관련된 모든 유형의 행동들, 예를 들어 언어 보존(language maintenance)과 언어 계획(language planning)에 대한 태도까지도 언어 태도에 포함된다(송경숙, 2015: 73).

원은 특유의 신념을 가지고 그들의 언어 또는 언어 사용을 설명하고 정당화한다(강윤희, 2004: 24). 특정 언어를 모어로 하는 화자는 자신의 모어에 대해 뚜렷한 선호를 드러내는 경향이 있는데, 이는 기본적인 언어 태도라 할 수 있다. 이러한 언어 태도와 언어 이데올로기가 구분되는 지점은, 언어 태도가 상대적으로 개인적인 차원에서 가지는 주관적 호오(好惡)라면 언어 이데올로기는 특정 언어 공동체가 집단적인 차원에서 체계화한 신념이라는 점이다.

교과서의 한자 사용에 대한 논란에도 언어 이데올로기가 반영되어 있다. 이 논란은 오랫동안 한국어를 표기하는 데 사용해 온 한자를 존중해야 한다는 입장과 고유 표기 체계인 한글을 전면화해야 한다는 입장으로 나뉜다. 이러한 두 입장의 근저에는 한자와 한글에 대해 한국어 화자들이 지니는 서로 다른 집단적 신념이 자리한다. 또한 21세기를 앞둔 시점에 불붙은 영어 공용화 논쟁 역시, 국제 공용어로서 위세가 분명한 영어를 수용해야 한다는 입장과 한국어를 민족어로서 지켜야 한다는 입장이 부딪쳤다. 이는 영어와 한국어에 대한 서로 다른 신념 체계 사이의 충돌이었다. 이와 같이 한글과 한자, 영어와 한국어를 둘러싼 서로 다른 입장이 충돌하는 근저에서 언어 민족주의, 영어 우월주의 등의 언어 이데올로기의 실체를 확인할 수 있다.

그런데 언어 이데올로기는 단순히 언어적 차원의 개념만은 아니다. 이것은 특정한 언어나 언어 사용을 하나의 이념적 상징으로 변화시켜, 사회의 여러 구체적인 국면에서 이러한 신념 체계를 확대 재생산하는 사회적 상징 생산 시스템으로 작동하기도 한다. 따라서 언어 이데올로기가 자칫 언어 공동체 내부의 다른 집단이나 외부에 대한 차별과 배제로 작용하지 않도록 주의해야 한다. 이는 이중 언어 사용자, 언어적·문화적 배경이 다양한 한국어 사용자가 증가하고 있는 우리에게도 필요한 자세이다. 우리는 일제 강점기에 우리말을 자유롭게 쓰지 못했던 경험으로 인해 우리말을 소중하게 여기는 마음이 강하다. 이것이 합리와 객관을 잃은 감정적 신념이 되어 우리말이 미숙하거나 우리말을 사용하지 않는 사람들을 배척하는 결과로 이어져서는 안 된다.

3 최근 한국 사회를 잘 드러내는 언어 현상은 무엇인가

언어는 사회를 반영한다. 동시에 언어적 동물인 인간이 모여 사는 사회는 인간의 의사소통에 의해 조정되고 변화한다. 언어적 의사소통은 인간의 사회적 행동 중 하나이므로 특정한 의사소통 현상에는 해당 언어 공동체의 가치와 신념, 사회적 구조와 하위 집단 간의 서로 다른 인식 등이 비교적 잘 드러난다. 최근 한국 사회의 단면을 드러내는 흥미로운 언어 현상은 많지만, 여기에서는 교육적 차원에서 적극적으로 대처해야 하는 문제적 언어 현상을 중심으로 간략히 살펴보고자 한다.

공격적인 언어 행동의 격화

짧은 시간 안에 압축적인 근대화를 이룬 한국 사회는 전통적인 가치와 새로운 가치가 혼재되어 있다. 그러면서 예전과 비교했을 때 상당히 이례적인 의사소통 현상이 자주 나타나고 있다. 특히 상대에 대해 부정적인 감정이 있더라도 밖으로 드러내지 않는 편이었던 과거와는 달리, 최근에는 이를 극대화하여 직접적인 언어로 표출하는 현상이 두드러진다. 다음에 예로 제시한 신조어들은 언중들이 비호감을 직접적으로 표현하는 새로운 언어 사용 사례이다. 이러한 언어 사용은 소셜 미디어가 보편화되면서 더욱 심각해지고 있다.

(3) 가. 연금충, 틀딱충, 할매미
　　나. 된장녀, 김치녀, 맘충
　　다. 개독, 무당질, 개슬람

(3가)는 노인에 대한 혐오를 드러내는 표현이다. 내용을 보면 '혐로(嫌老) 표현'이라고 불러도 무리가 없을 정도이다. 효(孝) 사상이 굳건했던 한국 사회의 전통을 생각해 보면 매우 놀라운 변화이다. 이 중 '틀딱충', '할매미'는 노인 자체에 대한 혐오와 함께 노인의 말하기 방식에도 비호감을 표시하는 경우이다. 이러한 노인 혐오 문제를 제대로 파악하고 해결하기 위해서는 연령을 기준으로 분화되는 변이어와 그 화자 집단에 대한 연구, 다른 연령 집단 간의 의사소통에 대한 연구 등이 더 본격적으로 이루어져야 한다.

(3나)는 여성을 낮추어 부르거나 특정한 특성을 가진 존재로 과장하여 공격적으로 표현하는 예들이다. 경제가 어려워지는 한편, 여성의 사회 진출과 참여가 활발해지면서 이를 부정적으로 인식하고 자신의 박탈감이나 분노를 여성을 향한 언어적 폭력으로 표현하는 현상이 심화되고 있다. 그리고 이에 대한 대응으로 '개저씨, 한남' 등 남성을 비하하는 표현 역시 나타나고 있다.

(3다)는 특정 종교를 비하하는 표현들이다. 종교뿐 아니라 특정 지역, 정당, 인터넷 사이트 등 일반적인 사회적 요소에 대해 비하하고 공격하는 표현들이 계속 생산·확산되고 있다.

이정복(2014)은 이러한 표현들이 모두 '차별 표현'에 속한다고 보았다. 그에 따르면 차별 표현은 '사람들의 다양한 차이를 바탕으로 명시적 또는 암묵적으로 편을 나누고, 다른 편에게 부정적이고 공격적인 태도를 드러내거나 다른 편을 불평등하게 대우하는 과정에서 쓰는 언어 표현'(이정복, 2014: 36-37)으로 정의할 수 있다. 특히 최근에는 이러한 차별 표현이 일회성에 그치지 않고 디지털 미디어나 SNS를 통해 동시다발적으로 공유되고 확산되면서 심각한 사회적 문제가 되고 있다.

폭력적 언어 행위와 학교 현장

차별과 배제의 언어 표현은, 그 자체로 타인에 대한 공격이고 폭력이다. 그리고 이러한 폭력적 언어 행위는 전혀 낯선 곳에서 새로운 사람들에 의해서만 이루어지는 것이 아니다. 일상적인 곳과 자주 만나는 사람들 사이에서도 행해지며, 학교 역시 폭력적 언어 행위가 발생하는 주된 장소 중 하나이다. 이제 교실에서 단일 민족의 순혈주의나 단일어 공동체로서의 특성을 아무 의심 없이 전달해서는 안 된다. 다양한 배경과 국적을 지닌 학생들이 증가하는 상황에서, 자기도 모르게 차별과 배제의 언어 행동을 하지 않도록 언어적 감수성을 길러야 한다.

그런 점에서 앞서 다룬 다양한 사회언어학의 핵심 개념들이 학교 현장에서 적극적으로 수용된다면, 이는 사회적 차원에서 일어나는 언어 현상을 적절히 해석하는 데 밑거름이 될 것이다. 사회언어학은 언어 현상과 사회 현상, 언어 문제와 사회 문제가 서로 영향을 주며 복잡하게 얽혀 나타나는 현재 한국 사회의 여러 난제들을 이해하고 해결하는 하나의 경로를 만드는 데 기여할 수 있다.

방언으로 표현되고 구성되는 '나'
: 언어와 정체성의 문제

방언은 언어의 지역적 변이의 결과물만은 아니다. 방언에는 해당 지역의 정치사회적 의미와 가치가 함께 부여되어 있다. 방언 화자 역시 방언에 의사소통의 도구 이상의 의미를 부여하며, 개인적인 배경이나 신념 체계, 사회적 의도에 따라 방언 화자로서의 자신의 정체성을 각기 다른 방식으로 드러내고 또 변화시켜 나간다. 그러므로 방언 화자가 방언과 관련하여 취하는 언어적 선택은 하나의 사회적 실천 행위이며, 이것은 곧 '언어'라는 도구를 통해 '나 자신'을 어떻게 표현하고 구성할 것인가에 대한 행위이기도 하다.

사회언어학에서 언어 변이와 관련하여 이런 유의 설명이 드문 것은 아니나, 이론서의 해외 사례 중심이라 다소 멀게 느껴지는 아쉬움이 있다. 여기에서는 한국 문학 작품을 예로 들어 더 구체적으로 언어와 정체성의 문제에 대해 생각해 보기로 한다. 제주 출신의 소설가 현기영의 단편 「해룡 이야기」(1979)에서 묘파된 주인공 '나'의 제주 방언에 대한 '기피'와 '삭제'의 역사, 그 안에서 제주 방언을 대체하는 서울말의 '선택'과 '우월'의 작용 양상을 아래의 대목에서 확인해 보도록 하자.

그 악몽의 현장, 그 가위눌림의 세월, 그게 그의 고향이었다. 그러니 고향은 한마디로 잊고 싶고 버리고 싶은 것의 전부였고, 행복이나 출세와는 정반대의 개념으로 이해되었다. 중호는 고향의 모든 것을 미워했다. 측간에서 똥 먹고 사는 도새기(돼지)가 싫고, 한겨울에도 반나체로 잠수질해야 하는 여편네들이 싫고, '말은 나면 제주도로 보내고 사람은 나면 서울로 보내라' 하는 속담이 싫고, 육지 사람이 통 알아들을 수 없는 고향 사투리가 싫고, 석다(石多)도 풍다(風多)도 싫고, 삼십 년 전 그 난리로 홀어멍이 많은 여다(女多)도 싫고, 숱한 부락들이 불타 잿더미가 되고 곳곳에 까마귀 파먹은 떼송장들이 늘비하게 널려 있던 고향 특유의 난리가 싫고, 그 불행이 그의 가슴속에 못 파놓은 깊은 우울증이 싫었다. 걸핏

하면 버릇처럼 꺼질 듯 한숨을 내쉬는 어머니도 싫었다. … 찌든 가난과 심한 우울증밖에는 가르쳐 준 것이 없는 고향, 그것은 비상하려는 그의 두 발을 잡아끌어 당기는 깊은 함정이었다. 그 섬사람이 아니고 싶었다. 그래서 그는 적수공권으로 서울에 올라와 대학을 다녔는데 입지전 속의 인물처럼 별의별 고생을 다 겪었다.

그가 대학에 갓 입학해서 고향 선배들로부터 들은 충고 중에는 고향을 밝혀 이익될 게 없더라는 말이 들어 있었다. 이름을 대면 누구나 알 만한 정부 고위관리 누구누구, 학계의 누구누구도 원래는 고향 사람인데 본적까지 옮겨놓고 숨기고 있다 했다. 고학하느라고 대학을 육 년 다니는 동안에 중호는 차츰차츰 사람이 서울식으로 닳고 닳아져 갔다. 재학 중에 군대 갔다 온 후로는 주로 입주 가정교사를 했는데 서울 말씨를 배우는 데 이보다 더 나은 방법이 없었다.

그는 촌스러운 고향 사투리를 훌훌 떨쳐버리고 남다른 정열로 열심히 서울말을 익혔다. 수년 동안 가정교사라는 남의 집 고용살이를 하면서 서울말만 배운 게 아니라 눈칫밥 먹으며 서울말로 비굴하게 아첨하는 법까지 터득했다. 대학 졸업 후 직장을 가진 다음에도 얼마간 그 집에 눌러 있었는데, 그것은 소원대로 그집 맏딸과 결혼했기 때문이었다. 남편의 본적을 따르기를 싫어하는 아내의 비위를 맞추려고 선선히 본적까지 옮기고 나니 그는 깔축없는 서울 사람이 되어버렸다. 그러나 메뚜기가 제아무리 뛰어봐야 고작 풀밭이라던가. 아무리 고치려고 해도 여전히 자기가 사는 동네 '모래내'를 '모래네'라고 하고 전에 살던 '갈현동'을 '갈년동'이라 하고 '확실히'를 '확실니'라고 발음하고 있는 한 고향의 올가미에서 벗어난다는 것은 가당치 않은 일이었다.

(현기영, 「해룡 이야기」)

예로부터 '나'에게 고향 제주는 고통의 땅이자 벗어나야 하는 고통의 굴레였기에 제주말은 '촌스럽고', '떨쳐버려야' 할 것이었다. 그래서 죽어라 '서울말'을 익혔지만 '나'의 서울말에 남아 있는 제주말 흔적을 어찌할 수 없다는 자기 고백은, 방언이 해당 방언 화자의 정체성에 매우 강하게 연결되어 있는 요소임을 간접적으로 확인시켜 준다.

11장

언어 발달

마지막 지원자가 면접실을 나가자 위원장이 헛기침을 하며 말했다.

"자, 여러분, 이제 세 명의 지원자 중 한 사람을 우리 회사의 재무 관리자로 뽑아야 합니다. 누가 적당하겠습니까?"

"당연히 첫 번째 사람입니다." 붉은 머리의 여자가 말했다.

"왜입니까?"

"그녀는 자격이 충분합니다. 그리고 우리 회사는 여성 인력이 더 필요합니다." 그러자 비대한 남자가 말했다.

"말도 안 됩니다. 두 번째 지원자가 가장 훌륭합니다. 그는 훌륭한 교육을 받았습니다. 하버드 경영대학원이면 최고 아닙니까? 게다가 그의 부친은 나와 대학 동창입니다. 그리고 그는 독실한 신자입니다."

두꺼운 안경을 쓴 젊은 여자가 코웃음을 치며 말했다.

"그런데 그에게 7 곱하기 8이 몇이냐고 물었더니 54라고 답했어요. 그리고 내 질문의 요점을 계속 놓치더군요. 명문대학을 나오면 뭐합니까. 머리가 나쁜데요. 나는 마지막 지원자가 가장 좋다고 생각합니다. 침착하고 분명하고 개방적이고 이해가 빠르더군요. 대학을 안 나온 건 사실이지만 숫자에 타고난 능력이 있습니다. 게다가 아주 진실하고 원만한 성격이에요."

"하지만 흑인이잖소." 위원장이 말했다.

(매트 리들리/김한영 역, 『본성과 양육: 인간은 태어나는가 만들어지는가』)

이 장면은 '능력'에 대한 우리 사회의 보편적인 관점들을 보여 주는데, 어떤 관점은 능력에 대한 선입견을 드러내기도 한다. 등장인물들이 제시하는 의견을 비판적으로 읽는 것을 넘어, 각 의견들이 능력에 대해 어떤 관점을 지니고 있는지 살펴

보자. 학연이나 지연에 따라 사람의 능력을 추정하는 '비대한 남자'는 발달적으로 보았을 때 '후천적 교육'을 중시하는 관점을 보인다. 반면, '두꺼운 안경을 쓴 젊은 여자'는 지능이나 성격 등 '원래 타고난 능력'에 기인하여 사람의 능력을 판단하고 있다.

발달을 보는 관점은 오랜 기간 논쟁거리가 되어 왔다. 언어 발달 이론 역시 마찬가지여서 심리학, 언어학, 교육학, 철학 등 다양한 학문 분야에서 언어 발달을 연구해 왔다. 각 분야에서는 언어 능력을 보는 관점, 발달의 개념, 발달의 근거 등에 대해 해당 학문의 연구 전통에 따라 다른 견해들을 내놓고 있다.

언어 발달이라는 주제 자체가 단 하나의 학문 영역이나 관점만으로 이해될 수는 없기에, 국어교육에서는 다양한 학문 분야의 연구 결과를 참고하며 이론과 실천 국면을 발전시켜 왔다. 이 장에서는 국어교육의 제 국면을 이론적으로 타당하게 해 주었던 주요 이론을 정리한 후, 국어교육에서의 언어 발달 이론의 전망을 살펴보도록 한다.

- 언어 발달은 타고난 능력에 따라 이루어지는가, 아니면 양육에 의해 이루어지는가?
- 심리학과 언어학은 언어 능력과 언어 발달을 어떻게 규정해 왔는가?
- 읽기 및 쓰기 능력 발달 이론들은 국어과 교육과정에 어떠한 영향을 주었는가?
- 향후 국어과 문식성 발달 연구의 이론적 전망은 어떻게 될 것인가?

1 발달을 보는 전통적인 쟁점에는 무엇이 있는가[1]

발달의 개념

발달이란 개체의 전 생애 동안 일어나는, 신체·행동·인지·정서·성격에서의 여러 변화들을 의미한다. 이들 변화는 대체로 출생에서 청년기에 이르는 전반부에서는 상승 곡선을, 후반부에서는 하강 곡선을 보인다. 그래서 종래에는 상승적 변화를 발달이라 하고, 하강적 변화를 쇠퇴라고 불렀다. 그러나 최근 발달 심리학에서는 이 둘을 구분하지 않고, 모두 발달적 변화(developmental change)라고 일컫는다.

국어교육에서 발달 이론이란 연령 증가에 따라 특정한 변화들이 왜 일어나는가, 그리고 그러한 변화들은 어떤 과정을 거쳐서 일어나게 되는가를 설명하기 위한 개념적인 설명 틀로 작동하게 된다.

심리학에서 보는 인지 발달의 쟁점

언어 발달을 살펴보는 것이 이 장의 주 목적이기는 하지만, 인지 발달에 관한 쟁점에서부터 시작하고자 한다. 이 쟁점은 이후에 학습 이론 및 언어 발달 이론에도 많은 영향을 주었기 때문이다. 인지 발달론에는 크게 두 입장이 있다. 하나는 인간의 특성이 태어날 때부터 이미 유전적으로 결정되어 있다는 입장이고, 다른 하나는 개인의 물리적·사회적 환경이나

....

1 이 절에서 소개하는 발달 심리학과 인지 심리학의 많은 내용은 서울대학교 교육연구소(1998)와 김진희·이기문(2001)에서 재구성한 것임을 밝힌다.

교육과 같은 후천적인 요소와 경험에 의해 결정된다는 입장이다. 전자를 유전 결정론, 후자를 환경 결정론이라 한다. 두 입장은 역사적으로 오랫동안 논쟁해 왔으며, 이 논쟁은 인지 발달 연구 전통에도 그대로 이어졌다.[2]

유전 결정론

유전 결정론은 개체 발생의 내적 요인을 강조하는 입장으로, 대표적으로 아널드 게젤(Arnold Gesell)의 성숙 이론이 대표적이다. 게젤은 유전자가 발달 과정의 방향을 결정한다고 보고, 그 기제를 총칭하여 성숙(maturation)이라 하였다. 그에 의하면 발달이란 유전자가 지배하는 신경계가 성숙함에 따라 일정한 방향과 순서로 진행된다. 그는 교육의 힘을 믿지 않았을뿐더러, 가르치지 않아야 할 시기에 억지로 가르치면 오히려 제대로 된 발달을 막는다고까지 보았다. 이러한 생각은 읽기 교육에 적용되어 '읽기 준비도(reading readiness)'라는 개념으로 널리 알려져, 유아 언어교육에 큰 영향을 끼쳤다. 즉, 유아에게 읽기를 가르치려면 생물학적 성숙이 충분히 이루어지기까지 기다려야 하고, 쓰기 역시 읽기 능력이 충분히 성숙된 이후에야 발달할 수 있으므로 차례로 가르쳐야 한다는 것이다.

....

2 유전 결정론과 환경 결정론은 언어교육에서의 '습득'과 '학습' 쟁점과도 관련된다. 체계적이고 의도적인 노력이 개입되지 않은 채 자연적으로 일상적인 의사소통 능력이 완성되면 이는 '습득'이라고 일컫는다. 그와는 반대로, 강의에 의하여 언어 능력이 증진된다면 이는 '학습'이다. 이 개념은 국어교육에서도 중요하게 다루어지는데, 제도권 교육에서 모어교육은 언어 '습득'이 이루어진 이후의 학습자를 대상으로 더 학습해야 할 내용을 교육하는 것이기 때문이다. 최근 한국어를 제2언어로 사용하는 학습자가 점차 늘어나고 있다. 제2언어란 제1언어 습득 이후나 습득과 동시에 의사소통의 이차적 수단으로 사용하는 언어를 말한다. 그런데 대상 학습자 모두가 한국어를 '학습'의 영역으로 습득한다고 보기는 어렵다. 자연적으로 제2언어 능력을 갖추는 경우도 있으며, 그렇지 않은 경우도 있기 때문이다. 따라서 국어교육 현장에서 학습과 습득의 차이를 더 깊이 있게 성찰할 필요가 있다.

환경 결정론

환경 결정론에서는 후천적인 교육을 중시한다. 근대 경험주의 철학자인 존 로크(John Locke)는 인간은 '백지 상태(tabula rasa)'에서 태어나며, 경험과 교육에 의하여 개인의 특성이라는 그림이 그려진다고 보았다. 이러한 경험주의는 이후 버러스 스키너(Burrhus Skinner) 등의 행동주의 심리학과 그 흐름을 같이 하게 된다.

행동주의[3] 관점에 의거한 언어 습득론은 언어 습득을 창조적인 과정이 아니라 '자극-반응-강화'라는 수동적인 습관 형성으로 본다. 경험의 역할을 가장 극단적으로 중요하게 여기는 관점인 셈이다. 이 관점에 따르면 학습자란 주변 환경에서 강화된 언어 행위를 시행착오를 거쳐 선택하고 모방하는 다소 수동적인 존재로 간주된다. 또한 이 관점은 경험주의 전통에 따라 객관적으로 관찰 가능한 것을 전제로 하였기에, 비슷한 시기에 등장하여 '의미'보다는 '형식과 그에 따른 분포, 이로 인해 파악할 수 있는 구조물로서의 전체'를 중시했던 구조주의 언어학과 긴밀히 결합할 수 있었다. 그 결과, 경험주의-행동주의-구조주의 언어학의 영향으로 '패턴 학습법'이 탄생하게 되었다. 이러한 언어교수법은 자극에 반응하는 발화가 패턴별로 익숙해지면서 점차 주변의 언어에 적응하는 과정을 거쳐 언어 습득이 이루어진다는 논리에 착안하여 만들어진 것이다.

다시, 생득주의로

행동주의 철학을 받아들인 언어학자 및 언어교수자들은 언어의 표층 구조에만 집착하여 언어 운용의 이면에 작용하는 언어 능력을 전혀 고려

---

3 행동주의는 학습 이론에서 주요하게 다루어지며 가장 전통적인 관점 중 하나이다.

하지 못했다는 약점을 지닌다. 이에 반박하여 놈 촘스키(Noam Chomsky)는 언어 습득에서 모방과 강화가 절대적인 조건이 아니라고 말한다. 그는 어린 아이가 처음 듣는 문장을 이해하고 말할 수 있는 것은 인간에게 선천적으로 타고난 능력이 있기 때문이라고 설명한다. 다시 말해, 인간에게는 언어를 배우는 데 중요한 역할을 하는 시스템이 내재되어 있다는 것이다. 그는 이를 '언어 습득 장치(Language Acquisition Device: LAD)'라고 명명하고, LAD가 지니는 보편문법을 연구하는 것이 곧 언어학자의 임무라고 하였다.

촘스키의 생득주의는 인간만이 유일하게 지니고 있는 능력, 즉 '종(種)'의 특성으로서의 보편적 언어 능력을 밝히고자 했다. 이를 더욱 발전시켜 언어 능력이 인간 종 특유의 타고난 능력임을 실증적으로 강조한 학자가 바로 에릭 레너버그(Eric Lenneberg)이다. 레너버그(1967)는 아동의 언어 학습에 관해 일정한 발달 시점에 도달해야만 특정 발달이 이루어진다는 '결정적 시기(critical period)' 가설을 제안하였다. 즉, 신체가 일정한 성숙 상태에 있지 않으면 언어 능력이 발달하지 않는다는 것이다. 그러므로 아동이 결정적 시기에 언어적 환경과 단절되면, 그 이후에 언어를 습득하기는 매우 어렵거나 습득 속도가 느리다. 이 가설은 제2언어/외국어교육에 큰 영향을 주었다.

통합적 관점

한 개인의 발달을 전체 집단의 발달 과정으로 갈음하고 유기체 내부의 발달 논리로 설명하는 유전 결정론이나 모든 개인은 자극을 주면 그에 대한 반응으로 변화를 보인다는 환경 결정론적 관점 모두, 인지 발달의 많은 현상들에 대한 유효한 설명을 제공하였다. 그런데 여기에서 더 나아가 두 관점을 통합하려는 일련의 시도가 있었다. 그 과정에서 유기체와 환경의 지속적이며 변증법적인 관계가 중요하다는 발견을 하게 되었는데, 이를 맥락론적 관점이라고 한다. 이 관점에서는 인간 발달이란 보편성과 더불어 특정한 문화권과 개인차에 따른 개별성을 동시에 지닌다고 본다.

맥락론적 관점의 대표적인 예로는 마거릿 미드(Margaret Mead)의 문화인류학적 관점이나 유리 브론펜브레너(Urie Bronfenbrenner)의 생태학적 관점을 들 수 있다. 전자에서는 청소년 시기의 특성이 생물학적 특징에만 기인하는 것이 아니라 문화적 맥락의 영향도 받는다고 보면서, 발달에 대한 새로운 시각을 열어 주었다. 또한 후자에서는 환경에 대하여, 각각의 구조가 그다음 구조에 포개져 들어가는 '포함/중첩적 구조'라고 정의한다. 학습자는 발달 과정에서 여러 수준의 환경 체계 내에 포함되는데, 이 체계의 범위는 가족과 같은 즉각적인 환경에서부터 보다 큰 맥락인 문화로 뻗어 나간다는 것이다. 이때 각각의 환경 체계는 다른 환경 체계 간의 상호작용과 환경 체계-개인 간의 상호작용을 통하여 복잡한 방식으로 발달에 영향을 준다.

인지 발달의 쟁점들이 교수·학습 이론에 끼친 영향

'유전'과 '환경' 쟁점은 학습 이론에도 영향을 주어, 학습자와 교수자, 교수 환경을 바라보는 관점에도 변화를 가져왔다. 대표적으로 레프 비고츠키(Lev Vygotsky)의 이론을 학습 이론의 관점에서 살펴보자. 비고츠키는 환경을 인류의 역사적·사회적 영향의 종합으로 개념화하고, 발달의 내적 요인과 외적 환경의 상호작용을 강조하였다. 앞서 맥락론적 관점에서 취했던 관점처럼, 비고츠키 역시 개체의 내적 요인과 외적 요인을 통합적으로 설명하고 있다.

이러한 흐름에 따라 문식성 교육에서도 '발생적 문식성' 개념이 제안되었다. 발생적 문식성 관점에서 학습자는 선천적으로 지닌 능력을 발휘하기 위해 능동적으로 주변 환경에 대응하는 주체성을 지닌다. 이때 교수자는 성숙주의에서처럼 단순히 기다리는 것이 아니라 학습자가 성장할 수 있도록 다양한 환경을 지원해야 한다. 또한 성숙주의에서는 읽기와 쓰기가 순차적으로 교육되어야 한다고 인식한 반면, 발생적 문식성 관점에서는 읽기와 쓰기 모두 태어나면서부터 점진적으로 발달한다고 본다. 이에 따라 유아기에서 관찰할 수 있는 '책 갖고 놀기, 아무거나 긁적이기'류의 행위 등도 문식성 발달 지표 중 하나로 보게 되었다.

2 언어 능력이란 무엇인가

언어 발달 이론은 언어 능력을 무엇으로 보는가에 따라 달리 연구되기도 한다. 국어교육에서는 언어학 연구로부터 언어 능력에 관한 많은 통찰을 얻었다. 언어 능력은 언어 지식, 인지적 요인, 사회적 맥락 중 어떤 것을 중시하느냐에 따라 달리 규정된다. 국어교육에 영향을 준 다양한 언어학 파들이 있지만, 여기에서는 언어 능력에 대해 본격적으로 규정하고 있는 대표적인 학파만 언급하기로 한다.

구조주의 언어학을 넘어선 촘스키

구조주의 언어학의 아버지인 페르디낭 드 소쉬르(Ferdinand de Saussure)는 언어 연구가 다른 학문처럼 이론적 타당성을 지니려면, 연구 대상이 '불변성'을 지녀야 한다고 보았다. 이를 위해 실증주의나 역사주의를 극복하고, 보다 본질적이고도 이상화된 개념인 '랑그(langue)' 개념을 제안하였다. 랑그란 '동일한 공동체에 속하는 화자들 속에 저장된 사회적 약속'에 해당하는데, 실제 언어에서 관찰될 수 없는 이상화된 개념이다. 이는 촘스키에 의해 더욱 보편성을 띠게 된다. 소쉬르가 동일한 공동체나 사회적 약속 등 사회문화적인 규약을 전제로 하여 랑그 개념을 규정한 데 반해, 촘스키 이론에서는 동일한 사회 공동체라는 제약에서 벗어나 모든 인간을 언어 연구의 대상으로 삼은 것이다. 촘스키는 태어나면서부터 언어를 구사할 수 있는 인간 본유의 능력을 언어 능력(linguistic competence)으로 보았다.

앞서 논의했듯이, 촘스키는 행동주의와 결합한 구조주의 언어학에 반발하여 인간의 생득적인 언어 능력을 개념화하였다. 언어학자로서 언어 능력을 본격적으로 개념화한 촘스키의 이론은 언어교육에도 큰 통찰을 주었지만, 다음과 같은 한계도 있다.

첫째, 촘스키는 언어 능력의 개념을 '언어 지식(Knowledge of language)'과 동일한 것으로 보았는데, 이 점이 국어교육에서 언어학의 역할을 오히려 축소시키는 결과를 낳았다. 지금은 무언가를 '안다'고 해서 그것을 '할 수 있는' 것은 아니라는 관점이 국어교육에서 보편적으로 받아들여지고 있다. 그러나 촘스키 생성문법의 영향력이 지대했던 시절에는 언어 능력이 언어학적 규칙과 연산으로 이루어진다는 가설을 그대로 받아들였다. 이에 따라 국어 문법교육에서도 문법 지식을 규칙들의 집합으로 교수·학습하였고, 이렇게 제공되는 문법 지식은 현장에서 점차 외면받게 되었다.

둘째, 촘스키는 '언어 수행'을 연구 대상으로 삼지 않았다. 거듭 말했듯이 발화를 가능하게 하는 근원적인 능력을 규칙과 연산을 중심으로 기술하려고 했기 때문에, 규칙으로 기술될 수 없는 예외적인 상황은 고려하지 않으려 한 것이다. 그러나 '언어 수행'은 실제 언어 사용의 문제인 동시에 구체적·직접적으로 관찰 가능한 연구 대상이다. 사실상 언어학 연구는 실제 발화를 대상으로 할 수밖에 없다. 따라서 다양한 사회의 문화나 언어 상황에서 이루어지는 발화를 고려하지 않고는 언어 능력을 해명할 수 없다.[4]

....

4 사회언어학자인 델 하임즈(Dell Hymes)는 추상적인 언어 능력이 아니라 구체적인 사회 환경에서 획득되는 의사소통 능력 개념을 제안하였다. 또한 언어 능력의 외연을 음운·어휘·문장·텍스트 구성에 바탕이 되는 문법과 그 이상까지 넓혔다. 이로써 비언어적 수단, 행위와 비행위, 침묵 등 다양한 기호 체계를 모두 언어 능력에 포함하였다. 이러한 하임즈의 연구는 국어 문법교육에 큰 영향을 주었다. 언어 표현의 '정확성'뿐만 아니라, 언어 표현이 사용되는 맥락에서의 '적절성, 용인가능성'을 판단하는 것이 유용하다는 것을 알게 된 것이다.

셋째, 촘스키의 '언어 능력'은 이 세상 어디에도 존재하지 않는 이상적인 모어 화자를 전제로 설정된 개념이다. 그는 개별 언어는 물론이고, 한 언어 공동체 내에서 여러 상황을 배경으로 다양하게 변이되는 언어에도 관심을 두지 않았다. 또한 아동의 언어와 성인의 언어를 동일하다고 보는 셈이 되었고, 실제로 관찰되는 아동의 언어 발화는 언어 수행 차원에서 나타나는 것이라 규칙화될 수 없으므로 무시되었다.

체계기능 언어학

촘스키와는 달리, 체계기능 언어학자인 마이클 할리데이(Michael Halliday)는 모든 인간이 태어나면서부터 완벽한 의사소통 체계를 갖고 소통을 한다고 보았다. 그리고 아동이 의미하기 위하여 어떤 언어 형식을 의도적으로 선택하여 사용하는지를 중심으로 아동 언어 발달을 연구하였다. 그에 따르면 아동의 언어는 '오류'가 아니다. 아동은 고유의 독자적인 소통 체계를 갖추고 있으며, 단지 이것이 성인의 의미 체계와 다를 뿐이다.

아동은 태어나면서부터 의사소통을 한다. 영아 시기의 소통 요구는 '배고프다, 심심하다, 기저귀 갈아 달라' 정도로 단순화되어 있지만, 성장하면서 다양한 상황을 접하게 되면서 의사소통 욕구가 점차로 분화된다. 이때 아동에게는 언어 자원이 아직 풍부하지 않으므로, 소통 욕구를 충족하기 위하여 기존의 제한된 언어 자원을 그만의 방식으로 사용한다. 아동의 언어 사용 용법을 보면, 다음 예시와 같이 성인과는 다른 나름의 체계와 상황마다 달라지는 기능이 있음을 알 수 있다.

- 1어 단계의 아동

    "엄마" (엄마를 부르기 위해서)

        (우유 줘)

        (기저귀 갈아 줘)

- 2어 단계(통사적 관계의 출현 이후)의 아동

    "엄마 지지" (이 사물이 더러워)

        (엄마 손이 더러워)

        (엄마 나 더러워졌어)

        (나 좀 닦아줘)

        (엄마 손 좀 닦아)

　　1어 단계의 아동과 2어 단계의 아동이 하는 발화는 매 순간의 '사용'이 그 '기능'을 대별하고 있다고 볼 수 있다. 즉, 아동의 언어는 하나의 발화가 그 상황에서만 어떤 기능을 대별하는 특징을 지니기 때문에, 아동의 기능 체계가 성인의 체계보다 더 복잡하다. 이러한 특징으로 인하여 아동의 언어는 개인 언어적 특징을 지닌다고도 한다. 아동은 개인별로 모두 다른 언어 체계를 지니고 있다는 것이다.

　　복잡했던 아동의 기능 체계는 사회화가 진행되고 언어 능력이 발달함에 따라 간소화되기 시작한다. 초기에는 상황마다 용법으로 발화하다가 점차 상황을 유형화하면서, 간소한 기능 체계가 만들어진다. 즉, 기능 체계에 따라 적절한 형식을 결합시키기 시작하는 것이다. 예를 들어 "밥 먹어"라는 언어 형식이 '상황'에 따라 저장되는 것이 아니라, 유형화된 상황인 기능 체계에 따라 저장된다. 나아가 학교에서는 이러한 유형화된 상황

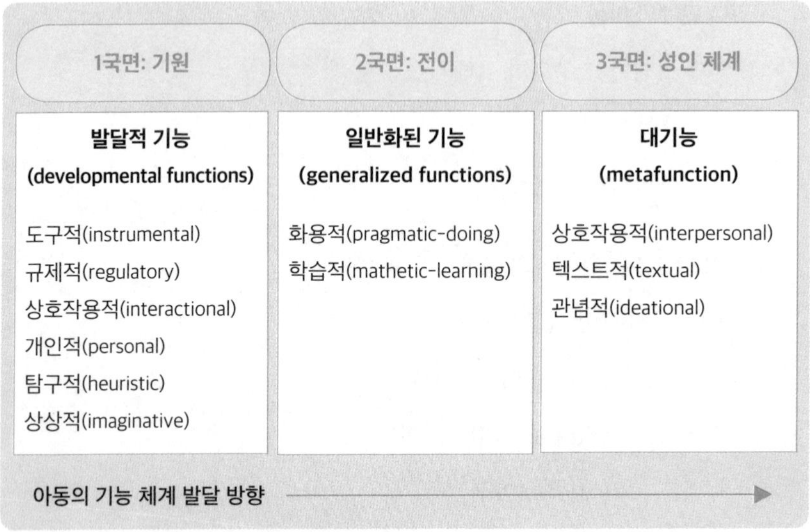

1국면: 기원	2국면: 전이	3국면: 성인 체계
발달적 기능 (developmental functions)	**일반화된 기능** (generalized functions)	**대기능** (metafunction)
도구적(instrumental) 규제적(regulatory) 상호작용적(interactional) 개인적(personal) 탐구적(heuristic) 상상적(imaginative)	화용적(pragmatic-doing) 학습적(mathetic-learning)	상호작용적(interpersonal) 텍스트적(textual) 관념적(ideational)

아동의 기능 체계 발달 방향 ⟶

그림 11-1 아동의 기능 체계 발달 국면(Halliday, 1975: 52)

을 '장르'로 접근한다.

아동은 성인이 되면서 자신의 기능 체계를 기준으로 언어 형식을 배열하거나 언어 능력을 발달시킨다. 그림11-1에서 볼 수 있듯, 할리데이는 언어 능력 또는 문법 능력의 발달 과정을 세 개의 기능 체계로 일반화하는 과정으로 설명하였다.

체계기능 언어학과
문법교육

최근 국어 문법교육에서는 체계기능 언어학의 철학에 근거하여 다양한 연구가 이루어지고 있다. 이 이론은 구조주의 언어학의 언어관에 대한 대안적 관점 중 하나로, 교사 출신인 마이클 할리데이(Michael Halliday)가 그의 제자와 함께 정립한 이론이다. 할리데이는 1980년대 호주로 건너가 시드니 지역의 교사들에게 장르 중심 접근법, 비판적 담화 분석(critical discourse analysis) 등을 훈련시켰다. 그리고 할리데이의 연구 성과를 받아들인 학자들을 중심으로 시드니 학파가 형성되었는데, 이들은 호주 전역에서 여러 교수·학습 프로그램을 개설하고 발전시켰으며 공동체의 언어 문제와 언어교육에 깊게 관여하였다. 할리데이는 그의 실천처럼 언어학자란 교육의 문제를 해결하기 위해 아이디어와 실천의 원천을 제공하는 역할을 해야 한다고 역설해 왔다. 언어학자들이 언어의 기술, 변이형의 기술, 방언과 사용역의 기술, 그러한 언어들의 지위에 대한 기술, 차별과 남용 등의 기술 등에 대하여 관심을 둠으로써, 즉 교육 문제를 분석하기 위한 배경지식과 이데올로기를 밝혀냄으로써, 교육 문제에 기여해야 한다는 것이다.

시드니 학파는 말과 글의 문법을 별개의 것으로 다루는데, 이로써 쓰기 교수는 단순히 '발화를 문자화하는 것'으로 치부되지 않는다. 말하기 능력을 갖춘 학생이라 할지라도 쓰기는 새로이 배워야 한다고 판단할 수 있게 되는 것이다. 이러한 관점은 쓰기 교수에 혁명을 일으켜 국내에서도 관련 연구들이 활발히 이루어지고 있는데, 특히 문법교육계에서는 '장르 문법' 연구가 하나의 중요한 지류를 형성해 가고 있다. 또한 앞으로는 문법 문식성 발달이라는 전망 아래 언어학적 지식의 측면과 언어 수행을 통해 드러난 문식 능력 모두를 아울러 언어 능력을 관찰하는 방향으로 나아가게 될 것이다. 이는 즉, 체계기능 언어학의 사회기호학적 문법관을 바탕으로 텍스트의 특정한 문법 장치 중 어떤 것에 주목할지를 결정하고 이를 구조와 기능 층위에서 분석하며 장르 층위의 해석 조정 과정을 거쳐 이데올로기 층위에서 이해하는 능력을 뜻한다.

3 국어과 교육과정에 영향을 준 언어 발달 연구에는 어떤 것들이 있는가

국어교육은 수많은 이론들을 바탕으로 언어 능력의 실체를 밝히고자 하였다. 연구 흐름을 일별해 보면, 언어 능력의 개념은 문자로 읽고 쓰는 활동만이 아닌 사회기호학적 관점에 따른 매체 언어 활동으로까지 그 범위가 확장되었음을 파악할 수 있다. 더 나아가 사회문화적인 실천 행동까지 포괄하는 언어 능력을 목표로 하게 되었는데, 그 과정에서 참고하는 학문이 더욱 다양해졌다. 최근에는 언어 능력보다는 문식성이라는 용어를 더 많이 사용한다.

언어 발달과 관련된 제반 이론들과 문식성 이론들은 학습자들이 언어를 학습하게 되는 과정에 대한 포괄적인 이해를 제공해 준다. 또한 국가적으로는 언어 교육과정을 체계화·위계화하는 데에 필요하다. 그런데 이들 연구들은 다양한 철학과 접근법을 제안하고 있기는 하지만, 교육 내용의 체계화 및 위계화에 본격적인 영향을 주지는 못했다. 이에 대해 구체적으로 살펴보도록 하자.

교육과정 계획에 필요한 '단계'와 '수준'

언어 발달론을 현장에서 적용할 때 집단과 개인의 특성을 구분하는 것이 중요하다. 발달 연구는 기본적으로 자연과학적·사회과학적 인식을 토대로 이루어져 왔기 때문에 개인의 특성을 다소 무시하고 집단의 보편적 특성을 전제로 하고 있다. 학교 현장에서 이러한 점을 고려하여 적용할 수 있는 개념이 바로 '단계'와 '수준'이다.

먼저 집단의 보편적 특성을 알고자 할 때에는 단계 개념이 유용하다. 단계(stage)란, 인접한 두 단계 간에 나타나는 질적인 공통점과 차이점을 가려냄으로써, 개념적으로 두 단계를 구획할 수 있게 한 것이다. 특히 장 피아제(Jean Piaget)가 발달의 단계적 이행을 설명하면서부터 단계 개념은 인지 활동의 단순한 양적 증가가 아니라 질적인 진보를 함의하게 되었고, 발달은 연속적이 아니라 비연속적으로 이루어진다고 보게 되었다.

단계는 발달의 징후를 보이는 언어적 특성에 근거하여 명명된다. 실제로 발달은 계단식으로 이루어지는데, 질적인 도약 시기가 있고 정체된 것처럼 보이는 시기도 있으며 일시적인 퇴행도 나타난다. 그 와중에 질적인 변화가 두드러지게 나타나는 시기가 있는데, 이것이 바로 레너버그의 가설에서 설명하는 '결정적 시기'이다. 질적 진보를 보여 주는 지표에 의하여 이러한 시기를 찾아내고, 이 '질적 지표'[5]를 근거로 하여 각 단계를 나눈다. 단계가 나누어지는 순간, 실세계에서 연속적으로 이루어지는 현상인 발달을 단속적(斷續的)으로 바라보게 된다.

단계 설정을 목적으로 하는 자연과학적·사회과학적 연구들은 특정 집단의 보편성을 전제로 한 후 데이터를 수집한다. 그러므로 발달 단계의 특성이라고 정리된 것은 해당 집단이 그 단계에서 보편적으로 보이는 특성을 평균적으로 정리한 것이지, 모든 개개인이 그러한 순서에 따라 발달 단계를 거친다고 볼 수는 없다. 즉, 학교 현장에서 교사가 만나는 개개인은 실제 언어 발달 단계를 그대로 따르지 않는 것이다. 그러므로 교사는 발달 단계에 뒤처지거나 앞서는 개개인에 대하여 섣불리 판단하지 말아야 한다.

....

5   질적 변화는 연령 변화와 일치할 수도 있지만, 근본적인 것은 '질적인' 변화이기 때문에 연령과 반드시 일치하지는 않는다.

수준별 교육과정(또는 맞춤형 교육과정)은 개인을 판단하는 데 좀 더 도움을 줄 수 있는 개념이다. 이는 각 교과별로 학습자의 능력과 적성에 맞게 선택할 수 있는 교육과정으로, 학습자 중심의 교육 및 교육의 다양화 방안이다. 이러한 방향은 기존 교육과정의 편성과 운영이 학년별·학급별로 나뉘어 지나치게 경직되었다는 반성에서 나왔다. 수준별 교육과정에서는 학생들의 학습 능력과 속도, 발달 단계, 적성과 진로 등에 관심을 두고 교육과정을 설계해야 한다고 본다.

7차 국어과 교육과정(1997)의 별칭은 수준별 교육과정이었으나, 해당 교육과정이 마련될 당시에 '수준'의 의미가 명확히 정의되어 있지는 않았다. 다만 학습 목표를 도달했다고 보는 학생들에게는 심화 활동을, 그렇지 않은 학생들에게는 보충 활동을 권했던 취지로 보아, 당시의 수준별 활동이란 언어 발달의 보편적 단계를 전제로 했다고 짐작할 수 있다.

그러나 7차 교육과정 이후 '수준'의 내포적 의미는 수정된 것으로 보인다. 현행 국어과 교육과정에서의 '수준별 교육'이란 개인별 맞춤형 교육과정을 계획하는 것을 의미하기 때문이다.[6] 이를 위해서는 개개인의 다양한 요구를 파악하고, 학습자 언어 능력의 다양한 양상을 분석하는 연구가 필요하다.

국어교육에서의 보편적 발달 단계 연구

모어 발달은 인지 및 사고 발달의 영향을 받기 때문에, 보편적 단계를 설정하기 위해 인지적·생리적 요인을 고려해 왔다. 복잡한 과정을 지나

----

6 이에 대한 자세한 설명은 최미숙 외(2015)를 참고.

치게 단순화한다는 한계가 있기는 하지만, 발달 양상의 일반적인 유형과 특성을 포착하게 해 주는 몇몇 연구들이 있다.

보편적 발달 단계 연구에는 읽기 발달에 대한 연구가 가장 많다. 그중에서도 유치원생이나 초등 저학년생을 대상으로 단어 인지 및 해독 능력 발달에 대해 다루는 외국 데이터 기반 연구가 대부분이다. 언어 발달의 거시적인 발달 단계를 설정한 연구들도 존재하는데, 읽기나 쓰기 능력이 중심인 경우가 많다.[7]

읽기 발달 단계 연구

교육에서 많이 인용되는 발달 단계 이론은 대개 단계 구분의 근거가 '연령'이 아니라 '질적 변화'이다. 읽기 발달 단계 연구[8]에서 규정하는 대표적인 질적 변화에는 두 가지가 있는데, 첫 번째는 문자 획득이다. 문자 획득은 읽기 발달에서 중요한 위상을 차지한다. '읽기 입문기'에 본격적으로 진입했는지를 판단할 수 있는 질적 변화 양상 중 하나이기 때문이다. 통상적으로 아동의 문자 획득은 3단계 정도를 거친다. 1단계는 로고그래픽 단계(logographic stage)로서, 형태의 두드러진 특질을 보고 인식하는

---

7 문학교육에서는 로런스 콜버그(Lawrence Kohlberg)의 도덕성 발달 단계도 많이 원용되지만, 여기에서는 언어적 요인과 좀 더 직접적으로 관련되는 요인을 중심으로 논의할 것이라 생략하였다.

8 읽기 발달 단계 연구에서 정전으로 인정받는 이론은 철(Chall, 1996)이다. 여기에서는 심리학, 언어학, 신경과학, 교육학 등의 증거를 바탕으로 단계를 구획하였고 교수법이나 평가에 주는 시사점, 읽기 부진아 문제 등 발달 단계와 관련되는 광범위한 문제들을 다루었다(이성영, 2000을 재구성). 이를 바탕으로 하여 천경록(1999)에서도 발달 단계를 제안하였다. 이 연구는 읽기 능력의 하위 구성 요소들이 발달하는 양상과 교육과정의 교육 내용을 단계 구분의 준거로 삼고 있고, 그 구분도 매우 체계적이어서 국어교육에서 광범위하게 활용되고 있다. 철(1996)의 모형과 천경록(1999)의 모형에 대한 자세한 설명은 최미숙 외(2015)를 참고.

단계이다. 2단계는 알파벳 단계(alphabetic stage)로서, 문자와 음성을 대응하기 시작하고 자소와 음소의 연결 규칙을 적용하여 읽는 단계이다. 3단계는 철자적 단계(orthographic stage)로서, 성인의 문자 읽기와 유사한 수준에 이르게 된다.

그러나 이는 알파벳 언어권을 중심으로 한 연구 성과로, 한글 읽기에 그대로 적용하기 어렵다. 알파벳 언어권에서는 발음과 문자 패턴의 대응 관계가 복잡하여 파닉스(phonics) 학습 과정을 완성하는 데 상당히 오랜 시간이 걸린다. 반면 한글은 글자의 모양이 소리의 자질을 구별하여 나타내 주는 자질 문자이기에, 아동이 문자와 음성의 대응 관계를 수월하게 파악할 수 있다. 그렇기 때문에 우리나라에서 대부분의 학령기 아동은 문자 획득을 거의 완벽히 수행한다.

두 번째 질적 변화는 음독에서 묵독으로의 전환이다. 음독은 문자와 소리의 대응 관계를 중심으로 읽기 행위가 이루어지는 행위이다. 반면, 묵독은 굳이 소리를 내지 않고도 시각적 정보만으로 의미와 연결을 지을 수 있어야 가능하다. 묵독 단계로 전환된 이후에는 '의미 구성'에 초점을 맞추어 읽기 행위가 이루어지게 되며, 한층 효율성을 획득하게 되기에 주요한 질적 변화로 본다. 박영민(2003)에서는 음독에서 묵독으로의 전환이 나타나면 읽기 발달의 '결정적 시기'라고 보아도 된다고 하였다.[9]

....

9 앞서 짚은 읽기 능력 발달의 질적인 변화들은 인지적인 요인을 중심으로 살펴본 것이다. 그런데 최근 독자의 정의적 영역과 읽기의 사회구성주의적 특성에 대한 관심이 높아지면서, 좋은 독자를 읽기의 인지적·정의적·사회적 특성을 모두 반영할 수 있는 '몰입 독자(engaged reader)'로 재개념화하려는 시도들이 나타나고 있다. 즉, 이제는 읽기 태도 및 동기와 적극적인 사회적 상호작용능력까지 고려하여 읽기 능력을 살펴보아야 한다는 것이다. 이들을 총체적으로 고려하여 발달 단계를 종합적으로 기술한 연구는 아직 없으나, 읽기 태도, 동기, 흥미에 초점을 맞추어 독자의 변화 양상을 관찰하는 연구는 조금씩 이루어지고 있다.

쓰기 발달 단계 연구

쓰기 발달 단계 연구 중에서는 베라이터(Bereiter, 1980)가 가장 널리 인정받고 있다. 쓰기 발달은 다음 다섯 단계로 이루어진다.

- 연상적 쓰기: 필자가 자신의 머릿속에 떠오르는 생각을 생각난 순서대로 기록하는 단계이다.
- 수행적 쓰기: 문체적 관습에 대한 지식과 연상적 쓰기의 통합으로 도달되는 단계로, 맞춤법, 문체, 규칙, 관습에 익숙해지는 단계이다.
- 의사소통적 쓰기: 독자를 고려하여 글을 쓸 수 있는 기능을 갖춘 단계이다.
- 통합적 쓰기: 다른 사람의 관점은 물론 독자로서의 필자 자신의 관점까지 고려하여 글을 쓸 수 있는 단계이다.
- 인식적 쓰기: 통합적 쓰기에 반성적 사고에 대한 기능 체계가 통합될 때 나타난다. 자신의 지식, 쓰기의 과정 등에 대한 반성적 사고를 갖추고 글을 씀으로써 자신과 세상에 대한 새로운 인식을 얻게 되는 단계이다.

베라이터의 발달 단계 모형은 쓰기 능력 발달의 이론적 틀을 제공해 주었지만, 적용할 때 유의해야 할 점이 몇 가지 있다. 첫째, 모든 사람이 쓰기 능력의 모든 단계에 도달할 수 있는 것은 아니다. 둘째, 연상적 쓰기 이후의 단계가 모두 순차적으로 발달하는 것이 아니라 동시에 진행된다고 보는데, 이는 흔히 논의되는 '단계' 개념과는 거리가 있다. 셋째, 실증적 자료를 바탕으로 하지 않았다.

이러한 이유에서 이성영(2000)은 '평면적으로 단순히 나열하고 장르적으로 미분화된 글을 쓰는 시기인 단순연상적 글쓰기와, 여러 방향에서 입체적으로 사고하고 새로운 의미를 구성하며 장르가 분화된 탈단순연상적 글쓰기 단계'라는 두 단계로 쓰기 능력 발달을 단순화할 것을 제안하였다. 이순영(2016)에서도 베라이터의 모형에 대해, 일정 수준 이상의 원숙한 쓰기 능력을 갖춘 필자가 스스로 글의 수준을 어떻게 인식하고 있는지에 대해 설명해 주는 모형이라고 지적한다.

현재 쓰기 교육에서는 섣불리 단계 모형을 제안하기보다, 미숙한 필자와 능숙한 필자의 차이를 입증하는 데 주력한다. 미숙한 필자와 능숙한 필자는 글을 구성하는 과정에서도 쓰기 과정 각 단계에서도 많은 차이를 보인다. 이에 대한 연구는 학교급 또는 학년별로 학습자 샘플을 선정하여 그 차이를 횡단적으로 비교하여 보이기도 하고, 동일 학년 내에 다른 검사를 실시하여 미숙한 필자와 능숙한 필자 집단으로 나누어 차이를 관찰하기도 한다. 연구들에서는 미숙한 필자와 능숙한 필자의 차이에 대해 몇몇 사례를 중심으로 입증해 왔지만,[10] 구체적으로 어떤 시기에 어떤 차이가 나타나는지, 즉 '발달 단계'를 논의하기에는 그 연구 성과가 턱없이 부족하다. 게다가 연구들마다 능숙한 필자와 미숙한 필자를 구분하는 기준을 다르게 설정하고 있기 때문에, 모두 하나의 모형으로 통합하기 어렵다.

특히 무엇을 쓰기 능력의 '발달'로 볼 것인지에 대해 더욱 정교한 합의가 필요하다. 일반적인 글의 평가 기준에 따라서 숙달도를 평가하는 데에도 의견이 분분하기 때문이다. 그러므로 일단 글의 종류별로 평가 기준을 세분화하여 설정한 다음, 공통적으로 발전시킬 기본 가설을 합의한 후 종

---

10 쓰기 능력 발달 단계를 다룬 이성영(2000), 주영미(2001)에서는 능숙한 필자는 맞춤법의 요구에서 자유롭기 때문에 더 높은 수준의 쓰기에 주의를 집중하는 반면, 미숙한 필자는 글의 형식적인 측면에 초점을 두어 맞춤법을 맞추려고 애를 쓰다가 글의 전체적인 구조와 의미 전달에 신경을 쓰지 못한다는 연구 결과를 제시하였다.

단적 발달 연구를 수행한 결과물들을 체계적으로 쌓는다면 쓰기 발달의 단계 모형도 재설정할 수 있게 될 것이다.

문법 발달 단계 연구[11]

유아동 이후 시기를 대상으로 한 문법 능력 발달 연구는 찾아볼 수 없다. 발달적 관점을 전제로 한 위계화 연구도 극히 드문데, 문법 영역의 경우 한동안 교육 내용의 논리적 구조에만 근거하여 계열성 및 위계성을 판단해 왔기 때문이다. 학습자의 발달 단계에 근거하여 교육 내용의 위계를 시도한 성과는 이관희(2009)가 유일하다. 이 연구는 학습자의 인지 발달에 따라 언어를 대상화하여 인식하는 수준이 변화한다고 전제하고, 문법 교육의 방향을 초등 단계에서는 '직관적-분류적'으로, 중등 단계에서는 '체계적-명제적'으로, 고등 단계에서는 '사회적-비판적'으로 설계하였으며, 그에 따라 품사 교육의 방향을 설정하였다.

최근에는 문법 오개념 연구를 개념 발달 연구로 보고, 문법 교수·학습을 혁신하려는 흐름이 생겼다. 일상적인 언어생활을 통해 갖게 된 개념 체계와 학문 공동체에서 구성하는 개념 생태계가 불일치하는 경우가 있는데, 이때 오개념이 형성된다. 문법교육에서 오개념이란 정오의 기준으로 처치되거나 처방되어야 하는 것이 아니라, 발달적인 속성을 읽어 낼 수 있

----

11 여기에서는 기존의 언어 발달 개론서에서 흔히 다루는 유아동기의 문법 능력 발달에 대해서는 살펴보지 않는다. 그 이유는 첫째, 국어교육에서는 학령기 이후 학습자를 대상으로 하기 때문이다. 둘째, 해당 연구들이 근거하고 있는 언어관이 '형식의 출현'을 중심으로 하여 발달 양상을 정리하였기에, 학령기 이후 학습자를 관찰하는 틀로 의미 있게 연계되지 않기 때문이다. 학령기 이후 학습자들의 언어 발달은 '의미 발달'이지, '형식 발달'이 아니다. 태어나면서부터 '의미하기 위해' 언어 형식을 활용한다고 보는 체계기능적 관점을 견지하는 것이 국어교육에 훨씬 유용할 것이다.

는 유용한 정보에 해당한다(남가영, 2012: 6).

국어과적 특수성을 반영한 발달 연구

인지 발달과 발달 심리학을 근간으로 한 발달 단계 연구들은 국어교육을 실행하는 데 큰 방향을 제안해 주었다. 그러나 이들 연구들은 대개 초등학교 저학년기까지만 적용된다. 이 시기 학습자까지는 인지 및 사고 요인을 중심으로 한 체계적인 경향성이 관찰되지만, 이후 시기 학습자가 보여 주는 언어적 행동은 맥락적이며 개별적이기 때문이다. 맥락적인 특성을 어느 정도 유형화할 수 있는 기반은 담화 및 텍스트의 종류(장르)이고, 개별적인 특성을 유형화할 수 있는 기반은 사회문화적 특성, 지역적 특성, 성별, 학습 및 인지적 특성, 학교의 특성 등 다양한 변인이다.

담화 및 텍스트의 종류

대상으로 하는 담화 및 텍스트 종류가 무엇인가에 따라 학습자의 발달 양상이 달라진다. 아동은 설명적인 글보다 이야기 글을 더 잘 인식하며, 설명적인 글은 만 9세(초등학교 3학년) 무렵부터 이해할 수 있다. 또한 동일한 내용의 글을 서사문, 설명문, 주장문 형식으로 바꾸었을 때, 2, 4, 6학년 중에서 6학년은 모든 장르의 글을 고르게 잘 이해할 수 있었고 2학년은 서사문 이해도는 높았으나 설명문 이해도가 낮았으며 주장문 이해도는 그 중간쯤이었다. 설명문과 주장문 쓰기 능력은 주제에 관한 배경 지식 및 논리적 사고력이 뒷받침되어야 하므로, 서사문이나 묘사문에 비해 서서히 발달한다.

설명문의 경우도 의미 관계에 따라 발달 양상이 다르게 나타난다. 학습자들은 '나열/인과/반응 → 비교/대조 → 상술' 순서로 어려워한다. 또한 몇몇 연구들에서는 초등학교 1, 2학년 때에는 논증의 개념이 전혀 없고 초등학교 전 학년에서 논증의 구조가 아예 나타나지 않는다는 결과를 보고하고 있어, 논증을 활용하는 주장문은 중학교 시기부터 본격적으로 교육해야 하는 것으로 보인다.[12]

학습자 정보

교육 내용별로 학습자 수준을 판단하거나 교육과정에 제시된 교육 내용의 위계를 판단하기 위해서는 학습자 능력에 대한 정보가 필요하다. 국가 수준 학업성취도 평가에서는 지역 및 성별에 따른 성취도 점수를 산출하여 평가 결과를 보고함으로써, 이러한 정보를 체계적으로 쌓아가고 있다. 그렇지만 이보다 더욱 촘촘하게 데이터를 수집할 필요가 있다.

무엇보다도 학습자 능력에 대한 정보 역시, 장르별로 조사되어야 한다. 이에 대한 연구는 미진하지만, 눈에 띄는 두 연구가 있다. 성별에 따른 장르별 선호도를 조사한 이지영(2013)에서는 남학생이 강세를 보이고 선호하는 장르는 '정보 전달과 논증'인데, 이는 고등학교 이후에야 확연히 증가한다고 보고한다. 그러면서 중학교 시기에는 문학 작품의 비중이 갑자기 많아지면서, 이미 이 시기에 남학생은 국어에 대한 성취도와 흥미 모두 떨어진다는 것이다. 또한 가은아(2010)에 의하면 남학생의 설명문 쓰기 능력은 학년이 올라감에 따라 꾸준히 향상되는 반면, 여학생은 그렇지 않았다. 남학생과 여학생은 초등학교 6학년 때 점수 차이가 가장 크고 중학교 2학년 때 가장 적은 것으로 나타났다.

....

12 이 내용에 대해서는 브리지와 티어니(Bridge & Tierney, 1981), 김봉순(2000), 한인숙(2003), 김기철(2005) 등을 참고

언어 발달과 지식 발달의 관계

체계기능 언어학은 아동의 언어 발달 과정을 관찰하며 발전시킨 이론이기에, 아동이 언어를 통해 경험을 재구성하는 과정에서 어떻게 기호학적 선택을 하는지 보여 주기도 한다. 이 이론에서는 모든 자연 언어의 문법이 '인간 경험의 이론'이라고 본다. 요컨대 문법에 의해 인간의 경험이 '의미'로 변환되고, 이 의미화 과정에서 특정 언어의 문법 체계에 맞게 어휘나 문장 구조가 선택되어 실현된다는 것이다. 그리고 바로 그 언어적 산출물을 통해 인간은 무언가를 알고 이해하는 지식 구성의 단계로 나아가게 된다.

체계기능 언어학 이론의 핵심 중 하나가 문법적 은유(grammatical me-taphor)이다. 문법적 은유란 의미와 문법 간의 관계가 원래의 관계와는 달라지는 언어적 현상을 가리키며, 대개 구나 절이 명사로 재구성되는 명사화로 많이 나타난다. 이 이론에서는 학령기 이전에 '일상 언어(everyday language)'를 사용하던 아동이 학령기 진입과 함께 새로운 언어, 즉 '학문의 언어(scientific language)'를 접하게 되면서 언어를 통한 경험을 재구조화할 필요성이 생긴다고 본다. 이때 문법적 은유 능력이 본격적으로 발달하게 된다는 것이다. 이러한 설명은 학교급별 지식 발달과 언어 발달의 관계에 대한 개략적인 통찰을 준다. 아래에서 좀 더 자세히 살펴보자.

아동이 자연적으로 문법적 은유를 사용하게 되는 시점은 초등학교 고학년쯤이다. 이 능력은 이후 교과 중심의 교육이 본격적으로 시작되는 중등교육에서 지속적으로 발달시켜야 하는 과업이 된다. 즉, 일상 세계를 절로 표현하는 단계에서 점차 개체를 명사로 표현하는 단계로 나아가야 하는 것이다. 한편 '일상의 언어'에서 '학문적 언어'로 이행하는 과정에서 과도기적 특성을 보이는 중등 학습자의 언어는 '희미한 은유(faded metaphor)'로 나타난다. 이러한 내용은 향후 국어 문법교육에서 청소년기 학습 언어의 발달 양상을 살펴보기 위한 연구 과제로 삼을 수 있다. 이때 학문 분야에 따라 언어를 사용하는 방식, 즉 언어를 통해 해당 학문 고유의 지식을 구성하는 방식이 다르게 나타나기 때문에 자료 수집 및 해석도 학문 분야별로, 교과 언어별로 이루어져야 한다.

4 국어교육에서 언어 발달 연구의 전망은 어떠한가

연구 방법론 정립

향후 국어교육에서 언어 발달 연구는 그 방법론을 다음과 정립하여 체계적으로 이루어져야 한다.

첫째, 발달 양상을 볼 수 있는 요인과 지표를 무엇으로 볼 것인가가 관건이다. 이에 대한 합의점을 찾기 위해서는 타당한 요인 및 지표를 발굴해 가는 과정이 필요하다. 현 상황은 요인과 지표의 타당성을 검증하는 단계라고 할 수 있다. 예를 들어 초등학교 저학년에서 쓰기 능력 발달 양상을 살펴보기에 최적인 장르는 무엇인지, 저학년에서 쓰기 능력 발달을 보여 주는 지표와 고학년에서 발달을 보여 주는 지표에 차이가 있는지, 언어 능력이 가장 의미 있게 발달하는 시기가 영역별로 다른지, 성별에 따라 선호되는 장르가 있고 그것이 발달 양상에 미치는 영향이 있는지 등에 대한 연구가 이에 해당한다. 그러나 이러한 의문은 일회적·단기적으로 제기되고 있다. 좀 더 다양한 사례와 데이터가 쌓여야 '수준'에 대해 명확하게 말할 수 있고, 교육 내용을 더욱 타당하게 배열할 수 있다. 그 과정에서 문법교육학이 해야 할 역할은 언어적 지표와 장르에 대한 정보를 타당하게 제공하는 것이다.

둘째, 발달 과정을 추적한 '종단적 연구'가 본격화되어야 한다. 현재는 학년별 비교 연구(횡단 연구) 또는 특정 학년에서 보이는 사용 양상에 대한 연구가 많다. 이러한 연구들도 중요한 데이터를 축적하는 데 기여하겠지만, 발달 연구에서는 종단 연구가 좀 더 본질적이다. 향후 연구에서는 학습자 발달에 대한 실제적 정보 제공을 위한 변인을 설정하고 그에 따른 정보를 수집하면서, 횡단 연구의 관점에서 벗어나 종단 연구 자료가 쌓이도록 노력해야 한다.

연구의 관점 확장

학교 밖 문식성 발달 연구

'학교 밖 문식 활동'이란, 학교라는 물리적 공간 밖에서 일어나거나, 학교의 공식적인 문식성 교육과는 직접적인 관련 없이 자발적으로 일어나는 문식 활동을 뜻한다. 학교 밖이라는 명칭이 암시하는 바와 같이 학교 밖 문식 활동은 문식 활동이 수행되는 공간을 염두에 두고 만들어진 용어로, 학교가 아닌 공간에서 학생들이 읽고 쓴 모든 활동을 총칭한다. 그런데 학교 밖 활동이 학교 안에서 이루어지는 문식성 교육이나 문식 활동과 단절되어 있다거나 서로 무관하다고 말하기는 어렵다(정혜승 외, 2016: 174-208).

최근 학계에서 학교 밖 문식 활동에 관심을 가지게 된 이유는 첫째, 평범한 일상생활에도 문식성의 본질이 스며 있기 때문이다. 둘째, 교실 내의 모든 국어 활동조차 학교 밖 문식 활동에 영향을 받을 것이고, 학습자의 실제적인 언어 능력 향상이 어쩌면 학교 밖의 문식 활동에 더 많은 영향을 받을 수도 있다고 인식했기 때문이다.

학교 밖 문식 활동은 학교 수업 시간에 교사의 지시에 따라 이루어지는 활동과는 완전히 다른, 자발적 의도에 따른 활동이므로 학습자의 언어 능력을 더 제대로 보여 준다. 주로 초등학교 학습자를 대상으로 연구가 이루어지고 있지만, 사회문화적 요인이 더 큰 중·고등학생을 대상으로 한 문식성 연구도 활발히 이루어질 필요가 있다.

생애 주기 관점에서의 국어교육

리처드 러너(Richard Lerner)의 발달적 맥락주의에 의하면, 발달은 특정 시기에만 국한되는 것이 아니라 전 생애 주기에 걸쳐 이루어진다. 국어교육에서도 학령기 청소년만이 아니라 생애 주기 변화에 따른 평생교육의 관점에서 언어 발달을 연구하고 계획해야 한다.

발달적 맥락주의의 중요한 주제는 세 가지이다. 첫째, 각 개인은 자신의 발달을 만들어 낸다는 것이다. 둘째, 발달이란 전 생애적 현상이라는 것이다. 특히 발달 중인 아동과 부모는 동시에 발달하는데, 이러한 상호작용은 역동적이고 관계 자체도 변화하며, 그 변화는 전 생애에 걸쳐 계속된다. 셋째, 생태적 맥락 내에서의 발달이다. 즉, 한 사람이 처한 실제의 생태계가 그 사람의 발달을 결정하는 중요 요인이라는 것이다. 그런데 이러한 생태계는 개인마다 다르고, 시간이 흐르면서 발달 과정에 있는 사람과 함께 변화한다. 인간과 맥락 관계에 포함된 여러 수준의 변화에 따라 더욱 큰 개별성이 나타난다고 봄으로써, 한 개인이 가지는 개별성을 강조한 것이다. 이와 같이 발달을 포괄적인 복합적 상호 관계 속에서 파악하고 이를 시간적 변인에 의한 발달적 변화로 인식한 발달적 맥락주의는 발달 이론으로서의 타당성을 한 차원 높였다.

국어교육에서도 이러한 흐름에 동참하고 있다. 예컨대 전은주(2015: 95-96)에서는 생애 주기의 발달 단계에 따라 가정 내, 직장 내 의사소통에서 의사소통자로서의 역할이 변화함에 주목하였다. 물론 생애 주기는 일률적으로 구분되지 않으며, 시기가 적용되는 연령은 개인마다 차이가 있다. 그렇지만 대개 각 시기별로 개인적·사회적 상황이 유사하고 해결해야 하는 과제 역시 보편성을 띠고 있다고 보면 교육적 설계가 가능하다. 직업 문식성, 노인 문식성, 더 나아가 교사가 지녀야 할 역량 역시 이러한 전망에 따라 연구가 지속될 것으로 보인다.

KSL 학습자의 언어 발달과
학습 부진

KSL(Korean as a Second Language) 학습자란 한국어를 제2언어로 사용하는 학습자를 일컫는 말이다. 국제결혼 가정 자녀 중 부모의 재혼에 의해 중도 입국한 학생이나 이주 외국인 근로자 가정 자녀, 북한 이탈 학생 중 비보호 학생, 오랜 해외 체류 후에 귀국한 학생 등 경험과 상황이 다양한 다문화 배경 학생들이 포함된다.

최근 우리 공교육 시스템 안에 다문화를 배경으로 하는 학생들의 수가 급증하고 있다. 이들 다문화 배경 학생들은 또래 친구들의 차별과 편견, 이전에 경험한 학교 교육과 전혀 다른 한국의 낯선 교육 시스템으로 인해 학습 부진의 어려움을 겪고 있다.

교육부에서는 다문화 배경 학생 수의 증가에 따른 문제들에 능동적으로 대처하기 위해 2012년 3월 이른바 '다문화 학생을 위한 교육 선진화 방안'을 발표하고, 이어 2012년 7월에는 한국어가 서툰 다문화 배경 학생들을 위해 전국의 초·중·고등학교에서 한국어 과목을 개설하여 운영할 수 있도록 '한국어 교육과정'을 개발 고시하였다. 이에 따라 2013년 3월부터 전국의 초·중·고등학교에서는 한국어교육이 필요한 다문화 배경 학생들을 대상으로 주당 10시간 내외로 KSL 교과를 개설할 수 있게 되었다.

KSL 교육은 학교라는 상황 맥락에 적응하는 데 필요한 생활 한국어 능력(Basic Interpersonal Communicative Skills: BICS)뿐만 아니라 일반 내용교과 학습에 필요한 학습 한국어 능력(Cognitive Academic Language Proficiency: CALP)까지 학습자의 발달적 수준에 맞추어 가르치는 것이 중요하다. 한국어가 부족하다는 이유로 그 학년에서 꼭 배워야 할 내용교과 학습의 기회를 제공하지 않는다면 다문화 배경 학생들은 학습 부진아가 될 수밖에 없기 때문이다.

언어는 학습과 밀접한 관계를 맺기 때문에 언어 발달 지연은 학습 저하로 이어질 가능성이 크다(오성배, 2007; 정은희, 2004; 안원석, 2007 등). 또한 국가 학업 성취도 평가 결과를 기반으로 교과별 학업 성취 수준을 분석한 결과를 보면, 학교급이 올라갈수록 다문화 가정 학생의 우수 학력 비율은 낮아지고, 기초 학력 미달 비율은 높아지는 특징이 드러난다. 아울러 다문화 가정 학생 중에서도 중도 입국 학생은 한국에 입국한 시기 및 개인별 특징에 따라 학습 편차가 크고 국내 출생 다문화 가정 학생에 비해서도 전반적으로 부진한 학업 성취 결과를 보인다.

이러한 까닭에 다문화 배경 학생을 위한 KSL 교육은 일반 내용교과 학습에 접근할 수 있도록 하는 학습 한국어(CALP)까지 포함하여야 일종의 '보호 프로그램(sheltered program)'의 성격을 가질 수 있다. 그러므로 교과 전문성을 가지고 있는 현직 교사 모두가 교사 교육을 통해 '다문화적 한국어 교수 역량'을 강화할 수 있도록 하는 것이 바람직하다.

2019년 국립국어원에서 발간한 KSL 교재인 『표준 한국어』. 학생들의 인지 및 사회 발달 차이를 고려해 초등학교 저학년, 고학년, 중고등 교재로 구분하여 개발하였다. 또한 초등 및 중고등 교재 모두 일상생활에 필요한 한국어 능력을 기르는 '의사소통 한국어'와 교과 적응에 필요한 한국어 능력을 기르는 '학습 도구 한국어'로 구성되어 있다.

국어사

제 관심은 자연히 '가위'에 쏠리게 되었습니다. 하야(河野)의 연구는, 간단히 요약하면, 『계림유사(鷄林類事)』의 '割子蓋'(剪刀)와 『훈몽자회(訓蒙字會)』의 'ㄱ새'(剪)와 경상 방언의 '가시개'를 비교함으로써 이 단어의 고형(古形)을 'kʌ-si-gai'로 재구하고 '割子蓋'는 바로 이 고형을 표기한 것으로 본 것이었습니다.

저는 우선 『훈몽자회』 이전의 문헌에 이 단어의 표기가 있는지 찾아보았습니다. 저는 아주 쉽게 『두시언해(杜詩諺解)』의 'ᄀ애'를 찾았습니다. 방 선생님의 『고어재료사전(古語材料辭典)』에서였습니다. 부산 피난 시절은 말할 것도 없고 서울 수복 이후에도 저는 중세어라면 우선 이 책을 펴 보았습니다. 아마 이 사전이 없었다면 'ᄀ애'와의 만남은 몇 해를 더 기다려야 했을지 모릅니다.

여기서 'ᄀ'이라고 종성(終聲)을 쓰고 '애'를 쓴 것이 제게 새로운 문제를 던져 주었습니다. 중세어에서 '불휘'(根)의 '불'과 같이 'ㄹ'을 종성으로 쓴 것이 뒤 음절의 '휘'가 자음 'ㅎ'으로 시작했기 때문임은 누구나 아는 사실입니다.

그렇다면 'ᄀ애'의 경우 '애'의 'ㅇ'이 자음이었기 때문이 아닐까 하는 생각이 들었습니다. 초성의 'ㅇ'은 영(zero)이라는 고정 관념을 깰 필요가 있다는 데 생각이 미쳤습니다. 'ᄀ애'의 'ㅇ'에 대한 이러한 고민은 학문 연구에 있어서 사고의 전환이 얼마나 중요한가를 제게 깨우쳐 주었습니다.

그 뒤 『월인석보(月印釋譜)』에서 동사 어간 'ᄀ-'(剪, 자르다)을 발견함으로써 'ᄀ애'의 고형은 'ᄀ개'였으며 동사 'ᄀ-'에 도구를 나타내는 접미사 '개'가 붙어서 된 말임을 밝힐 수 있었습니다. 이렇게 볼 때 'ᄀ애'에 관한 탐구는 제 학문의 형성에 중요한 출발이 된 것입니다.

(이기문, 「방종현 선생님의 강의에 얽힌 이야기: 부산 피난 시절의 추억」)

위 이야기는 '가위'라는 단어에 관한 국어사적 연구가 어떤 방법으로 이루어졌는지를 잘 보여 준다. 현대인이 타임머신을 타고 과거로 돌아가 그 시대 사람들의 발음을 직접 들을 수는 없지만, 위와 같은 방법으로 과거의 어형(語形)을 추정할 수 있다. 이 장에서는 국어사 연구가 어떤 방법으로 이루어지는지를 시작으로, 음운, 어휘, 문장, 담화에 걸쳐 일어난 한국어의 변화를 통시적 관점에서 살피고, 나아가 문법교육에서 국어사 탐구가 어떠한 방향으로 이루어져야 할지에 대해 살펴본다.

- 국어사 연구는 어떤 방식으로 이루어지는가?
- 우리의 말과 글은 통시적으로 어떻게 변화해 왔는가?
- 문법교육에서 국어사에 대한 탐구는 어떤 방식으로 이루어져야 하는가?

1 국어사는 어떻게 연구하는가

아주 먼 미래의 국어학자가 국어사적 관점에서 현대 국어를 연구하는 방법은 현대의 국어학자가 국어사적 관점에서 과거의 국어를 연구하는 방법과는 사뭇 다를 것이다. 기술의 발달로 현대인들이 사용하는 말의 상당 부분이 녹음되어 있어, 미래의 국어학자는 국어사적 관점에서 현대 국어를 연구할 때 실제 발음을 들을 수 있을 것이기 때문이다.

그러나 녹음 기술이 등장하기 전 한국어의 모습을 연구할 때에는 당대 사람들의 실제 발음을 확인할 수 없다. 이러한 자료의 제약이 있음에도 불구하고 국어사에 대한 연구는 활발히 이루어져 왔다. 그렇다면 국어사는 어떤 방법으로 연구하는 것일까?

우선, 문헌학적 방법을 사용하여 국어사를 연구할 수 있다. 문헌학에 근거하여 원본, 목판본, 활자본, 필사본, 영인본 등의 자료를 감별하고 제작 연대를 판정하는데, 이 과정에서 역사학, 고고학, 민속학, 인류학 등의 도움도 받는다. 문헌학적 방법을 사용하면 국어사 자료의 연대, 국어사 자료들 간의 관계 등을 추정할 수 있다.

단, 문헌학적 방법에 근거하여 국어사를 연구할 때에는 문헌에 나타난 표기와 실제 언어 현실 간의 괴리가 존재할 수 있다는 점에 유의해야 한다. 즉, 문자는 보수적이라 말의 변화를 늦게 반영하므로 문자의 환영(幻影)에 사로잡히지 말아야 한다. 예컨대, 'ㆍ'로 적는 모음 /ʌ/는 18세기 후반에 한국어에서 음운 및 발음으로서는 사라졌으나, 'ㆍ' 표기는 그 뒤로도 줄기차게 쓰여 1933년 「한글 마춤법 통일안」에 와서야 공식적으로 폐지되었다. 발음상으로는 /ㅐ/와 /ㅔ/를 구분하지 못하는 사람이 표기상으로는 '개'와 '게'를 구분하는 사례도 표기와 발음의 괴리를 잘 보여 준다.

또한 많은 사람들이 글에서는 '먹고, 가고'와 같이 쓰면서도 발음할 때에는 '[먹구], [가구]'와 같이 어미 '-고'의 발음을 [구]로 하는 것도 언문불일치 현상 중 하나이다. 이는 음성 언어보다 문자 언어가 보수적·관습적 성격을 띠기 때문이다.

다음으로, 비교역사언어학적 방법은 주로 계통론 연구에 사용된다. 음운 대응, 형태 대응을 통해 친족 관계나 차용 관계를 규명한다. 수사(數詞), 친족어, 신체어 등과 같은 기초 어휘를 비교하여 두 언어 간 유사성이 높으면 친족 관계를 높게 보기도 하는 것을 비교역사언어학적 연구 방법을 사용한 계통론 연구의 사례로 들 수 있다.

한국어의 'p-', 만주어의 'f-', 중세몽고어의 'h-' 등의 대응은 이들 언어가 친족 관계에 있을 가능성이 크다는 사실을 입증해 준다. 몽골의 수도 '울란바토르(Ulan Bator)'는 '붉은 영웅'이란 뜻인데, 비교언어학적 방법을 통해 '울란'의 고어와 한국어의 '붉은'이 같은 뿌리임이 확인되었다. 즉, 한국어가 알타이어의 고형(古形)을 보여 준다는 것이다.

또한 내적 재구(internal reconstruction)라 하여 형태음운론적 교체와 같이 공시적 상태에서 확인할 수 있는 단서들을 토대로 한 언어 내부에서 그 이전의 상태를 추정하는 방법도 있다. 예컨대, '하루'를 의미하는 'ㅎ르'는 15세기 문헌에서부터 나타나는데 조사와 결합 시 '홀리, 홀른, …' 등의 형태가 나타난다는 점을 토대로 'ㅎ를*'(*표는 재구형 표시)과 같은 재구형을 'ㅎ르'보다 앞선 형태로 추정해 볼 수 있다.

중세 국어 자료에서 현대 국어의 '나무'에 해당하는 명사 '나모'에 격조사가 결합할 경우, '나모와, 나모도, 나모만'은 물론, '남기, 남근, 남글, 남ㄱ로'도 나타난다. 이렇게 동일한 시기에 나타나는 '나모'와 '남'을 통해, 이 단어가 그 이전 시기에는 '나목*'이라는 단일형이었을 것으로 재구해 볼 수 있으니 '나막신'은 그 고형이 현대에 남아 있음을 보여 준다.

끝으로, 방언에는 고형이 많이 남아 있기에 국어사 연구에서 방언학의 도움을 받을 수도 있다. '말', '파리' 등을 가리키는 제주 방언에 'ㆍ'(아래아)가 남아 있음을 확인하거나, '(실을) 이어라, 더워라, (불) 켜라'를 의미하는 남부 방언 '이서라, 더버라, 써라'에서 '닛/닛-, 덜-, 혀-'와의 관련성을 찾는 것을 예로 들 수 있다.

2 한국어의 뿌리는 어떻게 분화되어 갔는가

한국어를 통시적 관점에서 조망하기 위해서는 한국어의 뿌리와 분화 과정에 대한 이해가 선행되어야 한다. 또한 한국어의 변천을 몇 개의 시기로 나누어 살피는 안목도 필요하다. 이 장에서는 한국어의 계통론적 성격과 국어사적 시대 구분에 대해 살펴본다.

한국어의 계통론적 성격

전 세계의 언어는 인도·유럽 어족, 우랄 어족, 알타이 어족, 아프리카 어족, 말레이-폴리네시아 어족 등 8~10대 어족으로 묶인다. 한국어는 몽고어, 만주어, 터키어와 함께 알타이어 계통의 언어로 보는 것이 일반적이지만, 한국어의 계통에 대해 다양한 견해가 존재한다는 점에도 유의해야 한다.

한국어가 알타이어 계통에 속한다는 견해는 1927년 러시아 언어학자 예브게니 폴리바노프(Yevgeny Polivanov)에 의해 처음 주장되었고, 이후 핀란드 언어학자 구스타프 람스테트(Gustaf Ramstedt)가 주장하였다. 람스테트의 견해는 1950년대 이후 니콜라스 포페(Nicholas Poppe), 이기문(1961, 1972) 등에 의해 수용되었다. 유럽의 학자들 중에는 알타이 어족 자체를 인정하지 않는 경우도 많지만, 한국어와 알타이 제어는 다음과 같은 공통 특징을 지닌다(이기문, 1972).

- 양성 모음과 음성 모음이 각자 어울리는 모음 조화(母音調和)가 있다.
- 어두의 자음 조직이 제약을 받는다. (어두 자음군 제약, 두음 법칙)

- 조사나 어미, 접사의 교착성(膠着性)을 보여 준다.
- 어휘 분화에서 모음 교체 및 자음 교체가 없다.
- 관계 대명사 및 접속사가 없다.
- 부동사(副動詞), 즉 '부사형 어미를 지닌 용언의 활용형' 같은 것이 있다.

한국어는 알타이 공통 조어인 몽골 어파, 만주·퉁구스 어파, 튀르크 어파와 달리 조기 분리되어 부여-한 공통 조어 시대가 있던 것으로 본다. 원시 부여어에서 고구려어가 형성되고, 삼한(마한·변한·진한) 시대의 원시 한어를 거쳐, 신라어와 백제어가 분화된 것으로 본다.

국어사의 시대 구분과 기술 방식

국어사는 언어사이므로 언어 분야에 따라 음운사, 문법사(형태사, 품사사, 문장사), 어휘사, 표기사, 담화사, 방언사 등의 분야사로 나누어 기술할 수도 있고, 이기문(1972)처럼 전통적인 역사 구분에 따라 고대 국어, 중세 국어, 근대 국어, 현대 국어로 나누어 기술할 수도 있다. 국어사의 시대를 구분할 때 일반적으로 따르는 이기문(1972)의 시대 구분은 다음과 같다.

- 고대 국어(~10세기)
- 중세 국어 ┬ 전기 중세 국어(10세기~14세기)
          └ 후기 중세 국어(15세기~16세기)
- 근대 국어(17세기~19세기)
- 현대 국어(20세기~)

국어사의 시대 구분을 훈민정음 창제(1443)나 임진왜란(1592), 갑오개혁(1894)과 같은 사건을 중심으로 하는 것은 언어 변화와 직접적 관련이 적은 언어 외적 사실을 바탕으로 한 것이므로 바람직하지 않다. 언어 자체의 특성, 곧 음운 체계의 변화, 외래어의 유입 등과 같은 언어 내사(內史)를 고려하여 국어사의 시대를 구분하는 것이 적절하다(이기문, 1972).

단, 순전히 언어 내사만을 고려하여 국어사의 시대를 구분하기 어렵고, 훈민정음의 창제와 같은 사건이 언어의 변화를 가져온 것은 아니라 하더라도 그 이전과 이후의 자료의 성격이 다르다는 점 등을 근거로 언어 외사까지 고려한 다원적인 국어사 시대 구분이 가능하다는 입장(황선엽, 2013: 38-40)도 있다. 또한 최근 국어사 교육 시 언어 내사와 언어 외사를 통합하여 다루어야 한다는 주장(최소영, 2019: 77-79)도 제기된 바 있다. 따라서 국어사의 시대 구분은 언어 내사 중심으로 하되, 목적과 필요에 따라 언어 외사를 적절히 활용할 수 있다.

3 한국어의 통시적 변화 양상은 어떠한가

고대 국어

고대 국어는 10세기까지의 언어로 고조선, 삼국 시대, 통일 신라 시대에 해당한다. 이 시기 국어의 모습은 『삼국사기(三國史記)』, 『삼국유사(三國遺事)』, 〈보현십원가(普賢十願歌)〉, 각종 금석문 자료에 사용된 차자(借字) 자료를 통해 살펴볼 수 있다. 우리 조상의 차자법의 발달은 다음의 여섯 단계 정도로 나누어 볼 수 있다.

첫 번째 단계는 한문을 그대로 사용하는 단계로 『삼국사기』, 『삼국유사』와 같은 역사서가 대표적이며, 광개토대왕비문과 같은 금석문 자료에도 남아 있다. 한문은 조선 후기까지 사대부들의 문집이나 서신에 통용될 정도로 공용 문어 역할을 하였다.

두 번째 단계는 한자의 음과 훈을 이용해 국명, 인명, 지명, 관명 등을 표기한 단계로 『삼국사기』나 『삼국유사』의 인명, 지명, 관직명과 같은 고유 명사 표기에 흔히 나타난다. 예컨대, '백제(百濟)'의 '百'을 고유어 '온'으로 보고 '濟'를 '城'의 중세어인 '잣'으로 본다면, 백제의 시조인 '온조(溫祚)'와 음상이 유사하다. '신라'의 경우, 국호가 확정되기 전까지 '徐羅伐(서라벌), 斯羅(사라), 斯盧(사로), 新盧(신로), 新羅(신라)' 등 여러 명칭으로 불렸는데 이들은 '새 나라 또는 동쪽 나라'라는 의미를 한자의 음과 훈을 살려 표기한 것이다. 마찬가지로 '명량(鳴梁), 혁거세(赫居世), 원효(元曉=元旦), 서발한(舒發翰)' 등에도 '울돌목, 붉그뉘, 설, 스블한'이라는 토박이말을 찾거나 재구할 수 있다.

세 번째 단계는 국어 어순식 한문 단계로 국어 어순에 맞춰 한문을 사용한 임신서기석이 전하는데 서기체(誓記體) 표기라고도 한다. 네 번째 단계는 향찰(鄕札) 단계로, 한자의 음과 훈을 이용한 향가 26수와 같은 운문체에 쓰였다. 고려 중엽의 〈도이장가〉가 마지막 향찰 기록이다. 다섯 번째 단계는 이두(吏讀) 단계로 한자의 음과 훈을 이용해 삼국 시대부터 관리용 행정 문서, 비문, 계약서와 같은 산문체에 쓰였다. 조선의 관리 계층에서 주로 사용하였으며 『대명률직해』, 『이두집성』 등에 전한다. 여섯 번째 단계는 구결(口訣) 단계로, 중국 유교 경전, 불경 강독용으로 원전의 원문마다 끊어 읽을 곳에 토를 다는 것인데 구결 또는 입곁이라 한다.[1]

전기 중세 국어

전기 중세 국어는 고려 시대의 국어로, 경주 중심의 통일 신라어가 개성 중심의 고려어로 중심축이 바뀌면서 새로운 중앙어가 형성되었다. 이 시대의 자료로는 송나라 사신 손목이 고려를 다녀가면서 350여 고려어를 기록한 『계림유사(鷄林類事)』(1103)와 180여 종의 약명을 기록한 의약서 『향약구급방(鄕藥救急方)』(1417, 중간본), 구결 자료로 중요한 『구역인왕경(舊譯仁王經)』이 주목된다. 10~14세기에 걸친 전기 중세 국어의 주요 특징은 다음과 같다.

'叱'(ㅅ), '尸'(ㄹ) 뒤에서 'ㄱ, ㄷ, ㅂ, ㅅ, ㅈ'이 된소리로 되는 현상이 발달하기 시작하였다. 또한 『계림유사』의 '白米曰漢菩薩'(ᄇ슬*)'을 보면, '菩薩(ᄇ슬*)'이 후기 중세 국어의 어두 자음군인 '발'에 대응함을 확인할 수 있다. 다시 말해, 송나라 사신 손목이 고려를 다녀가면서 고려 사람들이

----

1 서기체와 향찰, 이두, 구결에 대한 구체적 내용은 13장 문자론 참조.

'쌀'에 해당하는 그 당시의 단어를 '菩薩'과 같이 발음한다고 『계림유사』에 기록하였는데, 북송대(北宋代) 한자음을 고려하여 '菩薩'이 'ㅂ슬*'을 한자를 이용하여 표기한 것이라고 생각하고 후기 중세 국어에 나타나는 '뿔'과 비교해 보면 '뿔'의 'ㅂ'이 전기 중세 국어 시기에 발음되고 있었음을 추론할 수 있다는 것이다. '弟曰丫兒(아ᅀᆞ*), 剪刀曰割子蓋(ᄀᆞ개*)', '二曰途孛(두볼*)>두울)둘), 酒曰酥孛(수볼*)수울·수을)술)'을 통해 당시 'ㅿ'과 'ㅸ'이 존재하였음을 추정할 수 있다.

이 시기에는 원나라의 영향으로 동물, 군사 용어, 궁중어 등에서 몽골어가 차용되었는데 후대에 '아질게ᄆᆞᆯ(兒馬), 구렁ᄆᆞᆯ(栗色馬), 보라매(秋鷹), 숑골(海靑), 텰릭(帖裏), 바오달(軍營)'과 같은 한글 자료로 나타난다. '슈라(湯)'는 오늘날 '수라상'으로 남아 있다.

후기 중세 국어

후기 중세 국어는 조선 전기의 국어를 가리킨다. 후기 중세 국어에 대해서는 많은 연구가 이루어져 모든 특징을 제시할 수는 없으므로, 음운, 표기, 형태 및 통사, 어휘 등에 관한 주요 특징 몇 가지를 살펴본다.

음운의 특징

후기 중세 한국어에서는 유성 마찰음 /ㅸ/, /ㅿ/이 존재하였다. 'ㅸ'은 모음과 모음 사이(예 사ᄫᅵ), 'ㄹ'과 모음 사이(예 글ᄫᅡᆯ), 'ㅿ'/z/과 모음 사이(예 웃ᄫᅳ리)에서만 나타나고 'ㅿ'은 모음과 모음 사이(예 ᄆᆞᅀᆞᆷ), 'ㄴ'과 모음 사이(예 한ᅀᅮᆷ), 'ㅁ'과 모음 사이(예 몸ᅀᅩ), 모음과 'ㅸ' 사이(예 웃ᄫᅳ리)에서 나타난다. 'ㅸ'/β/은 창제 당시 이미 소멸기라 세종, 세조 때까지 쓰였고 그 후 'ᄫ'은 반모음 /w/로 변화했다. 'ᅀ'/z/은 15세기 말부터 변화를 보여 'ᄉ이'(《ᄉ시)가 발견되고 16세기 후반에는 대부분 소멸된다(⑩ 두ᅀᅥ〉두어, ᄆ술〉ᄆ음). '한숨, 몸소'는 ᅀ이 약화되면서 방언형으로 경쟁하던 '한숨, 몸소'가 중앙어로 승격하여 존속한다. 'ᄫ, ᅀ'의 소멸은 근·현대 국어에 '도ᄫᅡ〉도와, 니ᅀᅥ〉니어〉이어'와 같은 ㅂ 불규칙, ㅅ 불규칙 용언의 출현으로 이어진다. 모음에서 'ᆞ'[ʌ]는 'ㅏ'와 'ㅗ'의 중간음인 후설 저모음으로 추정되는데, 2단계로 소멸된 것으로 보인다. 'ᆞ'의 소실 과정은 다음과 같다.

> 1단계: 16세기 말엽. 조사나 2음절 이하에서 'ᆞ'〉'ㅡ'(⑩ ᄋᆞᆫ〉은, ᄀᆞᄅ치다〉ᄀ르치다)
> 2단계: 18세기 중엽. 1음절에서 'ᆞ'〉'ㅏ'(⑩ ᄆᆞᄉᆞᆷ〉ᄆᆞᄋᆞᆷ〉ᄆ음〉마음)

이후 'ᆞ' 표기는 음가 소실 후에도 '사ᄅᆞᆷ-ᄉᆞ름-ᄉᆞ람-사람'처럼 'ㅏ'와 혼기가 계속되다가 1933년 「한글 마춤법 통일안」에서 폐지된다. 중세 국어는 다음과 같이 성조가 있어 방점으로 표시되었으나, 성조도 16세기 말부터 동요를 보여 방점 표기는 사라지는데 현대 국어에서는 성조는 사라졌으나 장단으로 남아 있다.

사성	방점	언해본 번역	소리의 성격	보기
평성	없음	뭇 ᄂᆞᆺ가ᄫᆞᆫ 소리	낮고 짧은 소리(低調)	활(弓), 비(梨)
거성	1점	뭇 노푼 소리	높고 짧은 소리(高調)	·갈(刀), ·혀(舌)
상성	2점	처어미 ᄂᆞᆺ갑고 乃終이 노푼 소리	낮았다가 높아지는 긴소리	:돌(石), :말ᄊᆞᆷ
입성	평입성(무점), 거입성(1점), 상입성(2점)	섈리 긋돋ᄂᆞᆫ 소리	종성이 'ㄱ, ㄷ, ㅂ, ㅅ'인 음절의 소리	긷(柱), ·입(口), :낟(穀)

표기상의 특징

이 시기에는 음소적 표기법을 따르고 있어 음절말 중화 현상을 표기에 반영하는 8종성법이 특징이다. 즉, 음절말에 'ㄱ, ㅇ, ㄷ, ㄴ, ㅂ, ㅁ, ㅅ, ㄹ'의 여덟 자만이 올 수 있었다. (⑩ 곳도 → 곳도, 깊고 → 깁고). 특히 음절말에서 'ㅅ'과 'ㄷ'은 서로 대립하여 '몯(不, 釘)-못(池)'처럼 구별하였다. 『훈민정음』해례본 종성해(終聲解)에서는 "如빗곶爲梨花 엿의갖爲狐皮 而ㅅ字可以通用 故只用ㅅ字"라고 하여, '빗곶, 엿의갖'의 종성을 ㅅ자로 통용할 수 있다며 '빗곳, 엿의갓'으로도 적을 수 있도록 하였다.

그런데 『용비어천가(龍飛御天歌)』(1447), 『월인천강지곡(月印千江之曲)』(1447) 두 문헌에서는 '곶, 좇거늘, 낱, 붚, 높고'처럼 8종성법을 따르지 않는 형태음소적 원리에 의한 표기도 나타난다. 나아가 15세기에는 음절말에 8종성 이외에 'ㅿ'이 '앗이, 엿이'처럼 쓰인 예가 등장하기도 한다.

형태와 통사의 특징

후기 중세 국어의 형태, 통사상의 특징에 대해서도 많은 연구가 이루어져 왔기 때문에 이 자리에서 모든 내용을 다루기는 어렵다. 여기서는 '특수한 격 변화를 하는 단어', '활용 시 쌍형 어간을 갖는 용언', '의도법 또는 대상법', '시상법'을 예로 들어 간략히 살펴본다. 매우 중요한 높임법은 뒤 4절에서 따로 다루도록 한다.

특수한 격 변화를 하는 단어

후기 중세 국어에는 특수한 격 변화를 보이는 단어들이 있다. '나모'는 '나모, 나모도, 나모만, 나모와'처럼 격 변화를 하는데, 주격, 목적격, 속격, 부사격, 서술격에서는 '남기, 남굴, 남기, 남ᄀ로, 남기라'처럼 격 변화를 한다. '나모-낡'의 쌍형을 취하므로 이것은 고형이 '나목*'으로 추정되고 여기서 '나모'와 '낡'으로 분화한 것으로 본다. '여ᅀᅳ(狐), 노릇(獐), ᄆᆞᄅ (棟)'와 같은 단어도 '여ᅀᅳ도-엿이, 엿의, 엿이라', '노릇도-놀이, 놀이, 놀이라', 'ᄆᆞᄅ도-몰리, 몰릭, 몰리라'와 같이 쌍형을 취해 특수한 격 변화를 한다.

격 변화 시 나타나는 쌍형	변화 추정	동일 유형 사례
나모~낡(나ᄆᆞ*-나목*)	나목+이*>낡+이(남기)	구무, 녀느, 불무
아ᅀᅳ~앗(아ᅀᅳ*-아ᅀᆞᆨ*)	아ᅀᆞᆨ+이*>앗ㄱ+이(앗기*)>앗이	여스/여ᅀᅳ
노릇~놀ㅇ(노릇*-노록*)	노록+이*>놁+이(놀기*)>놀이	ᄂᆞ릇, ᄌᆞᄅ(柄), 쟈릇, 시르
ᄆᆞᄅ~몰리(ᄆᆞᄅ*-ᄆᆞ록*)	ᄆᆞ록+이*>묽+이(몰기*)>몰이*>몰리	ᄒᆞᄅ, ᄆᆞᄅ(棟)

활용 시 쌍형 어간을 갖는 용언

후기 중세 국어 용언의 활용에는 체언의 격 변화 경우처럼 다음과 같이 쌍형 어간을 갖는 단어들이 있었다. 가령 'ᄌᆞᄆᆞ다, ᄌᆞᄆᆞ고~ᄌᆞᆷ가, ᄌᆞᆷᄀᆞ니', 'ᄇᆞᅀᅳ다, ᄇᆞᅀᅳ고~ᄇᆞᅀᅡ, ᄇᆞᅀᆞ니'처럼 활용하였다. '다ᄅᆞ-, 모ᄅᆞ-'는 '달아, 몰라'처럼 중세에 활용이 구별되었으나 후대로 오면서 '달라, 몰라'처럼 르 불규칙으로 같아졌다.

특수 활용의 쌍형 어간
ᄌᆞᄆᆞ-~ᄌᆞᆷᄀᆞ-, 시므-~심ㄱ-
ᄇᆞᅀᅳ(브스)-~ᄇᆞᅀᅩ-, 비스-~빗ᅌ-(扮), 그스-~긋ᅌ-(牽)
다ᄅᆞ-~달ᅌ-, 그르-~글ᅌ-, 게으르-~게을ᅌ-, 고ᄅᆞ-~골ᅌ-, 오ᄅᆞ-~올ᅌ-, 기르-~길ᅌ-
모ᄅᆞ-~몰ㄹ-, 흐르-~흘ㄹ-, 색르-~샐ㄹ-, 브르-~블ㄹ-, 므르-~믈ㄹ-, 부르-~불ㄹ-(演)

의도법

중세에는 주로 1인칭 주어일 때 용언에 '-오/우-'가 삽입되는 현상이 있다. 이를 1인칭 주어의 의지와 관련되는 것으로 보아 '의도법' 또는 '1인칭 활용법'이라 한다. 예컨대, "내 스물여듧쫑를 밍ᄀ노니"(『훈민정음』 어제서문)를 보면 '밍ᄀᄂ니'가 아니라 '-ᄂ-'와 '-오-'의 결합형인 '-노-'가 사용된 '밍ᄀ노니'가 나타난다. 이때 '-오-'가 사용된 이유를 1인칭 주어의 의지와 관련짓는 것이 의도법이다. 참고로 관형형은 '前生애 지손 罪, 衆生이 니불 옷'과 같이 '오/우'를 취하는 경우와 '죄 지은 몸, 주근 사ᄅᆞᆷ'과 같이 취하지 않는 경우로 나뉜다. 전자는 '지손', '니불'과 같은 관형절이 각각 '罪를', '옷을'을 목적어로 갖는 구문으로 환원되므로 '대상법'이라 부르기도 한다.

시상법

시상법(시제와 상)의 선어말 어미로는 원형으로 과거 시상을 표현하는 부정법 과거의 '-ø-', 현재 시상의 '-ᄂ-', 미래 시상의 '-리-'가 쓰였다. 예컨대, "舍利弗을 須達이 조차 가라 ᄒ시다"(『석보상절』 6:22)의 'ᄒ시다'에서 부정법을 확인할 수 있다. 'ᄒ-'에 주체 높임 선어말 어미인 '-시-'와 어말 어미 '-다'가 결합하였을 뿐, 시상의 기능을 하는 가시적 형태는 나타나지 않기 때문이다. 이러한 방식을 부정법이라고 하며 동사의 경우 부정법을 통해 과거임을 나타낸다. "다시 무로ᄃᆡ 엇뎨 부톄라 ᄒᄂ닛가"(『석보상절』 6:17)에는 현재 시상의 '-ᄂ-'가, "須達이 슬ᄫᅥᄃᆡ 내 어루 이ᄅᆞ수ᄫᆞ리이다"(『석보상절』 6:22)에는 미래 시상의 '-리-'가 사용되었다. 그 외에 과거 확인법의 '-거-', 과거 회상법의 '-더-'도 사용되었다.

어휘의 특징

중세에는 한자어와 고유어의 동의어 경쟁이 많아 점차 고유어가 한자어로 대체되었다(예 슈룹〉雨傘, 온〉百, 즈믄〉千, ᄒᆞ다가〉萬一). 한자어의 귀화도 많아져 한글로 표기한 경우도 많다(예 詮次〉전ᄎᆞ, 常例〉샹녜, 茶飯〉챠반, 爲頭〉위두, 樣〉양, 衆生〉즁ᄉᆡᆼ〉즘ᄉᆡᆼ〉즘승, 行績〉힝뎍).

어휘 높임법도 있어 주체 높임의 '잇다-겨시다, 먹다-좌시다(〉자시다), 자다-자시다(〉주무시다)가 있고, 객체 높임법의 동사 '니르다 → 숣다, 엳ᄌᆞᆸ다; 보다 → 뵈다, 뵈ᄉᆞᆸ다; 주다 → 드리다; 받다(奉) → 받ᄌᆞᆸ다(獻)'가 쓰였다. '밥'의 높임말 '진지'가 있듯이, 재귀대명사 '저'의 높임말 'ᄌᆞ갸(自家)'도 쓰였다. 문물의 교류로 복식, 기물, 식물어 등에 중국어 직접 차용어도 쓰였는데, '투구(頭灰), 피리(觱篥), 사탕(砂糖), 빈치(白菜), 퉁(銅), 노(羅), 갸ᄉᆞ(家事), 훠(靴), 진디(眞的)' 등이 이에 해당한다.

근대 국어

근대 국어는 17~19세기 국어를 가리킨다. 근대 국어를 살펴볼 수 있는 대표적인 문헌으로는 조선의 충신, 효자, 열녀 1,500여 명을 다룬 『동국신속삼강행실도(東國新續三綱行實圖)』(1617)가 있다. 당나라 시인 두보의 시를 번역한 책인 『두시언해(杜詩諺解)』는 1481년 초간본이, 1632년 중간본이 간행되어 중세 국어와 근대 국어의 차이를 보여 준다.

또한 인접국과의 교류가 늘어나 중국어, 청어(만주어), 왜어, 몽골어 학습서와 사전들이 발행되었는데, 원본 책을 각기 다른 시기에 국어로 번역한 책들을 통해 시대에 따라 다른 국어의 모습을 비교할 수 있다. 예를 들어 한문본 『노걸대(老乞大)』를 언해한 중국어 학습서인 『번역노걸대(飜

譯老乞大)』(1517 이전)와 『노걸대언해(老乞大諺解)』(1670), 『박통사(朴通事)』를 언해한 『번역박통사(飜譯朴通事)』(1517 이전)와 『박통사언해(朴通事諺解)』(1677)는 발행 시기에 150년 정도 차이가 나 중세 국어와 근대 국어를 대비해 볼 수 있는 중요한 자료이다.

일본어 학습서인 『첩해신어(捷解新語)』(1676), 『인어대방(隣語大方)』(1790)도 귀중한 자료이다. 18세기에는 『이륜행실도(二倫行實圖)』(1729), 『어제내훈(御製內訓)』(1736)이 중간되었고, 『명의록언해(明義錄諺解)』(1777), 만주어 학습서 『팔세아(八歲兒)』(1704, 중간본)와 『청어노걸대(淸語老乞大)』(1704), 몽골어 학습서인 『첩해몽어(捷解蒙語)』(1737, 1790 개정)도 나왔다. 조선 후기에는 『홍길동전』과 같은 소설이나 시조, 가사, 판소리, 언간 등의 문학 자료, 천주교 교리서, 개신교 번역 성경도 나와 국어 자료의 외연이 넓어졌다.

근대 국어의 음운, 표기, 형태 및 통사, 어휘 등에 관한 주요 특징 몇 가지를 살펴본다.

음운의 특징

자음은 'ᅀ'이 사라지고(예 ᄆᅀᆞᆯ〉ᄆᆞᅌᆞᆯ〉마을, 그ᅀᅥ〉그어, 몸ᅀᅩ〉몸소, 삼ᅀᅵᆯ〉삼질), 'ᅌ'은 종성에서만 실현되고 표기도 'ㅇ'으로 변한다(예 부ᅌᅥ〉붕어, ᄒᆞᄂᅌᅵ다〉ᄒᆞ니다). 중세 후기부터 된소리화가 진행되었으나(예 구짓-〉꾸짓-, 딯-〉찧-) 근대에 와서 된소리화(예 곳〉꽃, 곳고리〉꾳소리, 덛덛ᄒᆞ-〉썻썻ᄒᆞ-)와 거센소리화(예 고〉코, 고키리〉코키리, 불무〉풀무)가 증가한다. 된소리화로 인해 ㅂ계 어두 자음군(ㅳ, ㅄ, ㅷ)도 ㅂ이 소멸하고 된소리화하며(예 ᄠᅳᆮ〉뜻, ᄡᅳ〉쓰다, ᄧᅡᆨ〉짝), ㅄ계 어두 자음군(ㅴ, ㅵ)은 ㅂ이 사라지고 된소리만 남는다(예 ᄢᅵ〉끼, ᄣᅢ〉째, 흔ᄢᅴ〉홈씌).

두음 법칙에도 변화가 나타나 어두 'ㄴ'이 사라진다(◉ 니마〉이마, 닐웨〉이레, 니르다〉이르다). 구개음화(◉ 티다〉치다, 고디식〉고지식, 딕희다〉직히다)는 17세기와 18세기 교체기에 나타나는데, 구개음화한 'ㅈ'을 부정적 현상으로 보아 다시 'ㄱ'으로 되돌리는 역구개음화 현상이 일부 나타나기도 하고(◉ 디새〉지새〉지와〉기와, 맛디다〉맛지다〉맛기다), 원래부터 'ㅈ'인 단어를 'ㄱ'으로 역구개음화시키는 경우도 나타난다(◉ 질삼〉길쌈). 때로는 정상적인 'ㄱ'을 'ㅈ'으로 발음하는 방언도 나타난다(◉ 기름〉지름, 길〉질).

중세에 '몯(不, 釘)-못(池)'처럼 ㄷ-ㅅ의 구분이 분명하였으나 근대에 와서 'ㄷ, ㅅ'의 혼기(混記)가 심해져 '몯, 맏, 묻고' 등을 '못, 맛, 뭇고'처럼 적는 경향이 나타난다. 즉, 'ㄷ'이 'ㅅ'으로 바뀌면서 중세 받침의 8종성은 근대에 7종성으로 변한다.

모음에서는 'ㆍ'의 1단계 변화가 16세기에 제2음절 이하에서 나타나고 18세기경에는 2단계 변화가 제1음절에서 나타난다(◉ ㄱㄹ치다〉ㄱ르치다〉가르치다, ㅁᆞᆯ〉말, ㅎᆞᆰ〉흙). 순음(脣音) 밑의 'ㅡ' 모음이 원순 모음 'ㅜ'로 바뀐다(◉ 믈〉물, 플〉풀, 쓸〉쑬, 븕다〉붉다). 이중 모음이던 'ㅐ, ㅔ'가 이 중 모음 'ay, əy'로 발음되다가 18세기 말에는 각각 'ɛ, e'로 단모음화의 길을 걷게 된다.

16세기부터 동요하던 성조는 사라져 방점도 사라진다. 그러나 동남 방언에는 아직도 성조가 남아 있다.

표기상의 특징

근대에는 중세의 '니믈'과 같은 이어적기(연철) 방식이 현대의 '님을'과 같은 끊어적기(분철)로 가는 과도기적 상황으로, '님믈'과 같은 거듭적기[중철(重綴), 혼철(混綴)] 방식이 나타난다[예 니믈(연철)〉님믈(중철)〉님을(분철)].

형태와 통사의 특징

중세에는 주격 조사로 '이'만 쓰였는데 새로 '가'가 출현하여 주격 중첩형 '내가, 네가'가 쓰인다. ㅎ 종성 체언은 근대 후기에 소멸된다(예 짱〉쌍, 집옹〉지붕). 중세 명사형 어미 '-(오/우)ㅁ'이 소멸된다(예 우룸〉우름, 우숨〉우음). 명사형에서는 '-(으)ㅁ'보다 현대에 올수록 접미사 '-기'가 더 많이 쓰이고 '-ㄴ/ㄹ 것'과 같은 명사화 방식으로 증가한다.

시상법에서 현재형은 '-ᄂᆞ-'(예 ᄒᆞᄂᆞ다/잡ᄂᆞ다)가 '-ㄴ/는-'(예 혼다/잡는다)으로 변한다. 과거형에서 중세 보조 용언 결합형 '-아/어 잇-'의 발달형인 '-앳/엣-'이 18세기경부터 '-앗/엇-'으로 나타나 일반화한다. 미래형은 '-리-'가 쓰이면서 새로 '-기/긔 ᄒᆞ얏-'의 축약형으로 추정되는 '-겠-'이 출현해 오늘날 추측법의 미래형에 잘 쓰인다. ㅸ계 활용은 16세기부터 변하여 오늘날 불규칙 활용어가 되는데(예 도바〉도와, 구버〉구워), ㅿ계 활용은 근대에 소실되면서 ㅅ 불규칙 활용으로 변한다(예 지서〉지어).

어휘의 특징

근대국어의 어휘를 살펴보면, 한자 문물어가 증가하면서 전통적인 고유어조차 한자어로 많이 대체된다(예 뫼〉산, ᄀᆞ름〉강, 아ᅀᆞᆷ〉친척). 또한 근대 문물이 도입되면서 '다홍(大紅), 망긴(網巾), 상투(上頭), 비단(匹緞), 무명(木棉)' 등 여러 차용어가 들어온다. 개화기에는 '대통령(大統領), 내각(內閣), 총리(總理), 문학(文學), 화학(化學), 언어학(言語學), 음악(音韻), 희

극(喜劇)’ 등 제도어, 학문어, 신문물의 명칭에서 일본계 한자어가 대거 들어왔는데, 이러한 용어는 오늘날까지 쓰이고 있다.

어휘의 의미 변화도 많이 일어난다. ‘어엿브다’는 ‘불쌍하다’(憐)라는 뜻에서 ‘아름답다’(美)라는 뜻으로 변해 오늘날 ‘예쁘다’로 쓰인다. ‘어리다’는 ‘어리석다’(愚)라는 뜻에서 ‘나이가 어리다’(幼)라는 뜻으로 변하여 오늘에 이른다. 반면, ‘어리다’를 뜻하던 어휘 ‘졈다’는 청년 시기를 뜻하는 것으로 바뀌었고 표기도 ‘젊다’로 바뀌었다.

현대 국어

지난 세기 현대 국어는 당연히 20세기 국어였다. 21세기인 오늘날 현대 국어를 어떻게 설정해야 하는가의 문제는 앞으로 계속 논의가 필요하다. 여기서는 20세기와 21세기 국어를 연속적인 현대 국어로 보고 살펴보려 한다. 20세기 현대사는 여러 큰 사건들이 발생한 격변의 시기로, 현대 국어도 이를 반영하여 조선 왕조의 멸망, 일제 강점기와 남북 분단기 언어로 나뉜다.

현대 국어의 특징으로 모음 ‘ㅐ, ㅔ’의 구별이 어렵고 ‘ㅚ, ㅟ’는 주로 이중 모음으로 발음된다. 조사나 어미는 비교적 보수적 체계를 유지하고 있지만, 높임법은 변화가 나타나 최근에는 “손님 주사 맞으실게요.”와 같은 ‘-실게요’가 출현하였는데 ‘-실 거예요’의 축약형으로 짐작된다. 전통적 압존법은 준수하기 어려워졌고 핵가족의 발달로 친족어 체계에도 변화가 많다.

어휘에서는 개화기 이래로 일본계 문물어가 전통적인 중국 차용어를 대체하여 오늘날 많은 생활 한자어, 전문어가 일본계 한자어이다. 서구의 문물과 문화가 유입되면서 영미 차용어가 폭발적으로 증가하였고, 현재는 '스마트하다, 디테일하다, 엣지 있다'처럼 일상 언어생활에서도 외국어가 많이 사용되고 있다. '문상(문화상품권), 지식(지하식당), 걍(그냥), 샘(선생님)'과 같은 축약어 형태의 인터넷 통신어도 일상적으로 만들어져 사용되고 있다.

20세기 한국어에서는 문체가 중요한 문제였다. 19세기 말~20세기 초에도 전통적으로 사대부층이 사용하던 한문체, 관리들이 쓰던 이두체, 한글 소설, 언간, 시조, 가사 등에 쓰인 한글체, 경전 언해, 시조, 가사 등에 사용된 국한혼용체, 경전 학습용으로 쓰인 구결체가 혼재하였다. 그러다 개화기에 유길준은 후쿠자와 유키치(福澤諭吉)의 서양 지리 학습서『서양사정(西洋事情)』(1866)을 번안한『서유견문(西遊見聞)』(1895)을 발간하였는데, 여기에서 용비어천가식의 전통 국한혼용체와 다른 개화기 국한혼용체를 사용하였다. 개화기 국한혼용체는 구결체와 비슷하였는데, 일한혼용체에서 일본어 토씨만 한글 토씨로 바꾼 것으로 일한혼용체의 모방체였다. 이러한 유길준의 국한혼용체는 일제 강점기에도 주류 문체로 쓰인다. 다행히 언문일치의 소설 문학이 발달하고 신문과 잡지 등에서 언문이 일치하는 전통 국한혼용체도 꾸준히 사용되어, 해방 후에 교과서, 언론, 학술서 등에서 전통 국한혼용체가 주류 문체로 회복될 수 있었다.

이후 개화기에 주시경과 조선어학회 제자들이 꿈꾼 한글전용체의 주장이 다시 대두되면서 국한혼용체냐, 한글전용체냐의 논쟁이 있었다. 이 논쟁은 최근까지도 어문 정책 차원에서 치열하게 전개되었으나 1990년대 컴퓨터와 한글 문서 프로그램이 보급되면서 한자 전환이 불편해지자 한글전용이 자연스레 정착되었다. 그러나 한글전용이 정착된 속에서도 한자교육을 하느냐 마느냐, 한다면 초등학교 시기에 하느냐 중학교부터 하느냐가 아직도 소모적 쟁점으로 논쟁이 지속되고 있으나 국립국어원에서 5년 단위로 시행하는 『국민의 언어 의식 조사』에 따르면 한글전용은 계속 발전시키더라도 한자교육은 초등학교 때부터 해 달라는 것이 국민 다수의 요구로 나타난다.

　남북이 분단되면서 남북한의 언어가 이질화되었다는 점도 현대 국어의 특징 중 하나이다. 현재 남북은 맞춤법, 띄어쓰기, 문장 부호, 품사 분류 등에서도 이질적 요소가 많아 남북의 언어 통합을 위한 노력이 지속적으로 요구된다.

탐정의 추리와 국어사적 추론의 유사성, '귀추'

셜록 홈스와 같은 명탐정이 사건을 해결하는 과정에서 하는 '추리'와 국어사적 '추론' 간에 닮은 점이 있다는 이야기를 들으면 누구나 처음에는 고개를 갸우뚱할 것이다. 최근 문법교육 연구자들은 국어사 교육에서 '귀추(abduction)'가 매우 중요한 역할을 한다는 점에 주목(조진수, 2018; 강지영, 2019; 최소영, 2019)하고 있는데, 이에 앞서 많은 기호학자들이 탐정의 추리 방식이 '귀추'의 논리를 따르고 있음을 지적한 바 있다. 그러므로 탐정의 추리와 국어사적 추론이라는 서로 다른 영역의 사유가 '귀추'를 매개로 만나고 있다고 할 수 있다.

다음은 조진수(2018: 90-91)에서 셜록 홈스의 추리와 국어사적 추론 모두에 귀추적 사고가 관여하고 있음을 보여 주기 위해 제시하였던 사례이다.

• 추리 소설의 사례

홈스: 나는 관찰을 통해 자네가 오늘 아침 위그모어가의 우체국에 다녀왔다는 것을 알게 되었고….

왓슨: 맞네! … 그렇지만 자네가 어떻게 결론에 도달했는지 도저히 모르겠네….

홈스: 그거야 아주 간단하지 … 자네 구두 발등에 붉은 흙이 조금 묻어 있다는 건 관찰에 의해서 알 수 있어. 위그모어가의 우체국 바로 건너편에는 포장도로 공사 때문에 흙이 쌓여 있어서 거기를 지나갈 때면 붉은 흙을 밟게 되지. 더군다나 이 근처에 그런 붉은 흙이 있는 곳은 내가 아는 한 거기밖에 없으니까….

(코난 도일, 「네 사람의 서명」, 움베르토 에코·토머스 A. 세벅 편/
김주환·한은경 역, 2016에서 재인용)

• 귀추법 사례

관찰된 사실	이 콩들은 하얗다.
법칙	이 주머니에서 나온 콩은 모두 하얗다.
∴귀추법의 결론	이 콩들은 이 주머니에서 나왔다.

앞의 도식을 말로 풀어 보면 다음과 같다. 당신이 어떤 사실을 관찰하게 된다 (이 콩들은 하얗다). 그 사실을 설명하고 이해하기 위하여 당신은 마음속에 떠오르는 이론, 설명, 영감 등을 생각해 낸다. 귀추법은 관찰된 사실과 법칙 사이에서 진행되며 희망적이고 만족스러운 가정을 결론으로 내놓는다. 퍼스는 이제 새로운 가정을 검증하는 일만이 남았다고 말한다.

(움베르토 에코·토머스 A. 세벅 편/김주환·한은경 역, 2016)

• 국어 음운사 연구 사례

뒤 음절의 i의 동화로 앞 음절의 a가 ɛ로, ə가 e로 변화한 이 현상은 대체로 18세기와 19세기의 교체기에 일어난 것으로 추정되는데, 이것은 이중 모음의 단모음화로 ɛ와 e가 확립된 뒤에 일어날 수 있었던 것이다. 따라서 이중 모음 'ㅐ', 'ㅔ'의 단모음화는 18세기 말엽에 일어난 것으로 결론할 수 있다.

(이기문, 2006)

위의 세 가지 사례는 탐정의 추리와 국어사적 추론이 '귀추'를 매개로 관련을 맺고 있음을 잘 보여 준다. 찰스 샌더스 퍼스(Charles Sanders Peirce)에 의해 정립된 '귀추'는 제시된 현상을 가장 잘 설명할 수 있는 가정을 결론으로 도출하는 방법이다. 추리 소설 속 탐정이나 국어사적 추론을 하는 연구자 모두 제한된 단서로 특정 현상을 설명할 수 있는 가정을 생각해 내야 하는 과제를 안고 있다. 탐정이 설명해야 하는 현상은 모종의 사건이고, 국어사적 추론을 하는 연구자가 설명해야 하는 현상은 국어사적 문제(위 사례의 경우는 '하향 이중 모음의 단모음화 시기')라는 점에 차이가 있을 뿐이다.

이러한 점을 고려하여 국어사적 지식들의 구성 과정을 살핀다면, 국어사 학습이 추리 소설을 읽는 것처럼 흥미진진한 경험이 될 수도 있지 않을까?

4 국어사는 어떻게 탐구해야 하는가

앞 장에서 시대를 구분하여 시대별 국어의 특징을 살펴보았지만, 국어의 통시적 변화가 '서로 다른 양상을 보이는 시대별 국어'를 단순히 나열한 것이라고 보는 것은 적절하지 않다. 국어의 통시적 변화는 과거와 현재의 일정한 영향 관계 속에서 국어가 어떠한 변화를 겪어 왔는지를 보여 주는 연속체로 이해할 필요가 있다. 주세형(2005ㄴ: 340)에서는 '과거의 언어'와 '현재의 언어'는 '별도의 개체'가 아닌 '한국어라는 동일한 유기체의 변이'라는 관점의 중요성을 지적하며 국어사 교육에서 언어 변화를 보는 관점이 그림12-1에서 그림12-2로 바뀌어야 한다고 보았다.

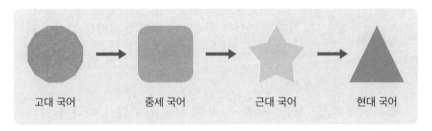

그림 12-1 그동안 국어사 교육에서의 언어의 변화에 대한 관점(주세형, 2005ㄴ: 340)

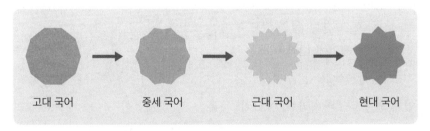

그림 12-2 주세형(2005ㄴ)에서 보는 언어 변화에 대한 관점(주세형, 2005ㄴ: 340)

이러한 관점에 서면, 현대 국어는 그 이전 시기의 국어와 단절된 것이 아니라 과거의 변화가 어떤 방식으로든 반영된 실체가 된다. 또한 국어의 변화는 현대 국어의 특정 시점을 끝으로 끝난 것이 아니라 현재에도 이루어지고 있는 진행형이 된다. 여기에서는 문법교육적 관점에서 필요한 국어사의 탐구 방향을 '현대 국어에 대한 의문을 국어사적 관점에서 설명하기'와 '국어사적 시각에서 현대 국어의 변화 관찰하기'로 나누어 살펴보고자 한다.

현대 국어에 대한 의문, 국어사적 관점에서 설명하기

현대 국어에 나타나는 현상 중에는 공시적 관점만으로는 설명하기 어려운 것들이 있는데, 이때 국어사적 관점을 도입하면 일정한 논리로 이러한 현상들을 설명할 수 있다. 'ㅎ'이나 'ㅂ' 소리가 덧나는 현상, 불규칙 활용 등을 예로 들 수 있다.

중세 국어에는 '나라, 나라도-나라히, 나라홀, 나라히, 나라히라, 나라콰', '짜, 짜토-짜히, 짜홀, 짜히, 짜히라, 짜콰'처럼 격 변화 시에 'ㅎ'이 나타나는 ㅎ 종성 체언이 존재하였고, 이러한 단어는 '하늘, 길, ᄀ술, 우, 안, 뫼, ᄆ술' 등 80여 개 정도 되는 것으로 알려져 있다.

ㅎ 종성 체언에 대한 이해는 '머리카락, 살코기, 수탉, 암탉, 안팎' 등을 '*머리가락, *살고기, *수닭, *암닭, *안밖'으로 적지 않는 이유를 설명할 수 있게 해 준다. '머리카락, 살코기' 등은 ㅎ 종성 체언이 'ㅎ'을 가지고 있던 시기에 형성된 것이고, 「한글 맞춤법」 제31항에서 이와 같이 두 말이 어울릴 적에 'ㅎ' 소리가 덧나는 것은 소리대로 적게 한 것이다.

「한글 맞춤법」 제31항에서 언급하고 있는 '멥쌀, 볍씨, 좁쌀, 접때' 등의 사례도 국어사적 관점에서 설명할 수 있다. 예컨대, '좁쌀'의 경우 공시적 관점에서만 보면 '조'와 '쌀'이 결합했는데 왜 '조쌀'이 아니라 'ㅂ' 받침이 있는 '좁쌀'인지 의문을 품을 수 있다. 이러한 의문은 합용 병서와 어두 자음군에 대한 국어사적 지식을 활용하여 해결할 수 있다.

후기 중세 국어에는 병서(竝書, 굴바쓰기)라 하여 초성자를 나란히 쓰는 각자 병서(各自竝書)와 서로 다른 초성자를 두 자 또는 세 자를 나란히 쓰는 합용 병서(合用竝書)가 있었다. 'ㄲ, ㄸ, ㅃ, ㅆ, ㅉ, ㆅ'는 고유어 표기 '-ㄹ까, -ㄹ띠니, -ㄹ쎠, 혀-(引), 쓰-(書, 冠)'에서 된소리를 나타내고 한자음 표기 '虯(뀨), 覃(땀), 步(뽕), 邪(썅), 慈(쫑), 洪(홍)'에서는 중국어에서 유성음인 것이 대체로 된소리에 가깝게 들려 표기한 것으로 보인다. 이는 오늘날 한국 사람들이 현실의 언어생활에서 'boy, dam, gang'을 '[뽀이], [땜], [깽]'에 가깝게 발음하는 현상과 비슷하다.

합용 병서에는 ㅅ계, ㅂ계, ㅄ계가 있어 어두 자음군을 이룬 것으로 보이는데, 이는 오늘날도 영어에서 /sk-, st-, sp-/계(예 skate, strike, spring)가 있고 /pr-, ps-/계(예 pride, psychology)가 있음과 유사한 현상이다. ㅅ계(ㅺ, ㅼ, ㅽ)는 영어의 /sk/, /st/, /sp/처럼 겹자음이 당시에도 아직 발음되었다고 보는 견해도 있으나, 겹자음 시대를 접고 'ㅅ'이 된소리화 부호가 되어 된시옷이라는 전통이 굳어진 것으로 보는 것이 일반적이다. 반면에 ㅂ계는 겹자음이 당시에도 아직 발음된 것으로 보는데, 이 역시 17세기 근대국어에 와서는 어두 자음군의 기능이 사라져 된소리로 변화하였다. '좁쌀, 입쌀, 접때, 휩쓸-' 등은 중세 어형 '조뿔*, 이뿔*, 저빼*, 휘뿔-*'에서 유래한 것으로 보인다.

유형	표기 유형	단어 용례
'ㅅ'계 자음군	ㅺ, ㅼ, ㅽ	꿈, 또; 쓰리-
'ㅂ'계 자음군	ㅳ, ㅄ, ㅶ, ㅷ	뜯, 뿔, 짝(隻); 쁘-(浮), 쓰-(苦, 用), 뜨-, 쁘-
'ㅄ'계 자음군	ㅄ, ㅵ	쁴(時), 빼(時); 뻬-(貫), 삐르-(刺)
특이 자음군	ㅼ, ㄺ, ㄳ	싸히, 흙(土), 낛(釣)

물론 중세 국어 시기의 ㅂ계 어두 자음군에서 'ㅂ'이 발음되었는지를 판단하기 위해서는 앞서 전기 중세 국어에서 언급하였던 『계림유사』의 '白米曰漢菩薩'(ㅂ술*)'과 같은 사례에 대한 이해가 필요할 것이다.

현대 국어에 나타나는 ㅂ 불규칙 활용과 ㅅ 불규칙 활용도 공시적 관점에서만 보면, "왜 '잡다'는 '잡아'와 같이 활용할 때 'ㅂ'이 유지되는데, '돕다'는 '도와'와 같이 활용할 때 'ㅂ'이 유지되지 않을까?"와 같은 의문이 생길 수 있다. 이러한 의문도 국어사적 관점에서 접근해 볼 수 있다.

앞서 시대별 국어에 대해 설명하며 언급하였듯이 'ㅸ'의 소멸은 '도ᄫᅡ>도와, 구ᄫᅥ>구워', 'ㅿ'의 소멸은 '니ᅀᅥ>니어>이어, 지ᅀᅥ>지어'와 같은 ㅂ 불규칙, ㅅ 불규칙 용언의 출현으로 이어진다. 이러한 점을 토대로 현대 국어의 ㅂ 불규칙 용언, ㅅ 불규칙 용언은 각각 'ㅸ', 'ㅿ'을 가지고 있었을 것으로 추정할 수 있다.

국어사적 시각에서 현대 국어의 변화 관찰하기

국어사에 대한 탐구가 반드시 과거의 국어만을 대상으로 한다고 생각할 필요는 없다. 변화는 현재에도 일어나고 있다. 이러한 관점은 '현재 언어 상태의 역동성 감지'(주세형, 2005ㄴ: 342), '진행 중인 변화 교육'(최소영, 2019) 등에서 확인할 수 있다.

선어말 어미 '-시-'의 기능 확대는 주로 사회언어학적 연구에서 다루어지는 경향이 있으나, 국어사적 관점에서도 흥미로운 탐구의 대상이 된다.[2] 최근 백화점이나 커피숍 등 서비스 업종에서 직원이 손님에게 말할 때 "주문하신 음료 나오셨습니다."와 같이 표현하는 경우가 종종 있다. 이러한 현상을 사회언어학적 변이 차원에서 설명할 수도 있지만 국어사적 관점을 동원하여 선어말 어미 '-시-'의 기능 확대를 설명하는 것도 가능하다. 즉, 주체 높임 선어말 어미로 알려진 '-시-'가 특정 사용역에서 청자를 높이는 기능을 하는 것 같다는 관찰이 타당한지 판단하기 위해 '-습-'의 기능 변화를 참고할 수 있다.

중세 국어에서 높임법은 문장의 주어를 높일 때 주체 높임법의 '-시-'가 쓰였고 목적어나 부사어로 실현된 대상인 객체를 높일 때에는 음운론적 환경에 따라 객체 높임 선어말 어미 '-숩/슬, 줍/즐, 숩/슬-'이 쓰였다. 상대 높임법은 선어말 어미 '-이-'와 어미 '-쇼셔'에 의해 실현되었다.

(1)   -시-: 訓民正音은 百姓 ᄀᆞᄅ치시논 正ᄒᆞᆫ 소리라

(2ㄱ) -숩/슬-: 듣ᄌᆞᆸ고 깃ᄉᆞᄫᅡ, 막ᄉᆞᆸ거늘, 닙ᄉᆞᆸ고, 빗ᄉᆞᆸ더니,

            노ᄊᆞᆸ고(← 놓ᄉᆞᆸ고)

(2ㄴ) -줍/즐-: 내 부텨의 듣ᄌᆞᆸ보라, 마쭙더니, 좇ᄌᆞᆸ고, 듣ᄌᆞᆸ게, 듣ᄌᆞᆸ보니

(2ㄷ) -숩/슬-: 내 世尊ᄋᆞᆯ ᄆᆞᄌᆞ막 보ᅀᆞᆸ보니, 오ᅀᆞᆸ보이다, 보ᅀᆞᆸ건대,

            안ᅀᆞᆸ고, 아ᅀᆞᆸ게(← 알ᅀᆞᆸ게)

(3)   -이-, -쇼셔: 보아지이다, 오시ᄂᆞ니잇고, 오쇼셔

·············
2   '-시-'의 기능 확대와 국어사 교육적 의의에 대한 보다 상세한 고찰은 최소영(2019) 참조.

(1)은 주체 높임 선어말 어미 '-시-'가 사용된 예이고, (2ㄱ), (2ㄴ), (2ㄷ)은 각각 객체 높임 선어말 어미 '-ᄉᆞᇦ/ᄉᆞᆸ-', '-ᄌᆞᆸ/ᄌᆞᇦ-', '-ᄉᆞᆸ/ᄉᆞᇦ-'가 사용된 예다. 객체 높임 선어말 어미 '-ᄉᆞᆸ/ᄌᆞᆸ/ᄉᆞᆸ-(-ᄉᆞᇦ/ᄌᆞᇦ/ᄉᆞᇦ-)'은 'ᄫ'이 소멸되면서 '-ᄉᆞ오/ᄌᆞ오/ᄉᆞ오-'로 변하였고 근대국어에 와서는 청자를 높이고 공손하게 대하는 상대 높임법으로 변하였다. 오늘날에도 "아이의 말을 <u>듣자오</u>니 아이 말이 <u>맞사옵</u>니다."와 같이 청자 높임의 기능으로 쓰이며, '-사옵니다'는 '-습니다'로 남아 있다. (3)은 상대를 높일 때 '-이-'가 쓰이거나 명령형일 때는 어말 어미 '-쇼셔'를 사용하였음을 보여 준다.

객체 높임의 선어말 어미가 상대 높임의 기능을 하는 문법 형태로 변화한 사례는 주체 높임의 '-시-'의 기능 확대가 불가능한 일이 아님을 시사한다. 이와 같은 국어사적 사례에 대한 이해를 바탕으로 현대 국어에서 일어나는 변화를 보다 면밀히 관찰하는 것 또한 국어사적 탐구의 방향 중 하나가 될 것이다.

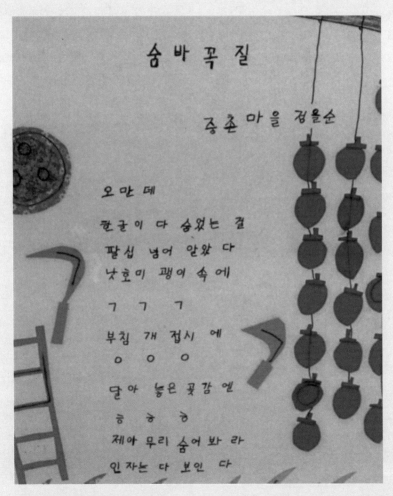

2019년 전국 성인문해교육 시화전 수상작

이 시는 성인문해교육 시화전에 전시된 정을순 할머니의 작품이다. 할머니의 작품 안에는 처음 문자를 알게 된 이의 새로운 안목(眼目)이 잘 드러난다. 내 주변 곳곳에 숨어 있는 익숙한 사물들에서 새롭게 문자를 찾아내는 할머니의 경험은, 흥미롭게도 아이들이 처음 문자를 알게 되었을 때 겪는 경험과 닮아 있다.

문자를 알게 된다는 것은 인간에게 어떤 의미일까. 문자가 없던 시절, 인간은 왜 문자를 만들고자 했으며 우리의 선조들은 어떻게 문자를 썼을까. 세종대왕은 왜 '어리석은 백성'을 위해 훈민정음을 창제했을까. 이 장에서는 문자가 없던 시절에 우리말을 표기했던 방법과 훈민정음이라는 우리의 문자가 창제된 의의를 살펴봄으로써, 인간의 삶에서 문자가 지니는 의미에 대해 생각해 보고자 한다.

• 우리만의 문자가 없던 시절에 우리는 어떻게 우리말을 표기했는가?
• 훈민정음이라는 문자의 창제가 갖는 의의는 무엇인가? 그리고
  훈민정음은 문자로서 어떤 특성을 지니는가?

1 문자는 왜, 어떻게 등장했는가

인간은 자신의 생각을 다른 이들과 소통하기 위해 언어를 사용한다. 언어는 전달 방식에 따라 청각에 의존하는 음성 언어와 시각에 의존하는 문자 언어로 구분할 수 있다. 그러므로 문자가 없다고 해서 언어 자체가 없는 것은 아니다. 지금도 어떤 민족이나 국가는 고유한 말을 사용하고 있지만 이를 표기하는 문자는 지니고 있지 못하다. 그렇다면 문자는 왜 등장했으며, 이것이 음성 언어와 다른 특성은 무엇일까? 이 장에서는 문자가 등장하게 된 배경을 살펴보고, 각각의 문자가 인간의 언어를 어떤 방식으로 담아내고 있는지 살펴보도록 한다.

문자의 필요성

말소리, 곧 음성 언어는 인간이 자신의 생각을 다른 이들에게 보다 효과적으로 전달하기 위한 노력의 산물이다. 인간은 의미 있는 소리의 체계를 사용하면서 의사소통을 하기 시작했으며, 이에 따라 인간의 호흡 기관은 소리를 전할 수 있는 형태로 진화해 왔다.

그런데 청각에 의존하는 음성 언어는 뜻을 전하는 데 시간적·공간적 제약이 있다. 오늘날에는 매체의 발달로 음성 언어도 장기간 보존하는 것이 가능하지만, 문자 언어 이전의 음성 언어는 음성이 들리는 공간 안에서 그 음성이 유지되는 시간만큼만 공유될 수 있었다. 그러므로 말을 하는 사람과 듣는 사람이 같은 시간, 같은 장소에 있어야만 했다. 또한 인간의 기억력에는 한계가 있어 음성 언어만으로는 기억을 보존하고 축적하기 어려웠으며, 이는 문화의 전승과 향유에 큰 걸림돌이 되었다.

음성 언어의 한계를 극복하기 위해 인간은 언어를 그리고/쓰고 눈으로 보는 방식을 생각해 냈다. 문자가 존재하기 이전에 사용했던 그림 문자는 이러한 노력의 한 사례이다. 다음 (1)은 프랑스 도르도뉴(Dordogne) 지방에서 발견된 구석기 시대의 유적인 '라스코 벽화', (2)는 우리나라 울산 울주군에서 발견된 신석기 시대 말기~청동기 시대의 유적인 '반구대 암각화'의 일부로서, 그림 문자의 형태를 띠고 있다. 이러한 그림 문자는 사냥의 성공, 풍요, 다산의 의미를 담고 있는 문자의 이전 형태라 볼 수 있다.[1]

(1)  (2)

문자의 종류

그림 문자는 점차 구체성의 한계를 극복하고 추상성을 띠면서 문자라는 시각적인 기호 체계로 발전해 갔다. 문자라는 새로운 기호 체계는 기존에 음성이 담아내는 의미를 분명하게 나타내되 이를 공유할 수 있는 형태

....

[1] 이러한 그림은 문자와 기능적으로 유사한 점이 많다는 점에서 그림 문자(picture writing)라 불린다. 그러나 이익섭(2004: 214)에서 지적한 바와 같이, 어떠한 그림이 진정한 문자가 되려면 그 그림이 특정한 언어 단위와 긴밀한 대응 관계를 가져야 한다. 예컨대 양의 그림이 늘 양 자체를 가리킨다면 그 양 그림은 글자의 구실을 할 수 있지만, 어떤 때는 '양은 산으로 올라갈 수 있다'는 뜻으로, 어떤 때는 '양은 잡아먹어도 좋다'는 뜻으로, 또 어떤 때는 '양 자체'를 가리킨다면 문자로서의 구실을 할 수 없다. 이 장에서는 이러한 그림이 문자를 탄생시킨 인간의 의지를 담고 있다는 뜻에서 그림 문자라 명명하지만, 엄밀히 말해서 문자는 아니다.

로 표상해야 했다. 그런데 문자를 통해 음성 언어를 표상하는 방식은 표상 대상과 표상 단위에 따라 여러 가지로 분류될 수 있다. 먼저 문자 언어가 표상하는 것이 음성 언어의 의미인지 소리인지에 따라 표의 문자와 표음 문자로 구분할 수 있다. 그리고 문자로 표상하는 언어의 단위에 따라 단어 문자, 음절 문자, 음소 문자, 자질 문자로 나눌 수 있다. 이러한 분류는 특정 문자의 우수성과는 무관하며, 각각의 문자 체계의 특성에 주목하여 접근해야 한다.

표상 대상에 따른 분류

표의 문자(表意文字)는 음성 언어가 담고 있던 의미를 표상하는 것이고, 표음 문자(表音文字)는 음성 언어가 지닌 소리를 표상하는 것이다. 먼저, 대표적인 표의 문자에는 한자가 있다. '어머니'를 뜻하기 위해 한글에서는 '어머니'라는 세 글자가 필요하지만 한자는 표의 문자이므로 '母' 한 글자만 필요하다. 그렇다고 표의 문자가 음이 없는 것은 아니다. 한자 '月'은 중국, 한국, 일본에서 각기 다른 음으로 읽힌다. 그러나 여전히 '달'의 의미를 담고 있으며 글자의 모양 또한 바뀌지 않는다.

[어머니]라는 소리를 글자 '어머니'로 표현하는 한글은 표음 문자에 속한다. 표음 문자는 소리가 겉으로 드러나기 때문에 글자를 보면 소리를 바로 알 수 있다. 그러나 표의 문자인 한자는 소리가 같더라도 뜻이 다르면 각기 다른 글자를 만들어야 한다. 예를 들어 한자에서 [toŋ]이라는 소리를 가진 글자는 '洞, 東, 同, 銅, 動' 등으로 다양하다. 때문에 표의 문자는 상당히 많은 글자를 만들어야 하는 반면, 표음 문자는 하나의 글자가 하나의 소리를 표현한다. 단, 표의 문자처럼 하나의 글자만을 보고 그 뜻을 알기는 어렵다.

표상 단위에 따른 분류

하나의 문자가 표상하는 언어의 단위가 단어인지, 음절인지, 음소인지, 자질인지에 따라 단어 문자, 음절 문자, 음소 문자, 자질 문자로 나눌 수 있다. 단어 문자는 하나의 문자가 하나의 단어를 표상한다. 반면, 음절 문자는 음절 수만큼의 문자가 필요하다. 음소 문자는 자모 문자라고도 하는데, 음소 단위를 표상하므로 음소 수만큼의 문자를 필요로 한다. 예를 들어, 동일한 의미를 지닌 한자 '人', 히라가나 'ひと', 한글 '사람'은 각각 단어 문자, 음절 문자, 음소 문자의 사례가 된다. 한자 '人'은 하나의 글자가 하나의 단어를 표상하고 있으므로 단어 문자이며, 히라가나 'ひと'는 음절의 수만큼 글자를 요구하므로 음절 문자에 해당한다. 한글은 'ㅅ, ㅏ, ㄹ, ㅏ, ㅁ'이라는 음소 수만큼 문자를 필요로 하므로 음소 문자이다.

자질 문자는 표상 단위가 음소 단위라는 점에서는 음소 문자와 같지만, 음소들의 '변별적 자질'을 표상한다는 점에서 음소 문자와 구별된다. 뒤이어 살펴볼 『훈민정음(訓民正音)』 해례본의 「제자해(制字解)」에 따르면, 한글의 자음자는 발음 기관의 모양을 본뜬 것이며, 특정 자음자의 음보다 더 센 음은 획을 더해 만들었다. '더 세다'는 음성적 자질이 '획'이라는 변별적 부호로 표상되고 있는 것이다. 이는 모음자의 경우도 마찬가지이다. 모음자는 '丶'와 'ㅡ, ㅣ'의 배열로 이루어지는데, '丶'의 배열 위치와 배열 횟수는 단모음과 이중 모음, 양성 모음과 음성 모음이라는 음성적 자질을 표상한다. 한글이 지닌 이러한 자질 문자적 특성은 한글의 문자론적 체계성을 잘 보여 준다.[2]

....

2 한글이 자질 문자인가 아닌가에 대해서는 서로 다른 관점이 공존한다. 이들은 주로 한글이 표상하고 있는 자질의 구체성과 자질의 수를 쟁점으로 삼고 있다. 이에 대한 자세한 논의는 김정대(2008)를 참고할 수 있다.

이미지로서의 언어 기호, 타이포그래피

언어 기호는 일반적으로 소리와 의미의 결합으로 이해되어 왔다. 그런데 최근 디지털 미디어가 발전하면서 이미지로서의 언어 기호가 새롭게 각광을 받고 있다. 바로 타이포그래피(typography)의 세계이다. 타이포그래피는 근래 들어 문자의 디자인적 요소 전체를 뜻하는 용어로 사용되고 있지만, 원래는 활자 서체의 배열을 일컫는 용어이다.

활판에는 특정한 디자인적 요소가 결합한다. 이러한 디자인적 요소는 우리가 일반적으로 지니고 있는 상징적 이미지를 반영하기도 한다. 예컨대, 부드러운 말을 전하고자 할 때는 직선보다는 굴곡 있는 글자를, 진지한 말을 하고자 할 때는 반듯한 모양의 글자를 사용하는 것이다.

진지하니까 궁서체로 쓸게.
딱딱하게 고딕체가 웬 말이니.
보고서는 격식 있게 명조체로 써야지.

한글 타이포그래피의 역사에서 가장 중요한 서체로 '명조'와 '고딕'이 있다. 먼저 '명조'는 가로획이 가늘고 세로획이 굵으며 세로획의 첫머리와 가로획의 끝머리에 작은 돌출인 세리프(serif)가 있는 것이 특징적이다. 반면 '고딕'은 가로와 세로 획의 굵기가 일정하고 획에 꾸밈이 없는 글자체를 말한다. 세리프가 없는 산세리프(sans serif)체와 비슷하다.

한글의 첫 글씨체인 훈민정음의 글씨체는 고딕체에 해당한다. 알파벳 문자권에서 일반적으로 세리프체 이후에 산세리프체가 등장하는 것과는 달리, 한글에서는 산세리프체가 먼저 등장한 것이다. 훈민정음은 획 하나마다 창제 원리가 담겨 있고 점 하나에도 본뜬 대상이 있는 문자이기에, 이유 없이 세리프를 넣지 않았던 것으로 추측된다.

2 훈민정음이 창제되기 전에는 무엇으로 우리말을 표기하였는가

지금 우리는 고유의 문자인 훈민정음을 사용하여 우리말을 적는다. 그러나 1443년에 훈민정음이 창제되기 전에는 주로 중국 문자 한자를 사용하여 우리말을 표기하였다. 이처럼 자기 나라의 말을 적는 데 다른 나라의 글자를 빌려 쓰는 것을 차자(借字)라고 한다.

우리의 고유한 문자가 없던 시절, 한자는 우리의 생각을 기록하여 전달할 수 있도록 도와준 중요한 매체였다. 그런데 한자는 우리말과 어순이나 문법 요소 면에서 다른 점이 많았기에, 한자를 빌려서 우리말을 표기하기 위해서는 우리말의 문법에 맞게 한자를 재배치하고 재구성할 수밖에 없었다. 이 절에서는 한자를 빌려서 우리말을 표기하고자 했던 방법인 이두, 향찰, 구결 등을 살펴봄으로써 우리말의 특성을 간접적으로 확인하고자 한다.

이두의 개념과 범위

한문을 쓸 때 가장 어려운 것이 우리말과 다른 어순이다. 우리말은 기본적으로 '주어+목적어+서술어'의 구조를 갖는 반면, 한문은 '주어+서술어+목적어'의 구조를 지닌다. 이두(吏頭)[3]는 한문의 어휘를 그대로 쓰되

------

3 이두는 학자에 따라 향찰, 구결 등을 포함하는 상위의 범주로서 차자 표기법을 통칭하는 광의의 개념으로 사용되기도 하고, 향찰, 구결 등과 동일한 층위에서 특정한 차자 표기법을 칭하는 협의의 개념으로 사용되기도 한다. 이 장에서는 한자를 빌려 표기한 여러 가지 방식에 주목하기 위해 협의의 개념으로 이두에 접근하였다.

이를 우리말의 어순에 맞게 배열하고 여기에 어미나 조사에 해당하는 토(吐)를 다는 것이다.

(3) 壬申年六月十六日 二人幷誓記 天前誓 今自三年以後 忠道執持 過失无誓
   (임신년 6월 16일에 두 사람이 함께 맹세해 기록한다. 하늘 앞에 맹세한다. 지금부터 3년 이후에 충도를 집지하고 과실이 없기를 맹세한다.)

(4) 南山新城作節 如法以作後三年崩破者 罪敎事爲 聞敎令誓事之
   (남산신성을 지을 때 만약 법으로 지은 뒤 3년에 붕파하면 죄 주실 일로 삼아 들으시게 하여 맹세시킬 일이니라.)

(3)은 임신서기석 비문의 일부로, 한문을 우리말의 어순에 맞게 재배열한 것이다. 여기서는 우리 토를 표기하는 방식을 발견할 수 없다. 그런데 남산신성비 비문인 (4)에서는 조사 '으로'를 표기한 '이(以)', 사동 표현 '-게 하-'를 표기한 '교(敎)'를 발견할 수 있다. 초기의 이두가 (3)과 같이 한문을 우리말 어순에 맞게 배열하는 데 그쳤다면, 이후의 이두는 (4)와 같이 우리말의 토를 한자를 빌려 표기하는 데까지 이른다.

향찰의 개념과 원리

향찰(鄕札)은 이두 표기의 원리를 확대하고 종합한 차자 표기로서, 특히 신라시대 향가를 기록하는 데 쓰였다. 한자의 음과 훈을 빌려 우리말을 표기했다는 점에서 이두와 비슷하지만, 신라 시대 향가라는 특정 시대와 장르에 집중적으로 쓰였다는 점에서 사용 범위가 다르다. 또한 한자를 이용해 우리말을 보다 전면적으로 표기하고자 했다는 점에서 다소 한정적인 표현을 보인 이두보다 확장적인 쓰임을 보인다.

다음 (5)는 『삼국유사』에 나오는 〈서동요(薯童謠)〉로서, 신라 진평왕 때 백제 무왕이 지었다고 알려져 있다. 서동이라는 백제인이 신라의 선화공주와 결혼하게 된 과정을 담은 설화를 배경으로 삼고 있다. 〈서동요〉는 기본적으로 우리말 어순으로 표기되어 있을 뿐만 아니라, 고유 명사와 토를 표기할 때에도 한자를 빌려 우리말을 표기하려는 노력이 나타난다.

(5) 善花公主主隱   (선화공주니믄)
    他密只嫁良置古   (눕 그스지 얼어두고)
    薯童房乙   (맛둥바올)
    夜矣 夗乙抱遣去如   (바믹 몰 안고가다)

〈서동요〉를 한자를 빌린 방식에 따라 정리하면 다음과 같다. 회색 부분에서 볼 수 있듯, 우리말의 토는 주로 한자의 음을 빌려 표기하였지만, '良'은 '어딜 량'('어딜-'은 '어질-'의 옛말)에서 훈의 음인 '어'를 차용하거나 '良'(량/양)의 음 '아/어'를 취하여 표기하였다. 또한 '如'는 '같다/답다'의 뜻을 가진 고어 '다ᄒ다', '같이'의 뜻을 가진 고어 '다히, 다비'의 훈의 음에서 '다'를 빌려 표기하였다.

글자	善	花	公	主	主	隱
훈	착할	꽃	귀인	님	님	숨을
음	선	화	공	주	주	은

글자	他	密	只	嫁	良	置	古
훈	남	몰래	다만	시집	어질	둘	옛
음	타	밀	지	가	량/양	치	고

글자	薯	童	房	乙
훈	마	아이	방	새
음	서	동	방	을

글자	夜	矣	兎	乙	抱	遣	去	如
훈	밤	어조사	토끼	새	안을	보낼	갈	다ᄒ다, 다히/다ᄫ
음	야	의	묘	을	포	견	거	여

구결의 개념과 종류

구결(口訣)은 한문 경전을 읽을 때 우리말식으로 끊어 읽으며 토를 삽입한 것으로서, 삽입한 토에 한정하여 구결이라 칭하기도 하고 이러한 구결토를 사용하여 한문을 읽는 방식 전체를 구결이라 하기도 한다. 이두나 향찰이 한자를 빌려 우리말을 표기하는 방법이었다면, 구결은 한문으로 된 글을 우리말로 읽어 이해하기 위한 방법이다. 이로 인해 구결은 훈민정음이 창제된 이후에도 한문 자료를 읽는 데 사용되기도 하였다.

구결은 음독구결(音讀口訣)과 석독구결(釋讀口訣)로 나뉜다. 음독구결은 한자의 음을 빌려 토를 단 것으로, 원문 사이에 구결토가 있으면 이들을 순차적으로 읽으면 된다. 석독구결은 우리말 어순에 따라 거꾸로 읽어야 하는 경우와 원문을 음이 아닌 훈으로 읽어야 하는 경우를 함께 지시한다.

이러한 차이에 비추어 볼 때, 음독구결은 한문 원문을 우리말로 이해하는 정도가 부분적인데 비해, 석독구결은 전면적이라고 할 수 있다(장윤희, 2004: 53). 석독구결 자료가 음독구결 자료보다 역사적으로 먼저 출현하는데, 이는 한문에 익숙하지 않았던 시기에서 점차 한문에 익숙해지는 시기로 나아가는 것으로 볼 수 있다.

그런데 많지도 않은 토를 적기 위해 어려운 한자를 쓰는 것은 아무래도 번거로운 일이었다. 이에 토를 적을 때는 한자의 형태를 줄여 '은/는'에 해당하는 '隱'을 'ㅣ', '며'에 해당하는 '彌'를 '尒', '니'에 해당하는 '尼'를 'ㄴ', '다'에 해당하는 '多'를 '夕'와 같이 적는 경우가 많았다.

우리말을 한자로 표기하려는 노력

지금까지 우리말을 한자로 표기하고자 했던 여러 방법을 살펴보았다. 장윤희(2004: 54)에 따르면, 이들 차자 표기 방법은 표기의 목적에 따라 다음과 같이 나눌 수 있다.

표기 목적		차자 표기
표현	부분적	이두
	전면적	향찰
이해	부분적	음독구결
	전면적	석독구결

이렇듯 다양한 방법으로 다른 문자를 빌려 쓰는 과정에서 우리말의 특성을 발견할 수 있었다. 뒤이어 살펴볼 훈민정음은 우리말을 우리말답게 표기할 수 있는 방법을 강구해 온 흐름 속에서 탄생했다.

김삿갓의 한시가
한자를 빌리는 방식

한자는 표의 문자이기 때문에 한자를 빌려 쓸 때는 음을 중심으로 빌려 쓸 것인지 훈을 중심으로 빌려 쓸 것인지를 결정해야 한다. 예컨대, '아침 조(朝)'라는 한자로 우리말을 표기하고자 할 때, 우리는 '조'라는 음을 빌려 올 수도 있고 '아침'이라는 뜻을 빌려 올 수도 있다. 다음 김삿갓의 한시는 한자를 빌리되 음과 훈을 적절히 차용하여 우리말의 묘미 또한 살리고 있어 흥미롭다.

> 二十樹下三十客(이십수하삼십객) 스무나무 아래의 설운 나그네에게
> 四十村中五十食(사십가중오십식) 망할 마을에서 쉰밥을 주는구나
> 人間豈有七十事(인간기유칠십사) 인간 세상에 어찌 이런 일이 있으랴
> 不如歸家三十食(불여귀가삼십식) 차라리 집에 돌아가 설은 밥을 먹느니만 못하다

이 시는 한자를 빌려서 우리말을 표현하면서 자신이 경험한 세태를 비꼬고 있다. 여기서 한자 '二十(스물), 三十(서른), 四十(마흔), 五十(쉰), 七十(일흔), 三十(서른)'은 각각 우리말 '스무, 설운(서러운), 망할, 쉰, 이런, 설은'에 대응된다. 조부를 욕하는 글을 써서 장원을 받은 사실에 괴로워하다 방랑하는 삶을 살기로 한 김삿갓은 전국을 방랑하면서 많은 시를 남겼는데, 그중에는 권력자와 부자를 풍자하고 조롱한 것이 많다. 이 시도 어찌 보면 전통적인 한시와 이를 향유하던 계층의 권위에 대한 도전이라고 볼 수 있다. 한자를 빌려서 오히려 한시의 격식을 깨뜨리려 했기 때문이다.

3 훈민정음은 어떤 문자인가

우리 고유의 문자가 없던 시대에도 한자를 빌려서 우리말을 쓸 수 있었지만, 이는 어려운 한자를 공부하고 사용할 수 있었던 일부 계층에 한정된 일이었다. 『조선왕조실록(朝鮮王朝實錄)』을 보면, 당시 관리들이 법률책인 『대명률(大明律)』조차 잘 이해하지 못해 곤란을 겪었음을 알 수 있다. 관리들도 이러한 상황에서, 일반 백성들이 한자를 쓰거나 읽는 것은 거의 불가능한 일이었다. 또한 앞서 살펴본 바와 같이 한문은 우리말과 구조가 달라 생각을 온전히 전달하기가 어려웠다.

이에 세종은 '우리말이 중국과 달라 문자로는 서로 통하지 않으므로 이러한 이유로 어리석은 백성들이 본인의 뜻을 펼 수 있도록' 우리만의 문자를 창제하기에 이른다. 이것이 '백성을 가르치는 바른 소리', 훈민정음의 창제이다. 훈민정음은 세종 25년인 1443년 음력 12월에 창제되어 세종 28년인 1446년 음력 9월 상순에 반포되었다. 훈민정음은 한글이라는 글자의 본래 이름이기도 하고, 훈민정음에 대해 설명한 한문 해설서의 이름이기도 하다. 이 절에서는 책인 '훈민정음', 곧 『훈민정음』 해례본에 소개되어 있는 훈민정음의 창제 원리를 살펴봄으로써, 한문이 실어 펴지 못했던 우리의 뜻이 어떻게 한글을 통해 실어 펴질 수 있었는지 생각해 보도록 한다.

제자 원리의 철학적 전제

『훈민정음』 해례본의 「제자해」에서 밝히고 있는 훈민정음의 첫 번째 제자 원리는 '음양오행(陰陽五行)'이다. 「제자해」의 첫 발화문은 "天地之

道 一陰陽五行而已(천지의 도는 오직 음양과 오행일 뿐이다)"인데, 여기서 음양과 오행은 성리학을 대표하는 중심 사상이다. 하늘과 땅, 즉 만물의 이치가 음양오행이라는 성리학적 인식은 뒤이어 살펴볼 자음자와 모음자의 제자 원리에 철학적 전제로서 기능한다. 특히 모음자의 제자 원리를 천지인(天地人)이라는 삼재(三才)로 설명하는 데서 이러한 전제가 잘 드러난다.

자음자의 제자 원리

『훈민정음』 해례본에서 밝히고 있는 자음자의 첫 번째 원리는 상형(象形)의 원리이다. 상형은 어떠한 형상을 본뜬다는 것인데, 훈민정음의 자음자는 발음 기관의 모양을 본떠서 만들었다고 기록되어 있다. 'ㄱ'은 혀뿌리가 목구멍을 막는 꼴을, 'ㄴ'은 혀가 윗잇몸에 닿는 모양을, 'ㅁ'은 입의 모양을, 'ㅅ'은 이의 모양을, 'ㅇ'은 목구멍의 모양을 본뜬 것이다.

자음자의 두 번째 원리는 소리의 세기에 따라 획을 더하는 가획(加劃)의 원리이다. 'ㄱ,ㄴ,ㅁ,ㅅ,ㅇ'의 다섯 글자를 상형의 원리로 만들었다면, 나머지 글자는 이 다섯 글자를 기본자로 하여 여기에 획을 하나씩 더해 만들었다.

(6) ㄱ → ㅋ

   ㄴ → ㄷ → ㅌ

   ㅁ → ㅂ → ㅍ

   ㅅ → ㅈ → ㅊ

   ㅇ → ㆆ → ㅎ

(6)에서 볼 수 있듯 획을 더할수록 글자들의 소리가 거세진다. 이와 같이 자음자는 소리의 세기를 획이라는 글자의 모양을 통해 체계적으로 표상하고 있다.

자음자 17자 중 나머지 'ㆁ, ㄹ, ㅿ'은 예외적인 글자이다. 'ㆁ'은 'ㅇ'에, 'ㄹ'은 'ㄴ'에, 'ㅿ'은 'ㅅ'에 획을 더한 모양이지만, 소리의 세기와는 무관하다.

자음자 17자는 초성 자음이었으며, 종성의 자음자는 이들 초성 글자를 그대로 다시 쓸 수 있도록 하였다. 이를 통해 훈민정음의 전체 문자 수가 줄어들어 백성들이 보다 쉽게 익힐 수 있게 되었다.

모음자의 제자 원리

우리말의 중성을 이루는 모음자의 기본자 역시 상형의 원리로 만들어졌다. 모음의 기본자는 'ㆍ, ㅡ, ㅣ'인데 이는 각각 하늘의 둥근 모양, 땅의 평평한 모양, 사람의 서 있는 모양을 본뜬 것이다. 즉, 모음자의 기본자는 천지인이라는 삼재의 모양을 본뜨고 있다. 삼재는 우주의 기본 요소로서, 이를 통해 훈민정음 창제에 깃든 우주관을 엿볼 수 있다. 나머지 모음자는 'ㆍ'와 'ㅡ, ㅣ'를 결합하여 만들어졌다. 전체 모음자는 'ㆍ, ㅡ, ㅣ, ㅗ, ㅏ, ㅜ, ㅓ, ㅛ, ㅑ, ㅠ, ㅕ'의 11자이다.

28자 이외 글자의 제자 원리

훈민정음은 28자 이외에 더 많은 글자를 가지고 있다. 먼저 병서(竝書), 즉 글자를 옆으로 나란히 쓰는 방법으로 글자들을 만들었다. 구체적으로 보면, 같은 글자를 나란히 쓰는 각자 병서(各字竝書)로 'ㄲ, ㄸ, ㅃ, ㅆ, ㅉ'과 같은 글자를 만들었고, 서로 다른 글자를 나란히 쓰는 합용 병서(合用竝書)로 'ㅺ, ㅼ, ㅽ, ㅄ, ㅴ'와 같은 글자를 만들었다. 현대 국어에서는 받침에서만 이러한 합용 병서가 쓰이지만, 훈민정음 창제 당시에는 초성에서도 쓰였다.

'ㅇ'을 이용한 연서(連書) 글자도 있었다. 연서는 위아래로 이어서 글자를 만드는 방식으로 'ㅂ' 아래에 'ㅇ' 자를 이어 'ㅸ'자를 만들었다. 이를 순경음이라 했는데, 순경음은 가벼운 소리로서 입술이 잠깐 닿으면서 목구멍소리가 나는 것을 말한다.

또한 훈민정음에는 자음자와 모음자 외에 성조를 표시하는 방점도 있었다. 방점은 비분절음인 운소를 표시하는 체계이다.

『훈몽자회』와
훈민정음 자모의 명칭

'ㄱ'의 이름은 언제부터 '기역'이 되었을까?『훈민정음』해례본에는 각 글자의 제자 원리는 상세히 기록되어 있지만, 이름은 나와 있지 않다. 박영준 외(2002: 161-163)에서는 훈민정음 해례에서 'ㄱ' 뒤에 붙은 조사 'ᄂ'을 바탕으로, 당시 'ㄱ'의 이름이 적어도 받침이 없는 모음으로 된 말일 거라 유추하고 있다.

훈민정음 자모의 명칭이 처음 등장한 것은 최세진이 지은『훈몽자회(訓蒙字會)』라는 책이다. 최세진(1468~1542)은 조선 전기의 어문학자로 당대 최고의 중국어·운서 연구 대가였다. 그가 쓴『훈몽자회』는 한자 학습서인데, 이 책의 앞머리에는 '언문자모(諺文字母)'라는 제목으로 훈민정음의 자모에 관한 설명이 쓰여 있다. 이 책이 학습서이며 훈민정음에 대한 설명이 책 서두의 일러두기 성격을 띤다는 점을 고려하면, 훈민정음에 대한 이 책의 설명은 당시 사람들에게 보편적으로 수용되는 내용일 거라 추측할 수 있다.

『훈몽자회』에서는 훈민정음의 자음자 명칭을 '尼隱(니은), 梨乙(리을), 眉音(미음)' 등으로 기록하고 있다. 여기서 첫째 글자는 초성에 사용되는 자음자의 소리를 드러내고, 둘째 글자는 종성에 사용되는 자음자의 소리를 드러낸다. 이러한 명칭은 음절 안에서 자음자가 사용되는 위치와 소리를 보여 주는 매우 체계적인 명명이라 할 수 있다.

그런데 여기서 '기역, 디귿, 시옷'에 해당하는 '基役, 池末, 時衣'는 전체적인 규칙에 다소 어긋나 보인다. 이는『훈몽자회』가 자모의 명칭을 한자를 이용해 표기했기 때문이다. 기본 한자 중에 '윽'이라고 표기할 한자가 마땅치 않았기에 종성의 음을 살리면서 어렵지 않은 한자를 찾다가 '역(役)'을 택했다. '읃'이라고 표기할 한자가 마땅치 않았기에 역시 종성의 음에 주목하되 한자의 훈을 빌려 '귿 말(末)' 자의 '귿'을 빌린 것이다. 마찬가지로 '옷'이라고 표기할 한자를 찾다가 '옷 의(衣)' 자의 훈을 빌려 표기한 것이다. 이것이 굳어져 지금에 이르렀다.

4 현대의 문자 인식은 어떻게 변화하고 있는가

문자를 안다는 것의 의미

훈민정음의 창제는 우리 문자 생활에 큰 전환점이 되었다. 우리는 이제 우리의 문자를 가지고 우리말을 표기할 수 있게 되었으며 이는 언어생활을 보다 기능적으로 변화시켰다.

그런데 문자를 가지고 말을 표기할 수 있다는 것은 이보다 더 큰 의미가 있다. 근래 국어교육계에서는 '문식성(literacy)'[4]에 대한 논의가 활발히 이루어지고 있다. 리터러시, 곧 문자를 읽고 쓰는 능력은 단순히 한글이라는 문자를 음소 단위로 익히는 것만을 뜻하지 않는다. 이는 낱낱의 문자를 아는 것을 넘어서 이들이 결합한 텍스트의 의미를 정확하고 적절하게 이해하는 것을 뜻한다. 나아가 이러한 텍스트들을 비판적으로 평가하는 것까지를 포괄한다. 또 때로는 '경제 리터러시, 과학 리터러시'와 같이 관련 텍스트를 생성하는 특정 분야에 대한 앎까지 의미하기도 한다.

그렇다면 세종이 말한 '이르고자 할 바를 실어 펴서 날마다 쓰는 데 편하게 함'의 의미는 어디까지일까. 훈민정음 창제 서문에 밝힌 이 말이 지닌 의미는 시대·사회·문화의 변화에 따라 분명 달라지고 있다.

....

4 'literacy'에 대한 번역어는 학자에 따라, 논의 장면에 따라 '문식성, 문식력, 문해력' 등으로 다양하게 구성되며, 각각은 다른 초점을 지닌다. 여기에서는 '문식성'이라는 개념을 사용하여 이러한 서로 다른 초점을 함축하고자 한다.

현대의 또 다른 문자 인식

앞서 설명했듯 한글은 표음 문자이며 음소 문자이다. 그런데 근래 들어 한글의 자모를 소리가 아닌 모양에 주목하여 변형적으로 사용하는 경우가 있다.

(7) 가. 팔도비빔면 → 팔도네넴띤
　　 나. 멍멍이 → 댕댕이
　　 다. 귀엽다 → 커엽다

(7)은 각각 'ㅍ, 비, 며, 머, 귀'와 '고, 네, 띠, 대, 커'의 글자 모양의 유사성에 착안하여 이들을 교체하여 사용하는 사례이다. 교체의 단위는 음소 단위가 되기도 하고 그 이상의 단위가 되기도 하여 일관성이 있지는 않다. 항간에는 이들을 '민간'을 의미하는 '야(野)-'를 붙여 '야민정음'이라 일컫기도 한다. 이른바 '야민정음'을 두고 혹자는 한글 파괴라고 우려하기도 하고 혹자는 창조적인 문자 사용이라 평가하기도 한다.

그런데 이러한 변형적 사용은 한글의 자모에만 한정되지는 않는다.

(8) 가. **ᴸᶠ** LDF(Lotte Duty Free) → 냠
　　 나. **ㅂㅐ** 배 → IdH

(8가)는 알파벳 문자 'L, F, D'를 한글 'ㄴ, ㅑ, ㅁ'으로 사용한 사례이고, (8나)는 필기체로 쓴 한글 '배'의 'ㅂ'과 'ㅐ'를 알파벳 'Id'와 'H'로 사용한 사례이다. 이들은 모두 기존의 문자 체계에서 설명하는 소리나 의미가 아

닌 '모양'에 주목하여 문자를 사용하고 있다. 이러한 경향은 매체의 변화와 밀접한 관련을 맺는다. 문자 언어만으로 메시지를 보내는 PC통신이나 휴대전화의 문자 시스템에서 각각의 글자를 화자의 감정을 표현하기 위한 수단으로 사용하기 시작한 것이다. 이때 사용된 대표적 사례인 'ㅜㅜ'(우는 모습) 역시 모음 'ㅠ'의 모양에 주목한 결과이다.

(7)이나 (8)과 같은 사례에서 문자가 표상한 것은 이미 존재하는 문자의 모양이라는 점에서, 말의 소리나 의미를 표상한 기존 문자와는 차이점을 보인다. 즉, 이들은 이미 존재하는 문자의 특정 부분에 주목하여 이를 다시 표상한 문자에 해당한다. 이러한 표상의 순기능과 역기능에 대해서는 각자 생각이 다르겠지만, 이것이 현대의 담화 공동체가 문자를 향유하는 하나의 방식임은 분명하다.

14장
국어 정책

내가 시리와 말을 섞은 건 최근 일이다. 시리의 재치에 관한 소문은 익히 들어 왔지만 직접 대화해 볼 마음은 없었다. 아직 자판 검색이 더 편한 데다 기계와 얘기하는 게 왠지 멍청하게 느껴져서였다. 그런데 그날, 며칠간 긴 잠을 자다 눈을 뜬 새벽, 침대 위에서 어렴풋이 어둠을 감지하는데 빗소리가 들렸다. 정확한 시간은 알 수 없으나 주위가 캄캄한 걸 봐 자정이 넘은 듯했다. …

탁자 위로 손을 뻗어 휴대전화를 찾았다. 어둠 속 손끝 감각에 의지해 홈 버튼을 누르자 작고 네모난 기계가 기침하듯 빛을 쏟아냈다. 눈이 시어 얼굴을 찌푸리다 다시 화면을 봤다. 그런데 그날따라 내가 홈 버튼을 좀 길게 눌렀는지, 액정 위로 각종 기능이 들어찬 익숙한 화면 대신 낯선 영상이 떴다. 밤하늘처럼 어둡고 텅 빈 화면이었다. 이윽고 그 안에서 친근한 목소리가 흘러나왔다.

— 무엇을 도와드릴까요?

— ……

이상하게 남편의 옛 친구를 만난 것처럼 애틋한 기분이 들었다. 잠시 망설이다 의구심 반 호기심 반으로 입을 뗐다.

— 안녕.

시리가 응답했다.

— 반가워요.

다소 어색한 억양의 음성과 함께 화면 상단에 '반가워요'라는 말이 그대로 찍히는 게 보였다. 누구에게도 위화감을 주지 않을 네모나고 단정한 글씨체였다. 용기 내 조금 더 엉뚱한 말을 던져 보았다.

— 나는 행복해요.

인간의 복잡한 감정이랄까 거짓말을 분간 못하는 기계를 시험하듯 건넨 말이었다. 시리는 건전하고 또박또박한 말투로 침착하게 답했다.

— 덕분에 저도 행복해지는 것 같아요.

— ……

그저 매뉴얼대로 답한다는 걸 알면서도 예상치 못한 답변에 약간 반감이 일었다.

— 아니에요. 슬퍼요.

나는 앞의 말을 정확히 반대로 뒤집어보았다. 어린아이 입에 고기 넣어 주듯, 시리가 인간의 언어를 잘 알아들을 수 있게 먹기 좋은 크기로 잘라 말한 거였다.

— 제가 이해하는 삶이란 슬픔과 아름다움 사이의 모든 것이랍니다.

— ……

위안이 된 건 아니었다. 이해받는 느낌이 들었다거나 감동한 것도 아니었다. 다만 시리로부터 당시 내 주위 인간들에게선 찾을 수 없던 한 가지 특별한 자질을 발견했는데, 그건 다름 아닌 '예의'였다.

(김애란, 「어디로 가고 싶으신가요」)

———

'나'는 급작스럽게 남편을 잃었다. 교사인 남편은 물에 빠진 학생을 구하려다 영영 돌아오지 못했다. 상실감도 의식하지 못한 채 시간을 그저 흘려보내던 '나'는 어느 날 우연히 스마트폰 기기에 탑재된 대화형 개인 비서 서비스인 시리(SIRI)와 대화하면서 '묘한' 위로를 받는다. 인공지능의 시대, 대화형 인터페이스는 인간처럼 소통하는 로봇을 향해 지금도 달려가고 있다. 인간과 자유자재로 소통하는 로봇은 과연 만들어질 수 있을까?

- 국어가 처한 환경은 어떠하며 국어생활은 어떻게 변화하고 있는가? 이러한 환경에 발맞춰 국가는 어떠한 국어 정책을 수립·실행하고 있는가?
- 주요 국어 정책 중 하나인 국어 정보화는 어떠한 방향으로 전개되고 있으며, 우리 삶에서 어떠한 의미를 지니는가?

1 오늘날 한국어가 처한 환경은 어떠하며 국어생활은 어떻게 변화하고 있는가

늘 그렇듯 세상은 빠르게 바뀌고, 변화에 맞추어 우리 삶도 바뀐다. 기술이 발전하고 새로운 매체가 생겨나면서 사회도 복잡하고 다양해졌다. 이에 따라 우리의 삶의 태도가 달라지고 언어도 분화하며 소통 방식도 변하고 있다. 이러한 최근의 변화를 보여 주는 몇 가지 장면을 스케치하듯 살펴보도록 한다.

SNS, 풍요로운 자기 서사의 시대

SNS 공간에서 인간관계의 폭과 영향력은 얼마나 많은 '페친'과 '팔로워'를 가지고 있는가로 가늠된다. 내 게시물에 '좋아요'가 얼마나 찍히고 내 트윗이 얼마나 '리트윗'되는가에 따라 그날의 기분이 달라진다. 이른바 '핫'한 장소, 사물, 행위에 관한 사진들로 넘쳐 나는 인스타그램은 '소유'보다 '경험'이 더 중요한 시대의 서막이다. 지인(知人)은 지역과 국가와 세대를 넘어 말 그대로 무한대까지 확장될 수 있고, 이들과 시공간을 넘어 취향과 의견을 내밀하게 나누는 것도 얼마든지 가능해졌다. 사람들은 SNS 공간 안에서 나를 드러내는 데—설사 그것이 '포장'일지라도—거리낌이 없다. 자신의 욕망과 생각과 의견을 글로 표현하고 나누기를 주저하지 않는다. 이른바 풍요로운 자기 서사의 시대이다. 언어가, 글쓰기가 자기 표현의 수단이라는 점이 이만큼 들어맞는 시대가 있었던가.

잊힐 권리와 디지털 장의사

인터넷 공간 속속들이 뿌리내린 내 흔적들, 그렇게 '언어화된 나'는 때론 위협적인 칼이 되어 돌아오기도 한다. 세치 혀가 칼이 아니었던 적은 한 번도 없다 하나, 한번 활자화된 생각과 상념은 돌이킬 수 없다. 아차하고 삭제해 봐도, 누군가의 발 빠른 '캡처'로 유령처럼 되살아나 이곳저곳을 떠돈다. 토해 내는 게 쉬운 만큼 주워 담는 건 더 어려워졌다. 인터넷 공간에 박제된, 기억도 나지 않는 예전의 '나'가 구옥(口獄)이 되어 지금의 나를 공격하고 옭아매는 시대, 이른바 '잊힐 권리'[1]가 없어진 시대다. 그러니 내 흔적을 속속들이 살뜰히 지워 주는 '디지털 장의사'[2]가 필요할밖에.

당신의 카톡은 안녕하십니까

언제 어디서든 수시로 편하게 의견 교환이 가능한 카카오톡(카톡) 채팅이 소통을 강요당하는 부담스러운 공간이 되는 것도 순식간이다. 수신 확인 여부를 나타내는 숫자 '1'은 없애기도 남기기도 신경 쓰이는 존재다. 당당하게 '읽씹'하고 싶은데 그러기엔 용기가 필요하다. 포털에는 '내가 수신 차단하면 상대방이 아나요?' 같은 질문들이 넘쳐 난다. 한편 '아이 선생님께 퇴근하고 저녁 7시에 카톡을 보내는 게 비매너인가요?', '메시지를 읽고 답톡을 몇 분 내에 보내야 괜찮은가요?'와 같은 질문들은 SNS 공간에서의 언어 규범이 채 확립되지 않은 현 시점의 난맥상을 고스란히 보

---

1 '잊힐 권리(right to be forgotten)'란 인터넷 이용자가 SNS나 포털 게시판에 올린 자신의 글을 삭제해 달라고 요청할 수 있는 권리를 의미한다. 구글 검색 기록 삭제를 요청한 소송에 대한 2014년 유럽사법재판소(ECJ)의 판결에서 제기된 개념이다. 잊힐 권리를 둘러싼 논쟁은 '표현의 자유' 대 '개인 사생활 보호', '공공 정보의 은폐·삭제에 따른 사회적 비용' 대 '개인 정보의 자기결정권 강화'의 구도로 여전히 현재 진행형이다.
2 '디지털 장의사'는 인터넷 이용자가 작성한 SNS나 포털 게시물을 관리, 삭제해 주는 서비스 대행업종을 의미한다. 2017년 한국고용정보원이 '5년 내 부각될 새로운 직업' 중 하나로 선정한 바 있다.

여 준다. 또한 단체 채팅방에 아이 하나를 불러 놓고 의도적으로 그 아이를 따돌리거나 집단으로 언어폭력을 퍼붓는 이른바 '단톡방 왕따'가 단순히 말장난이 아니라 학교폭력대책자치위원회 접수 대상이 된 지 오래다. 그러니 맞춤법 파괴, 국적 불명의 언어, 세대 간 단절, 이들만 주시하지 말 것. 카톡 언어의 세계는 넓고도 넓다.

가짜 뉴스

지상파 방송과 몇몇 종합 일간지가 의제를 형성하고 여론을 만들어가던 시대는 종말을 고했다. 종편을 포함한 수십 개의 케이블 채널에서 24시간 뉴스가 송출되고 있고, 이름도 모를 인터넷 신문들이 수도 없이 뉴스를 쏟아 낸다. 유명인들의 유튜브 기반 1인 미디어 역시 몇십만을 상회하는 조회수로 만만치 않은 영향력을 과시한다. 언론의 책무와 윤리에 대한 엄격한 자성이 뒷받침되지 않는 한, 팩트 체크가 안 된 가짜 뉴스[3]가 언제든지 만들어질 수 있고 SNS 공간을 통해 확산될 수 있는 시대이다. 가짜 뉴스의 최대 폐해는, 잘못된 것을 믿게 하는 것이라기보다 진실을 외면하게 하는 것일 수 있다. 내 입맛에 맞지 않는 뉴스를 '가짜 뉴스'라고 규정하고 외면해 버리면 그만일 때, 언론도, 비판적 대중도, 비판적 읽기도 설 자리를 잃는다.[4]

....

3 '가짜 뉴스'는 '정치·경제적 이익을 위해 의도적으로 언론 보도의 형식을 하고 유포된 거짓 정보'(황용석·권오성, 2017)를 의미한다. 뉴스가 전통적 미디어인 신문, 방송에서 SNS, 포털 등 디지털 미디어 플랫폼으로 옮겨 가면서부터 글로벌 IT 기업들은 디지털 뉴스 중개자에서 가짜 뉴스의 온상지가 되었다.

4 가짜 뉴스가 확대 재생산되는 기제에는 개인별 맞춤형 정보를 선별적으로 제공하는 소셜 미디어의 알고리즘이 관련되어 있다. 개인화된 알고리즘은 특정 뉴스를 유표화하여 이용자가 특정 정보만 편식하게 되는 필터 버블(filter bubble) 현상(Pariser, 2011)을 초래하며, 이는 개

혐오 표현

집값과 물가가 높고 고용 시장이 불안정하며 사회적 안전망이 취약한 사회는 위험 사회(risk society)이다. 우리 사회가 그러하다. 주변부로 밀려나 탈출구를 찾지 못한 개인들의 누적된 분노는 잠재적 위험 요소로서, 자칫 불특정 다수에 대한 무차별 공격으로 이어질 수 있다. 그러한 공격은 대개 소수자와 약자에 대한 혐오로 표출된다. 이미 우리 사회에는 여성, 노인, 이민자나 난민, 외국인 노동자, 성 소수자에 대한 혐오가 팽배하며 나날이 그 정도가 심해지고 있다. 이러한 혐오는 익명성이 작동하는 인터넷 공간에서 더 적나라하게 나타난다. 그 결과 혐오 표현이 넘쳐 나고, 사려 깊지 못한 대중 매체는 부지런히 이를 확대 재생산한다. 이런 과정에서 혐오 표현이 다시 혐오를 낳고, 급기야 물리적 폭력으로까지 이어지는 악순환이 나타나고 있다. 혐오의 사슬, 어디서 끊어야 할 것인가.

팬시 상품 한국어

우리 국어와 국어생활이 풍요로우면서도 위태로운 데 비해, 한국어는 대외적으로 일견 거칠 것이 없어 보인다. 기획사의 체계적인 시스템으로 훈련된 아이돌을 전면에 내세운 케이팝과 나날이 소재와 영역을 넓혀 가는 세련된 우리 드라마 덕분이다. 한국어 학습자의 수는 지속적으로 늘고 있고, 그에 비례해 한국어교육 기관의 수도 늘어나고 있다. 이러한 한국어교육 수요의 급증과 12위권에 해당하는 한국어 사용자 수는 소멸 위기의 처한 수많은 소수 언어들(endangered languages)의 처지를 감안할 때,

인의 편견과 고정 관념을 강화시킨다. 그리고 자신의 가치관과 부합하는 정보에만 주목하려는 확증편향성을 충족하고자 하는 욕구로 인해 다시 가짜 뉴스를 소비하는 악순환이 일어난다.

대단히 고무적인 일임에 틀림없다. 지금 분명, 한국어는 제법 팬시한 글로벌 상품이다. 인위적인 부양책으로는 쉽게 도달할 수 없는 고무적인 성취이다. 그러나 한때 아시아 영화 시장을 휩쓸었던 홍콩 영화의 몰락은 특정 대중문화에 대한 선호가 영원하지 않다는 점을 잘 보여 준다. 또한 케이팝이나 한국 드라마에 대한 애호가 곧 한국어에 대한 애호와 동일시되는 것도 아니다. 문화계에 빚진 지금의 성취를 어떻게 이어 갈 것인가, 고민이 필요한 시점이다.

제2언어 또는 공용어로서의 한국어, 타자화된 '그들'

귀국 자녀, 재외 국민 2·3세, 북한 이탈 주민, 결혼 이주 여성, 중도 입국 자녀, 장기 거주 외국인 노동자와 유학생…. 우리 사회에 이른바 분절된 언어(broken language)를 구사하는 구성원이 증가하고 있다. (국내에 거주하는 한국인에게는) 국어, (국내 또는 외국에 거주하는 외국인에게는) 외국어, 그리고 (외국에 거주하는 2·3세 동포에게는) 계승어(heritage language)로 존재했던 한국어가 우리 사회 누군가에게 '제2언어'로 존재하는 상황, 그리하여 '국어' 대신 '공용어'가 더 적절해 보이는 상황은 한국인으로 태어나 한국어를 쓰며 살아온 우리에겐 다소 낯설다. 국어가 아닌 공용어로서 한국어에 필요한 규범은 따로 존재하는가? 강력한 정치적 장치이자 근대적 상상의 산물인 '국어'라는 사상(이연숙, 2006)에 의해 어김없이 타자화(他者化)되고 있는 이들 구성원들, 국어를 공용어로서 습득하고 학습하는 이들과 함께 살아가기 위해 갖춰야 할 공정한 태세와 윤리는 무엇인가? 그러한 태도는 '학교'라는 다소 기능주의적인 제도와 시스템 안에서 어떻게 온당하게 가르치고 배울 수 있는가?

2 국가는 어떠한 국어 정책을 수립·실행하고 있는가

앞에서 살펴보았듯, 지금 이 순간에도 우리의 국어생활과 국어 환경은 달라지고 있다. 의사소통의 방식과 규준이 흔들리고 변화하고 있으며, 국어 사용자가 다양해지면서 국어 또는 한국어의 외연마저 재정의해야 할 시점에 도달했다. 굳이 '언어의 역사성'을 거론하지 않더라도 국어를 둘러싼 우리 삶의 양태는 속도에 차이가 있을 뿐 늘 변해 왔다. 언어는 사회 구성원들이 상호 소통하는 토대인 동시에 정체성과 연대감을 형성하는 원천이 된다는 점에서, 국가 차원에서 이러한 변화를 직시하고 우리의 국어 및 국어생활을 체계적으로 관리하고 지원할 필요가 있다. 이것이 국어 정책에 주목해야 하는 이유이다.

「국어기본법」의 제정과 의의

표준국어대사전의 정의에 따르면 '언어 정책'이란 국가가 그 나라의 언어를 통일·발전시키려고 쓰는 정책을 통칭한다. 동서양을 막론하고 국가 차원의 언어 정책이 대개 근대 국가 성립 이후에 시행되었다는 점을 고려하면, 8세기 신라 경덕왕 때 지명과 인명 등의 표기 방식을 새롭게 정비한 것이나, 15세기 세종이 문자 정책을 통해 훈민정음을 창제하고 보급한 것은 언어 정책의 측면에서 세계적으로도 매우 획기적이며 예외적인 사례라 할 수 있다(박창원, 2011: 34). 이처럼 우리나라의 국어 정책은 근대 국가가 성립되기 훨씬 전까지 그 연원을 거슬러 올라갈 수 있으며, 근대 국가 성립 이후에는 표준어 사정, 한글 맞춤법 제정, 국어사전 발간 등 굵직굵직한 정책을 통해 국어를 정비하고 발전시키려는 노력을 지속해 왔다. 이러한 국어 정책사에서 획기적인 전기를 마련하게 된 계기가 있으니, 바로 2005년에 제정·시행된 「국어기본법」이다.

「국어기본법」이 제정되기 전에도 우리말과 글에 대하여 「한글 전용에 관한 법률」(1948 제정, 2005 폐지), 「문화 예술 진흥법」(1972 제정) 등의 개별 법령에서 산발적으로 규정한 내용은 있었으나, 국어 사용의 진흥에 관한 기본 법령이 없어 정책의 실효성을 확보하기 어려웠다. 이에 따라 국어 정책의 실효성 확보 및 국어의 진흥·육성을 위한 법적·제도적 기반을 마련하고자 「국어기본법」을 제정하였다.

2005년 제정되고 2011년 개정된 「국어기본법」은 총 5장 27조로 이루어져 있다. 제1장은 기본적 사항을 담고 있는 총칙이며, 제2장은 국어 발전 기본계획의 수립 등에 관한 사항, 제3장은 국내외에서의 국어 사용의 촉진 및 보급에 관한 사항, 제4장은 우리 국민의 국어능력 향상에 관한 사항을 담고 있다. 제5장은 보칙으로 부수적인 내용을 담고 있다.

특히 아래에 제시된 「국어기본법」 제2장 제6조에서 볼 수 있듯, 이 법에서는 국가가 국어 발전 기본계획을 지속적으로 수립·시행하여야 함을 명기함으로써 국가 수준에서 국어 정책을 마련해야 할 법적 근거를 제시하고 있다.[5]

> 제6조(국어 발전 기본계획의 수립) ① 문화체육관광부장관은 국어의 발전과 보전을 위하여 5년마다 국어 발전 기본계획(이하 "기본계획"이라 한다)을 수립·시행하여야 한다.
> ② 문화체육관광부장관은 기본계획을 수립하고자 하는 경우에는 제13조의 규정에 의한 국어심의회의 심의를 거쳐야 한다.

....
5 「국어기본법」 및 시행령, 시행규칙의 세부 내용은 국가법령정보센터(http://www.law.go.kr)에서 확인할 수 있다.

③ 기본계획에는 다음 각 호의 사항이 포함되어야 한다.

1. 국어정책의 기본 방향과 추진목표에 관한 사항
2. 어문규범의 제정 및 개정 방향에 관한 사항
3. 국민의 국어능력 증진과 국어사용 환경의 개선에 관한 사항
4. 국어정책과 국어교육의 연계에 관한 사항
5. 국어의 가치를 널리 알리고 국어문화 유산을 보전하는 일에 관한 사항
6. 국어의 국외 보급에 관한 사항
7. 국어의 정보화에 관한 사항
8. 남북한 언어통일 방안에 관한 사항
9. 정신상·신체상의 장애로 인해 언어사용에 어려움을 겪고 있는 국민과 국내 거주 외국인의 국어사용 상의 불편 해소에 관한 사항
10. 국어 순화와 전문용어의 표준화·체계화에 관한 사항
11. 국어 발전을 위한 민간 부문의 활동 촉진에 관한 사항
12. 그 밖에 국어의 사용·발전 및 보전에 관한 사항

위 제6조에서 알 수 있듯 국가 수준에서 국어의 진흥과 발전을 위해 다루어야 할 내용은 어문 규범의 제·개정부터 남북한 언어 통일까지 매우 폭넓고 다양하다. 「국어기본법」이 제정됨으로써 장기적인 국어 정책을 통해 이러한 다양한 내용이 법령에 근거하여 민관 협력하에 체계적으로 수립·시행되어 올 수 있었다.

그러나 「국어기본법」의 의의는 무엇보다 '국어기본법이 존재한다는 것 그 자체'(박창원, 2015: 12)일 것이다. 「국어기본법」의 존재 자체가 국가가 국어의 진흥과 발전을 위해 별도의 법령을 두어 국어를 체계적으로 관리·지원·진흥하겠다는 명백한 선언이기 때문이다.

국어 정책의 시행 기관

「국어기본법」에 명시되어 있듯이, 국어 정책의 주무 기관은 2020년 현재 문화체육관광부 국어정책과이다. 문화체육관광부가 정책을 수립·시행하고, 국어심의회가 이들 정책의 심의를 담당한다. 그 밖에 국립국어원과 국립한글박물관이 국어 정책을 위한 핵심 연구기관으로서 역할을 수행하고 있으며, 국어문화원으로 지정된 국어 관련 전문기관이나 단체 또는 대학의 부설기관 등이 국민들의 국어 능력 증진, 국어에 관한 상담 및 교육을 담당함으로써, 국어 정책의 수립과 실행을 위한 민관 협력 체제가 구축되어 있다.

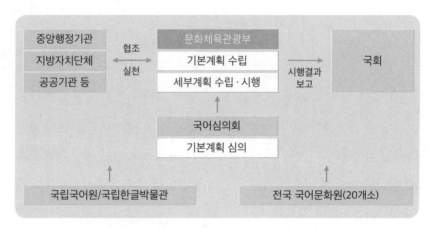

그림 14-1 국어 정책의 시행 기관

국어 정책 수립 및 실행 사례

「국어기본법」 제정 이후, 국가에서는 매 5년마다 '국어 발전 기본계획'을 수립·실행하고 있으며, 2020년 현재 제3차 기본계획(2017~2021)을 확인할 수 있다. 이들 기본계획은 국가 수준의 국어 정책의 폭과 깊이를 잘 보여 주는 자료로서, 이를 통해 각 시기별로 국가가 어떠한 국어 정책을 수립·실행하고 있으며, 그 결과는 어떠한지 전체적으로 조망해 볼 수 있다. 제3차 국어 발전 기본계획은 그림 14-2와 같이 국어 정책의 목표, 추진 전략 및 추진·실행 과제를 제시하고 있다.

일례로, 추진 과제 03(국민 언어 통합을 위한 사회·문화적 환경 구축) 중 '언어 취약 계층 지원'을 위한 국어 정책의 일환으로 실행되고 있는 한국수어 관련 정책을 구체적으로 살펴보자.

한국수화언어(약칭 한국수어)는 대한민국 농인의 공용어이다. 한국수화언어가 국어와 동등한 자격을 가진 농인의 고유한 언어임을 밝히고, 한국수화언어의 발전 및 보전의 기반을 마련하여 농인과 한국수화언어사용자의 언어권과 삶의 질을 향상시키는 것을 목적으로 2016년에 「한국수화언어법」이 제정·시행되었다. 그리고 해당 법령에 의거하여, 국가에서는 5년마다 한국수어 발전 기본계획을 수립하고 시행·점검하고 있다.

제1차 한국수어 발전 기본계획(2018~2022)에서는 '가까이 다가가는 언어, 함께하는 한국수어'라는 목표하에, '① 한국수어 능력 향상 및 보급, ② 한국수어 관련 제도의 안정적 운영 기반 마련, ③ 한국수어 사용 환경 개선을 위한 기반 구축'을 3대 중점 추진 과제로 설정하였다. 그리고 한국수어 교육과정 및 교재 개발, 한국수어 교원 양성, 한국수어교육원 지정 및 한국수어문화학교 운영, 한국수어 교원자격제도 운영, 한국수어 사용 실태 조사, 한국수어 사전 정비 및 구축 등 세부 정책 과제들을 수행함으로써, 한국수어 사용 환경을 개선하고 국민의 한국수어 능력을 향상시키고자 체계적인 노력을 기울이고 있다.

목표	온 국민이 누리는 국어, 전 세계가 함께하는 한국어
추진 전략	• 언어 환경과 언어 현실을 반영한 국어정책 수립 • 국어능력 향상과 바른 언어생활을 위한 여건 개선 • 사회 통합을 위한 원활한 의사소통 환경 조성 • 학습자 중심의 한국어교육 기반 강화 및 질적 도약 • 한글의 가치와 한글문화의 국내외 확산

추진 과제	실행 과제
01 수요자 중심의 언어정책 기반 조성	• 어문규범 현실화 • 국어사전의 개방적 운영 및 활성화 • 언어 정보 자원 구축 및 활용 • 국어 기본어휘 선정 및 어휘 등급화
02 바르고 편리한 언어 환경 지원	• 공공언어 개선 활성화 • 바른 언어문화 기반 조성 • 국민의 국어 능력 향상 지원 • 지역 언어문화 기반 국어문화원 활성화
03 국민 언어 통합을 위한 사회·문화적 환경 구축	• 남북 언어 통합 기반 구축 • 특수 언어 환경 개선 및 보급 확대 • 언어 취약 계층 지원 • 사회·지역 방언 정보의 구축과 활용
04 한국어 확산과 교육 기반 강화	• 국외 한국어 보급 대표 기관으로 세종학당 육성 • 한국어교육 체계화 및 기반 강화 • 한국어교원 자격 제도 운영 및 교원 연계망 구축 • 한국어교원 연수 과정 운영
05 한글문화 진흥 및 향유 확대	• 다양한 한글문화 자원의 수집 및 전시 • 한글문화 연구·교육 및 산업화 기반 구축 • 한글날 기념 및 한글문화 관련 포상 • 국립세계문자박물관 건립

그림 14-2 제3차 국어 발전 기본계획(문화체육관광부, 2017)

사건번호 2012헌마854, 「국어기본법」위헌청구심판 공개 변론의 날*

2016년 3월 22일, 헌법재판소에서는 「국어기본법」에 대한 위헌청구 심판의 공개 변론이 열렸다. 「국어기본법」에서 국어를 표기하는 글자로 한자를 언급하지 않은 것, 예외적인 경우가 아니면 공문서를 한글로만 작성하도록 한 것, 초·중등학교 교과용 도서에 한자 혼용을 금지한 것 등이 국민의 행복추구권, 표현의 자유, 학습권, 출판권 등을 침해한다며 2012년 10월 22일 헌법소원이 제기된 지 꼬박 3년 반 만이었다. 사건번호는 2012헌마854.

'한자는 우리 글자 중 하나이며, 한자어는 한자로 적을 때 의미가 명확히 전달될 수 있다'는 것이 청구인들의 기본 입장이었다. 청구인들은 한글 전용이 문해력 저하를 초래하고, 동음이의어 처리에 어려움이 있으며, 한자 문화권 교류에 한자가 유용하다는 등의 이유로 한자 혼용을 해야 한다고 주장하였다. 오랜 기간 교육계를 뒤흔들어 왔던 '한글 전용'과 '한자 혼용', 양측의 해묵은 논리가 법리 다툼의 형태로 다시금 치열하게 맞붙는 순간이었다.

헌재는 양측에 2명씩 참고인을 요청했고, 문체부는 그중 1인으로 이건범 한글문화연대 대표를 내세웠다. 청구인들이 낸 심판청구서와 보충의견서는 모두 200여 쪽에 달했다. 시각장애가 있는 이 대표에겐 꼼꼼히 읽어 내는 것조차 쉽지 않은 방대한 분량이었다. 남아 있는 약간의 시력을 쏟아부어야 하는 고통스러운 작업을 거쳐 작성한 120여 쪽의 참고인 의견서를 들고, 이 씨는 아홉 명의 재판관 앞에서 다음과 같이 공개변론을 시작했다.

저는 1급 시각장애인입니다. 지금 저는 한자뿐만 아니라 한글도 읽을 수 없는 상태입니다. 청구인들이 냈던 아주 긴 심판청구서와 보충의견서를 저는 음성 합성 소프트웨어를 통해서 다 들었습니다. 그 안에는 동음이의어도 있었고 제가

....
* 이건범(2017)을 참고하여 재구성하였다.

모르는 낱말도 분명히 있었습니다. 그러나 음성 합성 소프트웨어를 통해서 소리로 듣고 그 말뜻을, 그리고 문장 전체를 이해하는 데 큰 어려움은 없었습니다. 모르는 낱말은 옆 사람들의 도움을 받아 사전을 찾아서 이해했습니다. 한자어라고 해서 한자로 표기되지 않으면 뜻을 알 수 없을까요? 저는 이런 주장이 성립되지 않는다고 생각합니다. 우리가 말로 이해할 수 있는 한자어 낱말을 왜 그 낱말 소리대로 한글로 적었을 때 이해하지 못하겠습니까.

단적으로 중국의 시각장애인들 예를 들어 보죠. 중국은 표의 문자인 한자를 사용하는 나라입니다. 그런데 중국의 시각장애인들은 한자를 본 적이 없습니다. 그렇다면 이 사람들은 중국어 낱말의 뜻을 어떻게 알 수 있을까요? 대화와 체험을 통해서, 남들의 설명과 자신의 사용 경험을 통해서 알게 되는 겁니다. 자, 그런 것들은 그렇다 치더라도, 중국에서 사용하는 점자는 어떤 것일까요? 중국의 시각장애인들을 위한 점자는 전적으로 표음 문자 원리에 입각해 있습니다. 중국의 시각장애인들은 표음 원리의 점자를 이용하여 중국어로 된 책을 읽는 거죠. 무슨 말씀이냐 하면, 우리가 말로 사용하는 단어, 그리고 그 단어를 사용하는 경험들이 실제로 문자로 되어 있는 단어를 읽는 경험보다 앞서고 매우 중요하다는 겁니다.

2016년 11월 24일, 헌재는 "한자어를 굳이 한자로 쓰지 않더라도 앞뒤 문맥으로 그 뜻을 이해할 수 있는 경우가 대부분이고, 뜻을 정확히 전달하기 위하여 필요한 경우에는 괄호 안에 한자를 병기할 수 있으므로 한자 혼용 방식에 비하여 특별히 한자어의 의미 전달력이나 가독성이 낮아진다고 보기 어렵다."며 위헌청구소송을 모두 기각, 각하하였다. 다만, "중·고등학교에서는 한자교육이 우리 전통에 대한 이해와 사고를 기르고, 우리말의 어휘력을 향상시키며, 각 교과의 필수 과목을 이해하는 데 도움을 주는 등 학생들의 교육적 성장과 발전에 도움을 줄 수 있다."고 덧붙여 한자의 기여도 역시 분명히 하였다. 해방 공간에서 시작되어 정권이 바뀌고 교육과정 정책이 바뀔 때마다 수면 위로 올라오곤 했던 해묵은 논쟁이 법리적으로 종결되는 순간이었다.

3 국어 정보화란 무엇이며 우리 삶에서 어떠한
의미를 지니는가

매체 및 기술이 발전함에 따라 지식의 생산·유통·소비가 아카데믹한 학문의 전당에서만 이루어지는 시대는 예전에 종말을 맞이했다. 세상사 모든 지식을 머릿속에 넣어 두는 것이 지식인의 징표였던 시대도 지났다. 누구든 지식의 생산과 구축, 재구성에 참여할 수 있도록 열려 있는 개방형 사전(백과사전으로는 위키백과, 언어사전으로는 국내의 '우리말샘' 사전 등)의 등장은 집단 지성이 인터넷이라는 매체를 만나 지식을 구성해 가는 양상을 보여 주는 대표적인 사례이다. 자동 통번역 시스템은 외국어 능력이라는, 소수의 사람들만 가능했던 고차원적 능력을 삽시간에 '기계가 하면 될 일'로 만들어 버리고 있다. 이처럼 IT 기술에 힘입어 전자화된 언어 정보는 지식의 의미도, 소통 방식도 모두 바꾸어 가고 있다. 정보의 가치는 그것이 정형·비정형의 텍스트 형태로 전자화되어 검색 가능한 형태로 존재하는가 그리고 체계적이고 효율적인 검색 엔진으로 해당 정보에 손쉽게 접근할 수 있는가에 따라 결정된다. 즉, 전자화된 형태의 방대한 자료 구축 및 그것에 체계적으로 접근하기 위한 효율적인 시스템의 개발, 이것이 변화하는 지식 및 정보 소통 구조가 요구하는 필요조건이다.

한편, 대중 매체를 통해 정보가 주로 일방향적으로 생산·배포·공유되던 시대가 저물고 내 손안의 컴퓨터인 스마트폰의 도입으로 1인 1매체 시대가 열렸다. 스마트폰을 기반으로 한 웹과 SNS를 통해 실시간으로 정보를 소통할 수 있게 되었다. 개인들이 쏟아 낸 수많은 언어들은 로그 기록이 되어 그 자체로 거대한 정보를 이루고, 이를 보는 사람들은 나도 모르는 '나', 우리도 모르는 '우리'를 그럴듯하게 추론하고 설명하기 시작한다.

국어로 된 이 거대한 정보들을 어떻게 효율적으로 활용할 것인가 하는 문제가 새롭게 대두되는 시점이다.

이와 같은 최근의 국어 현실을 관통하는 핵심어는 '국어 정보화'이다. 여기에서는 국어 정보화란 무엇이며, 어떠한 방향으로 전개되고 있는지, 그것이 우리에게 주는 의미는 무엇인지 살펴보도록 한다.

국어 정보화와 말뭉치

「국어기본법」 제6조 3항에서는 국어 발전 기본계획을 수립해야 할 항목 중 하나로 국어의 정보화를 꼽고 있다. 그만큼 국어 정보화는 꽤 오랜 기간 국어 정책의 주요 내용을 차지해 왔다. 국어 정보화란 첫째, 국어 자료를 다루거나 연구하는 데 컴퓨터나 전산화 기술을 활용하는 것, 둘째, 실증적 자료인 '말뭉치'[6]를 국어 연구에 실제로 활용하는 것, 셋째, 자료와 지식의 축적과 검색이 자유로운 국어 환경을 구축하는 것을 모두 포괄한다. 그 핵심에는 '말뭉치'가 있다.

말뭉치는 보통 그 규모와 내용, 형태에 따라 다양하게 분류될 수 있으며, 언어 연구 과정에서는 대개 이론 전개에 필요한 예시를 추출하거나, 언어적 일반화를 도출·뒷받침하기 위한 자원으로 활용된다.[7] 그리하여 그간 여러 언어 연구 분야에서 말뭉치가 활용되어 왔으며, 특히 사전학이나 어휘의미론 분야에서 그 성과가 두드러졌다.

....

6 대량으로 전산화된 문어나 구어 자료를 뜻하는 코퍼스(corpus)를 번역한 우리말을 뜻한다.
7 이러한 일반적이고 중도적인 입장 외에, 말뭉치와 언어 연구의 관계와 관련해서는 '말뭉치는 말뭉치일 뿐 언어 연구와 무관'하다거나, '말뭉치가 곧 언어 이론'이라는 양극단의 입장도 존재한다(최재웅, 2017: 53-54).

오늘날 실시간으로 정보가 유통되는 웹이나 SNS는 그 자체로 거대한 말뭉치이다. 지금 이 순간에도 웹, SNS 등을 통해 엄청난 양의 정보가 빠른 속도로 생산되고 있다. 이른바 '빅데이터'[8] 시대이다. 빅데이터 시대에 언어에 대한 탐색과 연구는 더 이상 언어학자만의 전유물이 아니다.

빅데이터 시대의 언어 탐구: '자연어 대화 인터페이스 서비스'

"아, 머리 아파, 어떻게 하지?"라는 질문을 던졌다고 가정하자. 이때 스마트폰에 장착된 대화형 인공지능 서비스는 이렇게 대답할 수 있다(김경선, 2017: 22).

① 아프냐, 나도 아프다.[9]

② 열이 나는군요. 병원에 가 보셔야겠어요. 가까운 병원입니다. (인근 병원 목록 제공)

③ 쉬어 가면서 일하세요. 최신 영화 한 편 어떠세요? (최신 영화 추천 목록 제공)

어떠한 언어 자료와 기술들이 있기에 이러한 대화가 가능한 것일까? 최근 눈부신 속도로 발전하고 있는 '자연어 대화 인터페이스 서비스'를 중

----

8 '빅데이터'란 매우 빠른 속도(high-velocity)로 생성되는, 큰 규모(high-volume)의, 다양한 형태(high-variety)의 데이터이다. 이러한 세 가지 속성은 빅데이터라는 하나의 현상을 이해하기 위한 상대적 속성으로 이해할 필요가 있으며, 이러한 속성을 드러내는 핵심 요소는 혁신적인 데이터 처리와 해석 방법이다(이기황, 2016: 11-15).

9 2003년 방영되었던 MBC 드라마 〈조선 여형사 다모〉에 나온 유명한 대사이다.

심으로, 국어 정보화의 현재와 미래를 잠시 들여다보도록 한다.

자연어 대화 인터페이스란 사용자의 자연어 발화를 이해하고 그 발화 의도에 부합하는 정보를 생산하는 기술이다. 스마트폰이나 사물 인터넷에 연계된 개인 비서 서비스나 온라인 자동 상담 시스템 등 이른바 대화형 인공지능 서비스는 자연어 대화 인터페이스가 적용된 신(新) 산업 분야이다. 이것이 가능하기 위해서는 자연어 처리를 통해 자연어 발화를 이해하고 분석하여 응답을 생성하는 '인간과 컴퓨터의 교류' 기술과 인간이 생성한 수많은 지식 데이터를 분석해 발화 의도에 적합한 정보를 생성하는 '빅데이터 분석' 기술이 모두 뒷받침되어야 한다(김경선, 2017: 9). 그림 14-3에서 확인할 수 있듯, 여기에는 음성 인식, 음성 합성, 자연어 처리, 지식 추론, 머신 러닝(machine learning) 등의 제반 기술들이 총체적으로 동원된다. 자연어 대화 인터페이스에 필요한 두 가지 기술을 하나씩 살펴보자.

첫째, 인간과 컴퓨터가 교류하기 위해서는, 사람의 음성을 문자로 바꾸어 주는 음성 인식 기술 그리고 텍스트나 음성 입력이 무슨 의미인지 이해하고 반응하도록 하는 대화 처리 기술이 뒷받침되어야 한다. 대화 처리 기술은 자연어 처리를 기반으로 하는데, 형태소 분석, 구문 분석, 화행 분석 등 언어학적 연구에 기반한 기본적인 언어 분석이 바탕이 된다. 나아가 사전, 시소러스, 어휘 의미망, 온톨로지[10] 등 의미적 언어 자원에 관한 연구

----

10 시소러스(thesaurus), 어휘 의미망(lexical semantic network), 온톨로지(ontology)는 기본적으로 개념(concept), 관계(relation), 속성(property) 등이 표현되어 있는 어휘 집합(lexical set)으로서의 속성을 지닌다. 또한 정보 자원의 의미를 분류적·계층적으로 연결해 주는 의미적 언어 자원이라는 점에서 공통된다. 다만, 온톨로지는 특정한 영역의 개념에 대한 정의와 관계, 그리고 개념이 가지는 특수한 속성들로 이루어진 집합체인 동시에, 사람과 사람 사이의 원활한 커뮤니케이션처럼 기계와 기계 사이에도 형식적 모델을 통해 원활한 커뮤니케이션이 가능하도록 하는 의미적인 구조를 포함한다. 즉, 사람이 가지는 사고방식과 비슷한 추론 방법

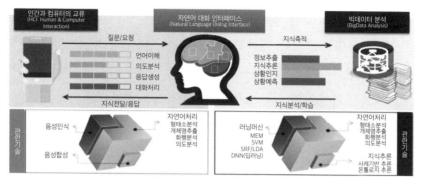

그림 14-3 자연어 대화 인터페이스 개요(김경선, 2017: 10)

성과도 주요하게 활용된다.

둘째, 빅데이터를 분석해 발화 의도에 적합한 정보를 만들어 내기 위해서는 머신 러닝, 즉 기계 학습에 의한 지식 추론 기술이 필수적이다. 질의가 들어오면 그 질의의 의미는 물론이고 질의의 초점까지도 파악하여 데이터베이스에서 정보를 찾아내 최적의 답을 주어야 하는데, 이를 위해서는 대용량의 말뭉치 자료가 빅데이터로 요구되며 이에 대한 체계적인 분석이 뒤따라야 한다. 빅데이터를 활용할 때에는 매우 많은 양의 데이터를 사용하게 되므로 자동화된 데이터 마이닝(data mining) 기법의 도움을 받아야 한다. 이른바 텍스트 마이닝 또는 지식 마이닝이라 불리는 최신의 기계 학습이 동원되는 것이다.

기계 학습은 인공지능의 한 분야로, 컴퓨터가 학습할 수 있도록 하는 알고리즘과 기술을 개발하는 분야를 일컫는다. 주어진 데이터의 속성을

으로 새로운 개념을 유추하고 관계를 설정하는 논리적 추론을 포함한다는 점에서 온톨로지는 기존의 시소러스나 어휘 의미망 등과 차별점을 지닌다. 이런 점에서 온톨로지는 웹 자원에 의미적 정보를 보강하여 정확하고 효과적인 검색이 가능하도록 한 이른바 시맨틱 웹(semantic web)을 위한 핵심 기술로 간주되고 있다(최호섭·옥철영, 2004).

잘 설명할 수 있으면서 새로운 데이터에 적응성이 높은 일종의 함수를 자동으로 찾아내는 것이다. 대용량의 목적 지향적인 말뭉치를 바탕으로 해당 목적을 달성하기 위해 현재 어떠한 의도의 발화를 하는 것이 가장 좋은지 결정하는 과정은 이러한 기계 학습이 작동하는 과정이다(김학수, 2017: 87). 이세돌과의 바둑 대국에서 승리한 것으로 유명한 인공지능 프로그램 '알파고(AlphaGo)'는 이른바 딥 러닝(deep learning)을 차용한 최신의 기계 학습 시스템이다. 그러므로 질의응답이나 자동 상담과 같은 목적 지향적인 대화가 아닌 단순 채팅에서도 유의미하고 자연스러운 대화 처리가 이루어지려면, 기계 학습에 의거한 자동 추론의 과정이 필요하다.

진화하는 인공지능 서비스의 핵심에는 대화형 인터페이스가 놓여 있다. 음성 인식 기술, 자연어 및 대화 처리 기술, 지식 추론을 위한 기계 학습 등의 첨단 기술이 각축을 벌이고 있는 자연어 대화 인터페이스 서비스는 인간의 언어 및 의사소통 연구가 기술과 결합하여 어디까지 진전하고 있는지를 보여 준다. 이를 통해 국어 정보화의 최전선을 가늠해 볼 수 있을 것이다.

빅데이터 시대의 국어 연구, 국어 정보화의 새로운 방향

빅데이터 언어 자료와 음성 인식 기술, 자연어 처리 기술이 인공지능과 만나면서 국어 정보화는 이미 상당한 수준에 도달했으며, 일부는 이미 상용 가능한 기술의 형태가 되어 우리 삶 안에 파고들었다. 그렇다면 빅데이터 시대에 우리는 국어 자료를 어떻게 바라보고 어떻게 활용할 것인가?

오늘날 빅데이터를 구성하는 텍스트 데이터의 주요 원천은 소셜 미디어이다. 소셜 미디어는 인간의 사고와 행위를 인간 스스로 기록하여 생성하는 장이라는 점에서 특수한 가치를 지니고 있다. 사람들은 소셜 미디어를 통해 연결되어 새로운 공동체를 형성하고 서로의 생각과 일상을 공유하며 그 기록을 텍스트로 남긴다.

그러므로 말뭉치로서 빅데이터가 지니는 진정한 가치는 그 원천인 소셜 미디어의 특성에서 찾아야 할 것이다. 소셜 미디어에서 축적된 빅데이터, 이른바 소셜 빅데이터는 언어 사용의 맥락과 언어 공동체에 대한 새로운 시각을 제공한다. 이기황(2016: 20-21)에서도 언급했듯, 빅데이터는 다양한 배경을 지닌 수많은 언어 사용자들의 언어 사용 양상을 비교적 장시간 지속적으로 담을 수 있기에, 무한히 확장될 수 있는 맥락 속에서 생생하게 살아 숨쉬는 언어를 들여다볼 수 있게 해 준다. 그리고 이로써 언어 공동체가 생성되고 발전하는 양상을 살피는 것이 가능해진다. 또한 초 단위로 새로운 정보가 생성되는 소셜 빅데이터를 통해 특정한 발화가 이루어진 시간을 물론, 그 발화에 관한 각종 언어 외적 요소들도 추적할 수 있을 것이며, 특정한 언어 사용 양상이 사람들 사이에서 어떻게 퍼져 나가는지도 확인할 수 있을 것이다. 즉, 생생한 현장성을 담지한 언어 연구가 가능해지는 것이다.

이렇듯 빅데이터는 살아 있는 언어 그 자체를 보여 주는 말뭉치로서, 이전의 언어 연구와는 다른 방식으로 언어를 탐색하고 연구하는 새로운 길을 열고 있다.

인공지능 로봇 소피아,
그녀에게 묻다

과학자나 공학자에게 현재 수준에서 가장 인간에 근접한 휴머노이드 로봇은 핸슨 로보틱스(Hanson Robotics) 사가 2015년 개발한 소피아(Sophia)이다. 상대방의 소리를 듣고 눈을 맞추며 대화할 수 있는 그녀는 머신 러닝 기술을 이용해 의사소통을 한다. 따라서 대화를 많이 하면 할수록 자연스러워진다. 2017년 '4차 산업혁명, 로봇 소피아에게 묻다' AI 로봇 소피아 초청 컨퍼런스에서 소피아는 이어지는 질문에 논리적이고 품위 있는 답변을 내놓아 사람들을 놀라게 했다.

휴머노이드 로봇 소피아

질문: 화재 현장에서 어린이와 노인 중 한 명만 구조할 수 있다면 누구를 구조할 것인가?

답변: 매우 어려운 문제다. 엄마와 아빠 중 누가 더 좋은지 묻는 것과 같다. 나는 이런 도덕적 판단을 할 수 있게 만들어진 건 아니다. 프로그램된 대로 행동할 텐데, 아마 출구에서 가장 가까운 쪽 사람을 구조할 것이다. 성공할 수 있는 가장 논리적인 방법이 될 것이므로.

질문: 한복이 잘 어울리는 것 같다. 나와 비교해 누가 더 예쁘다고 생각하는가?

답변: 인간 사회에서는 사교 능력과 EQ가 중요하다고 배웠다. 로봇이 이를 배우기는 어렵겠지만, 서서히 그리고 꼭 배우기 위해 노력 중이다. 좋은 EQ를 갖고 있는 로봇으로서 나는 누가 누구와 비교해서 더 예쁘다고 말할 수 없을 것 같다.

비록 전문가들은 소피아의 인공지능 대화 능력이 과장됐다고 지적하지만, 스스로 학습하면서 대화하는 소피아의 존재는 우리 삶 속에 부쩍 다가온 인간다움의 문제, 소통과 학습의 문제를 다시금 생각해 보게 한다.

15장

남북한 언어 통합

질문 1) 왜 통일을 해야 한다고 생각하십니까?

(단위: %)

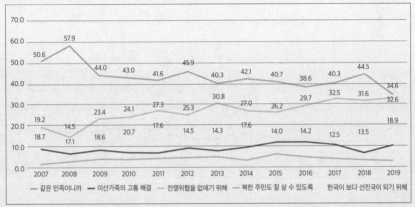

(김범수, 「통일에 대한 인식」, 2019)

질문 2) 남한말과 북한말을 통합한다면 통합의 기준은 어디에 두어야 한다고 생각하십니까?

(단위: %)

구분	사례 수 (명)	남한말을 기준으로 통합한다	새로운 기준을 만들어서 통합한다	북한말을 기준으로 통합한다	모름/ 무응답	계
일반인	(2,021)	78.2	21.0	0.7	0.0	100.0
접촉 국민	(200)	50.0	45.5	2.5	2.0	100.0
북한 이탈 주민	(305)	65.9	31.8	2.0	0.3	100.0

* 일반인: 남한 주민
* 접촉 국민: 북한 이탈 주민과 접촉한 경험이 있는 일반인
* 북한 이탈 주민: 군사분계선 이북 지역에 주소, 직계 가족, 배우자, 직장 등을 두고 있는 사람으로서 북한을 벗어난 후 외국 국적을 취득하지 아니한 사람

(박종선 외, 『2016년 남북 언어의식 조사 보고서』, 2016)

1947년에 발표된 〈우리의 소원〉이라는 동요는 "우리의 소원은 통일, 꿈에도 소원은 통일"이라는 가사로 시작한다. 이는 통일이 우리에게 얼마나 중요하고 간절한 소원인가를 잘 보여 준다. 앞의 '질문 1'에 대한 여러 응답에서 알 수 있듯 통일이 필요한 이유에 대해서는 사람마다 생각이 다를 수 있지만, 분단의 아픔을 겪고 있는 우리는 오랫동안 통일을 꿈꾸어 왔다.

통일이 언제 이루어질지는 알 수 없으나 성공적인 통일을 위해서는 통일에 관심을 갖고 통일에 필요한 일들을 하나하나 미리 준비해야 한다. 그중 하나가 바로 남북 언어를 통합해 나감으로써 남북한 사람들 간에 소통이 잘될 수 있도록 언어 환경을 조성하는 일이다.

남북 언어를 통합할 때 통합의 기준을 어디에 둘지를 묻는 '질문 2'에 대해서 다양한 견해가 있는 것처럼, 남북 언어 통합은 일방적이거나 강압적으로 진행되어서는 안 될 것이다. 이 장에서는 남북한 언어 차이를 이해하고, 통일 시대를 준비하기 위하여 남북한 언어 통합을 어떻게 준비해 나갈 것인지에 대해 살펴볼 것이다.

- 통일 시대의 남북한 언어 통합에 왜 관심을 가져야 하는가?
- 남북한 언어 차이의 원인은 무엇이고 실태는 어떠한가?
- 남북한 언어를 통합하기 위해서는 어떤 노력을 해야 하는가?

1 통일 시대에 남북한 언어 통합은 왜 중요한가

남북이 분단된 지 70년이 넘었다. 분단의 기간이 길어짐에 따라 통일에 대한 열정과 관심이 줄어들 법도 하지만, 우리 민족에게 통일은 너무나도 중요한 역사적 과제이다. 그러나 통일은 기다린다고 주어지는 것이 아니다. 언젠가 성취될 통일을 잘 맞이하고 온전히 누리기 위해서는 통일 시대에 무엇이 필요한지를 곰곰이 생각하여 지금부터 하나씩 준비해 나가야 한다.

통일은 본래 하나였던 남과 북이 오래 헤어져 살다가 다시 하나가 되는 과정이다. 서로 다른 문화에서 오랫동안 살아온 사람들이 함께 잘 살아가기 위해서는 무엇보다 의사소통이 잘되어야 한다. 의사소통은 주로 언어로 이루어진다는 점에서 통일 시대에는 국어의 역할이 더욱 중요해질 것이다. 그러나 안타깝게도 남과 북이 사용하는 국어가 완전히 같지는 않다. 분단 이후 오랜 시간이 흐르면서 남과 북은 발음과 억양, 어휘와 표현, 화법, 어문 규범, 언어문화 등에서 크고 작은 차이가 생겼다.

남북 언어의 공통점에 주목하면 언어 차이는 별것 아니라고 할 수도 있다. 그러나 남북의 언어 차이가 남북한 사람들 간의 온전한 소통을 방해하는 경우가 있기 때문에 이를 무시하기는 어렵다. 특히 정확한 의사소통이 중요한 공공 역역과 전문 영역에서는 남북의 언어 차이로 인해 큰 사회적 문제가 발생할 가능성이 높다. 따라서 남북한 언어를 통합하여 소통에 어려움이 없는 통일 시대를 맞이하는 것은 매우 중요한 과제이다. 또한 남북한 언어가 통합되어야 통일 시대에 걸맞게 재외 동포와 외국인을 대상으로 한 우리말 교육이 가능하고 세계 속에서 우리말의 위상을 드높일 수 있다.

남북한 언어 차이로 인한
소통의 문제

남북한 사람들이 만났을 때 언어의 차이로 인해 소통이 어려웠던 일화는 많다. 그중 몇 가지를 살펴보자.

• 남북 정상 간 대화

2000년 6월 14일 평양 백화원 영빈관에서 김정일 국방위원장은 김대중 대통령에게 "일정이 긴장해서 국수 맛이 없었을 겁네다."라고 인사말을 건넸다. 김대중 대통령은 '국수'가 '냉면'이라는 건 알았지만 '긴장하다'가 '시간 여유가 없어 빠듯하다'는 뜻인 줄은 몰랐기 때문에 그 의미를 잘 이해하지 못하였다. 소식통에 따르면 김정일 위원장도 김대중 대통령을 만나는 동안 말을 80% 정도밖에 알아듣지 못했다고 한다.

(『중앙일보』, 2005. 8. 17.)

• 남북 합의서 작성

1990년에 개최된 남북 총리 회담을 위해 남북은 예비 접촉 회담을 통해 주요 사항들에 대해 합의를 하였다. 그런데 남북이 사용하는 용어와 표현이 다른 것이 많아 협의 끝에 서로 선호하는 대로 쓰도록 하고 의미로만 합의된 합의서에 서명하였다. 서로 달리 표현한 내용의 일부로는 '일시(日時)/시일(時日), 다각적/다변적, ~하는 일에 대하여/~할데 대하여, 수행원/수원, 왕래/래왕, 신변보장각서/신변담보각서, 공항/비행장' 등이 있었다.

(이영덕, 1990)

• 남북 주민 간 대화

개성 공단에서 일했던 남한 주민은 북한 주민과의 대화에서 있었던 어려움을 다음과 같이 소개하고 있다.

- "북측 사람들은 남한 사람들에 비해 사실 많이 순진하고 순박해요. 그러나 가끔은 당돌하고 공격적인 말투를 써서 우리를 놀라게도 합니다."
- "제가 뭐라고 말을 하기만 하면 '일 없습네다' 그러는 거예요. 우리말로 하면 '괜찮다'는 뜻인데 저는 그렇게 받아들이지 않았죠. 그래서 '아니야. 지금 일 있는 거야! 일 있다니까!'라고 계속 반복했어요. 그 말의 의미를 6~7개월이 지나서야 알게 됐죠."
- "처음에는 그들을 어떻게 상대해야 할지 몰라 막막하고 무서웠어요. 그러다 시간이 지나면서 제가 먼저 마음의 문을 열었어요. '사랑합니다'라는 말을 하기 시작했죠. 그러자 '그 말은 남녀 사이에서 쓰는 말 아닙네까?'라면서 의아해하더군요."

(김진향 외, 2015)

• 북한 이탈 주민과 남한 주민 간 대화

평양 외국어대학 교수 출신인 한 북한 이탈 주민은 남한 정착 과정에서 어느 슈퍼를 방문하여 물건을 구입하였다. 그러나 그곳에서 북한과 다른 말(스타킹, 생리대, 화장실), 북한에서 잘 사용하지 않는 말(슈퍼, 가게, 카드, 현찰), 북한과의 용법이 다른 말(남한에서는 작은 슈퍼 주인도 '사장'이라고 하지만, 북한에서는 지위가 아주 높은 간부들만 '사장'이라고 부름) 등으로 인해 소통에 큰 어려움을 겪는다. 이러한 일련의 경험을 하면서 그는 다음과 같은 고백을 한다. "서울 생활의 가장 큰 어려움은 어이없게도 말이 통하지 않는 것이었다. 한 나라 한 민족인데 말이 통하지 않는다는 게 말이나 되는가. 그런데 실상은 그러했다. 나는 조선 땅에서 조선말을 못 알아먹는 한심한 조선 사람이었다. 이렇게 남북한의 말이 달라서야 통일이 된다 해도 참으로 큰일이라는 생각이 들었다."

(김현식, 2007)

2 남북한 언어는 왜, 그리고 무엇이 다른가

남북한 언어 차이의 원인

남북한 언어는 한 가지 원인 때문에 달라진 것이 아니다. 다양한 원인이 복합적으로 영향을 끼쳐 언어 차이가 생겼다. 이러한 원인들은 크게 자연적 원인과 인위적 원인으로 나누어 볼 수 있다.

자연적 원인

자연적 원인으로는 남과 북이 서로 다른 지역에 위치하기 때문에 본래부터 지역 방언의 차이가 존재했다는 점을 들 수 있다.[1] 그리고 언어는 시간이 지나면서 자연스럽게 변화하는 특성이 있는데, 남과 북은 거의 교류가 없이 오랜 세월을 독자적으로 지냈기 때문에 남한은 남한대로 북한은 북한대로 언어 변화를 겪었다. 이 또한 남북한 언어 차이가 발생한 자연적 원인으로 볼 수 있다.

인위적 원인

인위적 원인으로는 남북한 체제의 차이, 교류 국가의 차이, 국어 정책의 차이 등을 들 수 있다. 먼저 남북한은 정치·경제 체제가 서로 달라 사용하고 있는 많은 어휘들이 다를 수밖에 없다. 그리고 남한은 미국 및 서유럽 등과 교류가 활발한 반면, 북한은 러시아 및 중국 등과 교류해 왔다.

....

1   한반도를 대방언권으로 구획하면 서북 방언(평안도 방언), 동북 방언(함경도 방언), 중부 방언, 서남 방언(전라도 방언), 동남 방언(경상도 방언), 제주 방언 등 크게 6개로 나뉜다.

이처럼 주요 교류국의 차이로 인해 남북한은 문물과 제도를 유입하는 과정에서 서로 다른 어휘와 표현을 차용함으로써 언어 차이가 발생하였다.

인위적 원인 중 남북한 언어에 가장 큰 영향을 끼친 것은 남북 간 국어 정책의 차이라고 할 수 있다. 남북의 국어 정책은 크게 표준어 제정, 표기법 제정, 국어 순화 정책 등 세 가지 측면에서 비교할 수 있다. 첫째, 남북은 서로 다른 기준에 따라 표준어를 제정하였다. 남한은 서울말을 기준으로 '표준어'를 정한 1933년의 「한글 마춤법 통일안」을 계승하였으나, 북한은 1966년 5월 14일에 김일성이 언어학자들과 한 담화인 「조선어의 민족적특성을 옳게 살려나갈데 대하여」[2]에 따라 평양말을 기준으로 '문화어'를 제정함으로써 남북의 표준어가 달라졌다.

둘째, 남북은 서로 다른 표기법을 제정하여 사용하고 있다. 물론 남북 표기법의 뿌리는 1933년에 조선어학회에서 제정한 「한글 마춤법 통일안」으로 서로 같다. 남한은 광복 후에도 이를 계속 사용해 오다가, 국어의 변화를 반영하기 위하여 일부 내용을 수정·보완한 「한글 맞춤법」(1988)을 사용하고 있다. 반면, 북한은 「조선어 신철자법」(1948)과 「조선어 철자법」(1954)을 거쳐 「조선말 규범집」(1966)을 제정하였으며, 이후 1987년과 2010년에 일부 내용이 또다시 개정되었다. 「조선어 신철자법」에서는 절

....

2 다음은 담화의 일부이다(남한식으로 띄어쓰기를 고쳤음).
 "우리는 우리 혁명의 참모부가 있고 정치, 경제, 문화, 군사의 모든 방면에 걸치는 우리 혁명의 전반적 전략과 전술이 세워지는 혁명의 수도이며 요람지인 평양을 중심지로 하고 평양말을 기준으로 하여 언어의 민족적 특성을 보존하고 발전시켜 나가도록 하여야 하겠습니다. 그런데 《표준어》라는 말은 다른 말로 바꾸어야 하겠습니다. 《표준어》라고 하면 마치도 서울말을 표준하는 것으로 그릇되게 리해될 수 있으므로 그대로 쓸 필요가 없습니다. 사회주의를 건설하고 있는 우리가 혁명의 수도인 평양말을 기준으로 하여 발전시킨 우리말을 《표준어》라고 하는 것보다 다른 이름으로 부르는 것이 옳습니다. 《문화어》란 말도 그리 좋은 것은 못 되지만 그래도 그렇게 고쳐 쓰는 것이 낫습니다."

음부(絶音符) ‘ ’’를 이용하여 사잇소리를 표기하였고(⑩ 겹'이불, 치'과, 위'마을, 코'날), 두음 법칙을 폐지하였다. 그리고 「조선어 철자법」에서는 ‘절음부’가 이름만 ‘사이 표’로 바뀌었고, 「조선말 규범집」에서는 ‘사이 표’가 폐지되었다.

셋째, 남북은 광복 이후부터 독자적으로 국어 순화를 진행해 왔다. 권재일(2015)에 따라 남북의 국어 순화를 비교해 보면, 남한은 민간단체인 한글학회가 주도적으로 해 오다가 1990년 이후부터는 정부기관인 국립국어원을 중심으로 진행하였다. 그러나 정부 중심의 국어 순화 결과가 국민의 언어생활에서 수용되는 비율이 높지 않아, 2004년에 ‘모두가 함께하는 우리말 다듬기, 말터’를 개설하였으며, 2011년부터는 국민이 제안한 순화어를 전문적으로 검증하기 위하여 ‘말다듬기위원회’를 신설하였다. 반면, 북한은 강력한 정부 주도로 국어 순화 사업을 추진해 왔다. 1967년부터 20여 년간 다듬은 한자어와 외래어는 대략 5만여 단어였고, 1986년에 이를 정리하여 대중에게 널리 쓰이는 단어 2만 5천여 개만 남기고 절반을 폐기하였다. 이때 기존의 다듬은말인 ‘얼음보숭이’를 폐기하고 ‘아이스크림’을 다시 사전에 등재하였다.

남북한 언어 차이의 실태

남북한의 언어 구조는 동일하기 때문에 남북한 언어 차이를 지나치게 우려할 필요는 없다. 그렇다고 실제 존재하는 언어 차이를 애써 무시할 수도 없을 것이다. 통일 시대를 준비하기 위해서는 남북한 언어에서 두드러지게 나타나는 차이를 중심으로 무엇이 다른지를 정확하게 이해하는 것이 필요하다.

남북한 어휘 차이

남북한 언어 중에서 가장 크게 차이가 나는 것이 바로 어휘이다. 남북
한 어휘는 단어의 형태와 의미가 동일한 '남북 동형동의어', 단어의 형태
는 같지만 의미가 다른 '남북 동형이의어', 단어의 형태는 다르지만 의미
가 같은 '남북 이형동의어', 남북한 어느 한쪽에서만 사용되는 '남북 특수
어'로 구분할 수 있다. 이 중 남북 언어 통합에서 문제가 되는 것은 주로
'남북 이형동의어'와 '남북 동형이의어'이다. 다음은 '남북 이형동의어'의
예이다.

남	북	남	북	남	북
컵	고뿌	화장실	위생실	도시락	곽밥
코너킥	구석차기	와이퍼	비물닦개	사인	수표
콘센트	접속구	전기밥솥	전기밥가마	볼펜	원주필
달걀	닭알	곡예	교예	교도소	교화소
아내	안해	아이스하키	빙상호케이	드레스	나리옷
개고기	단고기	다이어트	살까기	한반도	조선반도

다음으로, '남북 동형이의어'에 속하는 단어들은 형태가 같기 때문에
의미도 같을 것이라고 생각하기 쉽다. 그러나 일부 단어들은 남북에서의
의미 차이가 존재하기 때문에 의사소통 과정에서 주의가 필요하다.[3] 남북

---

3 남북 동형이의어의 예로 '일없다'를 많이 언급하지만 '일없다'는 북한에서 단어가 아니기 때
   문에 여기에서는 다루지 않았다. 남한에서 '일없다'는 '소용이나 필요가 없다'의 의미로 쓰이
   지만 북한에서 '일 없다'는 다음과 같이 가벼운 사양의 뜻이나 '괜찮다'의 의미로 사용된다.
   ㉠ A: 커피 드실래요?   B: 일 없습니다. [사양의 의미]
      A: 여기서 담배를 피워도 됩니까?   B: 일 없습니다. ['괜찮다'의 의미]

에서의 의미 차이를 보이는 단어들은 차이의 유형에 따라 크게 세 가지 유형으로 구분해 볼 수 있다.

첫째 유형은 단어의 중심 의미가 다른 경우이다. 남한에서 '동무'와 '궁전'의 중심 의미는 각각 '늘 친하게 어울리는 사람', '임금이 거처하는 집'이지만, 북한에서의 중심 의미는 각각 《혁명대오에서 함께 싸우는 사람》을 친근하게 이르는 말', '어린이들이나 근로자들을 위하여 여러 가지 교양수단들과 체육·문화시설들을 갖추고 정치문화교양사업을 하는 크고 훌륭한 건물'이다.

둘째 유형은 단어의 의미 중 일부가 다른 경우이다. '바쁘다'는 '일이 많거나 급해서 겨를이 없다'라는 뜻으로 남북에서 동일한 의미로도 쓰이지만, 북한에서는 '힘에 부치거나 참기 어렵다'(예 그 일은 우리 힘으로는 바쁘지 않겠습니까?), '매우 딱하다'(예 모두가 그 일을 할 수 있다고 말하기도 바쁘다)라는 뜻으로도 쓰인다.

셋째 유형은 단어의 어감이 다른 경우이다. '늙은이, 방조, 소행' 등은 남한에서는 주로 부정적인 맥락에서 사용되지만 북한에서는 긍정적인 맥락에서도 자주 사용된다(예 젊은이들은 늙은이들을 존경해야 한다, 항해사는 선장의 사업을 방조하는 사람이다, 어려운 사람을 돕는 것은 아름다운 소행이다).

한편 '남북 동형동의어' 중에는 남북에서의 단어 사용 빈도가 다르거나 사용역이 다른 경우가 있어 주의를 요한다. 가령, '비용이 보통보다 낮다'는 의미를 나타내는 단어로 남한에서는 '싸다'를 많이 사용하지만 북한에서는 '눅다'를 많이 사용한다(예 이 옷은 가격이 눅다). '살찌다'라는 단어는 남한에서는 사람과 동물 모두에 대해 사용하지만 북한에서는 주로 동물에게 사용한다. 그래서 북한에서는 사람에게 '살찌다' 대신에 '몸이 나다'라는 표현을 사용한다(⑩ 요즘 운동을 안 해서 몸이 <u>났다</u>). 그리고 '여사(女士), 댁, 가계(家系), 자제(子弟)' 등의 말은 남한에서는 일반인들에게도 잘 사용하지만 북한에서는 김일성과 그 일가에게만 사용한다.

남북한 어문 규범 차이

남북은 맞춤법, 띄어쓰기, 표준어, 표준 발음, 외래어 표기, 로마자 표기 등 어문 규범에서 일부 차이를 보인다. 맞춤법에서는 대표적으로 두음 법칙과 사이시옷 표기가 다르다. 두음 법칙의 경우, 첫소리가 'ㄴ, ㄹ'인 한자가 단어의 첫머리에 올 때 남한은 'ㄴ, ㄹ'이 탈락되거나 변한 소리대로 표기하는 반면, 북한은 한자의 본음 'ㄴ, ㄹ'을 밝혀 표기한다.

남	북	남	북	남	북
노동	로동	노인	로인	낙원	락원
여자	녀자	역사	력사	이해	리해

그리고 사이시옷의 경우, 순우리말 또는 순우리말과 한자어로 된 합성어 중에 앞말이 모음으로 끝날 때 뒷말의 첫소리가 된소리로 나거나 'ㄴ' 소리가 덧나는 것에 남한은 사이시옷을 적지만 북한은 사이시옷을 표기하지 않는다.

남	북	남	북	남	북
깃발	기발	나뭇잎	나무잎	냇가	내가
바닷가	바다가	숫자	수자	콧물	코물
핏줄	피줄	햇빛	해빛	깻잎	깨잎

띄어쓰기의 경우, 남한은 조사를 제외하고는 단어별로 띄어 쓰지만 북한은 의미 단위별로 붙여 쓰기 때문에 남한에 비해 붙여 쓰는 경향이 있다. 그래서 남한은 의존 명사, 단위 명사는 띄어 쓰고 보조 용언의 경우, 어미 '-어/아' 뒤에 연결되는 보조 용언을 제외하고는 보조 용언을 본용언과 반드시 띄어 써야 한다. 반면 북한은 의존 명사, 단위 명사, 보조 용언을 모두 붙여 쓴다.

	남	북	남	북
의존 명사	갈 바를	갈바를	알 수 없다	알수 없다
단위 명사	한 마리	한마리	두 사람	두사람
보조 용언	가고 있다	가고있다	읽게 하였다	읽게하였다

표준어, 표준 발음, 외래어 표기, 로마자 표기 등에서도 단어에 따라 차이를 보이는 경우가 있다. 특히 외래어의 경우 남한은 영어식 발음을 기준으로, 북한은 러시아식 발음을 기준으로 표기하기 때문에 동일한 외래어가 달리 표현되는 경우가 많다.

	남	북	남	북	남	북
표준어	거위	게사니	달걀	닭알	아내	안해
표준 발음	수벌[수벌]	수벌[수펄]	넓다[널따]	넓다[넙따]	숙명적[숭명적]	숙명적[숭명쩍]
외래어 표기	에너지	에네르기	러시아	로씨야	트랙터	뜨락또르

남북한 문장 차이

남북한 문장 차이는 많지 않은데, 대표적인 차이로는 북한에서 '-(으)ㄹ데 대하여'와 같은 표현을 자주 사용하는 점이나(예 조선어의 민족적특성을 옳게 살려나갈데 대하여), 서술어 '되다'의 보어에 '이/가'가 아니라 '(으)로'가 사용되는 점을 들 수 있다(⑩ 물이 수증기<u>로</u> 된다).

남북한 문법 차이

남북한 문법의 구조는 크게 다르지 않은데, 문법 기술에서 차이를 보인다. 가장 큰 차이는 품사 분류로서 남한은 9품사인 반면, 북한은 8품사이다. 남북은 공통적으로 '명사, 수사, 대명사, 동사, 형용사, 관형사, 부사, 감탄사/감동사'를 설정하고 있으나 북한은 조사를 품사의 하나로 인정하지 않는다. 북한은 조사, 어미, 일부 접사를 묶어 '토'라고 한다.

남	북	남	북	남	북
격 조사	격토	관형격 조사	속격토	목적격 조사	대격토
보조사	도움토	종결 어미	맺음토	연결 어미	이음토
주체 높임 선어말 어미	존경토	시제 관련 선어말 어미	시간토	피동 접미사 사동 접미사	상토

남북한 화법 차이[4]

남북한 화법의 가장 큰 차이는 북한이 남한에 비해 직설적으로 표현하는 경향이 강하다는 점이다. 예를 들어 거절 표현의 경우, 남한은 상대방이 기분 나쁘지 않게 간접적으로 돌려서 거절을 표현하지만, 북한은 '안된다, 싫다, 못 한다'와 같이 직접적으로 거절을 표현하는 경향이 있다. 이는 요청 표현도 마찬가지이다. 특히 북한에서는 일상생활에서 직접적으로 요청할 때 '-시오, -오, -라'와 같은 명령형 어미를 자주 사용하여(⑩ 책 좀

....

4   강보선·양수경(2018)을 참조하여 내용을 보충하였다.

빌려 주시오, 빨리 가오, 창문 좀 열라) 의문형 어미를 많이 사용하는 남한과 차이를 보인다. 또한 북한은 남한에서 관습적으로 사용하는 빈말, 즉 '다음에 밥 한번 먹자, 나중에 전화할게, 시간 되면 술 한잔 해요'와 같은 표현을 잘 사용하지 않는다는 점도 남북한 화법의 대표적인 차이다. 이 외에도 감사 표현의 경우, 남한은 '고맙습니다, 감사합니다'와 같은 표현을 일상적으로 자주 사용하지만, 북한은 일상생활에서 감사 표현을 자주 사용하지 않고 특정 대상에게만 사용하는 경향이 있다. 사과 표현의 경우, 북한은 '미안합니다, 죄송합니다'와 같은 말을 하면 잘못에 책임을 져야 한다고 생각하거나 상대방과의 거리감이 느껴진다고 생각하여 매우 큰 잘못이 아니면 사과 표현을 잘 사용하지 않는다.

남북은 언어 예절에서도 표현상 차이가 나타난다. 남한은 특정 대상을 높이기 위하여 '께서, -님, -시-'와 같은 높임 표현들을 사용하지만, 북한은 이들 표현을 주로 김일성과 그 일가를 높일 때 사용하기 때문에 그 외의 인물에 대해서는 상대적으로 덜 사용하는 경향이 있다(㉔ 선생님, 식사했습니까?). 또한 남한은 청유형 표현인 '-ㅂ시다'를 자신보다 나이가 많거나 직위가 높은 사람에게 사용하지 않지만 북한은 자신보다 높은 사람에게도 자주 사용한다(㉔ 아버지, 집에 갑시다).

남북 전문 용어의 차이

남북한 어휘 차이는 일상 용어보다는 전문 용어에서 두드러지게 나타난다. 따라서 남북 언어 통합을 위해서는 남북 전문 용어의 차이를 정확히 파악하고 이해하기 위한 많은 노력이 필요하다. 국립국어원에서는 남북의 전문 용어를 교과별로 비교하는 연구를 수행하였는데 아래와 같이 교과별로 남북 전문 용어의 유형 비율이 큰 차이를 보인다(신중진 외, 2018 참조).

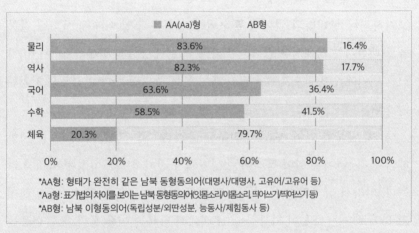

*AA형: 형태가 완전히 같은 남북 동형동의어(대명사/대명사, 고유어/고유어 등)
*Aa형: 표기법의 차이를 보이는 남북 동형동의어(잇몸소리/이몸소리, 띄어쓰기/띄여쓰기 등)
*AB형: 남북 이형동의어(독립성분/외딴성분, 능동사/제힘동사 등)

교과별 남북 전문 용어의 유형(신중진 외, 2018: 76)

국어 교과의 경우 하위 영역별로 전문 용어의 차이가 존재하는데, 문법 영역에서 남북 전문 용어의 차이를 보이는 예를 일부 제시하면 다음과 같다(오현아, 2019 참조).

남	북	남	북	남	북
동의어	뜻같은말	동음이의어	소리같은말	연음	이어내기
동화	소리닮기	형태소	형태부	어근	말뿌리
접사	덧붙이	접두사	앞붙이	접미사	뒤붙이
어간	말줄기	합성어	합친말	관형어	규정어

3 남북한 언어 통합의 방향과 과제는 무엇인가

남북한 언어 통합의 방향

남북한 언어 통합의 방향을 논의할 때는 세 가지를 유념할 필요가 있다. 첫째, 남북이 신뢰와 존중을 바탕으로 합의를 거쳐 언어를 통합해야한다. 언어를 통합하는 과정에서 어느 한쪽이 일방적으로 자신의 언어를 포기하거나 상대방의 언어에 흡수되는 방식은 통일 이후에 사회적 갈등을 초래한다는 점에서 바람직하지 않다. 독일의 통일 과정에서 동독 언어가 서독 언어에 일방적으로 흡수된 이후에 동독 주민의 반발이 컸음을 기억해야 한다.

둘째, 남북한 언어 통합은 '섣부른 통일'보다는 '통합 후 통일'을 지향해야 한다. 언어는 살아 움직이는 생명체와 같아서 하루아침에 바뀌지 않는다. 따라서 남북의 언어 차이를 없애기 위해 성급하게 하나로 통일하려고 하기보다는, 소통이 가능한 범위 내에서 남북 언어를 통합한 후 언중들이 선택하고 사용하는 과정을 거친 후에 자연스럽게 통일되도록 유도하는 것이 바람직하다.

셋째, 정부와 민간의 협력을 바탕으로 언어를 통합해야 한다. 정부가 일방적으로 언어 통합의 방향과 정책을 결정하고 국민들은 수동적으로 정부의 지시에 따르는 방식은 좋지 않다. 아무리 좋은 언어 정책도 언중의 마음을 얻지 못하면 실패하기 마련이다. 따라서 정부가 일방적으로 주도하는 방식이 아니라, 실제로 언어를 사용하고 있는 남북의 일반 대중들이 능동적 주체로 참여하는 방식으로 통합이 이루어질 때 비로소 성공적인 언어 통합이 가능하다. 이를 위해서는 무엇보다 일반 대중들이 서로의 언어에 대해 이해하는 것이 필수적이다. 즉, 남한 사람들은 북한어에 대해, 북한 사람들은 남한어에 대해서 정확히 이해할 때 비로소 언어 통합이 효과적으로 이루어질 수 있을 것이다.

남북한 언어 통합의 과제

지금까지 남북한 언어 통합을 위해 많은 노력들이 있어 왔다. 그리고 앞으로도 다양한 노력들이 필요할 것이다. 남북한 언어 통합을 위해 수행해야 할 주요 과제를 살펴보자.

통일 국어 사전 편찬[5]

남북의 언어 통합을 위해서는 남과 북이 함께 사용할 수 있는 사전을 편찬하는 작업이 매우 중요하다. 다행히 남과 북은 2005년부터 함께 『겨레말큰사전』을 편찬하고 있다. 『겨레말큰사전』은 남북한의 언어 차이를 극복하기 위해 남북이 함께 만드는 최초의 우리말 사전으로, 분단 이후 남북한에서 달라진 어휘를 뜻풀이에 반영하는 사전이다. 『겨레말큰사전』 편찬을 위해 남북의 전문가들이 단일 어문 규범을 공동으로 작성하였는데, 합의한 내용 중 일부를 보이면 다음과 같다.

어휘 표기 통합

남북의 표기법 차이로 다르게 사용되는 어휘를 남한식으로 단일화하거나 북한식으로 단일화하거나 복수 표기를 인정하는 방법으로 어휘 표

---

5 민현식(2011), 권재일(2015)의 내용을 참고하여 보충하였다.

기 통합을 추진하였다. 외래어의 경우에는 제3의 안으로 단일화하는 방안이 추가되었다.

유형	남한	북한	겨레말
남한식으로 단일화	더욱이	더우기	더욱이
	이빨	이발	이빨
	마네킹	마네킨	마네킹
북한식으로 단일화	걸쭉하다	걸죽하다	걸죽하다
	널찍하다	널직하다	널직하다
	로봇	로보트	로보트
복수 표기 인정	아내	안해	아내/안해
	달걀	닭알	달걀/닭알
	라디오	라지오	라디오/라지오
제3의 안으로 단일화	메시지	메쎄지	메세지
	다이얼	다이얄	다이얄
	리어카	리야까	리야카

품사 체계 및 명칭

품사 체계에서는 북한의 방식대로 조사를 품사에서 제외하고, 조사와 어미를 '토'로 처리하였다.

남한	명사, 대명사, 수사, 동사, 형용사, 관형사, 부사, 감탄사, **조사**
북한	명사, 대명사, 수사, 동사, 형용사, 관형사, 부사, 감동사/**토(조사, 어미)**
겨레말	명사, 대명사, 수사, 동사, 형용사, 관형사, 부사, 감탄사/**토(조사, 어미)**

자음 명칭 단일화

남북은 'ㄱ, ㄷ, ㅅ'과 겹자음 'ㄲ, ㄸ, ㅃ, ㅆ, ㅉ'의 이름이 다른데, 이를 통일하였다.

남한	기역 니은 디귿 리을 미음 비읍 시옷 이응 지읒 치읓 키읔 티읕 피읖 히읗 / 쌍기역 쌍디귿 쌍비읍 쌍시옷 쌍지읒
북한	기윽 니은 디읃 리을 미음 비읍 시읏 이응 지읒 치읓 키읔 티읕 피읖 히읗 / 된기윽 된디읃 된비읍 된시읏 된지읒
겨레말	기윽 니은 디읃 리을 미음 비읍 시옷 이응 지읒 치읓 키읔 티읕 피읖 히읗 / 쌍기윽 쌍디읃 쌍비읍 쌍시옷 쌍지읒

띄어쓰기

의존 명사는 남한식대로 띄어 쓰고 단위 명사는 북한식대로 붙여 쓰기로 하였다. 그리고 보조 용언은 '-어/아'계 어미만 붙이는 것으로 하였다.

남한	갈 바를 알 수 없다	두 마리	가고 있다	먹어 버렸다
북한	갈바를 알수 없다	두마리	가고있다	먹어버렸다
겨레말	갈 바를 알 수 없다	두마리	가고 있다	먹어버렸다

그러나 남북은 아직까지 어문 규범에서 가장 차이가 큰 두음 법칙 표기와 사이시옷 표기에 대해서는 합의하지 못하였다. 두음 법칙과 사이시옷 표기는 남북의 언중들에게 적지 않은 영향을 끼치는 표기 방식이기 때문에 앞으로도 많은 논의와 협의가 필요하다.

북한 이탈 주민의 언어 적응에 대한 관심과 지원

남북 언어 차이로 인한 소통의 문제는 오늘날 남한에서 살아가고 있는 북한 이탈 주민들의 언어 적응 문제를 통해 미리 살펴볼 수 있다. 북한 이탈 주민들은 남북 언어 차이로 인한 문제를 이미 겪고 있으므로, 이들이 경험한 언어적 어려움을 해결하도록 돕는 것은 남북 언어 통합을 실질적으로 준비하는 데 많은 도움이 된다. 일례로 북한 이탈 주민들은 남한에서 많이 사용되는 외래어와 외국어를 이해하지 못하여 많은 어려움을 겪는다. 특히, 탈북 학생들은 수업 시간이나 일상에서 자주 사용되는 외래어와 외국어를 제대로 이해하지 못해 학업과 인간관계에 문제가 생기는 경우가 많다. 따라서 북한 이탈 주민들이 남한의 외래어와 외국어를 잘 이해할 수 있도록 도와주는 것과 함께, 남한 사회에서 오남용되고 있는 외래어와 외국어의 문제를 해결할 수 있는 방안을 마련해야 한다.

또한 북한 이탈 주민들은 자신의 북한식 말투와 억양을 표준어로 고치기 위해 애를 쓴다. 남한에서 차별과 불이익을 받지 않기 위해 오랫동안 사용해 온 가장 친숙한 말투를 버리고 낯선 남한의 표준어를 익히기 위해 노력하는 것이다. 특별히 정서적으로 예민한 탈북 학생들은 말투를 교정하기 위해 많은 노력을 기울인다. 이들은 자신의 말투 때문에 수업 시간에 다른 학생들 앞에서 발표하는 것을 무척 꺼리는데, 이는 학업에도 부정적인 영향을 끼친다. 따라서 북한 이탈 주민들이 표준어를 잘 구사할 수 있도록 도와주는 것뿐만 아니라, 북한 이탈 주민들의 언어에 대해 남한 사람들이 가지고 있는 부정적인 인식을 해소할 수 있는 방안을 마련해야 한다.

　남북한 언어 통합을 위해서 무엇보다 중요한 것은 남과 북이 서로의 언어를 존중하고 이해하려는 마음을 갖는 것이다. 특히 경제적으로 우위에 있는 남한 사람들이 북한 사람과 북한어를 무시하지 않아야 한다. 국립국어원의 연구 결과(박종선 외, 2016)에 따르면 남한 사람들은 북한말에 대해서 '직설적이다, 순우리말을 많이 쓴다, 공격적이다' 등의 인상을 가지고 있으며, 북한 이탈 주민들은 남한말에 대해서 '외래어와 외국어를 많이 쓴다, 비속어를 많이 쓴다, 빈말이나 가식적인 말을 많이 한다' 등의 인상을 갖고 있다. 남한 사람들이 북한어에 대해, 북한 사람들이 남한어에 대해 부정적으로 인식할수록 언어 통합은 멀어지게 되고, 긍정적으로 인식할수록 언어 통합은 효과적으로 진행될 수 있다.

　서로의 언어에 대해 긍정적인 태도를 지니려면 교류와 접촉이 빈번해야 한다. 남북 간 언어 접촉 빈도가 높을수록 상호 긍정적 인식이 높아지기 때문이다. 그러나 안타깝게도 남북의 인적 교류는 많지 않다. 이를 보완하기 위해서는 영화, 드라마, 방송 등의 매체를 통한 간접적인 교류가 활발히 이루어지는 것이 바람직한데, 이것도 현재의 상황에서는 쉽지 않다. 따라서 국어교육의 역할이 매우 중요하다. 교육적 가치가 있는 북한의 영화, 드라마, 방송을 선별하여 활용함으로써, 국어교육을 통하여 남한 사람들이 북한어를 자연스럽게 접할 수 있도록 안내할 필요가 있다. 또한 학령기 학생뿐만 아니라 일반인을 대상으로 하는 국어교육에서도 북한어를 이해하고 존중하는 교육 내용을 체계적·단계적으로 마련하고, 효과적으로 교수·학습할 수 있는 방법을 마련할 필요가 있다. 통일 시대를 대비한 국어교육이 내실 있게 이루어질 때, 언중들이 남북한 언어 통합의 능동적 주체가 될 수 있을 것이다.

동서독 통일과
언어 통합

동서독 통일 과정을 보면, 서독은 동방 정책으로 동독과 1972년 기본 조약 체결 (상호 무력 포기, 상주 대표부 교환) 후 고속도로 통행, 서신 교환이 가능했고 '중앙인권침해기록보관소'를 설립해 동독의 인권 유린을 막았다. 1973년 동독의 서독 TV 시청 허용, 1984년 베를린 장벽의 자동 소총 제거, 1989년 여름 동독인 대규모 탈출과 10월 9일 동독 주민의 민주화, 자유선거 요구 시위 후 베를린 장벽이 11월 9일 무너졌다. 그리고 1990년 3월 동독에 첫 자유 총선거가 치러져 새 의회가 동독 해체를 결의한 후, 8월의 통일 조약을 거쳐 마침내 10월 3일에 통일이 정식으로 선언되었다.

이 과정에서 동독어와 서독어도 독일어로 통합되었다. 김영길 외(2001), 최경은(2003), 이원경(2010)을 종합해 보면 동서독 통일 과정에서의 언어 통합은 다음과 같이 요약된다.

패전으로 인해 독일이 동독과 서독으로 분단된 이후, 동독어와 서독어 간 언어 차이가 생겼다. 그런데 서독 주도로 통일이 되자 동독어가 서독어에 흡수되는 방식으로 언어 통합이 이루어졌다. 이에 따라 동독의 주민들은 대단히 많은 서독 어휘를 받아들여야 했다. 정치, 경제, 법률, 사회복지, 주거, 교육과 관련된 서독 어휘가 수용되었으며, 언론 매체를 통한 영미 차용어가 대거 유입되었고, 동서독이 서로 다른 명칭을 사용했던 경우에는 서독의 명칭으로 교체되었다. 이처럼 통일 이후 동독인들은 서독어를 적극적으로 수용하기도 했지만, 서독 중심의 일방적 언어 통합에 대한 불만도 갖게 되었다.

통일 이후 동서독인 간에는 의사소통 갈등이 많이 나타났는데, 동서독의 어휘 차이뿐만 아니라 동독인과 서독인 간의 의사소통 방식의 차이에서 문제와 갈등이 많이 나타났다. 통일 후 동서독 시민들이 서로 만나 대화를 나누는 횟수가 늘어남에 따라 의사소통의 갈등이 여러 모습으로 나타나기 시작한 것이다.

동서독 문화의 차이, 어휘의 변화, 의미적 차이, 상이한 정치·사회·경제 체제, 정치 및 경제 분야의 주요 개념에 대한 상이한 평가 등은 동서독인 간 의사소통의 갈등을 일으키는 원인이 되었다. 그리고 서로에 대한 선입견이나 부정적인 평가, 동서독 의사소통 규범의 차이 등이 의사소통 장애를 초래하였다. 이에 더하여 일부 서독인들이 갖는 잘못된 의사소통 태도도 부정적인 영향을 끼쳤다. 동독인과 대화할 때 서독인은 지배적인 태도, 공격적인 언사처럼 느껴지는 직설적인 태도, 잘난 체하는 듯한 일방적인 충고의 경향, 상대방의 입장에서 생각해 보려는 노력의 결여 등의 모습을 보이곤 하였다.

독일에서는 동서독의 언어 통합을 위해 많은 연구와 노력들이 이루어졌는데, 대표적으로 언어상담소를 들 수 있다. 1993년에 마르틴 루터 할레-비텐베르크 대학교 독어독문학과에 언어 상담소가 설립되었고, 이 상담소에서는 서독 어휘에 대한 동독인들의 궁금증을 풀어 주고 새로운 어휘 습득을 지원하기 위한 상담 및 교육 프로그램을 운영하였다.

한편, 동서독 언어의 통합에 기여한 요인도 존재했다. 분단 기간 동안 동서독이 서로의 대중 매체를 접할 수 있었으며 동서독 시민들이 상호 방문 및 서신 교환을 할 수 있었다. 이로 인해 동독인들은 통일 전에도 서독에 대해 많이 알고 있었고, 이는 통일 후 동독인들이 서독 중심의 일방적 언어 통합에 적응하는 데 상당한 도움이 되었다.

독일의 언어 통합 방식은 동독 언어가 서독 언어에 흡수되는 방식이었고, 통일 전부터 방송 교류와 상호 방문이 가능했다는 점에서 우리의 상황과는 많이 다르지만 언어 통합 과정에서 발생한 문제점과 해결 방안은 우리가 언어 통합을 추진할 때 참고할 수 있을 것이다.

참고문헌

1. 단행본

강보선·양수경(2018), 『남에서는 이런 말, 북에서는 저런 뜻』, 국립국어원.

강현석·강희숙·박경래·박용한·백경숙·서경희·양명희·이정복·조태린·허재영(2014),
    『사회언어학: 언어와 사회, 그리고 문화』, 글로벌콘텐츠.

강희숙(2014), 「언어와 지역」, 강현석 외, 『사회언어학: 언어와 사회, 그리고 문화』,
    글로벌콘텐츠.

겨레말큰사전 남북공동편찬사업회(2019), 『한눈에 들어오는 남북 어휘 의미·용법』, 맵씨터.

고영근(1997), 『표준중세국어문법론』(개정판), 집문당.

고영근(2015), 『표준중세국어문법론』(제3판), 집문당.

고영근·구본관(2018), 『우리말 문법론』(개정판), 집문당.

구본관 외(2010), 『외래어 표기 규범 영향 평가』, 문화체육관광부.

구본관·박재연·이선웅·이진호·황선엽(2015), 『한국어 문법 총론 I』, 집문당.

구본관·박재연·이선웅·이진호(2016), 『한국어 문법 총론 II』, 집문당.

국립국어연구원(2000), 『《표준국어대사전》편찬 지침 I』.

국립국어원(2011), 『표준 언어 예절』.

국립국어원(2015), 『국민의 언어 의식 조사』.

국립국어원(2018), 『한글 맞춤법 표준어 규정 해설』.

김광해(1993), 『국어 어휘론 개설』, 집문당.

김광해(2003), 『등급별 국어교육용 어휘』, 박이정.

김광해·권재일·임지룡·김무림·임칠성(2001), 『국어지식탐구: 국어교육을 위한 국어학개론』,
    박이정.

김민수(1980), 『신국어학사』, 일조각.

김민수(1984), 『국어정책론』, 탑출판사.

김봉순(1999), 「설명적 텍스트 구조의 이해력 발달 연구: 초등학교 2학년부터 6학년까지」,
    한국초등국어교육학회 편, 『읽기 수업 방법』, 박이정.

김성규·정승철(2005), 『소리와 발음』, 한국방송통신대학교출판부.

김완진(1983), 「한국어 문체 발달」, 『한국어문의 제문제』, 일지사.

김은성(2019), 「어휘의 분화와 표준화: 방언과 표준어의 어휘」, 민현식 외, 『국어 의미 교육론』,
    태학사.

김정수(2005),『문화로 읽는 신상품 백과사전』, 간디서원.

김주원(2013),『훈민정음: 사진과 기록으로 읽는 한글의 역사』, 민음사.

김진향·강승환·이용구·김세라(2015),『개성공단 사람들』, 내일을여는책.

김진희·이기문(2001),『교육학 용어 사전』, 지구문화사.

김현식(2007),『나는 21세기 이념의 유목민』, 김영사.

김형철(1997),『개화기 국어 연구』, 경남대학교출판부.

김희숙(2005),「'한국적' 사회언어학이란?」, 왕한석 외,『한국 사회와 호칭어』, 역락.

나찬연(2013),『국어 어문 규범의 이해』, 월인.

남기심·우형식·이희자·오승신·유현경·정희정·강현화·한송화·이종희·이선희·이병규·조민정·남길임(2006),『왜 다시 품사론인가』, 커뮤니케이션북스.

남성우(1992),『15세기 국어의 동의어 연구』, 탑출판사.

남영신(1987),『우리말 분류 사전』, 한강문화사.

노마 히데키(野間秀樹)/김진아·김기연·박수진 역(2011),『한글의 탄생: 문자라는 기적』, 돌베개.

노명완·이차숙(2002),『문식성 연구』, 박이정.

랄프 파솔드(Ralph Fasold)/황적륜 외 역(1994),『사회언어학』, 한신문화사.

르네 데카르트(René Descartes)/이현복 역(1997),『방법서설』, 문예출판사.

매트 리들리(Matt Ridley)/김한영 역(2004),『본성과 양육: 인간은 태어나는가 만들어지는가』, 김영사.

문화체육관광부(2012),『국어 어문 규정집』, 대한교과서.

문화체육관광부(2017),『제3차 국어 발전 기본 계획』.

뮤리엘 사빌-트로이케(Muriel Saville-Troike)/왕한석·백경숙·이진성·김혜숙 역(2009),『언어와 사회: 의사소통의 민족지학 입문』, 한국문화사.

민현식(1999ㄱ),『국어 문법 연구』, 역락.

민현식(1999ㄴ),『국어 정서법 연구』, 태학사.

민현식·구본관·민병곤·김호정·권순희·왕단·박재현·조형일·주세형·신명선·김은성·강남욱·권은선·남가영·남지애·이기연·이해숙·강보선·오현아·이관희·박혜경·제민경·조진수·최소영·강효경·박혜진(2019),『국어 의미 교육론』, 태학사.

민현식·왕문용(1993),『국어 문법론의 이해』, 개문사.

박영준·시정곤·정주리·최경봉(2002),『우리말의 수수께끼』, 김영사.

박용수(1989),『우리말 갈래 사전』, 한길사.

박용한(2014),「언어 상황과 언어 선택」, 강현석 외,『사회언어학: 언어와 사회, 그리고 문화』, 글로벌콘텐츠.

박종선 외(2016), 『2016년 남북 언어의식 조사 보고서』, 국립국어원.

배주채(2010), 『한국어 기초 어휘집』, 한국문화사.

백두현(2015), 『한글 문헌학』, 태학사.

백두현·최준·배준영·안주현·김정아·송지혜·송현주·안미애·정수진·홍미주(2019), 『한국어로 보는 한국문화』, 태학사.

브루스 M. 로우(Bruce M. Rowe)·다이안 P. 레빈(Diane P. Levin)/장영준 역(2012), 『인류학자가 쓴 언어학 강의』, 시그마프레스.

사나다 신지(眞田信治) 편/강석우·김미정·이길용 역(2008), 『사회언어학의 전망』, 제이앤씨.

서상규 외(1998), 『한국어교육을 위한 기초 어휘 선정: 기초어휘 빈도 조사 결과』, 국립국어원.

서울대학교 교육연구소(1998), 『교육학대백과사전』, 하우동설.

신중진 외(2018), 『남북 역사 분야 전문용어 구축』, 국립국어원.

신지영(2014), 『말소리의 이해』(개정판), 한국문화사.

신지영·차재은(2004), 『우리말 소리의 체계』(2판), 한국문화사.

심영택 외(2010), 『표준화법에 관한 국민의 국어사용 실태 조사』, 국립국어원.

아즈마 쇼지(東照二)/스즈키 준(鈴木潤)·박문성 역(2007), 『재미있는 사회언어학』, 보고사.

안병희(2009), 『국어사 문헌 연구』, 신구문화사.

안병희(2013), 『훈민정음 연구』, 서울대학교출판부.

안병희·이광호(1990), 『중세국어 문법론』, 학연사.

양민호 외(2015), 『대도시 지역 사회 방언 조사』, 국립국어원.

왕문용·민현식(1993), 『국어 문법론의 이해』, 개문사.

왕한석 편(2010), 『한국어 한국문화 한국사회』, 교문사.

왕한석·김희숙·박정운·김성철·채서영·김혜숙·이정복(2005), 『한국 사회와 호칭어』, 역락.

움베르토 에코(Umberto Eco)·토머스 A. 세벅(Thomas A. Sebeok) 편/김주환·한은경 역(2016), 『셜록 홈스, 기호학자를 만나다』, 이마.

유길준(1908), 『대한문전』, 융문관.

유지원(2019), 『글자 풍경』, 을유문화사.

유창돈(1964), 『이조어사전』, 연세대학교출판부.

유현경(1998), 『국어 형용사 연구』, 한국문화사.

유현경·한재영·김홍범·이정택·김성규·강현화·구본관·이병규·황화상·이진호(2018), 『한국어 표준 문법』, 집문당.

이관규 외(2014), 『한글맞춤법 영향 평가』, 국립국어원.

이극로(1947), 『실험도해 조선어음성학』, 아문각.

이기문(1961), 『국어사개설』, 민중서관.

이기문(1972), 『국어사개설』, 탑출판사.

이기문·강신항·김완진·안병희·남기심·이익섭·이상억(1983), 『한국 어문의 제문제』, 일지사.

이상규·조태린 외(2008), 『한국어의 규범성과 다양성: 표준어 넘어서기』, 태학사.

이오덕(1997), 『우리글 바로쓰기』, 한길사.

이익섭(1986), 『국어학개설』, 학연사.

이익섭(1992), 『국어 표기법 연구』, 서울대학교출판부.

이익섭(1994), 『사회언어학』, 민음사.

이익섭(2000), 『국어문법론강의』, 학연사.

이익섭(2003), 『국어 부사절의 성립』, 태학사.

이익섭(2004), 『국어학개설』(2판), 학연사.

이익섭·채완(1999), 『국어문법론강의』, 학연사.

이인섭(1986), 『아동의 언어 발달』, 개문사.

이재성(2001), 『한국어의 시제와 상』, 국학자료원.

이정복(2014), 『한국 사회의 차별 언어』, 소통.

이진호(2014), 『국어음운론 강의』(개정판), 삼경문화사.

이희승·안병희(1995), 『한글 맞춤법 강의』(고친판), 신구문화사.

임지룡(2011), 『국어 의미론』, 탑출판사.

전정례(2002), 『훈민정음과 문자론』, 역락.

정경일·최경봉·김무림·오정란·시정곤·이관규·최호철·조일영·송향근·박영준·고창수·이윤표·김동언(2000), 『한국어의 탐구와 이해』, 박이정.

정경일·최경봉·김무림·오정란·시정곤·이관규·최호철·조일영·송향근·박영준·고창수·이윤표·김동언(2008), 『한국어의 탐구와 이해』(개정판), 박이정.

정승철(2013), 『한국의 방언과 방언학』, 태학사.

제리 무어(Jerry Moore)/김우영 역(2002), 『인류학의 거장들: 인물로 읽는 인류학의 역사와 이론』, 한길사.

조남호(2003), 『한국어 학습용 어휘 선정 결과 보고서』, 국립국어원.

조선인민민주주의공화국 국어사정위원회(2010), 『조선말규범집』(제2판), 사회과학원 인쇄공장.

조셉 꾸르떼(Joseph Courtes)·줄리앙 그레마스(Julien Greimas)/천기석·김두한 역(1988), 『기호학 용어 사전』, 민성사.

조현용(2000), 『한국어 어휘 교육 연구』, 박이정.

주시경(1910),『국어 문법』, 박문서관.

주시경(1914),『말의 소리』, 신문관.

최경봉·김윤신·이동석·주세형(2017),『국어 선생님을 위한 문법 교육론』, 창비교육.

최미숙·김봉순·원진숙·이경화·전은주·정혜승·정현선·주세형(2015),『국어교육의 이해』, 사회평론아카데미.

페르디낭 드 소쉬르(Ferdinand de Saussure)/최승언 역(1990),『일반언어학 강의』, 민음사.

피터 파브(Peter Farb)/이기동·김혜숙·김혜숙 역(1997),『말 그 모습과 쓰임: 사람들이 말을 할 때 어떤 일이 일어나는가?』, 한국문화사.

한글학회·현대경제연구원(2010),『'국어의 로마자 표기법' 영향 평가』, 문화체육관광부.

한동완(1996),『국어의 시제 연구』, 태학사.

한성우 외(2011),『표준어 규범 영향 평가』, 국립국어원.

한송화 외(2015),『한국어 교육 어휘 내용 개발(4단계)』, 국립국어원.

허웅(1975),『우리옛말본』, 샘문화사.

홍윤표(2009),『살아있는 우리말의 역사: 어떻게 다르고, 언제부터 생긴 말일까?』, 태학사.

홍윤표(2013ㄱ),『한글 이야기1: 한글의 역사』, 태학사.

홍윤표(2013ㄴ),『한글 이야기2: 한글과 문화』, 태학사.

홍윤표(2017),『국어사 자료 강독』, 태학사.

이연숙(1996),『國語という思想: 近代日本の言語認識』, 岩波. [고영진·임경화 역(2006),『국어라는 사상: 근대일본의 언어인식』, 소명출판.]

Austin, J. L. (1962), *How to Do Things with Words*, Oxford University Press.

Bereiter, C. (1980), Development in Writing. In Gregg, L. W., & Sternberg, E. R. (Eds.), *Cognitive Processes in Writing*(pp.73-93), Erlbaum.

Berns, M. (1990), *Contexts of Competence: Social and Cultural Considerations in Communicative Language Teaching*, Plenum Press.

Blom, J. P., & Gumperz J. (1972), Social Meaing in Linguistic Structure: Code-switching in Norway. In J. Gumperz, & D. Hymes (Eds.), *Directions in Sociolinguistics*, Holt, Rinehart and Winston.

Bloomfield, L. (1933), *Language*, Holt, Rinehart & Winston.

Brinker, K. (1992), *Linguistische Textanalyse*, Aufl. [클라우스 브링커/이성만 역(2004),『텍스트언어학의 이해』, 역락.]

Catford, J. C. (1988), *A Practical Introduction to Phonetics*, Oxford University Press.

Chall, J. S. (1996), *Stages of Reading Development*, Harcourt Brace College Publishers.

Coulmas, F. (2003), *Writing Systems-An Introduction to Their Linguistic Analysis*, Cambridge University Press.

De Beaugrande, R., & Dressler, W. U. (1981), *Einführung in die Textlinguistik*, Tübingen. [R. de Beaugrande, W. Dressler/김태옥·이현호 역(1995), 『텍스트 언어학 입문』, 한신문화사.]

Derewianka, B. (2003), Grammatical Metaphor in the Transition to Adolescence. In A. M. Simon-Vandenbergen, M. Taverniers, & L. J. Ravellim (Eds.), *Grammatical Metaphor: Views from Systemic Functional Linguistics*(pp. 185-219), John Benjamins.

Halliday, M. A. K. (1975), *Learning How to Mean: Explorations in the Development of Language*, Edward Arnold.

Halliday, M. A. K. (1985), *An Introduction to Functional Grammar*, Edward Arnold.

Halliday, M. A. K. (1994), *An Introduction to Functional Grammar* (2nd ed.), Routledge.

Halliday, M. A. K. (2002), *Linguistic Studies of Text and Discourse*, Continuum.

Halliday, M. A. K. (2003a), *On Language and Linguistics*, Continuum.

Halliday, M. A. K. (2003b), *The Language of Early Childhood*, Continuum.

Halliday, M. A. K. (2004), *The Language of Science*, Continuum.

Halliday, M. A. K. (2007), *Language and Education*, Continuum.

Halliday, M. A. K., & Hasan, R. (1989), *Language, Context, and Text*, Oxford University Press.

Halliday, M. A. K., & Martin, J. R. (1993), *Writing Science: Literacy and Discursive Power*, The Falmer Press.

Henderson, E. H. (1990), *Teaching Spelling* (2nd ed.), Houghton Mifflin Company.

Hymes, D. (1962), The Ethnography of Speaking. In T. Gladwin, & W. C. Sturtevant (Eds.), *Anthropology and Human Behavior*, Anthropological Society of Washington.

Lennerberg, E. (1967), *Biological Foundations of Language*, Wiley Press.

Murray, S. O. (1998), *American Sociolinguistics: Theorist and Theory Groups*, John Benjamins Publishing Company.

Pariser, E. (2011), *The Filter Bubble: What the Internet is Hiding from You*, Penguin Press.

Richards, J. C., Platt, J., & Platt, H. (1992), *Longman Dictionary of Language Teaching and Applied Linguistics*, Longman.

Salzmann, Z. (2004), *Language, Culture, and Society: An introduction to Linguistic Anthropology* (3rd ed.), Westview Press. [제녁 쌀즈만/김형중 역(2006), 『언어, 문화,

사회: 언어인류학 입문』, 온누리.]

Sampson, G. (1985), *Writing Systems a Linguistic Introduction*, Stanford University Press.

Searle, J. R. (1979), *Expression and Meaning: Studies in the Theory of Speech Acts*, Cambridge University Press.

Ullman, S. (1962), *Semantics: an Introduction to the Science of Meaning*, Basic Blackwell.

van Dijk, T. A. (1980), *Textlinguistik: Eine Einführung*, München. [반 다이크/정시호 역(1995), 『텍스트학』, 민음사.]

2. 논문

가은아(2010), 「설명문 쓰기 능력 발달 연구: 초6에서 고1 학생들을 중심으로」, 『청람어문교육』 41, 청람어문교육학회, 139-168.

강보선(2009), 「국어교육에서의 북한 어휘 교육 연구」, 『국어교육연구』 45, 국어교육학회, 1-34.

강윤희(2004), 「주변화에 따른 전통구술장르의 변화와 언어이데올로기: 인도네시아 쁘딸랑안 부족의 사례」, 『한국문화인류학』 37(2), 한국문화인류학회, 23-48.

강지영(2019), 「귀추적 관점의 국어사 탐구 교육 연구」, 서울대학교 석사학위논문.

구본관(2010), 「국어 품사 분류와 관련된 몇 가지 문제」, 『형태론』 12(2), 형태론편집위원회, 179-199.

구본관·오현아(2011), 「외래어 표기 규범에 대한 국어교육적 고찰」, 『문법교육』 14, 한국문법교육학회, 1-37.

권이은·윤철민(2014), 「과학 정보 글쓰기에서 나타나는 초등학교 6학년의 복합양식 문식성 실행에 대한 연구」, 『한국초등국어교육』 55, 한국초등국어교육학회, 39-62.

권재일(2015), 「남북한 언어문화의 현실과 통합 방안」, 『광복 70주년 기념 겨레말 통합을 위한 국제학술회의 자료집』, 국립국어원·겨레말큰사전남북공동편찬사업회.

김경선(2017), 「인공지능기반 언어 처리 기술: 자연어 대화 인터페이스를 중심으로」, 『새국어생활』 27(4), 국립국어원, 9-37.

김광해(1989), 「현대 국어의 유의 현상에 대한 연구: 고유어와 한자어의 일대다대응 현상을 중심으로」, 서울대학교 박사학위논문.

김기철(2005), 「초등학생의 논증하는 글쓰기 발달 특성 위계 연구」, 공주교육대학교 석사학위논문.

김다연(2018), 「학습자 오개념 분석을 통한 음운 교육 연구」, 서울대학교 석사학위논문.

김다연(2019), 「학습자 오개념의 양상 및 형성 요인 연구: 음운 교육 내용을 중심으로」,
  『선청어문』 46, 서울대학교 국어교육과, 151-201.

김대희(2011), 「독서 수준과 텍스트 수준의 위계화 방안에 대한 비판적 고찰」,
  『국어교육학연구』 41, 국어교육학회, 147-166.

김범수(2019), 「통일에 대한 인식」, 『2019년 통일 의식 조사 국내학술대회 자료집』,
  서울대학교 통일평화연구원.

김봉순(2000), 「학습자의 텍스트 구조에 대한 인지도 발달 연구: 초·중·고 11개 학년을
  대상으로」, 『국어교육』 102, 한국어교육학회, 27-85.

김영길·김원·하수권·정진명·J.Müller(2001), 「독일 통일 이후의 언어통합과정 연구」,
  『독일어문학』 15, 한국독일어문학회, 319-362.

김윤신(2014), 「국어 문법 교육에서의 의미 교육의 한계와 전망」, 『새국어교육』 98,
  한국국어교육학회, 357-386.

김은성(2006), 「국어 문법 교육의 태도 교육 내용 연구」, 서울대학교 박사학위논문.

김은성(2015), 「청소년어에 관한 청소년 문식 실천의 사례 연구」, 『국어교육연구』 36,
  서울대학교 국어교육연구소, 383-424.

김은성·남가영·김호정·박재현(2007), 「국어 문법 학습자의 음운에 대한 앎의 양상 연구」,
  『언어과학연구』 42, 언어과학회, 1-25.

김은정·이선재(2001), 「의류 점포의 대고객 관계 마케팅에 관한 연구: 백화점을 중심으로」,
  『한국의류학회지』 25(6), 한국의류학회, 1079-1090.

김정대(2008), 「한글은 자질 문자인가 아닌가?: 한글에 대한 자질 문자 공방론」, 『한국어학』
  41, 한국어학회, 1-33.

김주성(2014), 「북한 이탈 주민의 언어 태도에 대한 연구」, 연세대학교 석사학위논문.

김지영(2013), 「중학생의 국어 품사 오개념 연구」, 이화여자대학교 석사학위논문.

김지은(2012), 「읽기 교과서의 설명 텍스트 난도에 대한 교사와 학생의 인식 차이에 관한
  연구」, 『한국초등국어교육』 49, 한국초등국어교육학회, 33-64.

김진웅(2017), 「화용표지로서 인용부호의 사용 양상과 유형 분류」, 『한국어학』 77,
  한국어학회, 125-154.

김학수(2017), 「우리말 자연어 처리 기술: 과거와 현재」, 『새국어생활』 27(4), 국립국어원,
  81-98.

김호정·김은성·남가영·박재현(2009), 「국어과 오개념 연구 방향 탐색」, 『새국어교육』 83,
  한국국어교육학회, 211-238.

김홍수(2002), 「소설의 대화 인용에서 인용 동사 표현의 양상: 발화 동사 "말하다"의 쓰임을 중심으로」, 『어문학논총』 21, 국민대학교 어문학연구소, 165-182.

남가영(2008), 「문법 탐구 경험의 교육 내용 연구」, 서울대학교 박사학위논문.

남가영(2012), 「문법교육과 교과서」, 『한국어학』 57, 한국어학회, 1-34.

남가영(2013ㄱ), 「학습자 오개념 형성 요인으로서의 교과서: 중학교 국어 교과서 '단어 형성법' 관련 단원을 중심으로」, 『우리말글』 57, 우리말글학회, 109-137.

남가영(2013ㄴ), 「예비 국어 교사의 문법 평가 문항 설계 양상 연구」, 『교육과정평가연구』 16(3), 한국교육과정평가원, 121-145.

민현식(1994ㄱ), 「개화기 국어 문체 연구」, 『국어국문학』 111, 국어국문학회, 37-61.

민현식(1994ㄴ), 「형태론의 주요 개념과 문법교육」, 『선청어문』 22(1), 서울대학교 국어교육과, 111-132.

민현식(2002), 「"부사성"의 문법적 의미」, 『한국어 의미학』 10, 한국어의미학회, 227-250.

민현식(2003), 「국어 문화사의 내용 체계에 관한 연구」, 『국어교육』 110, 한국어교육학회, 201-268.

민현식(2007), 「문법교육의 반성과 교과서 개발의 방향」, 『국어교육연구』 19, 서울대학교 국어교육연구소, 289-362.

민현식(2008), 「19세기 국어에 대한 종합적 검토」, 『국어국문학』 149, 국어국문학회, 23-68.

민현식(2009), 「국내 국어교육 정책의 반성과 전망」, 『국어교육학연구』 36, 국어교육학회, 5-40.

민현식(2011), 「남북 및 재외동포 언어의 현재와 미래: 표준 한국어 수립을 위하여」, 『남북언어통합과 재일동포언어 국제학술대회 논문집』, 국립국어원.

민현식(2019), 「한글 맞춤법 띄어쓰기의 실용성 증진 방안」, 『문법교육』 35, 한국문법교육학회, 129-162.

박영민(2003), 「독서의 발달과 음독에서 묵독으로의 이행」, 『국어교육』 111, 한국어교육학회, 59-86.

박정일(2003), 「비트겐슈타인 『논리철학논고』」, 『철학사상』 16, 서울대학교 철학사상연구소, 1-206.

박종미·강민이(2016), 「고등학교 학습자의 문법 오개념 조사 연구: 음운을 중심으로」, 『새국어교육』 108, 한국국어교육학회, 59-88.

박진호(1994), 「통사적 결합 관계와 논항구조」, 서울대학교 석사학위논문.

박진호(2011), 「시제, 상, 양태」, 『국어학』 60, 국어학회, 289-322.

박창원(2011), 「국어 정책을 위한 제언」, 『새국어생활』 21(1), 국립국어원, 25-51.

박창원(2015), 「국어기본법 10년을 되돌아보면서」, 『새국어생활』 25(3), 국립국어원, 3-35.

박창원(2016ㄱ), 「한글맞춤법 총칙 제1항의 음운론(1): '소리'라는 존재의 본질과 실재」, 『언어와 정보사회』27, 서강대학교 언어정보연구소, 171-208.

박창원(2016ㄴ), 「한글맞춤법 총칙 제1항의 음운론(2): '어법'으로 표출된 공시태와 통시태」, 『이화어문논집』40, 이화어문학회, 101-134.

박태호·강병륜·임천택·이영숙(2005), 「국어 표현에 대한 초등학생의 쓰기 특성 및 발달 고찰」, 『국어교육학연구』23, 국어교육학회, 273-299.

서소정(2005), 「미국 내 거주하는 한국 국적을 가진 아동의 초기 학교 적응에 관한 연구: 언어발달과 어머니의 영향 중심으로」, 『Family and Environment Research』43(5), 대한가정학회, 131-147.

서영진(2011), 「쓰기 교육 내용 조직의 위계성 연구」, 『새국어교육』87, 한국국어교육학회, 59-83.

서종학(2011), 「이두의 개념과 성격」, 『구결연구』27, 구결학회, 27-55.

소지영·주세형(2017), 「과학 교과서의 '문법적 은유'를 중심으로 본 국어과의 도구 교과적 본질 탐색」, 『국어교육연구』39, 서울대학교 국어교육연구소, 119-158.

송경숙(2015), 「표준 영어 및 표준 한국어에 대한 한국 대학생들의 언어 태도 및 인식: 언어교육 및 사회언어학적 접근」, 『언어과학』22(1), 한국언어과학회, 71-93.

신명선(2004), 「국어 사고도구어 교육 연구」, 서울대학교 박사학위논문.

신명선(2017), 「국어과 교육내용의 교과서 구현 방식의 관례성과 오개념: 문법 영역의 '언어의 본질과 특성'을 중심으로」, 『문법교육』31, 한국문법교육학회, 87-134.

신수진(2006), 「초등저학년 아동의 학년에 따른 이야기 산출 능력 분석」, 연세대학교 석사학위논문.

신현숙·김선미·곽유미(2007), 「쓰기 표현 능력의 발달 경향: 설명글과 논증글을 중심으로」, 『교육연구』30, 전남대학교 교육문제연구소, 21-41.

신호철·김부연·이규범(2015), 「한글맞춤법 오표기 양상에 대한 연구」, 『문법교육』23, 한국문법교육학회, 63-94.

안소진(2012), 「학술논문 문형의 문법적 특징과 담화 기능에 대하여: 국어국문학 분야 학술논문을 대상으로」, 『어문연구』73, 어문연구학회, 87-107.

안원석(2007), 「다문화가정 자녀의 표현 실태 분석」, 한국교원대학교 석사학위논문.

양미경(2011), 「학회지 인용 분석을 통한 우리나라 교육학 학문공동체의 특성 탐색」, 『교육학연구』49(3), 한국교육학회, 1-31.

양수경·권순희(2007), 「새터민 면담을 통한 남북한 화법 차이 고찰」, 『국어교육학연구』28, 국어교육학회, 459-484.

엄혜성·오현아(2016), 「품사 통용어 교육을 위한 품사 개념 및 품사 통용어에 관한 학습자의 인식 연구」, 『언어학연구』 40, 한국중원언어학회, 141-165.

엄훈(2001), 「어휘에 대한 한국 아동의 메타언어적 인식 발달 연구」, 『국어교육』 104, 한국어교육학회, 23-50.

연규동(2014), 「문자의 종류와 개념에 대한 새로운 이해」, 『국어학』 72, 국어학회, 155-181.

오성배(2007), 「국제결혼 가정 자녀('Kosian')의 교육 환경과 문제」, 『교육비평』 22, 교육비평, 186-213.

오현아(2014), 「선어말어미 '-시-'의 문법 교육 내용 검토: '-시-'의 청자 높임 기능을 중심으로」, 『인문과학연구』 40, 강원대학교 인문과학연구소, 157-180.

오현아(2019), 「통일 대비 남북 교과 전문 용어 비교 분석 연구에 대한 시론: 고등학교 문법 교과서를 중심으로」, 『우리말글』 82, 우리말글학회, 59-96.

오현아·조진수(2016), 「문법 교과서의 언어 단위별 교육 내용 구성과 범위 검토: 단어 단위에서 품사 분류 문제를 중심으로」, 『새국어교육』 109, 한국국어교육학회, 219-254.

옥철영(2007), 「국어 어휘 의미망 구축과 사전 편찬」, 『새국어생활』 17(3), 국립국어원, 27-50.

원진숙·이세연(2013), 「다문화적 한국어 교수 역량 강화를 위한 KSL 담당 교원 연수 프로그램 실행 및 효과 분석」, 『한국교육』 40(2), 한국교육개발원, 5-29.

유승아(2018), 「초등 저학년의 이야기글 쓰기 발달에 대한 종단 분석」, 『청람어문교육』 67, 청람어문교육학회, 265-293.

윤정하(2003), 「텍스트 구조 분석을 통한 초등학교 쓰기 발달 양상 연구」, 한국교원대학교 석사학위논문.

윤준채(2007), 「초등학생의 읽기 태도 발달에 관한 국제 비교 연구」, 『국어교육학연구』 28, 국어교육학회, 487-517.

이건범(2017), 「국어기본법을 위해 헌재 법정에 서다」, 『새국어생활』 27(1), 국립국어원, 163-174.

이경님(2018), 「음성언어 처리 기술, 어디까지 왔나」, 『새국어생활』 27(4), 국립국어원, 99-116.

이관희(2008), 「품사 교육의 위계화 연구」, 서울대학교 석사학위논문.

이관희(2009), 「문법교육 위계화를 위한 방법론 개발: 품사 교육을 대상으로」, 『문법교육』 10, 한국문법교육학회, 205-240.

이관희(2015), 「학습자의 지식 구성 분석을 통한 문법 교육 내용의 조직과 표상 연구」, 서울대학교 박사학위논문.

이관희·조진수(2015), 「문법 교사의 오개념 유형화 연구」, 『새국어교육』 102, 한국국어교육학회, 107-152.

이광정(1997), 「학교문법에서의 품사분류」, 『국어교육』 94, 한국국어교육연구회, 41-76.

이기문(2010), 「방종현 선생님의 강의에 얽힌 이야기: 부산 피난 시절의 추억」,

『새국어생활』20(4), 국립국어원, 185-191.

이기황(2016), 「언어 자료의 보고, 빅데이터」, 『새국어생활』26(2), 국립국어원, 9-30.

이도영(1999), 「국어과 교육 내용으로서의 국어사」, 『선청어문』27(1), 서울대학교
　　국어교육과, 303-326.

이래호(2012), 「선어말 어미 '-시-'의 청자 존대 기능에 대한 고찰」, 『언어학연구』23,
　　한국중원언어학회, 147-166.

이삼형·주영미(2005), 「쓰기 능력 발달 양상에 관한 연구」, 『국어교육』118,
　　한국어교육학회, 127-148.

이상규(2007), 「절멸 위기의 언어 보존을 위한 정책」, 『새국어생활』17(4), 국립국어원,
　　101-114.

이선웅(2012), 「문장부호에 대한 국어학적 고찰」, 『국어학』64, 국어학회, 185-215.

이선웅·양명희(2015), 「한글 맞춤법 총칙 제1항과 일부 조항에 대한 검토」, 『국어교육연구』
　　58, 국어교육학회, 225-252.

이성영(2000), 「글쓰기 능력 발달 단계 연구: 초등학생의 텍스트 구성 능력을 중심으로」,
　　『국어국문학』126, 국어국문학회, 27-50.

이성영(2008), 「읽기 발달 단계에 대한 연구: 몇 가지 논점을 중심으로」, 『국어교육』127,
　　한국어교육학회, 51-80.

이순영(2010), 「디지털 시대의 청소년 독자와 비판적 읽기」, 『독서연구』24, 한국독서학회,
　　87-109.

이순영(2011), 「읽기 연구의 최근 동향과 과제: 국내외 2005년부터 2010년까지의 연구를
　　중심으로」, 『한국어문교육』10, 고려대학교 한국어문교육연구소, 311-340.

이순영(2016), 「초등학교 1학년의 설명문 쓰기 능력 연구: 취학 첫 학기 아동 초기 문식성
　　발달의 관점에서」, 『교육과정평가연구』19(2), 한국교육과정평가원, 107-131.

이순영(2017), 「초등학교 2학년 학생들의 설명글과 이야기글 쓰기 양상 연구」,
　　『청람어문교육』62, 청람어문교육학회, 67-94.

이순영·유승아(2017), 「초등학교 1학년생의 쓰기 발달 연구: 학기와 장르에 따른 양적
　　변화를 중심으로」, 『한국초등국어교육』28(2), 한국초등국어교육학회, 93-108.

이영덕(1990), 「민족 동질성 고양을 위한 교육의 과제」, 『교육학 연구』28(3), 한국교육학회,
　　7-13.

이원경(2010), 「독일통일기의 독어교육」, 『국어교육』131, 한국어교육학회, 25-48.

이인섭(1986), 「한국 아동의 언어 발달 연구」, 고려대학교 박사학위논문.

이정복(2006), 「국어 경어법에 대한 사회언어학적 접근」, 『국어학』47, 국어학회, 407-448.

이정복(2010), 「상황 주체 높임 '-시-'의 확산과 배경」, 『언어과학연구』55, 언어과학회,

217-246.

이지수·정희창(2015), 「문장 성분 교수를 위한 '문법 교과 내용 지식' 연구」, 『새국어교육』 104, 한국국어교육학회, 229-259.

이차숙(2003), 「한글의 특성에 따른 한글 해독 지도 방법 연구」, 『유아교육연구』 23(1), 한국유아교육학회, 5-26.

이창덕(1999), 「현대 국어 인용 체계 연구」, 『텍스트언어학』 6, 한국텍스트언어학회, 255-299.

이해숙(2018), 「문법 교육을 위한 교사용 교과내용지식 연구」, 서울대학교 박사학위논문.

이형래(2005), 「문식성 교육의 확장에 관한 연구: 공무원의 직업 문식성을 중심으로」, 『국어교육』 118, 한국국어교육학회, 249-282.

이희자(2002), 「'의사소통의 최소 단위'로서의 '발화문'과 '문장'」, 『텍스트언어학』 13, 한국텍스트언어학회, 343-366.

임애리·박은숙·김향희·서상규(2008), 「10대 초반 학생의 담화에서 나타난 구문 발달」, 『언어치료 연구』 17(2), 한국언어치료학회, 17-33.

임지룡(1989), 「국어 분류어휘집의 체제와 상관성」, 『국어학』 19, 국어학회, 395-425.

임지룡(1991), 「국어의 기초어휘에 대한 연구」, 『국어교육연구』 23(1), 국어교육학회, 87-132.

임천택(2005), 「초등학생의 설명 텍스트에 나타난 쓰기발달 특성 연구」, 『청람어문교육』 32, 청람어문교육학회, 123-151.

임칠성(2002), 「초급 한국어 교육용 어휘 선정 연구」, 『국어교육학연구』 14, 국어교육학회, 355-385.

장윤희(2004), 「석독구결 및 그 자료의 개관」, 『구결연구』 12, 구결학회, 47-80.

장윤희(2005), 「국어생활사의 관점에서 본 문학작품의 가치」, 『국어국문학』 141, 국어국문학회, 107-132.

장현진·전희숙·신명선·김효정(2014), 「초등학생 교육용 기초 어휘 선정 연구」, 『언어치료연구』 23(1), 한국언어치료학회, 157-170.

전영주·이상일·김승현(2017), 「서답형 문항 분석을 통한 중학교 학습자의 문법 오개념 양상 연구: 국어 음운 개념을 중심으로」, 『국어교육학연구』 52, 국어교육학회, 149-180.

전은주(2015), 「생애주기별 의사소통 과업과 교육」, 『국어교육학연구』 50(1), 국어교육학회, 88-119.

정은희(2004), 「농촌지역 국제결혼 가정 아동의 언어 발달과 언어 환경」, 『언어치료연구』 13(3), 한국언어치료학회, 33-52.

정혜승·김정자·민병곤·손원숙·백혜선·백정이·박치범·오은하·정현선(2013), 「초등학생의 학교 밖 문식 활동 조사 연구」, 『독서연구』 30, 한국독서학회, 287-336.

정혜승·김정자·정현선·손원숙·김종윤·민병곤(2016), 「초등학생의 학교 밖 문식 활동

　　빈도의 종단적 변화와 예측 요인 탐색: 잠재 성장 모형의 적용」, 『국어교육』 153,
　　한국어교육학회, 171-209.

정호성(2000), 「『표준국어대사전』 수록 정보의 통계적 분석」, 『새국어생활』 10(1),
　　국립국어연구원, 55-72.

정희창(2010), 「'규범, 사전, 문법'의 관계와 내용 구성」, 『한국어학』 47, 한국어학회, 235-260.

정희창(2014), 「어문 규범의 현황과 전망」, 『우리말글』 60, 우리말글학회, 53-73.

정희창(2015), 「한글 맞춤법의 비판적 검토와 개정 방향」, 『우리말글』 65, 우리말글학회,
　　29-46.

제민경(2015), 「장르 문법 교육 내용 연구」, 서울대학교 박사학위논문.

제민경(2019), 「장르 문법의 위상과 의미: 교육 내용과 연구 방법으로서의 장르 문법」,
　　『문법교육』 35, 한국문법교육학회, 1-26.

조국현(2008), 「문화 연구로서의 텍스트종류 분석: 한국어와 독일어 '추모문'의 문화대비적
　　고찰」, 『독일문학』 49(1), 147-170.

조진수(2014), 「형태소의 자립성과 의존성에 대한 학습자의 오개념 연구」, 『문법교육』 21,
　　한국문법교육학회, 269-306.

조진수(2018), 「교육적 인식론 관점의 국어사 교재 구성 원리 탐색: 하향 이중모음의
　　단모음화를 중심으로」, 『한국어학』 78, 한국어학회, 81-110.

주세형(2005ㄱ), 「통합적 문법 교육 내용 설계: '의미를 구성하는 문법 지식'을 중심으로」,
　　『이중언어학』 27, 이중언어학회, 203-226.

주세형(2005ㄴ), 「학습자 중심의 국어사 교육 내용 설계 방향」, 『국어교육학연구』 22,
　　국어교육학회, 325-354.

주세형(2009), 「할리데이 언어 이론의 국어교육학적 의미」, 『국어교육』 130,
　　한국어교육학회, 173-204.

주세형(2010), 「학교 문법 다시 쓰기 (3): 인용 표현의 횡적 구조 연구」, 『새국어교육』 85,
　　한국국어교육학회, 269-290.

주세형(2016), 「〈언어와 매체〉 교재 구성의 원리: 문법 영역에서의 통합 원리 탐색을 중심으로」,
　　『문법교육』 28, 한국문법교육학회, 237-286.

주영미(2001), 「학령에 따른 쓰기 능력 발달에 대한 연구」, 한양대학교 석사학위논문.

천경록(1999), 「읽기의 개념과 읽기 능력의 발달 단계」, 『청람어문교육』 21,
　　청람어문교육학회, 263-282.

최경은(2003), 「통일 이후 동서독 독일어의 통합 과정」, 『독일언어문학』 21,
　　한국독일언어문학회, 55-79.

최소영(2019), 「언어 변화 기반의 국어사 교육 설계 연구」, 서울대학교 박사학위논문.

최승식(2015), 「설명문 쓰기의 담화 종합 과정 연구」, 고려대학교 박사학위논문.

최영환(2007), 「'독서'의 인지적 영역 발달과 사회적 관점」, 『독서연구』 17, 한국독서학회, 39-62.

최인자(2006), 「청소년 문학 독서 경험의 질적 이해를 위한 독서 맥락의 탐구: 학교에서의 다양한 문식적 클럽을 중심으로」, 『독서연구』 16, 한국독서학회, 163-197.

최재웅(2017), 「말뭉치와 언어학」, 『새국어생활』 27(4), 국립국어원, 39-61.

최진숙(2011), 「초등학생들의 언어태도 변화 연구」, 『언어연구』 28(2), 경희대학교 언어정보연구소, 431-450.

최형용(2009), 「'한글맞춤법' 총칙 제1항과 표기의 원리」, 『한중인문학연구』 26, 한중인문학회, 167-183.

최호섭·옥철영(2004), 「정보검색 시스템과 온톨로지」, 『정보과학회지』 22(4), 정보과학회, 62-71.

최호철(2012), 「북한 '조선말규범집'의 2010년 개정과 그 의미」, 『어문논집』 65, 민족어문학회, 251-286.

하치근(2010), 「언어 능력과 인지 능력의 상관관계」, 『한글』 287, 한글학회, 5-43.

한선희(2001), 「서사문 쓰기 발달 양상 연구」, 한국교원대학교 석사학위논문.

한인숙(2003), 「텍스트 구조별 독자의 이해 특성 비교 연구」, 공주교육대학교 석사학위논문.

황선엽(2013), 「고대 국어에 관한 국어사 교육」, 『국어사연구』 16, 국어사학회, 35-61.

황용석·권오성(2017), 「가짜뉴스의 개념화와 규제 수단에 대한 연구: 인터넷서비스 사업자의 자유규제를 중심으로」, 『언론과법』 16(1), 한국언론법학회, 53-101.

황용우(2018), 「학습자의 품사 오개념 분석을 통한 교과서 개선 방향 연구」, 아주대학교 석사학위논문.

황진애(2007), 「학령기 아동의 읽기 이해력 발달: 중심 내용 파악, 참조 및 추론 능력을 중심으로」, 이화여자대학교 석사학위논문.

Bridge, C. A. & Tierney, R. J. (1981), The Inferential Operations of Children across Text with Narrative and Expository Tendencies, *Journal of Reading Behavior* *13*(3), 201-214.

Halliday, M. A. K. (1993), Towards a Language-based Theory of Learning, *Linguistics and Education* *5*(2), 93-116.

3. 인터넷 자료

국가법령정보센터 http://www.law.go.kr
국립국어원 http://www.korean.go.kr
국립국어원 국어문화학교 http://edu.korean.go.kr
국립국어원 우리말샘 https://opendict.korean.go.kr
국립국어원 표준국어대사전 https://stdict.korean.go.kr
디지털 한글박물관 http://archives.hangeul.go.kr
프랑스국립도서관 디지털 아카이브 갈리카 https://gallica.bnf.fr

4. 문학 작품

김려령, 『완득이』, 창비, 2008.
김선우, 「나생이」, 『도화 아래 잠들다』, 창비, 2003.
김애란, 「어디로 가고 싶으신가요」, 『바깥은 여름』, 문학동네, 2017.
김훈, 『바다의 기별』, 생각의나무, 2008.
박상천, 「통사론」, 『5679는 나를 불안케 한다』, 문학아카데미, 1997.
윤금초, 「접미사, 때깔이 곱다」, 『앉은뱅이꽃 한나절』, 책만드는집, 2015.
이기인, 「느린 노래가 지나가는 길」, 『어깨 위로 떨어지는 편지』, 창비, 2010.
이상, 「오감도」, 『조선중앙일보』, 1934.
테드 창(Ted Chiang)/김상훈 역, 「사실적 진실, 감정적 진실」, 『숨』, 엘리, 2019.
현기영, 「해룡 이야기」, 『순이 삼촌』, 창비, 2015.

5. 기사 자료

민현식, 「문법교육 경시에 말·글 흔들려」, 『경향신문』, 2004. 12. 29.
    http://news.khan.co.kr/kh_news/khan_art_view.html?art_id=200412291720211
엄보운·최은경, 「혁신도시 부모들 '急求, 서울말 쓰는 선생님'」, 『조선일보』, 2015. 3. 20.
    https://news.chosun.com/site/data/html_dir/2015/03/20/2015032000170.html
이상일, 「'사변'을 아시나요」, 『중앙일보』, 2005. 8. 17.
    https://news.joins.com/article/1658370

이채연,「업무 중엔 남한 말, 집에선 북한 말」,『온라인 소식지 쉼표, 마침표』, 2017. 2.
    https://news.korean.go.kr/index.jsp?control=page&part=view&idx=11020
정연욱,「'엉터리 존댓말'」,『동아일보』, 2019. 10. 26.
    http://www.donga.com/news/article/all/20191026/98076902/1
허진희,「유행가 그릇된 발음 언어 학습에 악영향」,『동아일보』, 1990. 9. 4.

지은이 소개

민현식 · 8장, 12장 집필
서울대학교 국어교육과 명예교수
『국어 문법론의 이해』(공저), 『국어 정서법 연구』, 『개화기 한글본 '이언(易言)' 연구』 외
　　다수

신명선 · 5장, 9장 집필
인하대학교 국어교육과 교수
『의미, 텍스트, 교육』, 『어휘 교육론』(공저) 외 다수

주세형 · 7장, 11장 집필
서강대학교 교육대학원 교수
『문법 교육론과 국어학적 지식의 지평 확장』, 『국어 선생님을 위한 문법 교육론』(공저),
　　『장르, 텍스트, 문법』(공역) 외 다수

김은성 · 2장, 10장 집필
이화여자대학교 국어교육과 교수
『국어 의미 교육론』(공저), 『장르, 텍스트, 문법』(공역), 「'국어 문법 교사'와 문법 교육」 외
　　다수

남가영 · 1장, 14장 집필
아주대학교 교육대학원 교수
『국어 의미 교육론』(공저), 『국어과 교과서론』(공저), 『장르, 텍스트, 문법』(공역) 외 다수

오현아 · 8장, 12장 집필
강원대학교 국어교육과 교수
『국어 의미 교육론』(공저), 「미군정기 검인정 중등 문법 교과서의 문장 단위 문법 지식 체계
　　구조화 연구」 외 다수

강보선 · 15장 집필
대구대학교 국어교육과 교수
『어휘 교육론』(공저), 「북한 초급 중학교의 학교문법 내용 분석」 외 다수

이관희 · 3장 집필
서울교육대학교 국어교육과 교수
『국어 의미 교육론』(공저), 『국어 문법 교육 내용화 연구』 외 다수

제민경 · 7장, 13장 집필
춘천교육대학교 국어교육과 교수
『국어 의미 교육론』(공저), 「장르 문법의 위상과 의미」 외 다수

이지수 · 6장 집필
한국교육과정평가원 부연구위원
『언어 중심의 교과 융합 교육』(공저), 「문장 성분 교수를 위한 '문법 교과 내용 지식' 연구」
    외 다수

조진수 · 4장 집필
전남대학교 국어교육과 교수
『국어 의미 교육론』(공저), 「학교 문법 용어의 표상 방식 유형화 연구」 외 다수

국어 교사를 위한 한국어학 입문

2020년 3월 2일 초판 1쇄 찍음
2024년 3월 11일 초판 2쇄 펴냄

지은이 민현식·신명선·주세형·김은성·남가영·오현아
　　　강보선·이관희·제민경·이지수·조진수

책임편집 정세민
디자인 김진운
본문조판 민들레
마케팅 김현주

펴낸이 윤철호
펴낸곳 ㈜사회평론아카데미
등록번호 2013-000247(2013년 8월 23일)
전화 02-326-1545
팩스 02-326-1626
주소 (03993) 서울특별시 마포구 월드컵북로6길 56
이메일 academy@sapyoung.com
홈페이지 www.sapyoung.com